Christian Schüle
Das Ende der Welt

Christian Schüle

Das Ende der Welt

Von Ängsten und Hoffnungen
in unsicheren Zeiten

Pattloch

Besuchen Sie uns im Internet:
www.pattloch.de

© 2012 Pattloch Verlag GmbH & Co. KG, München
Alle Rechte vorbehalten. Das Werk darf – auch teilweise – nur mit
Genehmigung des Verlags wiedergegeben werden.
Umschlaggestaltung: ZERO Werbeagentur, München
Umschlagabbildung: Markus Prachensky, »Umbria Quartetto – 1986«
Lektorat: Franz Leipold
Satz: Adobe InDesign im Verlag
Druck und Bindung: C. H. Beck, Nördlingen
Printed in Germany
ISBN 978-3-629-02307-0

2 4 5 3 1

»Geht am 21. 12. 2012 die Welt unter?
Ja – nein – weiß nicht«

*(Voting auf der Homepage
www.Weltuntergang-2012.de)*

Dem Bürger fliegt vom spitzen Kopf der Hut,
in allen Lüften hallt es wie Geschrei.
Dachdecker stürzen ab und geh'n entzwei
und an den Küsten – liest man – steigt die Flut.

Der Sturm ist da, die wilden Meere hupfen
an Land, um dicke Dämme zu zerdrücken.
Die meisten Menschen haben einen Schnupfen.
Die Eisenbahnen fallen von den Brücken.

Jakob van Hoddis (Weltende, 1911)

»Was wir heute sehen und bestaunen,
wird verbrennen im universellen Feuer, das hineinführt
in eine neue, gerechte, glückliche Welt.«

Seneca (1–65 n. Chr.)

Inhalt

Aufzug
Das Ende der Welt als Begleiter der Menschheit

1. Betrachtung: Immer naht das Ende der Welt 11
2. Betrachtung: Die absolute Herrschaft der Apokalypse . . 21

Offenbarung
Das Ende der Welt als Testament der Theologen

3. Betrachtung: Die Apokalypse als Blaupause
   himmlischer Gerechtigkeit 33
4. Betrachtung: Das Christentum als
   apokalyptische Philosophie 48

Vergangenheit
Das Ende der Welt als Fortschritt der Geschichte

5. Betrachtung: Geschichte als Geschichte der
   Weltuntergangsprophetien 57
6. Betrachtung: Der Höhenflug der Wissenschaft
   aus dem Geist des Untergangs 85
7. Betrachtung: Weltuntergang im Mainstream 91

Empirie
Das Ende der Welt im Fokus der Wissenschaften

8. Betrachtung: Die Simulation des Untergangs 97
9. Betrachtung: Die totale Ordnung des Alls 127
10. Betrachtung: Das Ende der Welt und
    der Anfang des Glaubens 139

Gegenwart
Das Ende der Welt als Kulturtechnik

11. Betrachtung: Warum für Apokalyptiker
    heute herrliche Zeiten herrschen 179
12. Betrachtung: Der Maya-Kalender und
    keinerlei Weltuntergang 210
13. Betrachtung: Fortschritt bringt stets Panik mit sich 225
14. Betrachtung: Die Kultur der Gegenwart 246
15. Betrachtung: Medien und Apokalypse 260
16. Betrachtung: Die Politik der Apokalypse 295
17. Betrachtung: Das Ende der Welt als deutsches Geschäft 312

Zukunft
Weltaufgang als Anti-Apokalypse

18. Betrachtung: Morgenröte hinterm Höllenfeuer 327
19. Betrachtung: Die Wiedereroberung der Welt 339
20. Betrachtung: Weltrettung durch Wertschöpfung 343
21. Betrachtung: Das Ausbleiben der Zukunft 346

Aufzug
Das Ende der Welt als Begleiter der Menschheit

1. Betrachtung:
Immer naht
das Ende der Welt

Setzen wir Zeit und Raum für den Moment eines absurden Gedankens außer Kraft, der da lautet: Es naht das Ende der Welt. Alles wird zugleich kommen. Zugleich stürzen, fallen, krachen. Der Furor des Verschwindens ist unbestechlich – weder gibt es Abfolgen noch Ursache-Wirkungs-Verhältnisse, es gibt nur noch Gleichzeitigkeit. Und blicken wir mit dieser Gewissheit kurz zurück auf die Jahre 2010 und 2011 als einen besonderen Abschnitt der Zeitläufte, ein gut verschnürtes Bündel Weltgeschichte: In selber Zeit und selbem Raum wie die Völker in Tunesien, Ägypten, Libyen gegen ihre Unterdrücker rebellierten, erschienen in Frankreich Bücher, die den Aufstand prophezeiten und die Empörung gegen die Herrscher übers Kapital forcierten. Und zur selben Zeit verschleierten Aschewolken aus einem isländischen Vulkan den Himmel über halb Europa und paralysierten bei ausbleibendem Flugverkehr die globale Just-in-time-Ordnung. In Japan gab es Tsunami, Erdbeben und Kernschmelze, in Deutschland wütete der sogenannte EHEC-Erreger, und auf der Sonne ereignete sich eine gigantische Eruption, woraufhin 150 Millionen Kilometer von der Erde entfernt ein dramatischer Sturm einsetzte, bei dem riesige Partikelmengen ins All geschleudert wurden, mit, wie es hieß, verheerenden Auswirkungen auf unseren Planeten. Dann bebte im Kurdengebiet der Osttürkei die Erde in einer amtlichen Stärke von 7,2 auf der Richterskala, massenweise Tote waren zu beklagen, und zur selben Zeit brauchte das marode Griechenland im Endspiel um seine Existenz abermals einen einige Milliarden Euro prallen Rettungsschirm, während der deutsche Zeitgenosse noch immer in dem seit Jahrzehnten schlimmsten Verhängniszusammenhang von

Krisen und Hyperkrisen gefangen war. Europa war in der Krise, der Euro war in der Krise, das Politische war in der Krise, die Politik war in der Krise, die Koalition, die Glaubwürdigkeit, das Vertrauen, der Finanzmarkt, der Kapitalismus, die Banken waren in der Krise, die Hoffenden, die Liebenden, ja, der Mensch an sich war in der Krise.

Ist das menschliche Leben nicht vielmehr der fatale Gesamtzusammenhang einer einzigen, großen, alles überwölbenden Krise, die jeder Einzelne zu bewältigen hat und nicht bewältigen kann? Vielleicht könnte man sagen: Das Leben ist eine Krise an sich. Ein System an unermüdlicher, nie gelöster Krisenprophetie, Krisenangst, Krisenprävention, Krisentherapie. Permanent Strategien zur Krisenbewältigung zu entwerfen und anzuwenden – im Sinne der Bewältigung eines vom Unglück bedrohten Lebens –, ist mühsam, auszehrend, verunsichernd und vor allem existenziell bedrohlich. Mit nichts scheint der Mensch schlechter zurechtzukommen als mit Komplexität und Unberechenbarkeit – beides aber charakterisiert den Fortschritt, und Fortschritt ist der Gott des Systems aus Gläubigern und Schuldnern. Jedem Fortschritt inhärent ist die Panik vor dem Fortschreiten. Mal äußert sie sich dezent, mal unüberhörbar. Man gibt gewohntes Terrain auf, löst den Anker und stellt sich den Wogen des unberechenbaren Meers: So ist des Fortschritts Risiko seit Jahrhunderten. Und Unberechenbarkeit, die Tochter des Fortschritts, übt ungehörig, wie sie ist, gegenüber dem Drang zu Kontrolle und Ordnung veritablen Ungehorsam.

Deuten also nicht alle inneren und äußeren Umstände des vergangenen Jahrfünfts auf die nahenden letzten Tage der Menschheit hin? Während der Finanzkrise stand die Welt augenscheinlich einen Fußbreit vor dem Abgrund – innere Aushöhlung, Kollaps des Systems, Bruch der Organisationsstruktur. Dann bebte in Haiti die Erde und ließ ein ganzes Land verschwinden, es bebte die Erde in Neuseeland, und der Schlund verschlang ganze Dörfer. Es schwoll die Angst vor einem Beben im Yosemite-Nationalpark und in San Francisco, und irgendwo zuckte immer ein

Boden. Zeitgleich geschahen weitere Katastrophen, nicht bedingt durch den fatalen Klimawandel, sondern durch Kollision der Platten unter den Weltmeeren, auf die Eingeweihte schon lange gewartet hatten; beständig arbeitete die Tektonik fort – Überschwemmungen, Zerstörungen, Tod und Trauer bedrohten Abertausende von Existenzen und Leben, die Medien brachten unendliche Geschichten von Leid, Schmerz, Trauer und innerer Verwüstung. Dann kam der siebenmilliardste Mensch auf die Welt, und der Ökonom Wolfgang Fengler schrieb aus seinem Büro der Weltbank in Nairobi in einem Zeitungsaufsatz: »Der Bevölkerungstheoretiker Thomas Malthus weissagte Ende des 19. Jahrhunderts, den Menschen werde die Nahrung ausgehen, wenn die Weltbevölkerung so rasant wachse. Damals hatte die Welt weniger als eine Milliarde Menschen. ... Im Augenblick erhöht sich die Zahl der Weltbevölkerung jedes Jahr um 80 Millionen Menschen.« Was anderes als das Ende ist daraus zu schließen?

Schließlich passierte es. Elfter März 2011. Ein Horror-Beben im Pazifik. Eine tektonische Plattenverschiebung. Gigantische Tsunamis, sechs, acht, zehn Meter hohe Wellen, Tausende Tote, Zehntausende Vermisste, zahllose Traumatisierte. Der Reaktor war geborsten, es drohte eine radioaktive Verseuchung ungeahnten Ausmaßes, es drohte die Kernschmelze. Das Endzeit-Fanal der jüngsten Geschichte hatte einen Namen: Fukushima.

Es war die stärkste jemals registrierte Erschütterung. Sie löste einen Tsunami aus. Bis zu 40 Meter hohe Wellen verwüsteten die Nordostküste der Insel Honshu. Orte wurden weggerissen, Straßen fortgespült. 19 000 Menschen starben. Es war die teuerste Naturkatastrophe aller Zeiten: 210 Milliarden Dollar. Der Vorstand der Munich Re, Torsten Jeworek, sagte Anfang 2012: »Eine Serie schwerster Naturkatastrophen wie im abgelaufenen Jahr gibt es nur selten. Es handelt sich hierbei um Ereignisse, deren Wiederkehrperioden zum Teil bei einmal in 1000 Jahren liegen.«

Der Nordosten Japans wurde zuletzt im Jahr 869 von einer vergleichbar verheerenden Flutwelle getroffen. Fukushima aber wurde zur Katastrophe durch jene Technik, die angetreten war, das Leben berechenbar zu machen.

Deutete also nicht alles auf das Ende der Welt hin, vielleicht tatsächlich am 21. Mai 2011, wie der amerikanische Laienprediger Harold Camping seit langem raunte? Doch was geschah an diesem Tag? Nichts. Er verging, ohne dass in der Welt Umstürzenderes geschah als die üblichen Morde und Totschläge, die kleinen geschäftlichen oder zwischenmenschlichen Katastrophen, die bunte Phänomenologie des menschlichen Leids als kreatürliches Schicksal. Kein Höllenfeuer, kein speiender Drache, keine Eruption, kein Asteroid, nicht einmal ein kleines Erdbeben, geschweige denn die Epiphanie des Bösen in Gestalt eines Vulkanausbruchs oder einer Homosexuellenparty. Nein, schlichtweg nichts. Auf phänomenale Weise versagte Campings Vorhersage des »Judgement Day«, mit dem auf großflächigen Plakaten in amerikanischen Großstädten oder auf den Philippinen, in Vietnam, Mexiko und Neuseeland geradezu polternd das Ende der Welt angekündigt wurde – begleitet von audiotonen Prophezeiungen via »Family Radio« und auf »Judgement Day«-Fahrten des entsprechend lackierten Family-Radio-Busses. Das Motto der Hörfunkwelle lautete: »Feeding God's sheep«, wahlweise »Weide meine Schafe«, ein Zitat aus der Offenbarung des Johannes. Der Weltuntergangshörfunk, so wurde aus den USA berichtet, trieb sein Anliegen gar so weit, dass der Text »Gay Pride: Sign of the End« wegen seiner die Schwulen verhetzender Sprache von der Homepage genommen werden musste.

Doch dieser 21. Mai ging zu Ende, wie er begann: als kalendarisches Faktum. Und er mündete freundlich in den 22. Mai, und die freudentaumelnde Entrückung der Gerechten, wie sie die Radioprediger vorhergesagt hatten, blieb aus. Mit der sogenannten »Entrückung« freilich sollte das dramatisch umflorte Ende der Welt seinen Lauf nehmen; Aberhunderte christlicher Fundamentalisten warteten an jenem Samstag vergeblich auf das schwere Erdbeben, mit dem der Weltuntergang um Punkt 18 Uhr amerikanischer Ortszeit eingeläutet werden sollte. Weil auch Propheten irren (autodidaktische zumal) und weil Irren womöglich menschlich ist, korrigierte sich der damals 90-jährige amerikanische Radioprediger und selbsternannte Bibelforscher Harold Camping, ein gelernter Bauingenieur und Vater von sieben Kindern, in peinvoller Zerknirschung und stufte die angekündigte »Entrückung« auf ein »geistliches Gericht« herunter – nicht allerdings, ohne auf den definitiven Weltuntergang am 21. Oktober 2011 zu verweisen, der dann aber, wie der gute Mann dröhnte, noch viel dramatischer als angenommen ausfallen werde: »Am 21. Oktober«, prophezeite Camping, »wird die Welt zerstört. Und es wird alles auf einmal passieren.«

In wahrscheinlich absichtsvoller Ironie gab die amerikanische Gesundheitsbehörde Centers for Disease Control (CDC) in Atlanta daraufhin Verhaltensregeln für den Weltuntergang aus und ließ wissen, dass es im Fall einer Invasion der Zombies zunächst ratsam sei, eine Notfall-Ausstattung mit Wasser- und Lebensmittelvorrat im Haus zu haben. Zuletzt folgte das Versprechen der Regierungsbehörde: »Sollten Zombies durch die Straßen schlendern, wird das CDC, wie beim Ausbruch jeder anderen Seuche auch, Ermittlungen durchführen.«

Einige Tage nach der verweigerten Entrückung, am Abend des 9. Juni 2011, erlitt Harold Camping, der Präsident und Geschäftsführer von Family Radio, einen leichten Schlaganfall. Mister Camping, ließ man die Anhängerschaft wissen, erhalte ausgezeichnete medizinische Versorgung, die Ärzte seien mit den Fortschritten, die er in seiner Genesung mache, sehr zufrieden.

Wer weiß, ob Harold Campings Herz den größten Fehler, den ein Prophet begehen kann, nicht verkraftet hat, denn ein wahrer Prophet legt sich niemals fest. Die Festlegung auf ein konkretes Datum kann nur mit übermenschlicher Hybris, übermenschlicher Weisheit, übermenschlicher Dummheit oder herzerfrischendem Dilettantismus erklärt werden. Fast 20 Millionen Dollar Spenden hatte Camping eingetrieben, und ihm standen an die 100 Millionen Dollar Rücklagen zur Verfügung, um den »Judgement Day«

würdig begehen zu können. Anfang der 1990er Jahre hatte der unermüdliche Prediger schon einmal einen Weltuntergang angekündigt, für das Jahr 1994, dies damals allerdings noch mit einem Fragezeichen garniert. Wird ein Prophet älter, verzichtet er augenscheinlich auf derlei Verunsicherung, was ihn nicht unbedingt weiser oder prophetisch glaubwürdiger macht, in jedem Fall aber die Not aufzeigt, vor dem Ende des eigenen Lebens noch das Ende der Welt erleben zu können.

Man könnte die Aktionen des irrenden Radiopredigers nun als einsame Spinnerei eines präapokalyptisch Entrückten abtun, wäre sie nicht Legion in einem Land, das sich, wie später zu sehen sein wird, großteils als ein himmlisches Jerusalem betrachtet und den Segen der Auserwähltheit Gottes für sich in Anspruch nimmt.

Am 21. Oktober 2011 also geschah genau genommen: gar nichts. Man darf sich Harold Camping als sehr ratlosen Ritter der traurigen Gestalt vorstellen und inständig hoffen, dass das Herz wohlauf ist.

Bei entsprechender Veranlagung könnte ein Fatalist (nicht einmal notwendigerweise ein Möchtegern-Prophet der Güteklasse Camping) die sich ballenden Naturkatastrophen der vergangenen Jahre – Tsunami, Hurrikan Katrina, Fukushima, die Erdbeben in China, Haiti, der Türkei und im Iran – mit gewisser Berechtigung und Logik als Vorboten des nahenden Weltuntergangs lesen. Jedes Ereignis für sich scheint Indiz des Untergehenden, Stürzenden, Fallenden, des furorhaften Verschwindens genug zu sein. Schließlich könnte man auf die Idee kommen, dass man, hätten sich beispielsweise Erdbeben, Tsunami und Kernschmelze von Fukushima nicht im März 2011, sondern ein Jahr später, im März 2012, zugetragen, gespenstisch nah an die konkreteste Vision planetarischer Dunkelheit gekommen wäre: die medial so eifrig umflorte Weltende-Prophezeiung durch den Kalender der mittelamerikanischen Maya aus der späten Antike.

Oder kommt es noch, das Ende, kommt es doch Ende dieses Jahres?

Angeblich, so behaupten Legionen erregter Bürger und selbsternannter Experten, sei auf Freitag, den 21. Dezember 2012 hin eine sehr seltene Planetenkonstellation zu beobachten. Angeblich soll an jenem 21. Dezember die Sonne die Milchstraße einnehmen und dort zur selben Zeit mit der Erde in einer ominösen Linie stehen. Angeblich soll der von den Sumerern vor Jahrtausenden entdeckte Himmelskörper Nibiru Ende des Jahres unheilvoll auf die Erde zusteuern. Angeblich gibt es ein erhöhtes Auftreten von Gammastrahlen im Milchstraßenzentrum. Angeblich soll der Stern Beteigeuze explodieren und zur zweiten Sonne werden. Angeblich steht der Ausbruch des weltweit größten Vulkans im Yellowstone-Nationalpark kurz bevor. Angeblich findet in Kürze ein Polsprung statt. Angeblich ändert sich das Magnetfeld der Erde. Angeblich gibt es auf der Sonne weitere heftige Explosionen. Angeblich bedrohen Asteroiden die Erde und steht Pluto im Zeichen des Steinbocks, weswegen – astrologisch gedeutet – Krusten aufbrechen, Strukturen zusammenfallen und die gewohnte Ordnung kollabieren könnten. Angeblich steht zur Wintersonnenwende 2012 die Sonne am Schwarzen Loch; angeblich wird sie dann aufgesogen und samt Sonnensystem in eine neue Dimension rutschen.

Angeblich werden zur Rettung der Menschen in Norwegen bereits unterirdische Bunker gebaut. Angeblich haben Ehepaare bereits Haus und bürgerliche Existenz aufgegeben und sind in angeblich sichere Höhlen gezogen. Angeblich legen Menschen Vorratskammern und Wasserzisternen an, um den Weltenbrand zu überstehen. Angeblich bereitet sich in den Wäldern von Oregon eine Gruppe Menschen auf die Invasion der Untoten vor. Angeblich lernen wieder andere in einem Zweitages-Crashkurs, wie sie der erwarteten »Zombies-Apokalypse« entgehen können, Kurse für Kinder inklusive.

Und dann gibt es die unglaublich wahre Geschichte des 200-Einwohner-Dorfes Bugarach am Fuße der französischen Pyrenäen, in dem sich seit Monaten Menschen aller Länder versammeln, um am magischen Felsmassiv Pic de Bugarach vor dem

Untergang der Welt errettet zu werden – in der festen Überzeugung, in besagtem Berg befinde sich eine Garage für jene außerirdischen Wesen, die sie, die Auserwählten von Bugarach, bevor alles niedergeht, mit auf den Weg ins himmlische Morgen des weiten Kosmos nehmen.

Amerikanische Websites bieten Reisen nach Bugarach an, Gurus und Schamanen sind bereits da, Workshops werden organisiert, Meditationsabende angeboten, Seminare geplant. Von Seiten der Kommunalverwaltung heißt es, die Nachfrage nach Häusern im Dorf wachse stark an, die Immobilienpreise stiegen kontinuierlich, und reiche In- und Ausländer kauften – um sich die besten Plätze für die Rettung zu sichern – das Ackerland um das Dorf herum auf. Dessen Bürgermeister erwartet und fürchtet im Laufe des Jahres den Ansturm Tausender Weltuntergangsflüchtlinge, schon jetzt sind alle verfügbaren Pensionszimmer für den 21. Dezember ausgebucht.

Dieses magische Datum! Haben sich nicht auch die okkulten Seher darauf kapriziert? Vom spätmittelalterlichen Arzt Nostradamus ist überliefert, er habe für unsere Epoche den großen Wendepunkt ebendann vorhergesagt; der einflussreiche amerikanische »2012-Autor« John Major Jenkins kündigt seit Jahren eine Renaissance des Mayaglaubens mit den Prophezeiungen vom Weltuntergang an, und der streitbare Schweizer Bestsellerautor Erich von Däniken erwartet in Kürze Dämmerung und Wiederkunft der Götter, die alles neu ordnen werden. Internationale Massenmedien aller Art greifen die 2012-Erregung auf, stimulieren und befördern sie dadurch, fast jeder hat von diesem heillosen Datum schon einmal gehört, und nicht wenige – eingefasst ins Korsett technischer Rationalität und bürokratischer Lebensgesamtverwaltung – spüren angesichts des Ungewissen einen Schauder ...

Und in der Tat: Auf der Inschrifttafel eines königlichen Sarkophags im mexikanischen Tortuguero aus dem 15. Jahrhundert heißt es wörtlich: »Es wird sich ereignen das Jahr 2012.« Und weiter heißt es: »Es wird herabkommen der Gott Bolon Yokte.«

Und auch das ist richtig: Am 21.12.2012 endet tatsächlich ein bedeutender Zyklus im Kalender der Maya.

Ich selbst muss zugeben, an Weltuntergänge nie geglaubt zu haben, aber ich war immer schon fasziniert vom Glauben daran. Genauer gesagt: von den kollektiven Psychosen der Gesellschaften und Gemeinschaften, sich diesem Glauben zu verschreiben. Verstörend ist, dass dies über die Jahrhunderte hinweg in Europas Kulturen konsistent geblieben ist – zu allen Zeiten rechnete man stets mit dem Untergang. Eine schlichte, empirisch schwachbrüstige, aber aufschlussreiche Umfrage unter Freunden und Bekannten führte zu der verblüffenden Erkenntnis, dass gerade die, denen man Endzeit-Neigungen zuletzt zugetraut hätte, merkwürdig empfänglich für die Anrufungen des Weltendes waren. Es ist und bleibt mir ein Rätsel, wie ein mitteleuropäisch geschulter Verstand derart in eine Denkfigur vernarrt sein kann, die so offenkundig zu allen Zeiten durch die real existierende Realität widerlegt wurde: Das immer wieder prophezeite Ende der Welt, das so alt ist wie die Menschheit selbst, ist ja nachweislich niemals eingetreten. Es muss also andere, den Verstand transzendierende Gründe für die ewige Lust am Untergang geben, kulturelle Prädispositionen und psychische Befindlichkeiten. Genau die sind es, deren Verborgenheit hinterm Schleier der funktionalen Wohlstandsexistenz mich gereizt haben, eine lange Reise durchs Universum des Weltuntergangs zu machen – auf den Spuren meiner eigenen Seelenverfassung im Übrigen und stets in seismographischer Geistesgegenwärtigkeit, um exakt zu prüfen, ob und inwieweit durch Reflexionen, Gespräche und die permanente Beschäftigung mit dem Weltuntergang in mir selbst ein psychokulturell angelegtes Muster getriggert und freigelegt wird.

Man kann es wie folgt sagen: Endzeit- oder Endwelt-Szenarien sind insofern eine Grundkonstante des zivilisatorischen Daseins, als sie die Auslöschungsphantasie des Menschen mit seiner Heilserwartung verknüpfen. Der Zusammenhang zwischen Aufstieg und Untergang ist evident: Dem zivilisatorischen Aufstieg der Menschheit dank Technologie und Naturbeherrschung aus den Niederungen von Sterblichkeit und Darbnis folgt die Angst vor dem Untergang durch ebenjene Maschinen und technischen Errungenschaften, die trotz aller Herrschaftsansprüche letztlich unbeherrschbar sind. Im Laufe des Studiums seiner Heilserwartungen ist eine Menge über den Menschen an sich (und auch über uns selbst) zu lernen, vornehmlich über jenen der westlichen Industriegesellschaft, der, um sich selbst zu verstehen, um seine Herkunft zu reflektieren, um seine Prägung zu erklären, gern auf archaische Muster und Mythen zurückgreift. Vielleicht hat das Individuum, wenn es obenauf ist – sich im Wohlstandskarussell drehend, im Existenzglück juchzend –, in der Tat einen unbestechlichen Instinkt für die Möglichkeit, dass dies nicht so bleiben könnte. Denn sein Leben lang steht der Einzelne vor der schwierigsten aller schwierigen Aufgaben des Lebens – der Bewältigung seiner größten narzisstischen Kränkung: dem Skandal des eigenen Todes.

Auf den Weg gemacht habe ich mich mit dem Rüstzeug des Skeptikers und der Neugier des Unbestechlichen. Zurückgekommen bin ich verändert, so viel schon hier. Die Geschichte von der ewigen Lust am Untergang begann für mich und beginnt zwangsläufig immer mit einem der schillerndsten Begriffe aller Zeiten.

2. Betrachtung:
Die absolute Herrschaft der Apokalypse

Wer den »Weltuntergang« im Munde führt, spricht zugleich über die »Apokalypse«, auch wenn er das Wort nicht explizit ausspricht und womöglich nicht einmal weiß, was dieser Begriff im Eigentlichen bedeutet. Apokalyptik, die Philosophie und Theologie der Apokalypse, ist eine der geistigen Blaupausen der Gegenwart und ihrer Kultur und das apokalyptische Denken eine der großen Sinnformationen der europäischen und amerikanischen Zivilisationen. Der Begriff »apokalyptisch« fungiert als Begriff des maximalen, nicht steigerbaren, finalen Erregungszustands einer Katastrophe oder auch als superlativischer Superlativ, ohne sprachlich ein Superlativ zu sein (und erhält damit in seiner Wirkmächtigkeit ähnliche Maximalität wie etwa das apokalyptisch getönte Wortsymbol »Auschwitz«).

Verstörend ist die Lust auf das Ende der Welt als eine Art Guerilla-Strategie in einer Zeit, deren Genossen (uns eingeschlossen) ja alles dafür tun, jede Manifestation eines Endes zu vermeiden. Die Apokalypse ist bis heute die Chiffre für die auf legendäre Weise paradoxe Todessehnsucht des Menschen, der das menschlich Klügste aufbietet, um das Leben zu verlängern. Eine Chiffre, die alles vereint, was mit Grausamkeit, Tod, Sterben, Chaos, Vernichtung, Untergang, Weltherrschaft zu tun hat und in der Sprache der Testamente der Antichrist ist.

Sehnsucht nach dem Untergang ist eigentlich ein Widerspruch in sich, denn Sehnsucht bezeichnet Neugier und Trieb nach Neuem, Anderem, Kommendem – oder, und dann wäre sie melancholisch bis destruktiv, Trauer über das unerfüllt Gebliebene. Der Untergang hingegen bereitet das vollkommen erfüllte Ende vor, nach dem es, vermutlich, nichts Neues mehr gibt. Oder doch?

Und wenn es nach dem Ende der Welt etwas Neues geben sollte, was genau wäre das? Und kann man sich danach sehnen? Und setzen hier nicht schlicht die Gnade des Glaubens und der Herrschaftsbereich der Religionen an?

Für mich persönlich war immer klar, dass man – Differenzierungen mit eingerechnet – die Welt grundsätzlich nur auf zweierlei Weise betrachten kann: Entweder hält man sie für schlecht oder für gut. Man kann natürlich auch keinerlei Haltung zur Welt haben, was reichlich fad und für apokalyptische Belange uninteressant ist. Wer die Welt nun für schlecht hält, denkt aus dem Geist der Negation heraus; wer sie für gut hält, mag womöglich naiv sein, ist aber konstruktiv und in jedem Fall optimistisch. Gegen den Optimismus, etwa in Gestalt eines ambitionierten Gutmenschentums, ist im Zuge der Jahrhunderte reichlich Häme gespritzt worden, und nie mehr wird der Spott darüber so ätzend sein können wie im Voltaireschen »Candide« von 1759, jener satirischen Novelle, die die Illusion der Welt als bester aller Welten genüsslich aufspießte: Der reisende Held erlebt auf seiner Suche nach dem Paradies nichts als Unglück und unausrottbare Bosheit.

Die nun, welche die Welt als Offenbarung des Schlechten betrachten, sind Gemüter von apokalyptischem Geist. Die Apokalyptik ist der metaphysische Schmierstoff ihres Fatalismus, jener grundsätzlich schlechten Sinnlosigkeit und sinnlosen Malaise der Welt. Das metaphysische Wetterleuchten am Ende aller Vernunft kommt dem apokalyptischen Höllenfeuer zum Ende der Welt gleich. Apokalyptik ist Dialektik: Auf die Diagnose der schlechten Realität folgt die Antithese ihrer totalen Zerstörung, ehe sich im Künftigen ein neues Himmelreich des Gerechten und Guten öffnet. Nun ist die Frage: Wer diagnostiziert auf Basis welcher Erfahrung einen Zustand als schlecht? Und wer legitimiert mit welchen Mitteln die Zerstörung? Und wer legt fest, was das himmlisch Neue ist?

Die List der Apokalypse besteht ja bis heute in ihrer Unbegriffenheit. Das Wort ist ein semantisches Rätsel und in seiner Geschmeidigkeit derart vielfach ausdeutbar, dass man es ständig neu aufladen, uminterpretieren und füllen kann wie ein Wunderhorn, in das jeder steckt, was er für die Projektion seiner Stimmungen braucht. Und zwar deshalb, weil niemand genau weiß, was der Begriff »Apokalypse« tatsächlich bedeutet, weil er in den Sprachschatz der Menschheit eingegangen ist als semantisches Ungefähr einer höchsten Gefahr. Apokalypse ist das schlechthin Ungefähre, das absolut Ungesicherte, das niemals Sichere, aber in jedem Fall das absolut Schlimmste. Das macht sie für politische Instrumentalisierung verlockend: Das Kommen eines Reichs, des zweiten, dritten oder sonst eines, ist immer eine Projektion in die unverortbare, zeitenthobene, womöglich glor- und heilsreiche Zukunft, in die man im Geborgenheitsraum jener Bewegung oder an der Hand dieses Führers schreitet.

Das Wort *Apokalypse* (verstanden als Theologie und Philosophie vom Ende der Welt) trägt eine assoziative und existenzielle Wucht in sich und reißt einen eminenten Deutungshorizont auf. Der Begriff *apokalyptisch* wird stets mit katastrophal, unheilvoll oder grauenhaft gleichgesetzt. Diese einseitigen Assoziationen stimmen aber nur zur Hälfte, wie man in Kürze sehen wird, denn Apokalypse heißt etymologisch dechiffriert und aus dem Griechischen stammend, wörtlich verstanden (apo = weg/fort, und kalyptein = verbergen, etwas unter der Decke halten) nichts anderes als *etwas entschleiern*. Das bedeutet: Vorhandenes ist zugedeckt, und durch seine Nichterkennbarkeit und Unsichtbarkeit ist das Zugedeckte unbekannt. Ziel der Apokalypse ist also die Entbergung des Verborgenen; der Apokalyptiker stellt sich in einen edlen Dienst und leistet die Aufdeckung des Unbekannten. Wer aber hat Kraft und Fähigkeit, das Verborgene zu entbergen?

Von der Antike bis ins 19. Jahrhundert hinein war die Antwort klar: Gott allein. Oder eine menschliche Instanz mit göttlicher Hilfe. Die irdischen Wesen warteten – mal leidend, mal hoffend –

auf den Tag der Entscheidung, an dem ihnen durch den Propheten das Verborgene enthüllt wurde, durch zuerst Entrückung und dann Errettung. Solange das nicht geschah, waltete wilde Phantasie.

Für mich persönlich, das darf ich anmerken, besteht der Grundgedanke des Apokalyptischen in der Erlösung durch Vernichtung. Die Anwendung von Gewalt für den Frieden, gegen Unrecht und Ungerechtigkeit, Unterdrückung und Ausbeutung ist durch Religion, Theologie, Philosophie und Kulturgeschichte der vergangenen zwei Jahrtausende gedeckt und macht das apokalyptische Denken zu einem überaus zweischneidigen Schwert – wie es im Übrigen auch Revolutionen sind, da sie so gut wie immer apokalyptisch durchtönt sind.

Die Apokalypse selbst ist ja eine Form der Revolution: die plötzliche, radikale, gewaltsame Umkehr zu neuen, gerechten, ja himmlischen Verhältnissen, der eine Diagnose der bestehenden Realität vorausgeht, welche wiederum diese Umkehr legitimiert. Anfangs ist die Apokalypse nichts Konkretes, sondern ein Fiebertraum, eine Vision, eine Schau, im Besitz der Wahrheit dessen, was kommen wird. Generalbass, Grundtenor und Sopran des Apokalyptischen ist stets das Futur: Die Erlösung sei nicht mehr weit entfernt, die Zeit nahe, es werde etwas geschehen, das Gericht werde richten – und jeder kann sich aussuchen, wann was wo passieren wird …

Das Gericht ist Anfangs- und End-, Dreh- und Angelpunkt des apokalyptischen Denkens, ein hochherrschaftliches freilich, ein absolutes, von keiner Instanz mehr hinterfragbares, von dem niemand weiß, wann genau es wo in welcher Besetzung stattfindet. Bevor Recht zu einer Angelegenheit von Gesetzen, Verfassungen und Anwälten wurde, war Rechtsprechung die Sache Gottes, wofür der griechische Begriff Eschatologie bereitgestellt wurde. Eschatologie, die Lehre vom Jüngsten Gericht, unterschied sich insofern von Apokalyptik, als eschatologisches Denken das legitime Vertrauen auf das zukünftige Rettungshandeln Gottes war, Apokalyptik dagegen als überzogene Form der Zukunftsforschung galt. Mit der Aufwertung des eschatologischen wurde im Zuge der Jahrhunderte das apokalyptische Denken abgewertet, theoretisch zumindest.

Heute ist das anders. Wenn Eschatologie und Apokalyptik aus gänzlicher Unkenntnis oder Vagheit des Wissens nicht ohnehin gleichgesetzt werden (gesetzt den Fall, der spätmoderne Zeitgenosse kann mit derlei Bildungsbegrifflichkeit überhaupt noch etwas anfangen), hat das apokalyptische Denken dem eschatologischen wieder den Rang abgelaufen. Apokalypse ist heute weniger ein theologisches Motiv als vielmehr ein säkulares Geschäftsmodell. Jeglicher religiöser, im eigentlichen Sinn biblischer Dimension entledigt, zielt es auf Ängste, Unsicherheiten und die große Leerstelle der menschlichen Seele: das zerstörte Ur-Vertrauen in den guten Gang der Dinge. Warum glaubt der Mensch an ein höheres Gericht, auch wenn er nicht mehr an Gott glaubt? Warum glaubt er überhaupt an etwas Übermenschliches? Er glaubt, lautet ein erster Antwortversuch, weil er vertrauen will. Wem oder was er vertraut, spielt eine Nebenrolle; entscheidend ist, dass er vertrauen kann. Aber dazu später mehr. Wenn Apokalypse heute wieder ein Motiv der Hoffnung ist, und sei sie auch noch so latent, sublim und intim, dann spricht das Bände über den Geist der Gegenwart und den sozialpsychologischen Zustand der Gesellschaft.

Die vielfältige Ausdeutbarkeit und Interpretationsbedürftigkeit der Apokalypse ist das willkommene Rüstzeug selbsternannter Deuter und Interpreten. Waren die Apokalypse-Unternehmer in früheren Zeiten Propheten, Sektierer, Erweckungsprediger und später evangelikale Millenaristen, sind es heute – der theologischen, nicht aber religiösen Transzendenz enthoben – Angstmacher aller Art: Wissenschaftler, Experten, Prognostiker, Trendforscher, Buchautoren, Redakteure, Politiker, Boulevardisten, allesamt Betreiber von Frühwarnsystemen, die ihre Legitimation aus der Sorge um die schützenswerte Menschheit ableiten. Jeder von ihnen hat mit der Apokalypse Bestimmtes im Sinn – zumal sich bei reiflicher Assoziationsakrobatik mit ihr allerlei waghalsige Nummern im Circus Maximus der Aufmerksamkeit inszenieren lassen.

Obwohl die Welt nachweislich noch nie untergegangen ist, ist die Faszination des Weltuntergangs ungebrochen und stets präsent. Warum?

Es geht in den folgenden Betrachtungen, deren Streitbarkeit dem Autor bewusst ist, im Wesentlichen um die Denkfigur des Apokalyptischen in der Gegenwart und die zeitgenössischen Variationen einer ewigen Lust am Untergang. Die Behauptung, das Apokalyptische sei prägend für Kultur und Lebensstil der heutigen westlichen Zivilisation, mag auf den ersten Blick verstören, auf den zweiten hoffentlich erhellen. Aufgeklärte, durch Verwaltung, Systeme und Recht gesteuerte, durch Wissenschaft und Wissen weltfähig gemachte Individuen ringen trotz aller Rationalitätskontrolle stets mit dem Unbehagen. Es ist eine unbewusste Ahnung, dass die existierende Welt doch nicht total beherrschbar ist, gekoppelt mit dem Auftrag der individuellen Kontingenzbewältigung – der Erklärung jener Tatsache also, dass der Mensch zwar ist, aber nicht sein müsste.

Vorausgesetzt, das Leben ist ein Zusammenhang aus Krise und Problemlösung, so ist das apokalyptische Denken als Modus Vivendi in der Krise eine anthropologische Problemlösungskonstante. Jede Krise produziert naturgemäß apokalyptische Szenarien, also ist apokalyptisches Denken eine Reaktion auf Krisensituationen. Was nach Zusammenbruch und absolutem Chaos kommt, wissen nur die Götter – das entlastet. Das enthebt. Das lässt Verantwortung delegieren. Der existenziellen Bedrohung des alltäglichen Lebens durch die Möglichkeit von Finanzkrise, Krieg, Kernschmelze, Naturkatastrophe und Systemkollaps ist der Einzelne hilflos ausgeliefert. Wie er mit dem Numinosen, dem Schicksal umzugehen hat, hat er nicht gelernt. Er ist eingezwängt in eine hochdifferenzierte Verwertungsindustrie, die sich permanent selbst entwertet und das Schicksal eliminiert hat. Die

Maxime des Corriger la fortune, der Schicksalskorrektur, heißt: Wert hat allein, was sich verwerten lässt.

Es ist wahrlich kein Wunder, dass die Denkfigur der Katastrophe, des Nieder-, wahlweise Untergangs, typisch für die westlichen Gesellschaften am Anfang des 21. Jahrhunderts ist. Sie sind weitestgehend entgöttlicht, entspiritualisiert und geprägt von Optimierung und einem Relativismus in Wertfragen, der nahe an praktischen Nihilismus herankommt. Der Sinn des Lebens generiert sich heute meist über den Kontext, über Projekte oder kurzfristige Bindungen; absolute Wahrheiten, strukturüberwölbende Metaphysiken haben so gut wie keine Konjunktur mehr. Je rationaler, optimierter und effektiver eine Gesellschaft aber organisiert scheint, desto hysterischer sind ihre Reaktionen auf die kleinste Funktionsuntüchtigkeit dieser Ordnung. Um in einer auf zerbrechlichen Übereinkünften basierenden Umwelt zu überleben, muss sich der Mensch von vornherein auf den guten Gang der Dinge verlassen, auf die prästabilierte Harmonie. Er muss mit der Stabilität seiner Umwelt rechnen können, dieses Vertrauen schafft Sicherheit. Das Ur-Vertrauen, das vor-monotheistische Religionen in die Natur legten, legen entmythologisierte Säkulargesellschaften heute in die Technik. Gerät irgendetwas aus dem Rhythmus, gibt es Energie-Blackouts, Zusammenbrüche des Nahverkehrs, Börsencrashs und dergleichen, geht mit der Entwertung der Währung Ur-Vertrauen auch der Glaube verloren. Der Mensch fühlt sich austauschbar. Unwissend. Ohnmächtig. Entbehrlich. Nutzlos. Das Kontingenzgefühl steigt, das Bedürfnis nach Transzendenz wächst, die Sehnsucht nach Führung schwillt. Das macht ihn anfällig für das Apokalyptische.

Hysterische Reaktionen sind kalkulier- und steuerbar, jedenfalls generieren sie ökonomisches wie politisches Kapital, das sich in Quote, Auflage, Aufmerksamkeit oder Wahlsieg ausdrückt, um das verlorene Ur-Vertrauen der Zeitgenossen für sich verwerten zu können. Nichts eignet sich zur Ausübung von politischer oder wirtschaftlicher Macht besser als Angst. Waren Berichterstattung und anschließende Atomwende der Bundesregierung unter Angela Merkel nach der Katastrophe von Fukushima im Frühjahr 2011 nicht ein Paradebeispiel für das Versagen der Vernunft und die Herrschaft der Hysterie? Oder war jenes 9000 Kilometer entfernte Ereignis nur der willkommene Anlass für eine Kanzlerin, ihre eigentliche Politik geschickt durchzusetzen, weil ihre eigene Partei und die parteiinternen Kritiker im Angesicht des Realapokalyptischen keine guten Argumente mehr gegen einen Atomausstieg vorbringen konnten, einen Ausstieg, den der große Teil der Bevölkerung ohnehin und zu Recht wollte?

Hysterie ist die dunkle Schwester der Vernunft und zudem eine deutsche Eigenart, deren Gründe noch zu erörtern sein werden. Jedenfalls korrespondiert Hysterie auf interessante Weise mit Todesangst und Endzeitglaube, weshalb die Apokalyptik quer durch alle Denkformationen, Ideologien und Utopien verläuft. Das Apokalyptische ist der Ursprungsmythos unserer Zivilisation, weil er zugleich ihr Endzeitmythos ist. Andere Kulturen haben zwar Ursprungsmythen, aber keine Endzeitmythen – von Römern und Griechen ist dergleichen nicht bekannt, und im Hinduismus versteht man Welt und Leben zyklisch. Der Endzeitmythos als Ursprungsmythos aber ist ein sehr jüdisch-christliches Geschäft, man könnte sagen: das Erbe der monotheistischen Reduktion des Weltlichen auf einen einzigen göttlichen Ursprung.

Ich selbst, so viel persönliches Bekenntnis muss sein, stehe jedem apokalyptischen Denken grundsätzlich fern. Als kühler Skeptiker, den eher die kulturelle Kraft von Theoremen, Denkfiguren und Sinnformationen als die subjektive Versunkenheit ins Ungefähre erregt, lasse ich mich im Folgenden dennoch von der Annahme leiten, dass die Kultur der zu allen Epochen von Endzeiterwartungen faszinierten Geschichte maßgeblich von der Lust am Untergang geprägt wurde. Meine Leitfrage für den anstehenden Ritt auf dem apokalyptischen Gaul durch die Gefilde der Astronomie, Astrologie, Kulturwissenschaft, Theologie, Philosophie, Psychologie und Politik war folgende: Welche Auswirkungen hat das apokalyptische Denken vom Ende der Welt auf das existenzielle Selbstverständnis des heutigen Individuums?

Der Weg, auf den ich mich – stellvertretend für die Zeitgenossen und als selbstsezierende Versuchsperson im Vollzug – mit heiterster Neugier begab, um die Weltende-Vorstellungen bis in die Epoche der spätmodernen Gegenwart aufzuspüren, beginnt notwendigerweise im Jahr 95 nach Christus.

Offenbarung
Das Ende der Welt als Testament der Theologen

3. Betrachtung:
Die Apokalypse als Blaupause himmlischer Gerechtigkeit

Wer über die Apokalypse spricht, bezieht sich, ob beabsichtigt oder nicht, zwangsläufig auf die Offenbarung des Johannes – die Blaupause aller Endweltpoetiken und ausgerechnet das finale, relativ kurze, nur 22 Kapitel umfassende Buch des Neuen Testaments, das womöglich deshalb eines der wirkmächtigsten ist, weil es, wie der englische Schriftsteller D. H. Lawrence einst anmerkte, das am wenigsten christliche Buch ist.

Um die apokalyptischen Denkfiguren der Gegenwart, die Einkleidung ihrer Hysterien, Ängste und Unsicherheiten in endzeitliche Gewänder zu verstehen, scheint es mir unabdingbar, die Genese des apokalyptischen Denkens nachzuvollziehen. Geradezu unumgänglich ist es, sich mit jenem Text zu beschäftigen, auf den alles zurückgeht, auf den sich alles beziehen lässt, der die Denkfigur entworfen, ausgeschmückt und festgelegt hat – eine theopoetische Fiktion, die als Gründungsurkunde der antiken Kultur dem kollektiven Gedächtnis der Menschheit unvergessliche Bilder und Metaphern eingebrannt hat. In einer kurzen Synopsis lautet die Geschichte der Apokalypse in der Offenbarung des Johannes wie folgt:

Als der Mann mit dem Namen Johannes auf der Insel Patmos weilt, kommt plötzlich der Heilige Geist über ihn, und hinter sich hört er eine posaunenhaft laute Stimme, die da spricht: »Was du siehest, das schreibe in ein Buch und sende es zu den sieben Gemeinden.« Und der Mann sieht Schreckliches: einen Thron im Himmel, den Thron Gottes, um ihn herum 24 weitere Throne mit 24 Ältesten samt goldener Kronen. Er sieht, wie Blitze, Stimmen und Donner von diesem Thron ausgehen. Er sieht das Buch mit sieben Siegeln in der Hand Gottes, er sieht das Lamm, das die Siegel zu öffnen ganz allein würdig ist. Er sieht die Öffnung der ersten sechs Siegel und hört die Zahl der 144 000 (von allen 12 Stämmen Israels je 12 000), die da versiegelt waren. Er sieht das Lamm das siebente Siegel auftun und hört die sieben Posaunen der sieben Engel, und als der erste posaunte, kommt Hagel und Feuer, mit Blut gemengt, und der dritte Teil der Erde verbrennt, alles grüne Gras verbrennt. So geht es weiter: Beim zweiten Posaunenschall fährt ein großer Berg im Feuer brennend ins Meer, auf dass der dritte Teil des Meeres Blut ward und der dritte Teil der lebendigen Kreaturen im Meer starb und der dritte Teil der Schiffe zugrunde ging. Und so geht es weiter: Die Sonne verfinstert sich, ein Stern fällt vom Himmel auf die Erde, der Brunnen des Abgrunds tut sich auf, die Luft ist erfüllt vom Rauch eines großen Ofens, aus dem Rauch kommen machtvolle Heuschrecken auf die Erde nieder, Heuschrecken mit Panzern und Stacheln, die die Menschen fünf Monate lang so schmerzvoll quälen, als stäche sie der Skorpion. Zwei weitere Plagen folgen, die Rosse und vier gewaltbereite Engel, und alle drei zusammen raffen ein Drittel der Menschen dahin durch Feuer, Rauch und Schwefel. Als die siebente Posaune erschallt, erheben sich große Stimmen im Himmel, die 24 Ältesten fallen auf ihr Angesicht und beten vor Gott und sagen: »Die Völker sind zornig geworden und die Zeit, zu richten die Toten und zu geben den Lohn deinen Knechten, den Propheten, und den Heiligen und denen, die deinen Namen fürchten, den Kleinen und den Großen, und zu verderben, die die Erde verderbt haben.« Es öffnet sich der Tempel Gottes, man sieht die Bundeslade mit den Zehn Geboten, es kommen Blitze, Stimmen, Donner, Erdbeben und ein großer Hagel. Dann erblickt der Seher zwei Tiere: Eines steigt aus dem Meer, mit zehn Hörnern samt zehn Kronen und sieben Häuptern mit lästerlichen Namen. Panthergleich mit Löwenrachen ist das Tier, der Prophet des Antichristen, des Drachen auf dem Thron. Dann sieht er das Lamm auf dem Berg Zion und hört dazu Gesänge und Harfenklänge, und dann verkündet ein zweiter Engel: »Sie ist gefallen, sie ist gefallen, Babylon, die große Stadt; denn sie hat mit dem Zorneswein ihrer Unzucht getränkt alle Völker.«

Sodann beginnt das Gericht.

Die Zeit zu ernten ist gekommen, verkünden die Engel, und der Seher sieht den Menschensohn auf einer weißen Wolke. Aus dem Himmelstempel und vom Altar kommen die Engel, und der eine befiehlt dem anderen, das scharfe Messer an den Weinstock der Erde anzulegen, da die Beeren reif sind, und der Engel schneidet und wirft die Trauben der Erde in die große Kelter des Gotteszorns. Das Blut von der Kelter geht bis an die Zäume der Pferde. Nach den letzten sieben Plagen der sieben Engel wird der Zorn Gottes vollendet sein, da befiehlt den Engeln eine Stimme aus dem Tempel, die sieben Schalen des Zorns Gottes auf die Erde auszugießen: Blut fließt, die Menschen mit dem Malzeichen des Tiers befallen Geschwüre, alles Leben im Meer erstirbt, Wasser wird zu Blut, und das Feuer der Sonne versengt die Menschen ohne Buße; die Teufelsgeister des Drachen, des Tiers und des falschen Propheten gehen, und der Allmächtige hat seine Truppen versammelt an einem Ort, der auf Hebräisch Harmagedon heißt, am Berg von Megiddo in Palästina, da gießt der siebente Engel seine Schale in die Luft, da kommen Blitze, Donner, und darauf folgt ein großes, noch nie da gewesenes Erdbeben. Inseln verschwinden, Berge stürzen, und Hagel wie Zentnerstücke fällt vom Himmel auf die Menschen. Dann ist das große Babylon, das Weib, das die Herrschaft hat über die Könige auf Erden, die Behausung der Teufel und das Gefängnis aller unreinen Geister, untergegangen. Halleluja im Himmel, Christus ist der Sieger! Der Seher sieht einen Engel vom Himmel fahren und greift den Drachen, die Schlange, also Teufel und Satan, und bindet ihn tausend Jahre, wirft ihn in den Abgrund und verschließt ihn mit einem Siegel, auf dass er in den nächsten tausend Jahren die Völker nicht mehr verführen kann.

Nach tausend Jahren ist der Satan wieder frei, bricht auf, die Völker wieder zu verführen an den vier Enden der Erde, versammelt die Gog und Magog zum letzten Kampf. Sie ziehen zum Heerlager der Heiligen und umringen die geliebte Stadt, da fällt Feuer vom Himmel und verzehrt sie. Der Teufel wird in einen Pfuhl von Feuer und Schwefel geworfen, in dem auch das Tier und der falsche Prophet Tag und Nacht von Ewigkeit zu Ewigkeit gequält werden.

»Und ich sah einen neuen Himmel und eine neue Erde«, schreibt der Seher nach dem Weltgericht, »und ich sah die heilige Stadt, das neue Jerusalem von Gott aus dem Himmel herabfahren, bereitet wie eine geschmückte Braut ihrem Mann.« Siehe da, sagt eine Stimme: Die Hütte Gottes bei den Menschen! Der, der auf dem Thron sitzt, sagt dem Seher: »Siehe, ich mache alles neu!«

Diese neue Stadt ist aus reinem Gold, ihre Mauern bestehen aus Jaspis, geschmückt mit Smaragden, Saphiren, Chalzedonen. Der neue Herr sagt zum Seher: »Es ist geschehen. Ich bin das A und das O, der Anfang und das Ende.« Der Seher bezeugt: »Ja, ich komme bald. Amen, ja komm, Herr Jesus.«

So geht, in nuce, die Geschichte der Apokalypse. Theologisch gesagt heißt das: Im Himmel liegt der fixierte Plan für die irdische Geschichte, und der Seher nimmt, mit der Perspektive auf die Jetztzeit und das alltägliche Leben der kleinen westasiatischen Kirchen, Einblick in diesen geheimen Plan Gottes zur Rettung der Geknechteten und schreibt seine Visionen in eine Buchrolle, die wie ein Rundbrief an sieben Gemeinden Kleinasiens verschickt wurde, adressiert an die jeweiligen Engel von Ephesus, Smyrna, Pergamon, Thyatira, Sardes, Philadelphia und Laodicea. In der Johannes-Apokalypse ist die Zahl 7 omnipräsent: sieben Siegel, sieben Trompeten, sieben Visionen, sieben Engel, sieben Deckel, siebenköpfige Drachen. »Sieben« ist die symbolische Zahl der Fülle und bedeutet »alle«. Die sieben Gemeinden vertreten repräsentativ die Gesamtheit. Sie lagen an einer durchgängigen Straßenverbindung an der Westküste der heutigen Türkei. Die Buchrolle – eine Art Erzählung, ein Lehrgedicht, eine poetische Fiktion mit politisch brisantem Inhalt – ging von einer Gemeinde zur nächsten, wurde vorgelesen, ging weiter und hinterließ mächtigen Eindruck.

Über Johannes, den Autor der Apokalypse, gibt es keine verlässlichen Angaben. Dass er die Offenbarung kurz vor dem Tod des für seine Grausamkeit berüchtigten römischen Kaisers Domitian um das nachchristliche Jahr 95 auf der heute griechischen Insel Patmos geschrieben hat, gilt der Mehrheit der Forscher als sicher; was für ein Mensch der Seher war, ist nicht bekannt. Ein Text dieser Wucht setzt, so ist anzunehmen, einen äußerst selbstgewissen Autor voraus, einen Gesinnungsschriftsteller, der das Katastrophische, das sein Werk grundiert, womöglich am eigenen Leib erfahren, ein Zeitzeuge, der das Unheil, das er schildert, selbst gesehen hat und insofern glaubwürdig die Katharsis formulieren kann. Bernhard Heininger von der Universität Würzburg, der sich über jüdische Apokalyptik habilitiert hat und als Exeget der historisch-kritischen Bibelauslegung nahesteht, hält den Apokalyptiker für einen Judenchristen aus Palästina, den die Zerstörung des Tempels, die Verwüstung Jerusalems und Palästinas durch die Römer zwischen 70 und 90 nach Christus traumatisiert hat.

Er war, wie vor ihm Jesus und Paulus, ein Wanderprophet, der sich in den matthäischen Kirchenraum aufgemacht hat und so in Kontakt mit ursprünglich paulinischen Gemeinden gekommen ist. Die sieben Adressatengemeinden seiner Schrift liegen alle im Missionsgebiet des Paulus, einer eher liberalen Christenheit, die im Zentrum des sogenannten Kaiserkults lebt, zum Beispiel in Pergamon. Die Christen dort hatten sich mit den römischen Besatzern arrangiert: Offiziell verehren sie den Kaiser und erhalten dafür Privilegien und Sicherheit. Für den Apokalyptiker aber, der das Wüten der kaiserlichen Römer selbst erfahren hat und in radikaler Distanz zum oktroyierten Kaiserkult steht, ist dieses Arrangement eine Schmach, eine unverzeihliche Demütigung.

In der Johannes-Apokalypse spielt das zweite große Drama des Judentums die tragende Rolle: die Zerstörung des Tempels und die Erfahrung einer rigiden ausbeuterischen, unterdrückerisch agierenden Macht durch das flavische Geschlecht, den Kaiser Vespasian und seine Söhne Titus und Domitian, eine Zeit also, die die Juden Palästinas als äußerst bedrückend erleben. Antike Historiker berichten von Deportationen Zehntausender Juden, von endlosen Hinrichtungen, vom Schleifen der Stadtmauern, von Sklaverei. Rom war ein imperialistischer Staat mit dezidiert imperialistischer Politik, deren Ziel es war, die Provinzen auszusaugen. Die Gewalt und Brutalität, die Diskriminierung und Verfolgung der ersten Juden- und Heidenchristen Kleinasiens wird als extrem sinnlos und den Glauben erschütternd erfahren – denn wenn die Frommen, die sich ans göttliche Gesetz halten, das gleiche Schicksal wie jene erleiden, die sich nicht daran halten und gehalten haben, entsteht eine absolute Sinnkrise. Aufs Neue keimt dann auch die große Frage der Theodizee: Warum lässt Gott das zu?

In diese heikle, brisante, gefährliche und identitätserschütternde Situation hinein fällt das apokalyptische Denken – neben einer Reihe jüdischer Apokalypsen vor allem die christliche des Johannes. Ausgangspunkt aller Apokalypsen ist die Erfahrung, in einer generell schlechten Zeit mit existenziellen Nöten, Krieg, Leid und Tod zu leben – in einer fundamentalen Krise also, die seelisch verarbeitet werden muss. Brauchte die junge Christenheit, unter Fremdbeherrschung und Unterdrückung der eigenen Kultur leidend und sich dennoch mit dem Herrscher arrangierend, brauchten die Christen Kleinasiens und überhaupt alle Christen der Welt, die derartiges Leid wo auch immer erfuhren, nicht Trost, Hoffnung, Erlösung?

So politisch die Apokalypse in ihrem Wesen ist, so eindeutig verhandelt sie zwei christologische Leitmotive: erstens das Postulat von Gott als unsichtbarem Allherrscher, der durch den Menschen Jesus Christus sichtbar wird. Zweitens die Überzeugung des nahenden Gerichts: das Ende des Schlechten und Niederkunft des Guten, noch nie Dagewesenen, einer neuen, paradiesischen Welt. Zuletzt (und zuvorderst), als Alpha und Omega, ist die Apokalypse alles in allem eine Hoffnungsschrift, ein österliches Trostbuch, das die traumtrunkene Überzeichnung einer politisch katastrophalen Wirklichkeit leistet. »Wie lange noch, Herr, zögerst du, Gericht zu halten und unser Blut an den Bewohnern der Erde zu rächen?«, fragt der Apokalyptiker und eröffnet den Opfern erlittener Gewalt und Unterdrückung durch die Jahrhunderte hindurch eine religiöse, theologische Deutung, indem er ihrer Verzweiflung Gottvertrauen entgegensetzt. Die Offenbarung enthülle, lautet der Befund des Trierer Neutestamentlers Hans-Georg Gradl, die unbedingte Parteinahme Gottes für die Geknechteten. Dieser Gott ist der Souverän schlechthin. Er ist der Richter. Er richtet die Schlechten als Anwalt ihrer Opfer. Majestätisch auf dem Thron sitzend, schweigt er lange, sieht tatenlos zu, hält dann am Tag des Zorns aber Gericht über das Böse und vernichtet es mit Gewalt: »Seht, ich mache alles neu.«

Es ist offensichtlich: Die Offenbarungsschrift ist pure Agitation, die das Geschehen heilsgeschichtlich auflädt und mythologisch fundiert. Sie schildert ein höllenbreughelhaftes Traumfieber, eine Eruption an Brutalitäten, die auf verdrängte Traumata ihres Autors schließen lässt, der an seiner Botschaft keinen Zweifel lässt: Für den Apokalyptiker, der die Schreckensherrschaft Roms in Palästina miterlebt hat, kann es nur eine klare Opposition zu den Besatzern geben. Seine Schrift warnt die ersten Juden- und Heidenchristen vor einer Auf-Du-und-Du-Kumpanei mit den römischen Besatzern und rät ihnen – als Sprachrohr im Auftrag Gottes –, die Stadtgesellschaft zu meiden, die Städte zu verlassen, ein Leben auf dem Land zu führen.

Man kann in Johannes den Vertreter einer Minderheitengruppe erkennen, die sich in keiner Weise mit der Weltmacht Rom anlegen konnte, keine Handhabe für Gewalt hatte, keine Chance außer dem Wort und der Beschwörung besaß. Die Schrift ist hingegen Sublimation und Metapher, machtvoller Widerstand. »Ich würde das Gewalttätige der Offenbarung nicht überbetonen«, befindet Bernhard Heininger. »Natürlich gibt es eine fast minutiöse Abrechnung, nach und nach werden die alle hinweggerafft. Aber es sind nur Visionen, die da geschaut werden, ich würde sie modern psychologisch als Verarbeitung von Traumata betrachten.« Das heißt: Die Johannes-Offenbarung ist geistiger Widerstand, ein subversives Buch. Sein Kern ist die Hoffnung, dass es so, wie es ist, nicht auf Dauer sein wird. Die in eine Bilderwelt der Grausamkeit verpackten Vernichtungsvorstellungen sind etwas Vorgelagertes, ein Instrument auf dem Weg des Heils, das erst am Ende zu erreichen ist. Kurzum: Der Apokalyptiker verheißt den Christen, die auf Distanz zur heidnischen Stadtgesellschaft gehen, das irdische Paradies; im neuen Jerusalem ist das irdische mit dem himmlischen Paradies gleichgesetzt. In dieser neuen Stadt existieren Gleichheit, Gerechtigkeit und reine Demokratie, dort ist alles neu, dort ist alles anders als bisher.

Weltuntergangs-Visionen sind immer poetisch und politisch zugleich und haben, in als schlimm empfundenen Zeiten verfasst, mit Verzweiflung oder Aussichtslosigkeit zu tun. Der Prophet Daniel lebte während der Judenverfolgungen unter Antiochos Epiphanes; Esra nach der Zerstörung des Jerusalemer Tempels; Johannes unter Neros Christenhatz. Die »Seher« beschäftigen sich mit Phantasien und Hoffnungen einer göttlichen Intervention, die zu Strafe, Vergeltung, Entgeltung und Belohnung führen. Das Setting eines von imperialistischen Herrschern besetzten Landes und einer von Invasoren unterdrückten Minderheit ist ja heute nicht anders als im ersten nachchristlichen Jahrhundert zu verstehen: Die Palästinenser mögen Israels Herrschaft so erleben, Teile der Afghanen und Iraker jene der Amerikaner, Tibeter jene Chinas. Fast immer wurden und werden, um Widerstand zu artikulieren, apokalyptische Motive herangezogen. Sie sind bei allen existierenden Apokalypsen der Weltliteratur vergleichbar, von Daniel über Johannes bis zum äthiopischen Henoch und der Himmelfahrt des Moses des Propheten Esra, und sie stellen sich stets auf die Seite der Unterdrückten, verfasst aus der Sicht der Opfer von Gewalt und Fremdbeherrschung. Immer ist deren Situation eines: hoffnungslos. Mehr als Visionen und Hoffnungen sind jene Apokalypsen freilich nicht; zwar stellen sie Herrschaftskritik und Kritik aktueller politischer Verhältnisse vor, sind aber keine Revolutionsliteratur, da zur Revolution notwendig der aktive Kampf gehört.

Über die Jahrtausende hinweg hat sich die Definition dessen, was apokalyptisch sei, nie verändert. Man kann die Johannes-Offenbarung als berühmteste Blaupause des Apokalyptischen zwar losgelöst und durch sich selbst verstehen, sinnhaft einordnen lässt sie sich jedoch nur in Kenntnis der alttestamentlichen, der jüdischen Apokalypsen. Es finden sich bei Johannes bis zu 580 Reflexionsanklänge an die Bücher der Propheten Daniel, Ezechiel, Jesaja und die Psalmen. Bibelwissenschaftler können nachweisen, dass über 270 der 404 Verse in der Offenbarung von älteren jüdischen Apokalypsen beeinflusst sind. In Hinsicht auf das Motivrepertoire, die Allegorie-Sprache und Drastik hat besonders stark das Buch Daniel die Gerichtsvorstellungen der Apokalypse beeinflusst.

Bei Daniel, dessen Name »Gerichtet durch Gott« bedeutet, heißt es etwa: »Ich hörte aber einen Heiligen reden, und ein anderer Heiliger sprach zu dem, der da redete: Wie lange gilt dies Gesicht vom täglichen Opfer und vom verwüstenden Frevel und vom Heiligtum, das zertreten wird? Und er antwortete mir: Bis zweitausenddreihundert Abende und Morgen vergangen sind; dann wird das Heiligtum wieder geweiht werden.«

Das ist konkrete Prophetie: In 2300 Tagen kommt das Ende der Welt. Für jede Vorbereitung auf den Untergang wäre es also gut zu wissen, wann genau Daniels Buch verfasst wurde. Oder doch nicht? Kommt es auf Präzision und Berechenbarkeit gar nicht an? Sind Zahlen rein symbolisch gemeint und im Vorderen Orient, wo die Testamente verfasst wurden, eher narrativ als dezimal zu verstehen?

Daniel, dessen Schrift womöglich im zweiten Jahrhundert vor

Christus – zu Zeiten blutiger Verfolgung und Widerstand – verfasst wurde, war der erste jüdische Autor, der eine Apokalypse konkret thematisierte, wenngleich das heutige Judentum ihn, anders, als die Christen es tun, nicht als Prophet betrachtet.

Daniel erzählt folgende Geschichte.

Aus Judäa stammend, war der junge Mann mit drei Freunden von Nebukadnezar an den babylonischen Königshof deportiert worden. Schnell fällt auf, dass Daniel und seine Gefährten zehnmal klüger und verständiger als alle Zeichendeuter und Weisen im ganzen babylonischen Reich sind. Sie werden ausgebildet und in den Dienst des Königs am Hof gestellt. Als Nebukadnezar seinen Traum hat, deutet Daniel den wie folgt (36ff.): »Nach dir wird ein anderes Königreich aufkommen, geringer als deines, danach das dritte Königreich, das aus Kupfer ist und über alle Länder herrschen wird. Und das vierte wird hart sein wie Eisen, denn wie Eisen alles zermalmt und zerschlägt, ja, wie Eisen alles zerbricht, so wird es auch alles zermalmen und zerbrechen.« Und dann: »Aber zur Zeit dieser Könige wird der Gott des Himmels ein Reich aufrichten, das nimmermehr zerstört wird; und sein Reich wird auf kein anderes Volk kommen. Es wird alle diese Königreiche zermalmen und zerstören; aber es selbst wird ewig bleiben.«

Nach dieser Deutung warf sich Nebukadnezar vor seinem Gefangenen nieder und befahl, man solle ihm Speise- und Rauchopfer darbringen.

Rom als der »Hure Babylon« bei Johannes entspricht bei Daniel die Herrschaft Antiochos' und der Seleukiden. Gesellschaftspolitisch sah sich der Daniel-Autor mit dem Problem der sogenannten »makkabäischen Krise« konfrontiert: der Überfremdung der jüdischen Kultur durch den hellenistischen Kultus in Jerusalem während der vorchristlichen Jahre 175–168. Was stand auf der Agenda? Die Beschneidung sollte verboten werden, die Juden hatten Schweinefleisch zu essen, die gesamten jüdischen Speisetabus wurden verletzt. Antiochos III. und auch sein Sohn, Antiochos IV., versuchten die hellenistische Kultur über ihr Reich zu legen, um die Probleme eines multiethnischen Staates zu entschärfen. Alle sollten sich durch Kultur und Sprache einander verbunden fühlen, doch vor allem die konservativen jüdischen Hardliner machten gegen diese Form der Fremdbeherrschung Front. Es ging damals um nichts weniger als um die jüdische Identität, festgemacht am Sabbatgebot, an Beschneidung, Speisegeboten und Monotheismus. Immer dann, wenn jüdische Kultur bedroht erscheint, gab und gibt es Bestrebungen, sie zu retten – durch die Intervention Gottes …

Der Schluss des Buches Daniel ist die Quintessenz einer Theologie der Endzeit, die zugleich eine Theologie der Macht ist: »Er aber sprach«, heißt es, »›Verborgen und versiegelt sind die Worte bis auf die Zeit des Endes. Es werden auserlesen werden und gereinigt und geläutert viele, und freveln werden Frevler, aber nichts verstehen all die Frevler; doch die Verständigen werden verstehen. Und seit der Zeit, dass eingestellt wurde das beständige Opfer, und aufgestellt der entsetzliche Greuel, sind 1290 Tage. Heil dem, der da harrt und erreicht 1335 Tage! Du aber, Daniel, geh dem Ende zu, und du wirst ruhen, bis du auferstehst zu deinem Erbteil am Ende der Tage.‹«

Aus Sicht der alttestamentlichen Forschung stellt die Apokalyptik die letzte Machtfrage und beantwortet sie eindeutig, und zwar im Sinne des Monotheismus: Gott im Himmel hat die Macht, keineswegs haben sie die Könige dieser Welt. Das ist, um mit Georg Steins, Professor für Biblische Theologie des Alten Testaments in Osnabrück, zu sprechen, der harte Kern des biblischen Gottesglaubens als universales, ideologiekritisches Programm. Dieser Glaube ist von Anfang an durch und durch politisch, und nicht nur in der Konsequenz. Als Endzeit-Schrift, so Steins, halte das Buch Daniel die zentrale biblische Botschaft fest: Die Welt ist in der Hand des Gottes, der als König über allen Königen nichts anderes will denn Gerechtigkeit.

Letztlich ist die Apokalypse des Johannes das Buch einer gleichermaßen radikalisierten Zerstörung wie radikalisierten Hoffnung. Und doch mutet sie wie ein Fremdkörper am Ende des Neuen Testaments an, wirkt am Ende dieses völlig vergeistigten, geradezu intellektualisierten Testaments mit ihrer ungeheuerlichen Bildkraft geradezu wie ein Pfahl im Fleische, wie ein Rückfall in die primitiven Zorn- und Wutphantasien des Alten Testaments. Sie funktioniert wie ein schlechter Traum, ein Alptraum, wie das nokturne Splattermovie eines von seiner Primitivität tags darauf womöglich erschreckten Sadisten mit Weltherrschafts- und also Zerstörungsphantasien in Form schlichtester Straf-, Rache- und Wutvisionen. Eine in höhere Moralität gekleidete Sublimation im Sinne der Bergpredigt ist dort schwer hineinzuinterpretieren. In der Offenbarung offenbaren sich schlichte Dämonenfurcht, Volksglaube, Volksangst, Mythenangst, bricht sich, freudianisch gesprochen, genau das Bahn, was durch das Neue Testament geläutert werden sollte: die Gewaltphantasien und die Todessehnsucht im Kellergeschoss der menschlichen Seele, als ewige Wiederkehr des Verdrängten. Hatte sich nicht Gott selbst für die Menschen geopfert, um den Rachezyklus zu unterbrechen? Waren nicht das die grandiose Botschaft und Leistung des Evangeliums? Und wirken andererseits aber die hemmungslos ausagierten Zornphantasien nicht geradezu psychodynamisch, entlastend?

Nach all der geistvoll veredelten Menschlichkeitsphilosophie des Neuen Testaments zwingt die Johannes-Offenbarung den Leser, sich am Ende nochmals auf das Rohe, Wüste, Brutale, Grausame einzulassen, auf die grausame Bilderwelt, die jenen, denen die Liebesbotschaft, die philosophische Sanftmut der Evangelien Hoffnung gab, ins Herz stoßen muss. All das könnte wie ein Rückfall in die Simplizität des Alttestamentlichen wirken: das Gericht eines zürnenden Allmächtigen über die Verkommenheit der Menschen, der Feuer wirft und Sodom und Gomorrha vernichtet.

Doch am Ende steht Trost und Hoffnung. Die Johannes-Offenbarung ist ein Buch an die Bedrängten, angesichts des Leids den

Glauben nicht zu verlieren, nicht zu resignieren, sich vor dem Bösen nicht aufzugeben. Im Eigentlichen wurde die Offenbarung als Stärkungs-, ja als österliche Erbauungsschrift für Christen in der Bedrängnis geschrieben, denen das Versprechen verheißen wird, dass am Ende die Bedränger bestraft werden, dass der gerechte Gott Ordnung schaffen und die Gerechten erlösen wird.

Man könnte zusammenfassend sagen: Über ihre beiden Apokalypsen von Daniel und Johannes verhandelt die Bibel ihr zentrales Thema: Wo bleibst du, Gott? Wer bist du, Gott? Johannes jedenfalls liest das Alte Testament auf Christus hin, oder andersherum: Er liest Christus in das Alte Testament hinein und ruft zur finalen Entscheidung auf. Womöglich hat es die Offenbarung deshalb seit jeher schwer gehabt. Ihre Gegner reichten von den Kirchenvätern über Erasmus von Rotterdam bis zu Martin Luther. Die einen verstanden sie schlichtweg nicht, die anderen ahnten Interpretationsprobleme voraus, die Dritten wollten oder konnten sich nicht vorstellen, dass der richtende Gott am Ende des Neuen Testaments wiederum der zornig wütende des Alten ist. Der barmherzige und vergebende Gott hat im apokalyptischen Furor des Vernichtens und Zerstörens, der Feuersbrunst und Eruptionen keinen Platz.

Warum die Offenbarungsschrift dennoch in den neutestamentlichen Kanon aufgenommen wurde, ist bis heute nicht definitiv geklärt – vermutlich aus kompositorischen Gründen, da am Ende des Alten Testaments die andere Apokalypse, das Buch Daniel, plaziert ist.

Die Botschaft der Apokalypsen ist alles in allem unmissverständlich: Die Mischung aus Mut und Mahnung, aus manichäischem Entweder-oder, Licht oder Schatten, Gut oder Böse, evoziert eine finale Entscheidung. Lavieren geht nicht, nicht, wenn es um die Königsherrschaft Gottes geht. Die wohltuende Eindeutigkeit und unhintergehbare Dichotomie von Gut und Böse verfängt bei denen, die das Geschäft der Grautöne und Differenzierungen nicht beherrschen, satthaben oder als ungenügend empfinden.

Dem Drang zur Sensationalisierung und Superlativierung hilft die übermäßige Dämonisierung des Bösen in der Offenbarung enorm. Mit Feindesliebe hat sie nichts zu tun. Das Gute im Gewordenen zu sehen, passt nicht ins Verneinende der Offenbarung. Und das Bestehende zu affirmieren hieße, das Dämonische zu adeln, und die schlechte Gegenwart nur zu korrigieren, wäre ein Verrat am himmlischen Gericht. Nein, die Offenbarung verlangt Eindeutigkeit, eine Entscheidung, und zwar zweifelsohne die Entscheidung für das Gerechte (denn das Gute ist das Gerechte und das Gerechte das Gute), wider das Böse, wider den Schatten, das Schwarze, den Schwefel der Unterdrückung.

Und wann? Da apokalyptisches Denken immer bereits geschichtsphilosophisches Denken ist, ordnet das aktuelle Geschehen es in einen Zeitplan ein. Das ist deterministisch gedacht. Ohne Einbettung in die Geschichtlichkeit der Zeitläufte wäre jede Apokalypse ein müßiges Unterfangen. Die vernichtende Kritik an der Gegenwart zielt auf ein himmlisches Morgen, also bewegt sich apokalyptisches Denken auf der realen Zeitachse eines linear verlaufenden Prozesses, den sie auf spezifische Art und Weise deutet. Der Deutungshorizont des Weltuntergangs ist der Horizont der Morgenröte vor der Mutter aller Prophezeiungen: »Die Zeit ist nahe.«

Diese »nahende Zeit«, dieses »Bald«, bestimmt alles und lässt zugleich alles offen. Es verlagert das entscheidende Geschehen in die nahe Zukunft, ohne zu sagen, wann diese Zukunft anbricht. Die Apokalypse hält ein offenes Ende bereit, das der Leser in sein Leben hineinlassen soll, als nie endende Geschichte, angelegt auf Fortsetzung. Die Unbestimmtheit dieses »Bald« lässt einen immensen Spekulationsraum zu, wie auch das »Noch« der noch nicht erfüllten Zeit oder das »Wo?« des Ortes, an dem das Jüngste Gericht stattfinden wird. Etwas fehlt noch, ein bisschen, wann immer es vollendet sein wird.

Spekulationen sind immer das Geschäft von Interpreten und Deutern, und wer den Beginn der Schlacht verkünden kann, ist ein mächtiger Mensch. Also geht es den Apokalyptikern auch um eigene Macht, um Selbsterhebung und Geltung. Irgendwo auf der Zeitleiste markieren die Propheten einen Punkt, an dem die Menschheit ihrer Meinung nach steht. Von da an läuft es auf ein Ende zu, und dann folgt die große Diastase: der Bruch, der mit dem Endkampf verbunden ist, ehe der Messias seine Truppen auffährt, die große Schlacht geschlagen wird und am Ende alle Feinde besiegt sind. Dann ist sie da, die neue Welt, die neue Weltordnung, das Reich des Gerechten und Guten.

Letztlich erscheint es, als ob die Apokalypse eine Mischung aus Richten und Rechnen wäre: die Berechnung einer Zeit für den Beginn des Gerichts. Wo das Gericht stattfindet, weiß niemand außer dem Richter. Es könnte im Himmel hoch vollzogen werden, wo die Adler fliegen, oder unten auf Erden, darüber waren sich die Gelehrten seit der Frühscholastik uneinig. Interessant bleibt, dass sowohl Berechnung als auch das Gericht rein rationale Phänomene sind, die theologisiert werden. Die späteren christlichen Apokalypsen zum Beispiel arbeiten weit weniger politisch als vielmehr moralisch, um ihre eigenen Schäfchen anzuhalten, ein tugendsames Leben zu führen. Erdbeben, Fluten, Vulkanausbrüche, Plagen, Seuchen, Pestepidemien, Hungersnöte, Dürren, Überschwemmungen über all die Jahrhunderte hinweg werfen ja stets eine Frage auf: Wie lange wird er, der Erlöser, der Höchste Richter des Jüngsten Gerichts warten, ehe er eingreift und die Welt verwirft? Das ist die zentrale Frage einer damals neuen Religion, die in ihrem ganzen Selbstverständnis durch und durch apokalyptisch ist.

4. Betrachtung:
Das Christentum als apokalyptische Philosophie

Das Christentum ist von Anfang an eine apokalyptische Religion. Es ist organisierte Apokalyptik als politische Form. Sie erwartet einen Messias, der die Verhältnisse umdreht, einen *irdischen* König wohlgemerkt, keine himmlische Figur, die Frieden und Gerechtigkeit aufrichtet. Die gesamte Christologie gründet in der Prophezeiung einer alles verändernden Entscheidungsschlacht. Keine andere Religion, nicht einmal das Judentum, rechnet und arbeitet in dieser Weise mit einem Weltuntergang.

Wenn die gesamte christliche Theologie apokalyptisch grundiert ist, dann ist auch die gesamte christliche Zivilisation apokalyptisch durchtönt. Die Denkfigur der Apokalypse für das Christentum wurde zweifelsohne grundgelegt durch Johannes, den Offenbarer, den Seher, den Apokalyptiker.

Der einflussreichste Apokalyptiker aber war Jesus von Nazareth, etwa 65 Jahre vor Johannes. Jesu Reden und Handeln, sein Denken und Tun war auf die entscheidende Schlacht Gut gegen Böse ausgerichtet. Der genuin jüdische Glaube einer göttlichen Auserwähltheit des Volkes Israel hat über die Figur Jesus das apokalyptische Denken ins Christentum geschleust. Eminenten Einfluss auf Kultur und Wertvorstellungen bis heute hat dabei das Matthäus-Evangelium, das in hohem Maße spiritualisiert ist und die eschatologische Lesart der Jesus-Geschichte überliefert. So konnte die »Endzeitkategorie« zum fundamentalen Bestandteil des Neuen Testaments werden, welches wiederum fundamental für unser christliches Welt- und Menschenverständnis ist.

Ohne apokalyptisches Denken wäre der christliche Glaube seiner Bezugsquelle enthoben. Die höchsten Instanzen der Katholischen Kirche sind per definitionem Apokalyptiker: Wenn die

Päpste die Botschaft und Ethik von Jesus ernst nehmen, verfolgen sie das nahende Königreich Gottes, die Gottesherrschaft auf Erden, und sie brauchen die Apokalypse als geistige Arznei, als Allegorie, die den Weg zum Heil einerseits plausibel macht, andererseits Beginn und Methode offenlässt. Anders als das ebenso apokalyptisch imprägnierte Judentum ist das Christentum auf die Apokalypse, die offenbarte Offenbarung angewiesen – auf Wunder, Aberglauben und Mysterien, um seine Einzigartigkeit zu rechtfertigen. Würde die Erfüllung der Prophezeiung scharf, brutal und gewaltsam oder allmählich, schleichend geschehen?

Ein zweiter Johannes neben dem großen Seher Johannes ist der Spiritus Rector des Apokalyptischen. Man kann Jesus ohne den Täufer Johannes nicht denken. Der Täufer war ein charismatischer Asket, ein augenscheinlich mit Fellen behängter Bußprediger, der den Zorn Gottes verkündete und einen immensen Einfluss auf Jesus ausgeübt haben muss, zumal er, der Täufer, es war, der von vielen seiner Zeitgenossen als lang erwarteter Messias verehrt wurde. Sehr wahrscheinlich ist, dass Jesus bis zum Zeitpunkt seines eigenen Auftretens die radikalen Ansichten des Johannes geteilt hat, und ebenso wahrscheinlich ist, dass er eine Weile lang dessen Co-Täufer war – nicht in Galiläa, aber in Judäa. Das Wichtigste aber ist: Von Johannes übernimmt Jesus zum einen die Idee der Umkehr im Hier und Jetzt, zum anderen das apokalyptische Denken der entscheidenden Schlacht zwischen dem Guten und dem Bösen, zwischen Hell und Dunkel, zwischen Gott und Satan.

Sosehr die geistige Welt, in der die Judäer und Galiläer um 28 n. Chr. lebten, von Heilserwartungen und Heilsversprechen geprägt war, so desolat war die soziale, politische und gesellschaftliche Situation des Judentums seit langem: Was Jesus sagte, war keineswegs auf eine Region oder Ortsgemeinde beschränkt, nein, es war an ganz Israel adressiert. Und alles, was er sagte, geschah in apokalyptischer Absicht, mit Blick auf das Jüngste Gericht – was keineswegs auf die Vernichtung der gegenwärtigen Welt hinauslief, sondern auf etwas ganz anderes zielte: das Heil der Zukunft Israels. Und er tat etwas völlig Neues, Unerwartetes, Verblüffendes: Er bezog alle mit ein in dieses neue Israel, nicht nur die Juden, eben auch und gerade die Heiden, nicht nur die Deklassierten, sondern auch die Sünder, die Dirnen und Zöllner und die, die als unrein galten und seiner Ansicht nach nicht rein wurden durch rituelle Waschungen, sondern nur durch ihren Glauben. Das war das Neue an Jesus: dass sich einer in gleicher Weise allen Menschen zuwendet – im Bewusstsein, die entscheidende Wende habe bereits begonnen, jetzt, hier.

Unter all den anderen, die sich im Einzugsbereich von Messiaserwartung, Heilshoffnung, Ehre, Schande und Scham tummelten, trat da auf einmal jemand in der kompromisslosesten Art und Weise auf, mit unbeirrter Selbstsicherheit und unbeirrbarem Sendungsbewusstsein, und beanspruchte, die Vollmacht Gottes zu besitzen. So viel Hybris irritierte und verstörte – hier sprach ja doch ganz offensichtlich ein Mensch! Damit war in Galiläa, Samaria und Judäa eine völlig neue Tonart angeschlagen, etwas bis dahin ganz und gar Unerhörtes: dass da einer aus dem Nichts kam und behauptete, das so lang ersehnte Königreich Gottes breche durch ihn, mit ihm, mit seiner Person an.

Man weiß, dass Jesus in der zweiten Hälfte der 20er Jahre zum Jünger des Täufers wurde. Seine eigene Taufe durch Johannes, die Anfang des Jahres 28 stattgefunden haben könnte, ist der erste historisch verbürgte Auftritt Jesu in der Weltgeschichte. Johannes war einer der prophetischen Wandercharismatiker, wenngleich er nicht wanderte, sondern fest an einem Ort residierte. Wer die Umkehr durch Taufe vollziehen wollte, musste dorthin kommen: nach Bethanien, am Fuß des mythischen Berges Nebo, dem höchsten Gipfel des Ostjordanlandes, wo Gott seinem Propheten Moses einst das Land Israel schenkte und von wo aus den Autoren des Alten Testaments zufolge die Landnahme beginnt – kurz bevor der Jordan ins Tote Meer fließt, nicht weit entfernt von jener Stelle, an der die verfluchten Städte Sodom und Gomorrha gelegen haben sollen, am östlichen Ufer, einige Kilometer südlich, in einer phantastischen Welt aus zerklüftetem Sandsteinfels, wo noch heute nichts gedeiht und das Land weitgehend unbeseelt wirkt, am tiefstgelegenen Punkt der Erde, 400 Meter unter null.

Das schilfbestandene Becken von Bethanien war für Jesus der Ort seiner eigenen Umkehr. Die Taufe als symbolische Reinigung, das Untertauchen als Abkehr vom bisherigen Leben. Ohne Johannes ist Jesus nicht denkbar. Im Kreis von dessen Jüngern übernimmt Jesus Johannes' Idee der Umkehr im Hier und Jetzt. Warum er den Jüngerkreis verlässt, ist nicht bekannt. Er geht zurück nach Galiläa. Dass Herodes Antipas den Täufer wegen »politischer Provokation seiner Predigten« verhaften und hinrichten ließ, könnte Jesus als Beginn seiner Mission verstanden haben. Aber er macht einiges anders als der Täufer: Blieb Johannes starr am Jordan, wanderte Jesus umher. Mussten die Menschen zu Johannes kommen, ging Jesus zu den Menschen. Versprach Johannes das kommende Reich Gottes, verkündete Jesus bereits dessen Anwesenheit.

Die Apokalypse ist ein genuin jüdisches Motiv und also die Offenbarung das jüdische Erbe des Christentums: die Sehnsucht nach dem Messias, nach dem Königreich Gottes, nach dem Akt des Zerschlagens und Neubeginns, da die Juden endlich in Frieden würden leben können. Mit Jesu Auferstehung erstanden auch die Hoffnungen auf das messianische Heilsversprechen auf, dessen Wesen im unbestimmten Kommen liegt, dessen Grund aber die Apokalypse ist.

Das erste christliche Jahrhundert ist beherrscht von einer Naherwartung der Wiederkehr Christi, und da dieselbe bekanntlich ausblieb und zu großen Enttäuschungen der ersten Generation der Wartenden geführt hatte, spann sich die Hoffnung weiter fort. Dieses Weiterspinnen der Naherwartung erfüllte das Christentum der ersten sechs Jahrhunderte und grundierte die Tradition der Patristik, die Epoche der Kirchenväter Hippolyt, Eusebius von Caesarea, Gregor I., Hieronymus, Ambrosius von Mailand oder Augustinus von Hippo. Kein Kirchenvater, der nicht im Grunde seines Denkens Apokalyptiker war, was in besonderer Ausprägung bei Augustinus in seinem Hauptwerk Civitas Dei und bei Gregor I., dem Großen, der als bedeutender Papst in die Geschichte einging und 604 starb, zu studieren ist. Die Kirche als Institution, der Großteil ihrer Päpste und Gelehrten hat das apokalyptische Denken kulturfähig und traditionstauglich gemacht, so dass sich zusammenfassend sagen lässt: Das erste Jahrtausend des Christentums ist für das apokalyptische Denken der ganzen westlichen Kultur grundlegend. Die Quintessenz des Mittelalters ist auch die Matrix der Moderne. Johannes Fried, Professor für Mittelalterliche Geschichte der Universität Frankfurt am Main und ehemaliger Vorsitzender des Verbandes der Historiker Deutschlands, sagt ohne Umschweife: »Apokalyptik ist ein Moment, das unsere westliche Kultur ganz stark geprägt hat.«

Durch die Jahrhunderte hindurch gab es immer wieder Menschen, immer Männer, oft Begründer von Sekten, die sich als Messias ausriefen und das sofortige Ende der Welt vorhersagten. Fast alles, was dann geschah, konnte man als Beginn einer neuen Zeit apostrophieren – Revolutionen, die endzeitlich intoniert waren als Beginn einer neuen Ära, New-Age-Visionen, die immer eine eschatologische Dimension hatten, was sowohl kulturell vererbte Christentums-Prosa als auch wahrer christlicher Geist war und zu gleichen Teilen einfloss.

Dahin war die Vorherrschaft des Apokalyptischen erst mit der Reformation. Zwar dachte Luther selbst in apokalyptischen Kategorien, da erkannten die Protestanten den Antichrist im Papsttum. Die römisch-katholische Kirche reagierte auf die Reformatoren, Papst Paul III. berief zwischen 1545 und 1563 das Konzil von Trient ein, und man kam nicht nur überein, die lateinische Vulgata als verbindliche Bibelausgabe zu bestimmen, sondern auch die Apokalyptik in der Katholischen Kirche herunterzufahren, weswegen die Endzeit bis heute – notabene – kaum noch eine offizielle Rolle spielt. Ihre Macht hatte die Kirche ja nie mit reiner Apokalyptik, sondern immer mit Warnungen vor den Gefahren der Hölle entfaltet.

Ist am Ende die Offenbarung, das Ende der Zeit, das Ende der Welt, wie sie Bestand hat, nicht eine grandiose Selbstauslöschungsphantasie? Wenn im Furor der Auslöschung alles niedergeht, geht dann, nach dem totalen Bruch, nicht auch das einzelne Leben dahin? Dies ist die schwierigste Anfrage an die Apokalypse, die Synthesen, dialektische Übergänge nicht zulässt. Ob das apokalyptische Denken, wie es die Bibel vorschlägt, für heutige Verhältnisse brauchbar ist, ist die entscheidende Frage an den Exegeten und besten Kenner der Offenbarung. »Dem Apokalyptiker geht es um den kompletten System- und Ordnungswechsel«, antwortet Bernhard Heininger in seinem Büro in der Würzburger Universität, »denn mit allem, wie wir es bisher erfahren haben, soll Schluss sein. Im Grunde ist es das Ende der Geschichte.«

Und der Beginn der nächsten Geschichte. Die Reise in die theoretische und akademische Tiefenschicht theologischer Deutung des Alten wie Neuen Testaments mitsamt ihren beiden großen Apokalypsen war unumgänglich gewesen, um verstehen zu können, warum meiner These gemäß die Denkfigur vom Ende der Welt die gesamte westliche Zivilisation grundiert. Mir stand letztlich ihr gesamtes Sprengkraft-Potenzial vor Augen: Die Diastase, dieser revolutionäre Bruchpunkt, war die komplette Abschaffung des Alten wie auch die komplette Neuschöpfung des Neuen. Theologisch betrachtet, geschieht dies durch das Gericht Gottes. Säkular betrachtet durch den Akt des absoluten Umsturzes. Würde nur ein Stück vom Alten hinübergerettet, so wäre ja wieder ein Same für Mord und Totschlag im Neuen, dem himmlischen Zeitalter gepflanzt.

Vergangenheit
Das Ende der Welt als Fortschritt der Geschichte

5. Betrachtung: Geschichte als Geschichte der Weltuntergangsprophetien

Ich war auf meiner Reise durch den Herrschaftsbereich der Apokalypse an einem Scheitelpunkt der großen Parabel angekommen, der erste Thesen erlaubte, Thesen, die akademisch belastbar waren und ihren Reiz dadurch gewannen, dass man mit ihnen eine Traditionslinie in die heutigen Tage ziehen konnte. Natürlich ist es ein Leichtes, das apokalyptische Denken aus der Offenbarung des Johannes herzuleiten, und ein ebenso Leichtes ist es, dasselbe als gänzlich irrelevant für heutige Verhältnisse zu erklären – glaubt denn ernsthaft jemand anderes als mental labile Borderliner an den Weltuntergang?

Inwieweit die Figur vom Ende der Welt Patin für Hysterie in unsicheren Zeiten der Gegenwart sein würde, war noch nicht abzusehen; es musste, so war meine Vermutung, zu allen Zeiten ein kulturelles Muster geben, das apokalypsefähig war und stets abrufbar sein würde. Aber wie würde man das formulieren, ohne sich am Gewicht der Geschichte zu verheben? Oder würde man es gerade eben dadurch tun, dass man die Geschichte ihr eigenes Gewicht stemmen ließ?

Ich fuhr fort und kam meiner selbstgesetzten Aufgabe, den Endzeit-Schleier zu heben, in jenem Moment ein Stück näher, da mir klar wurde, dass das Ende der Welt eine Chiffre für die Furcht vor dem Ende meiner eigenen Welt ist, dass Endzeit- und Erlösungsphantasien in jedem Menschen angelegt zu sein scheinen wie seine Intuition des individuellen Anfangs und Endes, obwohl er beides, weder Anfang noch Ende, autonom steuern kann. Man kann ja über das Ende der Welt nicht sprechen, ohne seine eigene Vergänglichkeit zu reflektieren und die eigene Geschichtlichkeit in Raum und Zeit der jeweiligen Epoche zu verorten. Wie sonst sollte ich meinen subjektiven Erfahrungshorizont einer möglicherweise aus den Fugen geratenen Wirklichkeit zwischen Tschernobyl 1986 und Fukushima 2011 mit den Verheerungen der römischen Besatzer im Jerusalem des ersten nachchristlichen Jahrhunderts in Einklang bringen? Dass es einen Zusammenhang geben musste, schien immer klarer, zumindest *fühlte* es sich logisch an. Aber: Worin besteht er?

Die europäische, also die deutsche – und also meine eigene – Geschichte ist die Geschichte der christlichen Religion. Hier stimmt der bis heute beschworene Satz, geistige Grundlage unserer Zivilisation sei das Christentum. Wenn es also stimmt, dass die Texte der Bibel allesamt auf die finale Frage ausgerichtet sind, wie Leben möglich ist, da doch überall Tod droht – dann spitzt die Apokalypse diese Frage ja nur zu. Doch steht jede Apokalypse, wenn sie entweder das Reich Gottes prophezeit, eine Endzeiterwartung formuliert oder ein »himmlisches Jerusalem« auf Erden verspricht, vor einem gewaltigen Problem: der Zeitangabe. Zeit als solche gewinnt in der Apokalyptik eine eminente Wichtigkeit. Die Apokalypse stellt das Wie vor, aber nicht das Wann. Der Apokalyptiker weiß, dass und wie die Welt enden wird, aber nicht, wann ihr Ende beginnt. Diese Offenheit ermöglicht ein Raunen und Mystifizieren, ohne je einen Beweis antreten zu müssen. Die Beweislosigkeit ist für viele Menschen einer total rationalisierten Moderne, die ihre Schattenseiten allzu gern verdrängt, freilich ein Labsal: Nichts ist wohltuender als das Ungefähre, das einmal nicht exakt Begründete, zur Erfahrung Drängende, stets Nachprüfbare, für das man Verantwortung zu übernehmen hat. Wäre das die Matrix? Wäre das jenes kulturelle Muster: die Entlastung durch das Unbestimmte, zu allen Zeiten?

Die Geschichte der Geschichte prophezeiter Weltuntergänge ist bis zum heutigen Tag eine einzige Kette von falschen Vorhersagen, fehlerhaften Berechnungen, dubiosen Überlieferungen und absurden Berechnungen. Die Welt hat ihre Untergangsprophezeiung bekanntlich jedes Mal überlebt. Im Laufe der Jahrhunderte begegnen einem vage Vorhersagen und dezimal berechnete Prophetien, die sich – vom Standpunkt des heute bekannten Wissens aus gerichtet – als bare Idiotie erwiesen haben, vom Standpunkt der verfügbaren Mittel antiker oder mittelalterlicher Gelehrter hingegen nachvollziehbar scheinen. Es waren allesamt ebenso falsche wie irrige und auf Halbwissen beruhende Spekulationsfehlleistungen, meistens dergestalt, dass von Naturkatastrophen auf ein Strafgericht Gottes für die Sündhaftigkeit der Menschen in ihrer amoralischen Hybris und Unsittlichkeit kurzgeschlossen wurde.

Ausnahmslos alle, die sich an der konkreten Berechnung des Weltuntergangs versucht haben, sind offensichtlich gescheitert, denn es blüht und gedeiht, leidet und verdirbt die Welt in größter Ungerührtheit. Aber untergehen? Das will sie nie. Was demzufolge ebenso wenig endet wie die Welt, ist das verstörende Faszinosum, dass der menschliche Geist – vom Ausbleiben des Untergangs kaum kuriert und von der Wirklichkeit stets widerlegt – stets aufs Neue das Ende der Welt ins Auge fasst. Die jüngste Überhebung dieser Güteklasse fand in der gemeinsamen Kulturanstrengung von Esoterik und Medienindustrie statt, den komplizierten Kalender der Maya als Finis temporum zu deuten.

Die Irrtümer sind Legende. Sie vor allem ergeben ein Narrativ, das die Gegenwart erhellt, die Welt und das Leben verständlicher macht. Im Folgenden soll eine kleine Auswahl das Tapsige, Suchende und die um höchste Seriosität bemühte Vergeblichkeit der Anstrengungen selbst klügster Köpfe zeigen, stets gelesen mit dem Verweis auf die Möglichkeit, es handele sich beim Weltuntergang womöglich um eine Schimäre, die der menschliche Geist zwar ahnt, der menschliche Verstand aber nicht in den Griff bekommt.

Nach Berechnungen überaus weiser Männer (und im Übrigen niemals weiser Frauen) hätte seit jeher ungefähr alle paar Jahre der Antichrist auftreten und somit das Ende der Welt angekündigt werden müssen. Zahllos die Menge jener, die sich auf die Weissagung des alttestamentlichen Propheten Daniel stützten, es werde bis zur Wiedererrichtung der heiligen Stadt Jerusalem 70 Wochen dauern. Rechnete man, vertraut mit symbolischen Zahlenspielereien des nahöstlichen Kulturkreises, jeden Wochentag für ein Jahr, würde man das Weltende also innerhalb von 490 Jahren zu gewärtigen haben. Aber wann begannen jene 70 Wochen? Mit Christi Geburt? Und wann war dieselbe?

Man mag sich angesichts der kalendarischen Ungenauigkeit die Verzweiflung der ersten Apokalyptiker vorstellen, die den Zeitraum bis zum Ende der Welt zwar mathematisch korrekt bestimmen konnten, aber nicht wussten, wann dieser Zeitraum begann. Die ersten Versuche, das Ende der Welt zu datieren, hatten im Judentum begonnen und setzten sich im Urchristentum fort, bis zu den Kirchenvätern des dritten bis sechsten nachchristlichen Jahrhunderts, als etwa Hippolyt, der große, in Rom lebende Prophet, die Menschen lehrte, Christus sei im Weltjahr 5500 geboren, weshalb das Ende der Welt um 500 nach Christus zu erwarten sei – erstaunlicherweise also in Kürze. Karl der Große setzte die Fleischwerdung Gottes durch Jesus auf das Jahr 3952 an und erwartete das Gericht zwar wesentlich später, aber noch zu seinen Lebzeiten, wohingegen der Humanist Philipp Melanchthon, im Jahre 1532 lebend, das Ende auf 1930 berechnete und sich großzügig von der Hoffnung verabschiedete, dasselbe mitzuerleben.

Man kann die Weltgeschichte der vergangenen 2000 Jahre auf zweierlei Weise lesen: als Geschichte der Apokalyptik und der Erwartung des Untergangs zum einen, zum anderen als Geschichte der Berechnung dieses Untergangs, die zum Aufstieg in die höchste Rationalität führte. Die erste Lesart ist theologisch, die zweite naturwissenschaftlich. Die Apokalypse ist das geistige Scharnier, an dem sich Irrationalität in Rationalität drehte und beide Lesarten vereinigt. Die Angst vor dem drohende Ende der Welt, mit allem, was dazugehört – dem Erscheinen des Antichristen, dem Weltgericht, dem zweiten Kommen Christi, dem Tausendjährigen Reich, dem himmlischen Jerusalem –, war ein unerhörter Katalysator, ein Ferment gleichsam, das im Teig der kulturellen Evolution aufging und über die Zeit zu den exaktesten Wissenschaften geführt hat. Jene, die sozialkritisch argumentierten, bezogen sich nicht nur auf die Offenbarungen Daniels und Johannes', sondern vor allem auf das Vatizinium der Verderbnis, die neutestamentliche Weissagung des zweiten Briefs von Paulus an Timotheus, Kapitel 3: »Das sollst Du aber wissen, dass in den letzten Tagen werden gräuliche Zeiten kommen. Denn es werden die Menschen viel von sich halten, geldgierig sein, ruhmredig, hoffärtig, Lästerer, den Eltern ungehorsam, undankbar, gottlos, lieblos, unversöhnlich, Verleumder, zuchtlos, wild, ungütig, Verräter, Frevler, aufgeblasen, die die Lüste mehr lieben als Gott, die da haben den Schein eines gottesfürchtigen Wesens, aber seine Kraft verleugnen sie; solche meide.«

Vor allem im Mittelalter führte die Erwartung des nahenden Gerichts zu Spitzenleistungen der Forschung, man könnte mit dem Historiker Johannes Fried sogar sagen, die moderne Wissenschaft basiere geradezu auf der Endzeiterwartung, ja, mehr noch, der Aufstieg des wissenschaftlichen Geistes gründe im Untergang. Das Studium von Grammatik, Rhetorik, Dialektik, die Naturphilosophie, Meteorologie, Astronomie und Astrologie, die Suche nach der Weltformel, das mechanistische Weltbild Newtons – mit den Fortschritten der menschlichen Erkenntnis verstummte Gott und schrieb sein Finger, so Fried, »keine Zeichen und Figuren mehr an Himmel und Firmament, mit denen er zuvor zu den Menschen gesprochen hatte«. Die Wissenschaft konnte die Offenbarung nicht bestätigen und setzte sich mit ihrer Skepsis durch, und die Eschatologie, die Lehre des Weltgerichts, verlor ihren Schrecken. So lässt sich die Geschichte der Welt als eine Geschichte der Entmystifizierung des Apokalyptischen lesen – oder heutzutage wieder vielmehr als eine Remystifizierung des Entzauberten. Das, was bis heute geworden ist, ist auch deshalb geworden, weil die Angst vor dem Ende der Welt immer anwesend war. Somit ist der Umkehrschluss zulässig, die heutige Zivilisation und Kultur gründeten maßgeblich in der Angst. Wer die Gegenwart verstehen will, muss die Geschichte der Apokalypse auslegen und die Triebkräfte des Umgangs mit ihr studieren. Vom ersten nachchristlichen Jahrhundert an unterwarfen die Menschen ihr Leben der Eschatologie, und die Erwartung ihres Endes gestaltete seit jeher die Welt. Die Aussicht auf das rettende Heil motivierte und legitimierte das menschliche Handeln.

Ein kurzer Ritt auf dem apokalyptischen Gaul durch ein Jahrtausend Geschichte fördert das wenig erstaunliche Ergebnis zutage, dass Vorhersagen des Weltuntergangs mehr oder weniger explizit durch alle Zeiten hindurch stattfanden und größte Aufmerksamkeit generierten. Doch es gibt Unterschiede in der Drastik der Hingabe an die Wende der Welt – einige Jahrhunderte haben sich in besonders dezidiertem Maße dem Apokalyptischen verschrieben. Am schönsten wurde die Endzeiterwartung zu Beginn des 13. Jahrhunderts im Hymnus vom Jüngsten Gericht poetisiert, dem »Dies irae dies illa«, mutmaßlich aus der Feder des Franziskanermönchs Thomas von Celano:

> Tag der Rache, Tag der Sünden,
> Wird das Weltall sich entzünden,
> Wie Sibyll und David künden.
> Welch ein Graus wird sein und Zagen,
> Wenn der Richter kommt, mit Fragen
> Streng zu prüfen alle Klagen!
> Laut wird die Posaune klingen,
> Durch der Erde Gräber dringen,
> Alle hin zum Throne zwingen.
> Schaudernd sehen Tod und Leben
> Sich die Kreatur erheben,
> Rechenschaft dem Herrn zu geben.
> Und ein Buch wird aufgeschlagen,
> Treu darin ist eingetragen
> Jede Schuld aus Erdentagen.
> Sitzt der Richter dann zu richten,
> Wird sich das Verborgne lichten;

> Nichts kann vor der Strafe flüchten.
> Weh! Was werd ich Armer sagen?
> Welchen Anwalt mir erfragen,
> Wenn Gerechte selbst verzagen?
> König schrecklicher Gewalten,
> Frei ist Deiner Gnade Schalten:
> Gnadenquell, lass Gnade walten!
> Milder Jesus, wollst erwägen,
> Dass Du kamest meinetwegen,
> Schleudre mir nicht Fluch entgegen.
> Bist mich suchend müd gegangen,
> Mir zum Heil am Kreuz gehangen,
> Mög dies Mühn zum Ziel gelangen.
> Richter Du gerechter Rache,
> Nachsicht üb in meiner Sache,
> Eh ich zum Gericht erwache.
> Seufzend steh ich schuldbefangen,
> Schamrot glühen meine Wangen,
> Lass mein Bitten Gnad erlangen.

Das Mittelalter war über das Klischee der großen Düsterkeit hinaus in explizitem Maße eine Epoche des apokalyptischen Denkens. Die Angst vor dem nahenden Ende der Welt war allgegenwärtig, sie zu stimulieren eine Leichtigkeit. Niemand fühlte sich frei von Sünde und Schuld, was den göttlichen Zorn zu jeder Zeit zu rechtfertigen schien. Norbert von Xanten, Erzbischof von Magdeburg, gründete Anfang des 12. Jahrhunderts den Prämonstratenserorden in der Überzeugung, dass noch zu seinen Lebzeiten der Antichrist geboren werde; der heilige Franziskus von Assisi betete, predigte und wirkte ein Jahrhundert später in dem Bewusstsein, kurz vor dem Anbruch des neuen Äons zu leben. Die epochale Orientierung war auf Zeichensuche und Zeichendeutung eingestellt; allerorten wurden Anzeichen für die Nähe großer Gefahren entdeckt: Heuschrecken, Wolkengebilde, Polarlichter, aufflammende Sterne, Kometen, Planetenkonjunktionen, doppelköpfige Schafe, zweileibige Schweine, Pestilenzen, Krieg, Greuel, alles und jedes war ein Zeichen und wurde als Zeichen des nahenden Untergangs gewertet. Jedes Unwetter, jede Katastrophe wurde mit einer apokalyptisch imprägnierten Deutung verbunden. Zeichensuche und Zeichendeutung reichen bis weit ins 17. Jahrhundert hinein – die Fuggerzeitungen sind voll von Hinweisen auf Kometen und Springfluten.

Im mittelalterlichen Alltagsleben war alles Handeln ein Handeln für den Weltuntergang, alles Leben ein Leben für das Letzte Gericht, um sich für Tun und Unterlassen, für jeden Gedanken vor einem allwissenden, allmächtigen, über allem thronenden Richter zu verantworten. »Das Denken des Gerichts«, resümiert der Historiker Johannes Fried seine Recherchen, »wurde zu einem umfassenden Handlungsimpuls, forderte die Anspannung aller Kräfte.« Kurzum: Alles Leben und Sterben war von den Verheißungen der Endzeit durchsetzt.

Einer der Höhepunkte mediävaler Apokalyptik inkarnierte sich in Karl dem Großen, der sich exakt am ersten Tag des Jahres 801 zum Kaiser krönen ließ. Warum? Weil es kurz vor dem Jahr 800 verschiedene Hinweise darauf gab, mit dem Jahr 800 würde das sechste Jahrtausend seit der berechneten Entstehung der Welt beendet sein, was ja bedeutete, dass die Gesamtzeit, die der Welt zu ihrer Existenz zur Verfügung gestellt wurde, in Kürze erloschen sein und mit dem ersten Tag des siebten Jahrtausends nach Annus mundi etwas Neues beginnen würde. Karl der Große, ein veritabler Apokalyptiker vor dem Herrn, hat sich mit seiner Krönung weitsichtig an den Beginn des neuen Äons gesetzt. Heute würde man sagen: mit feinem Gespür für eine Symbolik der Macht. Nun aber vergeht der Jahresumschwung 800/801 ohne sonderliche Vorkommnisse, und was tut Karl? Er lässt seine Komputisten an seinem Hofe rechnen und entscheidet sich schließlich für einen anderen Zählmodus: nämlich den der hebräischen Zählweise, die ein ganzes Jahrtausend weniger aufweist.

Karl der Große mag ein endzeitpsychologisch außergewöhnliches Individuum gewesen sein, ihren großen Höhepunkt als Massenphänomen erreichte die Endzeit-Hysterie im Einzugsgebiet des Millennium-Wechsels von 999 auf das Jahr 1000, nachdem kurz zuvor der Halleysche Komet mit einem bläulich-weißen Schweif durch den Himmel geflogen war. Zu jener Zeit kursierte seit längerem eine sich rasch verbreitende Liste mit den Zeichen der letzten fünfzehn Tage vor dem Jüngsten Gericht, als da wären: Das Meer werde die Erde überfluten; das Wasser würde brennen; Blutregen würde auf die Erde niedergehen; Erdbeben würden die Erde aufwühlen; Berg und Tal würden verschwinden; Sterne würden vom Himmel fallen; der Weltbrand würde Himmel und Erde vernichten, und vor allem: Der Wahnsinn würde die Menschen ergreifen. Womit alles zugleich dem Niedergang geweiht wäre: Himmel, Erde, Meer, die soziale Ordnung und das gesellschaftliche Leben. Ein Jahrhundert später, um 1250, hörten sich – aus der Feder des französischen Gelehrten, Enzyklopädisten und Dominikaners Vincenz von Beauvais – die Zeichen vom Ende schon lebensnäher an: Zunahme der Ungerechtigkeit, Aushöhlung des Glaubens und der Liebe, die Streitsucht der Wissenschaft. Analogien zur spätmodernen Gegenwart drängen sich auf, und man hätte nach dem Fortschritt von Zivilisation und Moral zu fragen, zumindest danach, ob die Annahme der Endzeit eine ebenso große anthropologische Konstante ist wie des Menschen Hang zu Ungerechtigkeit, Liebeserkaltung und Zwist.

Die Jahrtausendgrenze war durch die Apokalypse selbst vorgegeben, da es bei Johannes hieß, der Satan werde tausend Jahre im Orkus gefesselt sein und nach tausend Jahren vom Engel entbunden werden. Die Berechnung des Jahres 1000 schwankte, aber man beließ es bei diesem Schwanken, weil das Berechnungsverbot der Wiederkunft Christi, den Evangelien gemäß, als Imperativ und vor allem wörtlich genommen wurde: »Von dem Tage aber und von der Stunde weiß niemand«, heißt es bei Matthäus 24:36, »auch die Engel nicht im Himmel, auch nicht der Sohn, sondern allein der Vater.«

Das bedeutet: Wann der große Zusammenbruch kommen und das Jüngste Gericht unmittelbar bevorstehen würde, war Herrschaftswissen von Gott, dem Vater, allein. Schon damals war man trickreich genug, göttliche Verbote einzuhalten, während man sie gleichzeitig umging, denn da der Wiederkunft Christi das Kommen des Antichristen vorauslag, würde zwischen dessen Auftauchen und dem Jüngsten Gericht eine unbestimmbare Zwischenzeit liegen. Das Erscheinen des Antichristen aufzuspüren und zu berechnen wiederum war *nicht* verboten, und so hielt man sich zwar ans Berechnungsverbot des Jüngsten Gerichts, um dann umso wilder den Beginn des Endzeit-Dramas zu bestimmen, in dem der Antichrist zu erwarten ist.

Wenn man die Weltgeschichte auf ihre Endzeit-Sensibilität ins Visier nimmt, ist das 11. Jahrhundert apokalyptisch betrachtet sicherlich eine der spannendsten Epochen, durch und durch ein Jahrhundert bedeutsamer endzeitfähiger Ereignisse:

- 1009 werden Grabeskirche in Jerusalem und Christi Grab durch Kalif Hakim zerstört.
- 1028 sorgt ein großer Blutregen an der Küste Aquitaniens für panikartige Furcht.
- 1066 erobern die Normannen England.
- 1071 erobern die Türken Armenien und Kleinasien, inklusive Syrien und des Heiligen Lands, während sich Papst und Kaiser streiten.
- 1095 ruft Papst Urban II. den ersten Kreuzzug aus.

Die Zeit war gefüllt mit Wundern, Propheten, Erdbeben, Stürmen und Finsternissen, die innerhalb der Heere und Kirchengemeinden Paniken auslösten. Einer der einflussreichsten Apokalyptiker aller Zeiten war dann der kalabresische Geschichtstheologe Joachim von Fiore, der in San Giovanni in Fiore einen neuen Orden gründete, dem er als Abt vorstand. An einem Ostermorgen zwischen 1190 und 1195 empfing Joachim während der Meditation über der Johannes-Apokalypse eine entscheidende Erleuchtung und berechnete durch das ihm offenbarte Wissen das Kommen des Antichristen. Die Historiker beschreiben den Abt als gebildeten, seinen Visionen folgenden Laien – mit großem Erfolg im Übrigen, wie Johannes Fried vermerkt, denn Fiore bewirkte tiefgreifende Umwälzungen: das Absterben der petrinischen Papst- sowie den Aufgang einer johanneischen Geistkirche. Nach Fiores Tod gewannen seine Ansichten einer allegorischen Schriftauslegung rasch große Anhängerschaft und gingen als »Joachimismus« in die Apokalypsegeschichte ein. Der Meister deutete den historischen Ablauf des Alten und des Neuen Testaments in heilsgeschichtlichem Sinn und unterteilte die Geschichte in drei Zeitalter: die Zeit des Vaters (Altes Testament), des Sohnes (beginnend mit dem Neuen Testament) und die des Heiligen Geistes. Letztere sollte von der »Intelligentia spiritualis« erleuchtet sein, die das himmlische Jerusalem ausfülle. Jenes dritte Zeitalter wird im Übrigen auch »Drittes Reich« genannt, dem die Ankunft des Antichristen vorausgeht, der von Fiores Anhängern in Kaiser Friedrich II. erblickt wurde. Joachim hatte das Ende des gegenwärtigen zweiten Zeitalters auf das Jahr 1260 datiert. Aber die Realität machte der Eschatologie einen gewaltigen Strich durch die Rechnung, als der Stauferkaiser im Jahr 1250 unerwartet – und vor allem zehn Jahre zu früh – verstarb. Damit waren alle Berechnungen hinfällig.

Täuschungen waren Enttäuschungen, und ihre Liste war lang. Sie wurde fortgesetzt durch den überaus einflussreichen Dominikanermönch und seinerzeit berühmten Theologen Johannes Quidort, der das Kommen des Antichristen für die Jahre 1356 oder 1368, vulgo das Ende der Welt für 1569 berechnet hatte. Martin Luther sagte den Weltuntergang dreimal voraus – 1532, 1538 und 1541. Als dies dreimal nicht eintrat, vermied er, klug geworden, jede weitere Angabe von Daten, blieb dem Konzept der Endzeit aber treu. So könnte man fortfahren, doch entscheidend ist etwas anderes: Wie wertete man zu allen Zeiten die Anwesenheit des Schlechten, des Bösen, des Niederträchtigen? Wodurch war Leid gerechtfertigt, da doch der Allmächtige vollendete Güte versprach? Warum musste man so lange auf diese Güte warten? Zu welchem Zweck? Aufgrund welchen strafwürdigen Fehlverhaltens?

Es gab zu allen Zeiten freilich wenig Grund, den Untergang nicht anzunehmen – die Zeichen des Apokalyptischen waren eindeutig: Kriege folgten auf Kriege, Nationen bekämpften Nationen, Armut wuchs ebenso wie die Angst vor dem Strafgericht Gottes für die sündige Menschheit. Kein Fürstenspiegel kam ohne Warnung vor dem Gericht aus, kein Kirchenbau ohne das Motiv des Jüngsten Gerichts, kein Stundenbuch ohne Schreckensszenarien. Die Welt schien verdammt zu sein, und die großen Künstler-Visionäre Bosch, Breughel, Dürer und Cranach der Ältere malten und schnitzten die unausweichliche Verdammtheit des Menschen in einen ewiggültigen Kanon oder schufen Ikonen jener babylonischen Hure, die auf dem Drachen reitend die Endzeit vorbereitet.

Das Warten auf die zweite Ankunft Christi hatte immer schon begonnen, doch er kam nicht. Er kam bis heute nicht. Die Erwartungshaltung öffnete Phantasie- und Spekulationsräume, die jedes Jahrhundert auf seine Weise gefüllt hatte. Gegen die mittelalterliche Dunkelheit der Vernichtung und Verdammnis setzten die Gelehrten, Maler, Dichter und Philosophen der Renaissance hingegen auf das Licht, die Helligkeit, die Wiederkunft des Textes, der Kunst, der antiken Weisheit – auf die Neuschöpfung der Welt, einen neuen Weltzyklus nach dem Verenden des alten Jahres, auf den schöpferischen Neubeginn nach den Sintfluten und Weltbränden, dem Feueruntergang, dem Weltenbrand, der Wiederherstellung der natürlichen Ordnung des Planetensystems in Gegenwart des Humanismus. Beim Renaissance-Philosophen Giovanni Pico della Mirandola findet sich die humanistische Kategorie der Würde des Menschen und seiner Willensfreiheit verbunden mit dem kommenden Tag des Gerichts. Amalgamiert werden die Prophezeiungen der hebräischen Kabbala, der christlichen Theologie des Mittelalters mit der sehr elitären Vorstellung einer Offenbarung göttlicher Geheimnisse an einige Auserwählte.

Christoph Kolumbus zum Beispiel war ein Kind seiner Zeit und fasziniert von der Vorstellung eines nahenden Weltendes – ebenso wie er neugierig auf eine Antwort war, warum sich das Gericht verzögerte. Er erwartete das Ende der Welt von ihm aus gesehen in 155 Jahren und bezog sich auf die Berechnungen von Alfons X. von Kastilien, genannt der Weise, aus dem 13. Jahrhundert – damals König von Kastilien und León und Gegenkönig des Heiligen Römischen Reiches. Kolumbus, angeblich, wie manche vermuten, ein Jude, der im Dienste des katholischen und antijüdischen Königshauses von Spanien sein Judentum geheim gehalten hatte, war ein Missionar, der die Evangelien und das apokalyptische Denken nach Lateinamerika brachte. In San Salvador angekommen, trug er die Idee Gottes und die Botschaft der Rettung westwärts und hoffte, mit dem Gold der Indianer die Mittel bereitzustellen, derer es bedürfe, Jerusalem zu befreien und den Tempel wieder zu errichten. Das Paradies fand er bekanntlich nicht, bot Europa aber eine andere, eine neue Welt an. Die Eroberung Amerikas und die Konvertierung der Ungläubigen, der Eingeborenen zugunsten Gottes (und der spanischen Krone) kann leicht als millenaristische Mission verstanden werden, zumal Spanien von einigen franziskanischen Mönchen als das Neue Israel identifiziert wurde.

Der Ruhm des provençalischen Pest-Arztes, Apothekers, Astrologen und Sehers Michel de Nostredame, kurz: Nostradamus, ist im apokalyptischen Denken begründet. Seine »Centurien« genannten prophetischen Gedichte aus dem Jahr 1555 sind allesamt Visionen von Leid und Verwüstung. In seinen ab 1550 jährlich veröffentlichten »Alamanachen« wurden die Prophezeiungen für das kommende Jahr abgedruckt. Für das Jahr 1559 sagte er beispielsweise »Tod, Ruin, Elend und Vertreibung der Feinde von Christus' Kirche« voraus, und berühmt wurde er zu Lebzeiten mit seinen vier »Centurien«, bestehend aus dreimal 100 und einmal 53 »Quatrains« genannten Strophen aus jeweils vierzeiligen Versen; legendär ist die Strophe 53 der ersten Centurie:

> Der junge Löwe wird den alten besiegen,
> Auf dem Schlachtfeld in einem einzigen Duell:
> Im goldenen Käfig wird er ihm die Augen ausstechen,
> Zwei Flotten/Armeen einig,
> dann wird er einen grausamen Tod sterben.

So geschah es. König Heinrich II. erlag seinen Verletzungen, die ihm am 30.6.1559 im Turnierzweikampf bei der Feier des Friedens vom Grafen Montgomery mit stumpfen Waffen zugefügt wurden. Wenig später publizierte der schottische Mathematiker und Naturgelehrte John Napier, Laird of Merchiston in der Nähe von Edinburgh, die Schrift »A plaine Discoverie of the whole Revelation of St. John«, in der er – dem späteren König von England James I. gewidmet – den damaligen Papst Clemens VIII. als Antichristen denunzierte und den Tag des Gerichts entweder für das Jahr 1688, wie das Johannes-Evangelium, oder nach dem Buch Daniel für 1700 vorhersagte.

Und so ging es fort. Für den 28. April 1583 hatten Astrologen das Ende der Welt prophezeit, weil sich Jupiter und Saturn kreuzten, und vor der Vollendung würde ein gigantischer Wind entstehen und den Ausbruch noch nie da gewesener Katastrophen und Unheil anzeigen. Das geschah kurz nach der Behauptung des Heliozentrismus durch den Astronomen Nikolaus Kopernikus, jene gigantische Wende der wissenschaftlichen Betrachtung der Welt, die kurze Zeit später Galileo Galilei bestätigte. 1664 kam der Große Komet, seine Nachfolger erschienen 1665 und 1666, in jenem Jahr, in dem der Große Brand London an vier Tagen im September fast vollständig zerstörte. 1709 interpretierte John Trenchard in seiner Abhandlung »Natural History of Superstition« Apokalyptizismus psychologisch, gar soziologisch, und erkannte wie sein Zeitgenosse, der Moralphilosoph und Philanthrop Earl of Shaftesbury Anthony Ashley-Cooper, dass vor allem in Zeiten, wenn der Geist der Menschen schwach sei, Naturkatastrophen wie Stürme und Erdbeben oder andere erstaunliche Wunder geschehen.

Und inwieweit unterschied sich Glauben von Aberglauben? Wo fängt das »Aber« des Glaubens an, wo hört es auf? Erst im 19. Jahrhundert mit seinen vorherrschenden Philosophien des Säkularismus vermochten Wissenschaft, Technologie und Bildung, den Aberglauben zu marginalisieren oder gar zu vertreiben. Natürlich muss man fragen, ob nicht auch die Wissenschaft ein Aberglauben, mithin ein Glaubenssystem aus Axiomen, Theorien, Setzungen ist, das nur durch sich selbst zu beweisen ist.

Selbst mit der Aufklärung, die einen weltgeschichtlichen Säkularisierungsschub bedeutet, verschwinden die Elemente des Apokalyptischen nicht gänzlich, im Gegenteil: Sie überleben im kollektiven Gedächtnis, als kulturelles Erbe christlicher Zivilisation und Prägung. Von ihren religiösen Deutungen befreit, wurden christliche Heilsvorstellungen einer friedlichen Ordnung durch den gerechten Gott in der Moderne säkularisiert. Mit der Hoffnung, dass am Ende der Geschichte ein demokratisches Friedensreich stehe, waren schließlich die Aufklärer angetreten, deren Optimismus, durch Verwissenschaftlichung käme es zu einer moralischen Zivilisierung der Menschen, von den Idealisten übernommen und im 19. Jahrhundert ins Proletarisch-Kommunistische gewendet wurde. Auf der anderen Seite derselben Münze aber stand die schlimmste Barbarei einer Diktatur, wie etwa der Guillotinen-Terror der Französischen Revolution, der mit Entsetzen als Rückfall betrachtet wurde. Und kein Geringerer als der Hohepriester des sozialen Gemeinwesens, Jean-Jacques Rousseau, hatte die These, der technische Fortschritt sei zugleich ein moralischer, stets verneint.

Die Erfahrung einer düsteren Dialektik in Terror umkippender Revolutionen macht die Moderne wiederholte Male – mit dem Resultat heilsgeschichtlicher Unerfülltheit, woraufhin enttäuschte Utopisten sich in apokalyptischen Vorstellungen ergingen. Die Erfahrungen des Ersten Weltkriegs etwa, dessen katastrophische

Wirkung auf die Menschen man sich viel verheerender und Illusionen zerstörender als jene des Zweiten Weltkriegs vorzustellen hat, ließen die wildesten Endzeitvorstellungen erblühen. Nach dem hehren Fortschritts- und Demokratieglauben rannten die Menschen in einen Gaskrieg mit Schrapnell-Geschossen, ein Unheil, das sich vorher niemand vorstellen konnte. Die unglaublichen Kriegserfahrungen durch jene zum ersten Mal generalstabsmäßig tötenden Vernichtungstechnologien wurden vielfach als Erfüllung der Endzeit betrachtet – ohne heilsgeschichtlichen Aspekt freilich, nur noch als das große Armageddon und ohne jedwede tröstliche Implikation. Nach beiden Weltkriegen gab es Serien mythologischer Bilder der Apokalypse, die eins zu eins auf den Krieg übertragen wurden. Aber das war in erster Linie ein europäisches Spezifikum – das Aufflackern eines neuronalen Geflechts im kollektiven Gedächtnispalast der Alten Welt, das über Jahrhunderte hinweg tradiert, fortgepflanzt, den neuen Generationen durch Kirche, Glaube und Kunst anerzogen worden war und durch wüste Selbstauslöschung dem weitestgehend unschuldigen, unbeschädigten Endwelt- und Endzeitglauben in der Neuen Welt dramatisch unvereinbar gegenüberstand.

Was den Kontinentaleuropäern ihre Apokalypse war, ist den protestantisch prädisponierten Angelsachsen in England und den USA der Millenarismus. Vor allem die Vereinigten Staaten von Amerika waren von Beginn ihrer Gründung an ein Sammelbecken von Eschatologen, Apokalyptikern und Millenaristen. Ohne weiteres lässt sich das legendäre amerikanische Sendungsbewusstsein aus dem Endzeitdenken destillieren, und auch der missionarische Eifer und das evangelikale Pathos, mit dem das Land bis heute Außenpolitik betreibt und sich selbst als »God's own country« auslegt, lassen sich, so sehe ich es, zu einem beträchtlichen Teil auf diesen christlichen Millenarismus zurückführen, der diese dem Judentum stets geneigte, dem islamischen Kulturkreis fundamental skeptisch gegenüberstehende Weltanschauung erklärt.

Der Millenarismus lässt sich dem rumänisch-amerikanischen Historiker Eugen Weber zufolge in Vor-Millenaristen und Post-Millenaristen differenzieren. Erstere erwarten zuerst die Rückkehr Christi und wollen danach die Gesetze des Millenniums aufsetzen; Letztere glauben, Christus komme erst zurück, nachdem die Kirche eine Millenniums-Herrschaft bereits etabliert habe. Für Erstere kommt das Königreich Gottes abrupt, gewaltsam, ohne großes Zutun der Menschen, auf eine unreformierbare Welt, die immer schlechter würde. Für Letztere können menschliche Taten und gesellschaftliche Reformen den Fortschritt in Zielrichtung eines messianischen Königreichs beeinflussen.

Millenaristische Ideen bezogen sich stets auf Verlust, Mangel, Protest und die Sehnsucht nach einem radikalen Wechsel. Diese Betonung moralischer Verantwortung und das Bewusstsein für Sklaverei, Armut, Prostitution und Alkoholismus hatten, so resümiert Weber, großen Einfluss auf Amerikaner, sich und ihre Nation zu reformieren. Beide Richtungen, Prä- wie Post-Millenaristen, missionierten, evangelisierten, drängten zur Bekehrung und wollten für das zweite Kommen Christi möglichst viele Seelen retten. Die Mystiker und Pietisten, die Oweniten und die aus dem Quäkertum hervorgegangenen Shaker des 18. und 19. Jahrhunderts erwarteten die nahe Wiederkunft Christi und den Himmel auf Erden. New England und New York, die Ostküste der USA, waren voll von Visionären und Klerikern, die das Millenarium erwarteten. »Amerika«, befand der amerikanische Literaturwissenschaftler Ernest Sandeen auf der Suche nach den Wurzeln des Fundamentalismus, »war trunken vor Millenarismus«.

Eine der größten Enttäuschungen hinsichtlich apokalyptischer Irrungen und Wirrungen in Amerika ereignete sich in den 1840er Jahren, als die Mormonen westwärts zogen. Ihr Führer, der Prediger William Miller, war gerade vom Deismus zum Baptismus konvertiert, hatte eifrig die Bibel studiert, ihre Codes und Zahlenspiele kalkuliert und war im Jahr 1833 Kirchenlehrer geworden. Drei Jahre später hatte er seine Schlussfolgerungen über die

Wiederkunft Christi veröffentlicht und prophezeit: Im März 1843 sei es so weit. Als nichts geschah, schob er das Kommen Christi auf den 20. Oktober 1844. Hunderttausende warteten auf das angekündigte Ereignis, schlossen ihre Stores, gaben Tiere fort und alles Geld aus, doch auch jetzt geschah nichts. Die Enttäuschung über das Ausbleiben des Untergangs war so gross, dass die gesamte Millersche Bewegung in sich zusammenbrach und viele der Adventisten zum Shakerismus übergingen. 17 Jahre später begann der amerikanische Bürgerkrieg, für die damalige Zeit durchaus ein apokalypsefähiges Ereignis; und als Alfred Nobel wenig später das Dynamit entdeckte, wurde das Jahr 1866 zum Jahr des Antichristen erklärt. Hatte Miller recht?

Vor allem im 19. Jahrhundert, als sich in der westlichen Welt eine Renaissance des apokalyptischen Denkens vollzog, radikalisierten sich die Endzeit-Erwartungen in den USA. Im amerikanischen Evangelismus des 19. Jahrhunderts, dessen Nachwirkungen noch im heutigen Amerika zu spüren und aufzufinden sind, verschmolzen millenarische Haltungen und die Idee einer perfekten, auf christlicher Ethik und Heilsversprechen basierenden Gesellschaft. Man erwartete die Wiederkunft Christi stündlich, und Apokalyptiker wie der einflussreichste Erweckungsprediger der postmillenarischen Bewegung, der Theologieprofessor Charles Grandison Finney, hofften auf göttliche Gnade insofern, als jene Mitglieder der Gesellschaft, die ihr diesseitiges Leben Gott widmeten, für die Vollendung bestens präpariert seien. Das Ende war nah, stets, aber nicht vorhersagbar. Der Konjunktivismus war die wirkmächtigste Präfiguration eines moralisch auf den Untergang der Welt ausgerichteten Lebens: Das Ende der Zeit könnte mit dem Ende der Dekade zusammenfallen. Man weiss es nicht sicher. Aber kann denn falsch sein, was in der Bibel stand?

Sehr interessant mutete diesbezüglich die Perspektive des selbsternannten Adventisten Charles Taze Russell aus Pennsylvania an, der verlauten liess, die Wiederkunft Christi habe bereits stattgefunden, und zwar 1874, so dass im Jahr 1878 die wahren

Gläubigen einen Wechsel vom fleischlichen zum spirituellen Körper zu erwarten hätten (was aber rasch von 1878 auf 1881 verschoben, schließlich ganz fallengelassen wurde), und weiter, dass sich die Königsherrschaft Gottes auf Erden im Jahr 1914, nach der großen Schlacht von Armageddon, materialisieren würde. Der Europäer staunt nicht schlecht über jene einigermaßen skurril scheinende Prophezeiung, brach in jenem Jahr bekanntlich der Erste Weltkrieg aus.

Russells Nachfolger Joseph Rutherford schob das Datum des Untergangs erst auf 1918, dann auf 1925 und war absolut sicher, dass die Generation der damaligen Zeit die große Schlacht noch erleben werde. Die Endzeit-Bewegung, die durch Russell und Rutherford entstanden war, nannte sich Wachtturm und wurde 1931 zu den »Zeugen Jehovas«, einer der großen apokalyptischen Sekten, deren Vertreter noch heute in jeder größeren und kleineren deutschen Stadt um Anhänger werben.

Die klassischen Endzeit-Sekten haben gelernt, dass konkrete Aussagen stets Schiffbruch erlitten haben. Vor allem die Neuapostolische Kirche operierte jahrelang mit festen Daten, scheiterte und verlor Glaubwürdigkeit. Der Stammapostel der Neuapostolen etwa, Johann Gottfried Bischoff, verkündete seit 1951 die Wiederkehr Christi zu seinen Lebzeiten, was jegliche Apostelttätigkeit überflüssig machen würde. »Ich bin der Letzte«, sagte Bischoff, »nach mir kommt keiner mehr. So steht es im Ratschluss unseres Gottes, so ist es festgelegt, und so wird es der Herr bestätigen!« Noch einen Tag vor seinem Tod Anfang Juli 1960 hielt der 89-jährige Bischoff an der Verkündung fest, er werde nicht sterben, bevor Jesus wiederkehre. Es kam anders. Als Bischoff nach dreißig Jahren geistlicher Führerschaft an einem Mittwoch die reale Erde verließ, hieß es am darauffolgenden Sonntag im Gottesdienst, Gott habe seinen Ratschluss geändert. Ein neuer Stammapostel wurde eingesetzt, die Kirche verlor Mitglieder im sechsstelligen Bereich und spaltete sich. Klassische Endzeit-Organisationen sind in starkem Maße personengebunden. Der Führer (oder die Führung) gilt als Offenbarer Gottes, sein Wort als

75

Konstitutivum der gesamten Kirche. Nicht nur an den Austritten der Mitglieder oder der Ablehnung durch große Teile der Bevölkerung lässt sich ermessen, dass klassische Führer-Sekten mit Endzeitvisionen dieser Tage nur noch einen kleinen Teil der Apokalypsewilligen ansprechen.

Nachdem diverse Bibel-Konferenzen keinen Aufschluss über das genaue Datum der Wiederkunft Christi gegeben hatten, publizierte der Theologe Cyril Ingerson Scofield im Jahr 1909 kurzerhand eine neue Version der Heiligen Schrift – nicht mehr jene alte, bis dato gültige aus der König-James-Zeit wurde benutzt, sondern eine mit Anmerkungen im prämillenarischen Stil versehene, sogenannte »Scofield Reference Bible«, die zu einer der meistverbreiteten wurde. Sie lehrt die Idee des sogenannten Dispensationalismus, der in den USA erheblichen Einfluss hatte. Dem dispensationalistischen Denken zufolge ist die Heilsgeschichte ein Prozess von Zeitaltern, innerhalb derer Gott mit den Menschen auf jeweils unterschiedliche Weise umgeht, das heißt: Das Schicksal des Menschen ist nicht determiniert, sein *Verhalten* ist entscheidend. Scofields Anmerkungen zum Bibeltext Ezechiel 38 etwa sagten voraus, dass Russland in der Schlacht von Harmagedon eine große Rolle spielen würde. Das kann man – es war ja 1909 – hellsichtig, weise oder von göttlichem Odem beseelt finden, jedenfalls hat die Geschichte dem Sektenführer recht gegeben.

Nachdem die »World Christian Fundamentals Association« 1919 gegründet worden war, wurden aus den Millenaristen schließlich Fundamentalisten. Sie sickerten ein in die Erweckungsbewegungen des 20. Jahrhunderts, das diverse Level und Steigerungsformen des Apokalyptischen erlebte und endweltlich eingeleitet wurde durch die hysterische Aussicht darauf, dass sich das Omen eines Desasters erfüllte. 1910 hatte die Zeitschrift Harper's Weekly eine Zeichnung mit dem Titel »Warten auf das Ende der Welt« veröffentlicht.

Was war passiert?

Noch nichts, aber es nahte der Halleysche Komet. Wild wurde

phantasiert, der Komet gezeichnet, auf Postkarten verewigt, und dieser Hype verursachte einen vorher nie da gewesenen Level an Massenpanik. In London sagte General William Booth von der Heilsarmee die totale Zerstörung durch Wasser und Feuer voraus, in Paris sah die notorische Wahrsagerin Madame de Thèbes das Schicksal der Menschheit befleckt von Blut und prophezeite einen bevorstehenden Finanz-Crash, und deutsche Postkarten titelten: »Weltuntergang am 18. Mai.« Immerhin starb am 6. Mai urplötzlich der englische König Edward VII. – nach merkwürdigen Wettern ...

Angeblich beinhaltete der Kometenschweif ja das Giftgas Dicyan, das, mit Wasserstoff gemischt, Blausäure ergibt und den sofortigen Tod nach sich zieht. Die Angst vor der Kollision des Kometen mit der Erde führte folglich zu einem prächtig florierenden Geschäft mit Gasmasken, Flaschen mit Atemluft, ja sogar mit »Kometenpillen«. Eine Zeitzeugin gab später zu Protokoll: »Der Halleysche Komet stand am Himmel, es herrschte Weltuntergangsstimmung. Aber mein Vater sagte: ›Erst einmal abwarten, wenn wir sterben, dann sterben wir ja alle.‹«

Zwar musste die Erde tatsächlich durch den 1910 ungewöhnlich langen Schweif des Kometen, doch obwohl man ihn, als er der Sonne am nächsten war, in der Morgendämmerung mit bloßem Auge sehen konnte, bestand zu keiner Zeit Gefahr. Als der Komet am Morgen des 19. Mai schadlos vorübergeflogen war, so wird berichtet, gingen in Frankreich die Massen auf die Straße und tanzten vor Glück.

Was mit dieser noch jungfräulichen Mischung aus medial befeuerter Magie, christlicher Straffurcht und szientistischer Neugier begann, wuchs sich im Laufe dieses Jahrhunderts der Extreme zu einer modernen Form der Endzeit-Vision aus: der, sozusagen, kometenhaften Selbstzerstörung. Mit der Zunahme technischer Möglichkeiten auf der einen, daraus resultierender Umweltverschmutzung auf der anderen Seite, mit immer effektiverer Vernichtungstechnologie hier, ideologischer Frontbildung dort, mit der Zunahme der Weltpopulation einerseits, der Ausbeutung der Ressourcen andererseits arbeitete die Menschheit immer stärker an den Vorbedingungen ihres eigenen Verlöschens, weshalb das 20. Jahrhundert für apokalyptische Szenarien beste Voraussetzungen bot. Nach zwei Weltkriegen, diversen Regionalkriegen, der Vorherrschaft des Atomaren und des Kalten Krieges breitete sich im Westen ab den 1960er Jahren eine Stimmung aus, die der Historiker Eugen Weber wie folgt beschreibt: »Das Rinnsal apokalyptischen Vorhersagen schwoll zu einer Flut an. Es blühten die Prophezeiungen.«

Man suchte das Biest und den Antichristen und fand beides wahlweise in Kommunismus, Kapitalismus, Kommerzialismus und später auch im Computersystem der Europäischen Gemeinschaft, ferner im Big Business, im globalen Handel, im Finanzsystem (dem Babylon der Epoche) sowie im Internet, diesem Satan. Anfang der 1970er Jahre insinuierten Wissenschaftler die Richtigkeit biblischer Prophezeiungen und millenaristischer Hoffnungen auf die Wiederkunft Christi, und in den 1980ern erlebte die Apokalyptik eine Renaissance und kam in Gelehrtenkreisen und moderner Kultur zu hoher Popularität. Sogar noch in den 1990ern erklärten Evangelisten, es wäre klug, sofort seine Geldgeschäfte zu regeln, denn »Christus wird nicht ärgerlich mit uns sein für unsere vorausschauende Planung.« Die »Juden-für-Jesus« sahen 1991 in Saddam Hussein den Antichristen und empfahlen dringend, über die Telefonnummer 900-4-MESSIAH weitere Informationen einzuholen; wenig später sagte die »Mission for the Coming Days« Verzückung, Entrückung und Freudentaumel für den Oktober des Jahres voraus, und Pkw-Aufkleber warnten: »Wenn Sie eine Trompete hören, halten Sie das Lenkrad fest!«

Allerorten wurden Enden verkündet: das Ende der Geschichte, das Ende des Subjekts, das Ende der Vernunft, und wer zu jener Zeit wollte, konnte sich über den Stand der Enden auf diversen Hotlines kundig machen, die unter anderem von den Anonymen Fundamentalisten eingerichtet wurden – angeregt durch einen Wall-Street-Broker und einen Wall-Street-Anwalt. Und als Anfang Januar 1994 im San Fernando Valley und im Los-Angeles-Becken die Erde mit Stärke 6,7 auf der Richterskala bebte – das schlimmste Beben in Südkalifornien seit 1769 –, sahen Wiedergeborene Christen darin das erste Zeichen des zweiten Advents. Typischerweise ist der Glaube an die Wiederkunft Christi der entscheidende Teil fundamentalistischer Theologien (so auch der lateinamerikanischen Befreiungstheologie), die die apokalyptischen Motive als Versprechen einer Flucht aus der Geschichte wiederaufbereiteten und auf eine neue Transzendenz abzielten, die durch die Schöpfung einer neuen Menschlichkeit bewirkt werden sollte. Das hatte womöglich auch die »Internationale Gesellschaft für Krishna-Bewusstsein« im Sinn gehabt, als sie 1966 das materialistische Zeitalter der damaligen Ära als letzten Abschnitt in einem Vier-Millenniums-Zyklus begriff und darauf wartete, dass es durch eine Ära von Frieden, Liebe und Einheit abgelöst würde – vergleichbar mit dem Wassermann-Zeitalter, das nach Lehre der 3HO (Healthy, Happy, Holy Organization) das 2000 Jahre währende Fische-Zeitalter ersetzte, mit einem neuen Kollektivbewusstsein spiritueller Erleuchtung. Bekannt wurde diese Endzeitvison unter dem Namen »New Age«.

Der geistige Nukleus der New-Age-Eschatologie – das diffuse Versprechen auf Erlösung und die Hoffnungen auf eine Zeitenwende – wurde von vielen Sekten und Gruppierungen in Anspruch genommen, auch und vor allem von den Black Muslims, die die Erlösung vom Leid durch die Rassenunterdrückung anstrebten und aus denen die Nation of Islam hervorging, deren Eschatologie auf dem Glauben an die Auserwähltheit der Schwarzen durch Allah basierte. Die Endzeit-Überzeugungen der Nation of Islam aus den 1960er Jahren lauteten wie folgt: Die 6000 Jahre währende Herrschaft der weißen Teufel stehe kurz vor dem Ende, die beiden Weltkriege seien das angekündigte Armageddon gewesen. Die islamische Numerologin Tynetta Muhammad kalkulierte das Ende der Welt dann auf 2001.

Es lohnt sich in jedem Fall, einen Blick zurückzuwerfen und sich vor Augen zu führen, mit welch spektakulären Ereignissen sich radikales Endzeitdenken in den vergangenen drei Jahrzehnten, dem Zeitraum einer Generation, inszeniert hat. Im November 1978 etwa nahmen sich 912 Anhänger der »Volkstempel«-Sekte im südamerikanischen Guyana das Leben, als sie mit Zyankali versetzte Limonade tranken. Zuvor hatte den Sterbewilligen ihr Führer Jim Jones die Endzeitparole zugerufen: »Die Zeit ist gekommen, uns an einem anderen Ort wiederzutreffen.« Massenweise folgten Anhänger charismatischen Predigern in den Tod, etwa 1978 dem Pfingstler James Warren Jones im selbstgegründeten Jonestown, als über 900 Menschen Blausäurepunsch tranken.

In den 1980er und 1990er Jahren sprossen aus dem Boden zunehmender Globalisierung kleine, von Heilsversprechen eines bestimmten Führers gelenkte Theokratien, die Schutz und Flucht vor einer sündenvollen Welt boten und himmlische Gebiete für die Auffahrt in Aussicht stellten. Unter dem Druck von Medien und Behörden enden solcherlei Versuche, um der Verfolgung zu entkommen, gern im Massensuizid oder wenden sich in Aggressionen nach außen, gegen die »vom Satan« gesteuerten Menschen.

So war es bei Vernon Howell, der, anfangs Analphabet, in der amerikanisch-evangelikalen Kirche der Adventisten groß wurde und ganze Bibelpassagen auswendig konnte. Er sprach mit Gott und war überzeugt, dass das Millennium noch in seiner Generation beginnen werde. Howell war Branch-Davidianer, die Absplitterung einer abgesplitterten Splittergruppe, man würde sie eher Sekte als Kirche nennen. 1985 nannte er sich, im Glauben, der wiedergekehrte Jesus zu sein, in David Koresh um, wurde von seinen Anhängern als siebter Engel und eschatologisches Lamm betrachtet, mit der Aufgabe, die sieben Siegel der Offenbarung zu öffnen und ihre verborgene Meinung zu deuten. In der Siedlung Mt. Carmel, deren Name bewusste Reverenz an den israelitischen Ort war, wo der Bibel zufolge die Streiter Gottes auf das Armageddon warteten, hortete Koresh Waffen, mit denen er an den großen Tagen des Zorns, die der Öffnung des sechsten

Siegels folgen würden, in die entscheidende Schlacht ziehen wollte – heraus aus der korrupten, sterbenden Welt durch eine Flucht mit den göttlichen Streitwagen, wie in Psalm 68:17 verkündet, all das am Jüngsten Tag. Es wird von einer kruden Sexualität mit spirituellen Frauen und Kindern berichtet, von Kindesmissbrauch, Waffenarsenalen und einer strengen Ernährungslehre. Nach 51-tägiger Belagerung durch Leute des FBI und der Polizei starb Koresh, der Prophet der Apokalypse und Prediger göttlicher Auserwähltheit, am 19. April 1993 zusammen mit 75 Männern, Frauen und Kindern durch den Flammentod auf seiner »Ranch Apocalypse« im texanischen Waco.

Auch die Gruppierung »Heaven's Gate« um ihren Gründer Marshall Applewhite aus San Diego verbreitete apokalyptische Visionen, ehe 39 Mitglieder 1997 kollektiven Selbstmord begingen, um mit Ufos in eine andere, vornehmlich bessere Welt zu gelangen. Zu trauriger Berühmtheit hatte es seit 1994 der »Sonnentempler-Orden« gebracht, als sich in der Schweiz, in Kanada und Frankreich insgesamt 74 Menschen durch Vergiftung und Erschießung töteten. Die Sekte wurde geführt von ihrem Messias, dem 46-jährigen Belgier Luc Jouret, der eine Mischung aus Evangelikalismus, Okkultismus, Heilung und Kommunardentum predigte. Jourets Anhänger lebten in einem früheren Kloster, backten eigenes Brot und zogen organisches Gemüse heran. Sein großes Thema war die New-Age-Apokalyptik – das Himmelsreich nach dem ökonomischen Kollaps, nach um sich greifender Gewalt und Umweltkatastrophen, in das zu entkommen nur eine kleine bewaffnete Gruppe Menschen auserwählt sei. Ein drei Monate alter Säugling wurde von Jouret als Antichrist identifiziert und durch einen Pfahl ins Herz geopfert. 1994 starben in der Schweiz 48 und in Quebec 5 Anhänger des Sonnentempler-Ordens, manche brutal ermordet, andere durch Selbstmord.

Zur selben Zeit wurde der schwerst-sehbehinderte Guru Shoko Asahara, Kopf der »Aum«-Sekte (»höchste Wahrheit«), im fernen Japan von seinen Anhängern als wiedergekehrter Jesus Christus verehrt. Asahara predigte den Weltuntergang und instruierte seine Jünger, einen Massenmord zu veranstalten, was sie am 20. März 1995 auf perfide Art und Weise zu tun versuchten, als bei ihrem Giftgas-Anschlag auf die Tokioter U-Bahn zwölf Menschen starben und Hunderte verletzt wurden. Die Sekte produzierte das Gift Sarin in Eigenfabrikation, und nach Asaharas Verhaftung stellte die Polizei fest, dass der Vorrat ausgereicht hätte, um die gesamte Bevölkerung Japans zu töten. 2004 wurde der japanische Christus zum Tode verurteilt und wartet seither auf seine Hinrichtung.

Ähnlich agierte auch die Sekte »Néo-phare« (oder New Lighthouse Movement). Sie wurde 2002 von Sektenführer und Guru Arnaud Mussy gegründet, der damals 36 Jahre alt war und glaubte, er sei Jesus. Der Kult hatte das Ende der Welt auf den 24. Oktober 2002 angesetzt, korrigierte sich jedoch später auf kurz vor Weihnachten. Ebenso aufsehenerregend war das Wirken der Hamburger Psychologin Heide Fittkau-Garthe auf der Insel Teneriffa, wo sie mit ihrer apokalyptischen Gemeinschaft von über 30 Anhängern (Frauen, Männer, Kinder) auf den Berg Pico de Teide wandern wollte und darauf hoffte, dass nach ihrem Massenselbstmord vor dem vorhergesagten Weltuntergang am 8. Januar 1998 Außerirdische in Ufos sie zum Planeten Sirius bringen würden. Die Polizei verhinderte sowohl den Aufstieg auf den Berg als auch den kollektiven Suizid.

In den vergangenen Jahren erregte vor allem der 1961 geborene Erweckungspriester und russische »Jesus« mit dem Namen Vissarion einige Aufmerksamkeit, der mit einer spirituellen Lebensgemeinschaft in der südsibirischen Taiga mit der »Ökopolis Tiberkul« eine Art Endzeit-WG betreibt, mit Ansprachen und Geboten den »Gipfel der Vollkommenheit« predigt und in Erdhöhlen den Untergang der Welt durch einen Öko-Kollaps erwartet, den seine Jünger bereits dreimal erfolglos vorhersagten.

Bei allen Endzeit-Sekten – und der Kristallisationskern der meisten von ihnen ist der Glaube an und die Vorbereitung auf den Weltuntergang – lässt sich ein Muster ablesen: Sie sind streng hierarchisch organisiert und weisen totalitäre Strukturen auf. An der Spitze steht unangefochten ein Führer oder Guru, jedenfalls das spirituelle Oberhaupt, das von den Anhängern (oder von ihm selbst) als gekommener Messias oder zurückgekehrter Jesus Christus betrachtet wird. Nur er, der Führer, hat das Wissen und damit das Recht, die Endzeit vorauszusagen. Seine Anhängerschaft, eine homogene Gruppe in großem Konformismus, ist in absolutem Gehorsam jederzeit bereit, sich dem Führer vollkommen unterzuordnen und die quasi göttlichen Heilserwartungen umzusetzen. In all ihrer Unberechenbarkeit sind Endzeit-Sekten hinsichtlich ihres Endziels letztlich überaus berechenbar. Die einzige Unbekannte ist allein die zeitliche Skala ihres internen Prophezeiungssystems.

Die spirituelle Sekten-Eschatologie hat meist eine große Affinität zur intellektuellen Referenzquelle der Hippie-Bewegung, vornehmlich der amerikanischen. Ende der 1960er Jahre pilgerten die erleuchtungswilligen Subjekte zur Erbauung nach Mexiko, auf den Spuren der legendären Maya und ihres Mystizismus, in deren klassischer Periode zwischen 600 und 900 nach Christus es zu mathematischen und astronomischen Höchstleistungen gekommen sein soll. Diese mündeten in den legendären Kalender, ein faszinierend komplexes System aus Mythologie und Astronomie, Spiritualität und Kosmologie, das, so glauben die meisten bis heute, zielgerichtet auf den 21. Dezember 2012 zuläuft, wo er nach Meinung viertelst- oder gar nicht gebildeter Massen enden und somit die Welt untergehen soll.

Man kann sich hundertfach über derartigen Spekulationseifer aufregen, ebenso wie man das Anregen, Stimulieren und Ausschlachten einer gewissen Heilsgläubigkeit apokalyptisch veranlagter Menschen durch clever agierende Autoren und selbsternannte Experten in Form von Buch, Film oder Vortrag unverantwortlich brandmarken kann – es bleibt der eingangs formulierte Befund bestehen: Das Maß an Aufgeklärtheit und feinsinniger Rationalität schließt die Affinität zur Apokalypse und die Lust am Untergang nicht aus. Ich vermute, dass die wahrgenommene und erspürte Wirklichkeit massenhafter Katastrophen, wie sie uns täglich per Glasfaserkabel ins Haus gesendet werden, zu einem veritablen Grad an Hysterie führt, der von keinem Wissenschaftler aus der Welt geräumt werden kann. All das ist keine Frage der Intelligenz oder des Verstandes, es ist eine Frage der psychischen Disposition des autonomen Subjekts und seiner Fähigkeit, die eigenen Ängste zu bewältigen. Der Weltuntergang fühlt sich an wie das Exempel der totalen Sinnfreiheit des Lebens.

6. Betrachtung:
Der Höhenflug der Wissenschaft aus dem Geist des Untergangs

Als ich – tatsächlich gegen mein Naturell – die Geschichte mit dem apokalyptischen Monokel zu lesen versucht hatte, dämmerte vor dem freien Auge ein Verdacht herauf, den ich nicht mehr abzustreifen vermochte: Die gesamte europäische Kultur und Zivilisation ist in ihrem Verlauf eine Reaktion auf die Angst vor dem Untergang der Welt. Die Matrix der Geschichte ist die Apokalypse im Sinn der Offenbarung, transportiert über das Christentum, dessen philosophische Doppellogik – der Vernichtung des Satans in Gestalt einer gerade herrschenden Hure – durch das göttliche Gericht bei entsprechendem Verhalten und Glauben in das himmlische Jerusalem, eine Stadt der Gleichheit, Gerechtigkeit und Schönheit münde. Es gab während der ganzen Zeit der Versenkung ins Historische merkwürdige Momente, da tief drunten im Stammhirn auch in mir das apokalyptische Neuronen-Muster funkte, als sei es über Erziehung, über Wertvorstellungen und eine mehr oder weniger offensive christliche Moral im Gedächtnispalast des kulturellen Erbes abgespeichert. Wenn man Erinnern mit der in Konstanz lehrenden Literaturwissenschaftlerin Aleida Assmann als »Übersetzen« gleichsetzt, ist der wesentliche Aspekt des Erinnerns »die permanente Umkodierung von Vorbewusstem oder Unbewusstem in Bewusstes, von Sinnlichem in Sprachliches und Bildliches, von Bildern und Sprache in Schriftliches«. Das Leben, heißt das, ist lebendiges Erinnern im Prozess unendlicher Übersetzungen. So lebt das apokalyptische Denken weiter.

Man kann sich ja ernsthaft die Frage stellen, warum es in all ihrer Austreibungsarbeit der Wissenschaft nicht gelungen ist, den Menschen die Angst vorm Ende der Welt zu nehmen, ja, im Gegenteil, man hat sich zu fragen, ob nicht gerade wegen des fast zwanghaften Gehorsams gegenüber wissenschaftlicher Rationalität der Glaube an die Endzeit heute zu einer verblüffenden Blüte aufgeht.

Weil ich, ehe es zur Frage des geistigen Zustands der heutigen »Wissensgesellschaft« kommt, unbedingt klären wollte, wie das Verhältnis von Untergang und Aufstieg, von Apokalypse und Wissenschaft beschaffen ist, legte ich mir eine neue Denkfigur zurecht, die auf folgender Annahme basierte: Wenn die Moderne in erster Linie die durch Wissenschaft und Technologie gesteuerte Emanzipierung von Glauben und Religion ist, dann besteht dieser Emanzipationsprozess im Aufstieg der Ratio aus dem Untergang der Welt. Mit dieser These im Gepäck erreichte ich den in Heidelberg lebenden Historiker Johannes Fried, nicht nur der ehemalige Vorsitzende des Deutschen Historikerverbandes, sondern ein Mediävist par excellence.

Die Genese der Wissenschaft durch die beiden vergangenen Jahrtausende hindurch ist ein komplizierter, differenzierter, verästelter Wirkungszusammenhang zwischen Wissensmeidung und Wissensdrang, zwischen biblischem Berechnungsverbot und weltlichem Berechnungseifer – ein durch und durch dialektischer Prozess, in dem über alle Paradigmen und Phasen hinweg der Denk- und Sinnstil der Apokalyptik schimmert. Ja, mehr noch: Der Weltuntergang ist der Schöpfungsmythos der modernen Wissenschaft und Rationalität.

Die Erwartung der Endzeit hat Wissenschaft an sich gleichermaßen gefördert wie verhindert. Die heraufziehenden Schrecken des sich ankündigenden Gerichts verlangten sowohl die unablässige Suche nach dem Unbekannten wie die Deutung der Zeichen. Die Endzeit stimulierte vor allem die Erfahrungswissenschaft der Frühscholastik und trieb zum Studium der Natur, zu den fernsten Gegenden des Alls und den kleinsten Bausteinen der Welt. Fried sagt: Gerade die exakten Wissenschaften der mittelalterlichen Epoche, die Komputistik (mittelalterliche Kalenderberechnung,

Anm. d. A.), das gesamte Quadrivium (Arithmetik, Geometrie, Musik, Astronomie), die Lehre von den vier Elementen, die Erkundung der Welt, nicht zuletzt der weite Bereich der Erkenntnistheorie und die Vermittlung sprachlicher und sprachkritischer Fähigkeiten, von der Geschichtsschreibung einmal ganz abgesehen, hätten unendlichen Nutzen aus dem drohenden Untergang gezogen – wenn auch nicht von diesem allein. Kurzum: Das Ende der Welt war Anfang und Aufgang der Wissenschaft.

Neue Methoden wurden nötig, die Natur, der Fixsternhimmel, die Qualitäten der Planeten – alles, so referiert Fried seine Studien, verlangte nach spezifischer Deutung, der sich ein Großteil des Mönchtums, der so ausdauernd die Endzeiterwartung gehegt hatte, allerdings verweigerte: Die »Mehrung des Wissens« galt als ein untrügliches Zeichen der kommenden Endzeit, so wie Gott es dem Propheten Daniel prophezeit hatte …

Fried fasst den Paradigmenwechsel des vielfach entscheidenden 12. Jahrhunderts wie folgt zusammen: »Ein tiefgreifender Umbruch von symbolischer zu physikalischer Deutung kündigte sich in dieser Zeit an.« Es wurde beobachtet, gemessen, verglichen und gerechnet, um dem Kosmos die Apokalypse auszutreiben. Die Apokalypse als maßgeblichen Faktor der Wissenschaftsgeschichte anzusehen ist vielleicht gewagt, aber nicht abwegig: Sie ist ein wesentlicher Katalysator, wenn auch nicht der einzige. Die moderne europäische Wissenschaftsentwicklung hat zu viele Wurzeln und wurde, vor allem im 12. und 13. Jahrhundert, wesentlich von der byzantinisch-griechischen und der arabischen Welt beeinflusst, und es ist nicht bekannt, dass diese beiden Welten dem Gedanken an die Apokalypse immense Bedeutung beigemessen hätten. Mit den mathematischen, geometrischen und astrologischen Kenntnissen, die aus Byzanz und Arabien nach Westen kamen, hatte man in Europa gewuchert und sie auf die Kontexte des eigenen Glaubens, der eigenen Religion, mit der man zu leben hatte, angewandt. Das änderte sich erst im 13. Jahrhundert, als, wie Fried vermutet, in den muslimischen Ländern eine umfassende religiöse Erneuerung stattfand, die auf Wissenschaftsfeindschaft beruhte und sich gegen die Philosophie der Erkenntnis richtete. Der islamische Fundamentalismus des Mittelalters brachte die uralte wissenschaftliche Tradition des arabischen Kulturkreises allmählich, aber sicher zum Versiegen. Ein Makel, dessen Folgen noch heute sichtbar sind.

Europa kämpfte weiter, mit sich, seinem Widerspruch vom Aufstieg aus dem Untergang und der Entzauberung der Prophetie durch die Naturphilosophie. Vor allem zwischen Italien, Spanien und Frankreich, wo die von der Astrologie stark beeinflusste medizinische Wissenschaft gedieh, wurden stets aufs Neue mathematische, astronomische und theologische Argumente hin- und hergeschickt, um Antworten zu begründen oder Ansichten zu verdammen. Das Basiswissen verbreiteten die gelehrten Theologen und Philosophen an den Hohen Schulen und in ihrem Gefolge die Volksprediger, Bildkünstler und Dichter durch argumentative, gemalte oder in Verse gebrachte Schreckensszenen.

In summa lässt sich sagen, dass die Naturwissenschaft zunehmend zur Kontrollinstanz der Eschatologie wurde, vorangetrieben von den Königen, die Bescheid wissen wollten, forciert von Gelehrten, die Erkenntnisse anderer Gelehrter aufnahmen, angestoßen aber auch von Häretikern, deren Parolen man widerlegen wollte – in der Abwehr des Ketzertums wurden Positionen des häretischen Denkens rezipiert, und sei es nur ablehnend. Jede Ablehnung aber war ein Kommunikationsprozess, der weiteres Wissen freisetzte und zur Überprüfung herausforderte. Bei aller Rücksicht auf den Prozesscharakter dieser Dialektik lässt sich feststellen, dass die moderne Wissenschaft im 16. und 17. Jahrhundert vornehmlich entstanden ist, um den Weltuntergang entweder falsifizieren oder präzise vorhersagen zu können. Wie geht so etwas konkret? Wenn beispielsweise Sintfluten angekündigt waren und es dennoch trocken blieb, fragte man sich: Was haben wir falsch gemacht? Dann wurde neu und genauer gerechnet, und dieses genauere Rechnen führte, beispielsweise bei Johannes Kepler, dem tiefgläubigen Naturphilosophen, Theologen, Astronomen und Hofmathematiker Kaiser Rudolfs II. in Prag, zur systematischen Datensammlung der Planetenbewegungen – unter anderem die Marsdaten, die er von Tycho Brahe bekam –, um möglichen Berechnungsfehlern auf die Spur zu kommen. Auf der neuen empirischen Basis sprang Kepler über den Schatten seines Vorgängers Kopernikus und kam schließlich zu jenen Beobachtungen, die als Keplersche Gesetze berühmt wurden: das heliozentrische Weltbild als physikalische Tatsache. Der Mittelpunkt allen Lebens war die Sonne, nicht die Erde.

War mit Kopernikus, mit Kepler, später mit Galilei das eschatologische Apokalypse-Geraune endgültig dahin?

Mitnichten.

Denn es kam Isaac Newton. Eine schillernde Persönlichkeit, in geistiger Zwitterschaft zwischen Endzeitverhaftung und Apokalypsekritik, tief verankert in der eschatologischen Lehre. Der protestantische Physiker Newton rechnete fest mit dem Kommen Christi, das allerdings, wie er kundtat, keineswegs berechenbar sei. Allenfalls sei möglich, aufgrund wissenschaftlicher Methoden festzustellen, und zwar im Nachhinein, dass die Wiederkunft des Messias den biblisch-neutestamentlichen Voraussagen entsprochen habe. In dem Maße, in dem die Reformatoren dem Katholizismus den apokalyptischen Garaus gemacht hatten, kehrte ein Jahrhundert später das eschatologische Denken in der protestantischen Gestalt des Physikerphilosophen Newton zurück. Schon in seinen Jugendjahren berechnete und deutete Newton die Endzeit und legte sich sogar fest: 1200 von 1260 Jahren Papstkirche seien bereits verstrichen, was bedeutete, dass der Antichrist anwesend sei, der Widersacher Gottes, den Newton, gut reformatorisch, ausgerechnet im Papsttum der Katholischen Kirche erkannte. Noch der spätere Newton, dem die Welt große Impulse eines neuen, physikalisch-wissenschaftlichen Weltbildes verdankt, setzte die Tiersymbole der Johannes-Offenbarung mit Monarchien gleich und exemplifizierte seine Sicht am Beispiel der Heuschrecke: Da deren Plage vom Apokalyptiker Johannes gleich zweimal erwähnt werde, seien die entsprechenden Daten zu verdoppeln. Eine Heuschrecke lebt allerdings nur etwa fünf Monate, weswegen Newton dreihundert Tage veranschlagte, was, wie üblich Tage für Jahre genommen, dreihundert Jahre sarazenischer Herrschaft bedeute – begonnen im Jahr 636, beendet im Jahr 937. Quod erat demonstrandum.

Johannes Fried attestiert Newton eine »eigentümliche Mischung« aus Bibelkunde, mittelalterlicher Eschatologie, Allegorese und modernster Naturphilosophie. Entscheidend aber ist, zu erkennen, wie stark die moderne Naturwissenschaft im apokalyptischen Glauben wurzelt. Dieser Glaube nun hat freilich noch eine ganz andere Karriere zu verzeichnen. Ich kam darauf, als mir während der Fahrt nach Würzburg, wo der Ideengeschichtler Wolfgang Riedel einige unerhört interessante Sätze sagen würde, klar wurde, dass die Apokalypse, ihres kataklystischen Kleides entledigt, in den Mainstream der Kultur eingesunken ist und bis heute immensen Widerhall in Literatur, Kunst und Musik findet.

7. Betrachtung: Weltuntergang im Mainstream

Sobald die Apokalyptik für die nachaufklärerische Wissenschaft kein hinreichender Stimulus mehr war, wurde sie es für die Kunst. Reale Ereignisse wie Vulkanausbrüche, Kometeneinschläge oder Erdbeben fanden, ästhetisch veredelt, in Ölgemälden der frühen Romantik ihren Niederschlag. Die ins Zwielicht getauchten Bilder Caspar David Friedrichs in den frühen 1830er Jahren waren von Naturkatastrophen und revolutionären Prophetien angezogen, ebenso wie die Werke der englischen Romantiker William Blake, William Turner, John Martin, James Ward und William Holman Hunt, der eines der populärsten religiösen Gemälde des 19. Jahrhunderts schuf.

Im italienischen Futurismus lassen sich über alles Zerlegen und Zerschneiden hinaus apokalyptische Visionen erkennen. Es gibt Apokalypse-Vertonungen aus dem 20. Jahrhundert, die mit Erfahrungen der beiden Weltkriege zu tun haben. Es gibt apokalyptische Momente in Dichtung und Literatur von Max Frisch bis zu Hans Magnus Enzensberger, und ein offensichtliches Spiel mit dem Untergang ist der Bezug auf die Offenbarung des Johannes in der Pop- und Rockmusik.

Bei der Wahl deutscher Musikkritiker zum besten Album des Jahres 2011 beispielsweise kamen auf die vordersten Plätze die Band »Ja, Panik« und die Platte »Apocalypse« von Singer-Songwriter Bill Callahan. Ab Mitte der 1970er Jahre zog die britische Hard-Rock-Band Armageddon für einen welthistorisch kurzen Moment von einem Jahr bemerkenswerte Kreise, ehe seit 1995 die ostdeutsche Metal-Band namens »Die Apokalyptischen Reiter« aus Weimar den Markt der Musikmetaller besetzte. Ihre in deutscher Sprache dargebotenen Songs, die – womöglich nicht ganz unbewusst – hier und da mit einem hitlerisch gerollten »R«

kokettieren, haben nach Lage der Dinge aber mit einem faschistischen Weltbild gar nichts zu tun. Sie nennen sich, ironisch oder eben nicht, »the masters of controlled chaos«, und ihre Musik soll nach eigener Aussage ein multikultureller »Molotow-Cocktail« sein. Die Titel der Songs lauten: »Es wird schlimmer als es ist« oder »Vom Ende der Welt«. Die Platten heißen »Moral und Wahnsinn« oder »Tobsucht«. Auf der Homepage der fünf Musiker schreiben sie über sich (hier vom Englischen ins Deutsche übertragen): »Die Apokalypse ist seit jeher präsent. DIE APOKALYPTISCHEN REITER glauben, dass die Menschheit sich in die falsche Richtung bewegt und wieder und wieder gestärkt werden muss. Sie wollen, dass ihre Zuhörer in diese Erfahrung eintauchen und abbiegen zum Positiven und Entspannten.«

Zu dieser Kehre animiert werden sollen die Fans durch Songs wie »Reitermania« von der Platte »Tobsucht«; darin heißt es:

»(…) Ist es Hass oder Liebe / Teilen wir dieselbe Leidenschaft / Bist du des Lebens überdrüssig / Und spürst du doch des Lebens Kraft. Komm mit mir, mein Freund, gib mir deine Seele, samt den Sinnen und Verstand, und wir tanzen lachend in den Untergang.«

Ob Ölgemälde, romantische Poesie oder Metal-Song – die Rezeptionsgeschichte der Apokalypse in der Kunst und Literatur birgt ein seltsames Paradoxon: Komposition des Destruktiven. Kunst als Akt der Komposition nimmt sich den Weltuntergang als Akt der Destruktion zum Thema, um Neues zu schaffen. Vernichtungsphantasien setzen schöpferische Kreativität frei, weshalb die Lehre aus dem Mainstream der Apokalypse bedeutet: Schöpfung durch Vernichtung.

Eine Frage quälte mich permanent, die weder zu vertreiben noch abzutun und offensichtlich nur dadurch zu lösen war, dass ich mich ihr trotz ihres vermeintlich rhetorischen Charakters ernsthaft stellte: Kann die Welt überhaupt untergehen? Ist das theoretisch, technisch, physikalisch, kurzum: Ist das wissenschaftlich betrachtet überhaupt möglich? Mir war klar, dass kein vernünftiger Wissenschaftler diese Frage jemals mit »ja« beantworten würde; zu sehr hat das Ende der Welt mit der Negation, der Destruktion zu tun, zu sehr sind Wissenschaftler an Bestehen, an Wachsen und Zusammenhängen und rationaler Ursache-Wirkungs-Logik interessiert. Und doch machte ich mich nach dem geistigen Ausflug durch die Geschichte wenig später erneut auf die Reise, diesmal in die körperliche Welt der Wissenschaft, in der man mit Auf- und Ableitungen, mit Systemen, Modellen, Messgrößen und einer aller Befindlichkeiten entledigten, stets nachvollziehbaren Logik zu rechnen hat. So viel kann ich an dieser Stelle sagen: Ich kam verändert zurück. So eindeutig entzaubernd, wie ich es erwartet hatte, war der Ritt auf dem apokalyptischen Gaul in die akademischen Gehege keineswegs ...

Empirie
Das Ende der Welt im Fokus der Wissenschaften

8. Betrachtung:
Die Simulation des Untergangs

Eine feinnervige Zivilisation wie die westlich-kapitalistische, deren Antriebe Selbststeigerung und Verlustangst sind, weiß um Gefahr und Umstände ihres möglichen Untergangs. Dieses Wissen unterscheidet den Menschen, nach allem, was bekannt ist, von anderen weltbewohnenden Kreaturen wie Tieren, Pflanzen und Bakterien. Die Menschheitsgeschichte, als dokumentiertes und allzeit verfügbares Narrativ der Zeitläufte, als Verdichtung der Epochen und Äonen, stellt Lehren und Instrumente bereit, die das Destillat der Jahrhunderte währenden Versuche, Irrtümer und Korrekturen auf dem Weg zur Erkenntnis alles Seienden sind: der Dechiffrierung der Natur, dem Verständnis des kosmischen Gefüges. Der menschliche Verstand zu ihrem Gebrauch ist, bei Gleichzeitigkeit ständig optimierter Technologien, stets perfektioniert worden – nichts, was er sich nicht vorstellen und ausmalen könnte, nichts, was er, klug geworden durch Beobachtung und Lehren aus dem Beobachteten, nicht simulieren, ja nichts, dessen Folgen er nicht abschätzen könnte und abzuschätzen gelernt hätte. So geplagt er von Ängsten vor dem Untergang ist, so raffiniert ist er in der Prophylaxe ihrer Vermeidung – was, nebenbei, für einen flagranten Selbsterhaltungstrieb und keineswegs für die Lust an der totalen Selbstauslöschung spricht. Jedem Weltuntergang setzt der findige Mensch die Weltrettung entgegen, weil diese zugleich die Rettung der Spezies Mensch und also seiner selbst bedeutet. Um dem Ende meiner Betrachtungen zum Ende der Welt aber nicht vorzugreifen, ist es jetzt erst einmal angebracht, den Urgrund aller Wissenschaft freizulegen: den Mythos.

Alle vorindustriellen Kulturen sind in Gründungsmythen verhaftet und erklären die Welt mythologisch. Eine große Zahl apokalyptischer Mythen beinhaltet den Dualismus einer totalen Zerstörung, der ein Wiederaufbau folgt. Sie sind Schöpfungsmythen im besten Sinne: Immer wieder wird erschaffen und geschöpft, und um den faustischen Pakt als Grundgesetz des Lebens zu begreifen, muss alles, was entsteht, zugrunde gehen. Schöpfungsmythen sind Tabula-rasa-Mythen, im eigentlichen Sinne Rettungs- und Auferstehungsmythen, ob in den hellenischen, babylonischen, nordischen oder indianischen Sagen. Der Mythos steht am Anfang des Wissens. Er ist die Erzählung von der Entstehung des Wissens über sich und die Natur. Der Mythos buchstabiert das Grundgesetz des jeweiligen Welt- und Selbstverständnisses der Kulturen. Die Mythologie der Gegenwart heißt Wissenschaft, und Wissenschaft ist definiert durch die Abschaffung des Schicksals. Darin besteht die List der Wissenschaft: als rationale, im lateinischen Wortsinn berechnende Schicksalsauflösung.

Durch zunehmende Berechnung – und also Berechenbarkeit – gerät das Schicksal zum Vorteil für diejenigen, die es zu deuten wissen, zum Nachteil für jene, die nicht rechnen können. Der Pragmatismus der Wissenschaft schließt moralische Bewertungen des Schicksals als Glück und Unglück aus. Die Wissenschaftler, von den Zivilisationen mit Vermessung und Berechnung des Inner- wie Außermenschlichen beauftragt, haben über die Zeit ein stupendes Wissen generiert und stellen es den Epochen zur Verfügung. Sie kennen die Beispiele für globale Desaster, wissen um die existenziellen Bedrohungen des Ganzen, können dezimal simulieren, wann was wo warum mit welchen Folgen geschähe. Sie kennen also den Supervulkan im Yellowstone-Nationalpark und wissen von dessen denkbarer Mega-Eruption. Sie kennen die Pandemien, Seuchen und den Kaskadeneffekt viraler Ansteckung. Sie sind sich bewusst, welche radioaktive Katastrophe eine erdnahe Supernova im Gefolge hätte. Sie simulieren, welches Massensterben der Einschlag eines Asteroiden auf der Erde haben könnte und welche Zerstörungskraft jene auf über 200 geschätzten Asteroiden hätten, deren Existenz angenommen wird, aber noch unentdeckt ist. Jedes einzelne dieser Ereignisse hätte katastrophale Auswirkungen auf eine bestimmte Region, würde aber nach Lage der Dinge weder die Menschheit ausrotten noch die Welt untergehen lassen.

Bei aller Furcht vor dem Ende der Welt ist die entscheidende, die vorgelagerte Frage bisher noch gar nicht gestellt: Wenn die Welt als solche unterginge – wohin würde sie gehen? Ins Nichts? Einfach verschwinden? Zerfallen wie dieser geschriebene Satz, würde man ihn markieren und löschen?

Ende oder Untergang der Welt ist immer ein relatives Unterfangen, weil »Welt« ein ebenso unbestimmter und vielfach ausdeutbarer Begriff ist wie »Ende«, »bald« oder »nach«. Vorab kommt es darauf an, wodurch »Welt« definiert ist. »Welt« ist, grob gesagt, die Addition der Galaxien, das Umfassende des Universums, das im schlechtesten Fall implodieren oder in einer Deflation in sich verschwinden kann. Ohnehin ist das Wort »Welt« im Endzeit-Zusammenhang falsch, dreht es sich bei allen apokalyptischen Szenarien nicht um die Welt an sich, sondern immer um den Planeten Erde, weil er, der Planet Erde, nicht nur zu Zeiten des Apokalyptikers Johannes, sondern trotz Kepler, Kopernikus und Galilei bis ins heute landläufige Verständnis hinein der feierliche Bezugsrahmen unserer Empirie ist. Folgt man den schulmeisterlichen Prämissen der Astrophysik von der Inflation des Universums nach der Creatio ex nihilo vor 4,6 Milliarden Jahren, hat man nun mit desselben Deflation zu rechnen und darf irgendwann die Verschrumpfung des Universums durch Rückkehr in den Nullzustand erwarten. Stand am Anfang der Urknall, steht am Ende der Finalsog. Danach ist, wie schon vor dem Urknall: nichts. Eine unschöne Vorstellung.

Man könnte es sich jetzt leichtmachen und sagen: Natürlich geht dann auch die Erde unter – genauer gesagt: Der Erduntergang ist schon jetzt eindeutig beweisbar, wenn in 4,6 Milliarden Jahren der Planet Sonne den Planeten Erde verbrennen wird. Da dies in einer Zeit liegt, in der es womöglich keine Menschen mehr geben wird (aber vielleicht roboterhafte Wesen, vielleicht wieder saurierartige Säuger), kommt der Faktor Zeit ins Spiel.

Gesetzt den Fall, es gäbe ein Ende der Welt, das notwendigerweise zugleich ein Ende der Zeit ist – findet dieses Ende dann innerhalb oder außerhalb der Zeit statt? Oder endet nur die uns bekannte Welt, und mit einer neuen Welt beginnt auch eine neue Art Zeit, die noch keiner kennt, so wie die Zeitrechnung des Christentums in einer gesetzten Zäsur auf die des Judentums folgte? Setzt eine neue Welt auch eine neue Zeitachse an? Geht das überhaupt – kann man über Zeit willkürlich verfügen? Gibt es Zeit als solche überhaupt, über die kulturelle Vereinbarung der Menschen seit Erfindung von Kalender und Uhr hinaus?

In die Tiefenschicht philosophischer Physik (oder physikalischer Philosophie) einzudringen ist an sich immer reizvoll, muss allerdings einer weiteren Abhandlung vorbehalten sein und kann hier nicht erschöpfend behandelt werden. An dieser Stelle nur so viel: Jede Schöpfung ist immer ein zeitlich pointierter Akt. Und alles, was sich einer Schöpfung verdankt, endet schließlich im Zerfall des Geschöpften. Das ist die Erfahrung der Evolution seit Jahrtausenden: Jeder Beginn trägt sein Ende bereits in sich wie jedes Leben sein Sterben. Was wächst, fault; was entsteht, vergeht; was sich errichtet, fällt. Das alles verknüpfende Band ist die Zeit. In der faustischen Wahrheit »Alles, was entsteht, ist wert, dass es zugrunde geht« begegnen sich spirituelle Apokalyptik und naturwissenschaftliche Rationalität. Und das Faszinierende daran ist nun, dass sich Rationalität und Apokalyptik keineswegs ausschließen, wenngleich beispielsweise heute der Klimawandel nur noch sehr selten als Folge göttlicher Strafmaßnahmen begriffen wird.

Durch nichts mehr als durch reale Naturkatastrophen werden die Phantasie- und Fiktionsräume des menschlichen Geistes aufgeschlossen und die nach wie vor leicht erregbaren Nerven jener Bereiche des Gehirns dort gereizt, wo die Angst zu Hause ist, die ja auch deswegen Angst ist, weil sie das letzte Quantum Ungewissheit beherbergt, das dem total verwalteten, in die letzte Nervenzelle vermessenen Individuum noch geblieben ist – die Anrufung der Ur-Natur sozusagen, das Erbe des Archaischen und seiner undomestizierten, nicht erklärbaren Triebe.

Bei diesem Punkt muss ich kurz verweilen, weil sich hier Natur und Kultur verschwistert haben. In der Rolle der strafenden Instanz ist Gott von der Natur abgelöst worden; vor allem in Deutschland ist »Natur« in die Position des höchsten Wertes getreten. »Um 1800, zur Hoch-Zeit des Idealismus und der Weimarer Klassik«, sagt Wolfgang Riedel, Literaturwissenschaftler und Vizepräsident der Universität Würzburg, »setzt sich auf der ganzen Linie eine neue Denkfigur durch: Deus sive Natura.« Diese Figur entstammt dem Kopf des niederländischen Philosophen Baruch de Spinoza, eines jüdischen Rationalisten, der, 150 Jahre nach seinem Tod 1677 wiederentdeckt, Anfang des 19. Jahrhunderts die gesamte Geisteselite Europas mit seiner bibelkritischen Idee der Gottesgleichheit des Natürlichen infizierte und das Selbstverständnis auf dem europäischen Kontinent bis heute prägte.

Aber: Wie kann Natur mit Gott identisch sein? Für das Denken des 17. Jahrhunderts war die Natur eine tote Maschine. Folglich konnte »Deus sive Natura« nur heißen: Gott ist tot. Von seinen Zeitgenossen wurde Spinoza deshalb als Atheist gebrandmarkt.

Nach dem Einbruch des Rationalismus in Europa durch die Aufklärung änderte sich auch das Naturverständnis komplett – weg vom Maschinen- hin auf ein Schöpfungs-Paradigma, das, epigenetisch oder vitalistisch verstanden, Folgendes besagt: In der Natur selbst sind schöpferische Kräfte aktiv; durch ihre sexuellen Kräfte produziert die Natur in einem fort Schöpfung, folglich ist sie, die Natur, die große Schöpferin, und diese schöpferische Natur ist es, die das Gottesattribut der Schöpfung in sich trägt. Die organische, sich selbst reproduzierende Kraft, das ist die Natur. Also ist die Natur Gott.

Freilich war diese Herleitung ein Affront, eine unerhörte, Legionen von Hass auf sich ziehende Provokation für all jene, die am Konzept der Creatio ex nihilo des alttestamentlichen Gottes festhielten. Doch die führenden Öffentlichkeitsarbeiter des beginnenden 19. Jahrhunderts, Goethe, Hölderlin, Schelling, Hegel, Herder, Schleiermacher, Haeckel, unterschreiben diesen Spinozismus, der sich bis ins 20. Jahrhundert hinein verbreitet und wesentlich die ganzheitlich-orientierte Lebensphilosophie und deren Kritik am Primat des rein Naturwissenschaftlich-Logischen prägt, die ihr, vor allem als Mode-Phänomen um die Jahrhundertwende auf 1900, wiederum den Vorwurf einbringt, irrationalistisch und vernunftfeindlich zu sein. Vor allem im deutschen Denken ist die Gleichsetzung der Natur mit dem Göttlichen eine mächtige Kategorie, die der Idee unterliegt, das Göttliche zeige sich als Weltseele in der Natur. Die Natur selbst wurde nicht länger als tote Ressource betrachtet, die man ausbeutet, sondern als göttlich-vitale, der man mit Ehrfurcht begegnet. Für Deutschland ist dies ein prägendes Bild, das, wie später zu hören sein wird, zur Erklärung der idiosynkratischen, fast hysterischen Sensibilität gegenüber Waldsterben, Schweinegrippe, BSE-Seuche, Nuklearkatastrophen und Umweltschutz dienen wird.

Alle Weltuntergangsszenarien sind Simulationen eines Kollapses der Natur. In der Bibel straft der Herr durch Fluten, Feuer und Erdbeben. Die Autoren der Testamente haben sich für ihre theologischen Konstrukte und moralischen Erbauungen im theatralischen Fundus der Naturverwüstung bestens bedient – Niedergänge sind der Realität gut abgelauscht, denn die Geschichte der Menschheit ist die Geschichte der sie begleitenden Naturkatastrophen. Die Geschichte der Naturkatastrophen ist aber auch die Geschichte ihrer wissenschaftlich motivierten Kontrolle zur Prävention und Berechnung. Höchst primitive Vorkommnisse wie Erdbeben und Orkane trieben stets zu höchst geistigen Schutzmaßnahmen an.

Hatte nicht Matthäus 24 im Neuen Testament bereits angekündigt, eine häufigere und stärkere Erdbebentätigkeit sei eines der

Endzeit-Zeichen?»Denn es wird sich empören ein Volk wider das andere und ein Königreich wider das andere, und werden sein teure Zeit und Erdbeben hin und her«, sagt Jesus zu seinen Jüngern auf dem Ölberg, ehe er sich auf den Propheten Daniel und dessen vorhergesagte Verwüstungen bezieht und das Kommen Christi ankündigt.

Und gab es im ersten Jahrzehnt des dritten Jahrtausends nicht unerhörte Naturkatastrophen, unfassbare Ereignisse, und all das geballt und in immer kürzeren Abständen? Nehmen wir allein das vergangene Jahr und blicken kurz auf die Versicherungsbilanz 2011 des weltgrößten Rückversicherers Munich Re, die sich unter der Überschrift subsumieren lässt: Naturkatastrophen verursachten Rekordschäden.

Nie zuvor, heißt es da, seien die Schäden durch Naturkatastrophen höher gewesen als im Jahr 2011. Weltweit lagen deren Kosten bei 292 Milliarden Euro, zwei Drittel mehr als im bisherigen Rekordjahr 2005, in dem sich die durch Naturkatastrophen verursachten Schäden auf 170 Milliarden Euro beliefen. 820 Schadensereignisse wurden 2011 verzeichnet, darunter: Waldbrände in Kanada, Dürren, Tornados und Überschwemmungen in den USA; Hurrikan Irene in der Karibik; Erdrutsche in Brasilien; Wintersturm in Deutschland, Überschwemmungen in Italien, Frankreich und Spanien, Erdbeben in der Türkei, Dürre in Somalia, Überschwemmungen in Australien, Tropensturm auf den Philippinen, Zyklon in Australien, Überschwemmungen in Thailand, Erdbeben und Tsunami in Japan, Erdbeben in Neuseeland; die beiden Letzteren allein verursachten der Munich Re zufolge fast zwei Drittel der Schäden. Insgesamt verloren 27 000 Menschen ihr Leben. Für den Rückversicherer führt diese Serie schwerster Naturkatastrophen Ereignisse auf, die teilweise nur alle tausend Jahre eintreten; einen vergleichbar verheerenden Tsunami wie im Nordosten Japans 2011 hatte es zuletzt im Jahr 869 gegeben.

Was sich in der zitierten Versicherungsbilanz andeutet, ist die Verdichtung der Katastrophen zum einen, die Steigerung ihres

Ausmaßes zum anderen. Superlative sind am Werk, die von Wissenschaftlern bestätigt werden: Was die Menschheit heute als Naturkatastrophe zu bezeichnen gewohnt ist, sagen sie voraus, werde in Zukunft Normalfall sein. »Kyrill« etwa, jener Orkan, der 2007 in Deutschland acht Milliarden Euro Schaden verursachte, 60 Millionen Bäume fällte und ein Trümmerfeld hinterließ, gilt als Prototyp eines »Jahrhundertorkans«, den man bald alle 15 bis 20 Jahre zu erwarten habe, ebenso wie Rekordhitzen in Europa und 34 Meter hohe Riesenwellen-Tsunamis, die einer Regierungsstudie zufolge Japan attackieren werden. In Zentralrussland etwa könnten heute noch außergewöhnliche Tiefsttemperaturen von minus 30 Grad und Höchsttemperaturen um plus 50 Grad zur jährlichen Gewohnheit werden: 80 Grad Unterschied, da ist das Ende der Welt nicht fern. Der Weltklimarat der Vereinten Nationen, kurz IPCC, sagt bis 2050 eine Zunahme von Hitzewellen, Starkregen, Dürren und tropischen Wirbelstürmen voraus und wartet dafür mit eindrücklichem Datenmaterial auf.

Da ich sicher war, dass die Welt physikalisch betrachtet gar nicht untergehen kann (denn wohin sollte sie gehen?), allerdings die von fast allen Experten bestätigte Abfolge und Ballung der Katastrophen bemerkenswert fand, war es mir ein großes Anliegen, das Ende der Welt naturwissenschaftlich zu simulieren. Was nach hypothetischem Schabernack klingt, ist purer Ernst und exzellente Wissenschaft. Ich packte meinen Spiralblock und fuhr auf den Telegrafenberg nach Potsdam, einen bewaldeten Hügel über der Stadt, auf dem der »Wissenschaftspark Albert Einstein« angesiedelt ist, eine Art Campus naturwissenschaftlicher Elite in Brandenburg. Auf der Spitze des Berges steht wie eine kaiserliche Burg das Klinkersteingebäude des ehemaligen Königlichen Astrophysikalischen Observatoriums, in dem jetzt das Institut für Klimafolgenforschung untergebracht ist. Hier wird seit 1879 weltverändernde Grundlagenforschung betrieben, hier wurden die Grundlagen zu Einsteins Relativitätstheorie gelegt, hier untersuchen heute über 300 Natur- und Sozialwissenschaftler dynamische Prozesse in den Bereichen globaler Wandel, Klimawirkung und nachhaltige Entwicklung. Seit kurzem versucht hier auch ein Team im Rahmen des Programms »Impact«, das über das gesamte »Weltuntergangsjahr« 2012 laufen wird, durch komplexe Computermodelle und Datenanalysen ein Szenario zu simulieren, wie der Wandel des Weltklimas das Erdsystem verändern wird, was also auf der Erde bei ihrer Erwärmung von zwei und mehr Grad geschehen wird und bei welchem Grad an Erwärmung die Risiken irreversibel ansteigen.

Der nahezu weltberühmte Direktor des Instituts, Hans Joachim Schellnhuber, hat sich, angestoßen vom britischen Physiker Stephen Hawking, im Jahr 2006 zur Frage »Wie werden wir die nächsten hundert Jahre überleben?« folgendermaßen geäußert: »Ich glaube, dass die Menschheit mit 90-prozentiger Wahrscheinlichkeit die nächsten hundert Jahre überleben wird. Dies klingt optimistischer, als es wirklich ist. Denn es bedeutet, dass wir es mit einer Chance von 1:10 nicht schaffen werden.« Worin könnte die Bedrohung bestehen? Schellnhuber führt natürliche, aber, wie er meint, »sehr, sehr unwahrscheinliche« Ereignisse wie Asteroideneinschläge oder Supernoven an. Interessant wird es, wenn er über die Wahrscheinlichkeit der Selbstauslöschung nachdenkt – durch einen vernichtenden Atomkrieg im Rahmen des Kriegs gegen den Terrorismus oder durch einen Supervirus, einen biologischen Kampfstoff, der aus irgendeinem Labor dieser Welt entweicht und die Menschheit dahinrafft. Als realistischste Gefahr für die Menschheit erkennt er jedoch die globale Erwärmung. »Ich glaube zwar nicht, dass sie unsere Spezies vernichten wird, auch nicht in tausend Jahren, denn an den Polkappen würden immer noch Menschen überleben. Aber der anthropogene Klimawandel kann die Qualität unseres Lebens erheblich vermindern. Im schlimmsten Fall verursachen und erleben wir einen sogenannten galoppierenden Treibhauseffekt, bei dem sich die Folgen des Klimawandels gegenseitig aufschaukeln.«

Nun saß ich also mit den wissenschaftlichen Referenten des Direktors, die meist bestens gerüstet und außerordentlich faktensicher sind, in den Hallen des Instituts und ventilierte den Weltuntergang. Man muss Biologen, Ökologen, Meteorologen und Physiker schon ein wenig nötigen, ihre sympathische, genuine und durchaus spekulationsfeindliche Wissenschaftsnüchternheit aufzugeben und wider ihre Natur zu fabulieren. Wissenschaft denkt in belast- und begründbaren Zusammenhängen, und der Weltuntergang ist kein Szenario, das sich auch im Entferntesten seriös in einen begründbaren Zusammenhang stellen ließe. Bei aller Weltauslöschungsphantasie geht es eigentlich ja nur um die Frage, wie viel Sonnenenergie auf der Erde gespeichert, wie viel dadurch ferngehalten wird und wie schnell die Schutzschilde zur Abwehr jener Energie irreversibel geschädigt werden. Ein wissenschaftlich simulierter Untergang der Welt basiert auf der nüchternen Plus-minus-Mathematik einer Energiebilanz, verbunden mit der Frage nach dem Tempo der Destabilisation. Es gab Zeiten in der Erdgeschichte, da die Welt ein Schneeball mit gefrorenen Ozeanen war, und es gab Zeiten, da die Krokodile an den heutigen Polen lebten und die CO_2-Konzentration bei 2000 ppm (parts per million, also 10 hoch minus 6 oder 0,000 001) lag, fünfmal höher im Vergleich zu den heutigen 400 ppm. Am Ende der letzten Eiszeit vor 22 000 Jahren haben sich in der Arktis bis zu 3500 Meter hohe Gletscher getürmt; die Meeresspiegel waren um 120 bis 130 Meter gesunken, und während der darauffolgenden Jahrtausende gab es enorme Temperaturschwankungen – Wärmephasen, Rückfälle in eiszeitliche Perioden, neuerliche Erwärmungen.

Gelassenheit also.

Und wieder nicht.

Weltweit sind die Forscher übereingekommen, dass die Erde sich nicht stärker als zwei Grad erwärmen darf, um unkontrollierbare Risiken und Kaskadeneffekte noch vermeiden zu können – auch wenn es immer wieder (vor allem amerikanische) Skeptiker gibt, die das Ganze als Panikmache beklagen, den Klimawandel leugnen und gegen die gesamte Empirie und Intelligenz des Weltklimarats und der Wissenschafts-Community behaupten, die Erderwärmung sei nicht menschen-, sondern sonnengemacht und habe sich durch die Schwächephase der Sonne mit abnehmender Strahlungsaktivität seit Anfang des Jahrtausends quasi von selbst erledigt. Nicht zu verschweigen ist die Tatsache, dass die weltweit mit dem Klimawandel beschäftigten etwa 25 Forschergruppen teilweise zu recht unterschiedlichen Ergebnissen kommen, doch alle Differenzen im Detail können nicht darüber hinweg relativieren, dass die Simulationsmodelle nach Ansicht von Jochem Marotzke, dem Direktor des Max-Planck-Instituts für Meteorologie, einvernehmlich zeigen: »Es wird im 21. Jahrhundert deutlich wärmer. Unser Grundproblem ist und bleibt CO_2.«

Das Zwei-Grad-Ziel ist zwar für niemanden bindend, gilt aber als Resultat der Computersimulation von Massenbilanz-Modellen in der internationalen Politik mittlerweile als Maßstab. Ob es tatsächlich zum Ende der Welt führte, wenn diese Marge überschritten würde? Nehmen wir an, es würde. Dann wäre die nächste Frage: Bei wie viel Grad darüber?

Bis zum heutigen Tag, nach Verbrauch aller bisherigen fossilen Brennstoffe, ist den Messungen der IPPC zufolge durch den Lebenswandel der Weltgemeinschaft die Erde um 0,8 Grad wärmer als zu vorindustriellen Zeiten um 1880. Unter dem Begriff »Klima« versteht die Klimaforschung in Abgrenzung zum Begriff »Wetter« den Mittelwert der Temperaturen in 30 Jahren. Es dreht sich also um Langzeittrends, nicht um kurzfristige Temperaturschwankungen. Wichtig ist, den Verzögerungseffekt klimatischer Auswirkungen miteinzuberechnen. Noch befindet sich die Menschheit in der geborgten Schonfrist (und trügerischen Sicherheit) der Inkubationszeit, doch die Wärme-Infektion hat bereits stattgefunden. Schon jetzt hat man also von einer faktischen Erderwärmung um 1,3 Grad auszugehen. Die Wachstumsrate der CO_2-Emissionen in den letzten Jahren war rekordverdächtig hoch, vor allem in Indien, China und Brasilien. Dass es einen kausalen Zusammenhang zwischen Wirtschaftswachstum und Emissionsausstoß gibt, beweist ex negativo das Krisenjahr 2009, als die Weltwirtschaft am Abgrund stand und die Emissionsrate bemerkenswert fiel.

Das gegenwärtig herrschende Produktionsprinzip der Weltwirtschaft basiert geradezu auf der Kopplung von Wachstum und Emissionsausstoß, oder anders gesagt: Der Preis für Wirtschaftswachstum ist die CO_2-Verseuchung der Atmosphäre, was nicht neu, in seiner Dimension aber apokalypsefähig ist. Das Gas CO_2, Kohlenstoffdioxid, kommt auf natürliche Weise in der Luft vor und ist, unnatürlich erhöht, verantwortlich für die Erwärmung. Je mehr Wachstum um den Preis des Kohlenstoffdioxid-Ausstoßes erkauft wird, desto wärmer wird die Erde. Seit Jahren warnen Klimaforscher vor der Symmetrie zwischen Wirtschafts- und Emissionswachstum. Wenn man sich vor Augen hält, welch katastrophale Auswirkungen im 20. Jahrhundert der Anstieg der Temperatur um nur 0,6 Grad hatte – allein in den vergangenen Jahren der Bruch der Oder, zahllose Überschwemmungen, Fluten oder Wirbelstürme –, so wird man bei 8 Grad Erwärmung apokalyptische Konsequenzen annehmen dürfen: Hungersnöte, Seuchen, Versalzungen, Dürren, dann wieder Fluten, Stürme, Wasserstürze.

Für die Weltuntergangssimulation von Interesse sind nicht graduelle Effekte, sondern sprunghafte Veränderungen. Die beiden Faktoren Temperatur und Meeresspiegelhöhe stehen in einem grundlegenden und deshalb äußerst sensiblen Verhältnis. Jede Erhöhung der Temperatur hat Auswirkungen auf die Höhe des Meeresspiegels, diese wiederum wirkt sich auf die Temperatur aus: Mehr Wasser führt zu stärkerer Verdunstung und weiterer Erwärmung, die wiederum zu Eisschmelze und also erhöhtem Meeresspiegel führen. Die Masse der Eisflächen auf der Erde ist einer der wichtigsten Faktoren für das Überleben, denn Eis reflektiert Sonnenlicht direkt zurück und hält die Wärme ab.

Der sogenannte »Tipping-Point«, wie die Klimaforscher sagen, der »Kipp-Punkt«, nach dessen Einsetzen ein nicht mehr rückführbarer Prozess in Gang kommt, ist realistischerweise in jenem Moment gegeben, da der grönländische Eisschild oder die West-Antarktis zu schmelzen begännen – und zwar oben, auf den Gipfeln dieser Eis-Gebirge in 3000 Metern Höhe, wenn die Luft zu warm geworden ist. Hat das Eis oben einmal zu schmelzen begonnen, ist auch der Verlust der unteren Schichten nicht mehr aufzuhalten, weil die Luft zum Boden hin stets wärmer wird. Es würde eine sich selbst verstärkende Dynamik in Gang gesetzt, die nicht mehr zu stoppen wäre.

Und siehe da: Der Weltuntergang ist gar nicht so abwegig.

Im Eis von Grönland (7 Meter) und der West-Antarktis (5 Meter) stecken im globalen Durchschnitt insgesamt 12 Meter Meeresspiegel-Anstieg. Solange das Eis im Wasser ist, erhöht sich der Meeresspiegel nicht, sondern nur dadurch, dass das Wasser wärmer wird und mehr Volumen erhält.

Zwar ist es reine Spekulation, aber der Schmelzvorgang des Grönland-Eises könnte bei einer Erderwärmung von über 2 Grad beginnen. Bei etwa 5 Grad würde er das nach Ansicht der Potsdamer Klimaforscher aber sicher tun. Und dann? Es schmölzen Grönland, die West-Antarktis, die Himalaya-Gletscher, es schmölzen die Permafrostböden um den Nordpol in Kanada, Alaska, Sibirien, wodurch sich Kohlenstoffverbindungen auflösten, Bakterien organische Verbindungen in Methan und CO_2 zerlegten und damit weitere Treibhausgase freisetzten. Schließlich würden durch die Erwärmung auch die sogenannten Methanhydrate der Ozeansedimente destabilisiert und auf diese Weise so viel Methan in die Atmosphäre freigesetzt, dass es zu hohen Konzentrationen in der Atmosphäre und zu einer sich verstärkenden Rückkopplung kommt, weil Methan wiederum den Treibhauseffekt fördert. Zugleich käme es zu einer Veränderung der thermohalinen Zirkulation der Golfströme, Meeresströmungen kämen zum Erliegen, die Ozeane nähmen weniger Kohlendioxid auf, und die einsetzende Erwärmung der Südhalbkugel würde dazu führen, dass auch die westantarktische Halbinsel kollabieren, ihr Eis schmelzen und der Meeresspiegel noch weiter steigen würde. Ein Öko-GAU, bei dem sich die Temperatur der Erde in 100 Jahren um bis zu 12 Grad erhöhen könnte.

Geschähe all das zu gleicher Zeit, stiege der Meeresspiegel im globalen Durchschnitt um mindestens 12 Meter an, was zur Folge hätte, dass er in manchen Regionen um 50 Prozent höher als bisher wäre, wohingegen in anderen Gegenden gar nichts geschähe. Der Anstieg des Meeresspiegels um bereits einen Meter würde Manhattan existenziell bedrohen und die Niederländer, deren bedeichtes Land größtenteils heute schon unter null liegt, zwingen, ihre Küstenregionen aufzugeben. Am stärksten betroffen wären Inselgruppen wie die Malediven und große Flussdeltas wie jene an Nil und Brahmaputra. Gerade die Schwellenländer Ägypten und Bangladesh haben weder technische noch finanzielle Kapazitäten, um massive Deichsysteme zu errichten. Millionen Menschen wären von den darauf folgenden Überschwemmungen betroffen, Millionen würden ihre Heimat verlassen, Millionen ins Landesinnere flüchten, was die Gefahr von Pandemien und Seuchen enorm erhöhen würde. Dazu kämen wie selbstverständlich dauerhafte Sturmfluten und Hurrikans mit verheerenden Auswirkungen – was man heute schreckhaft und mit Respekt als »Jahrhundertflut« bezeichnet, wäre dann nichts weiter als Alltag. Vor Jahren waren bei einer Umfrage die meisten Katastrophenmanager aus Frankreich und Holland der Meinung, bei einem Anstieg von fünf Metern habe es keinen Sinn mehr, Deiche zu errichten; die einzige Überlebenschance bestünde in der Aufgabe der Küstengebiete, in Rückzug und Umsiedlung der Menschenmassen – und das bei läppischen fünf Metern!

Stiege schließlich die Temperatur um weitere 7 Grad, würden die Eismassen der Ost-Antarktis schmelzen, und das wäre die Katastrophe schlechthin, deren Ausmaß reflexartig das Prädikat »apokalyptisch« auf sich ziehen würde. Zusammen mit dem geschmolzenen Grönland-Eis, dem Eis der West-Antarktis und dem Eis der Gletscher käme man mit der Ost-Antarktis auf einen Anstieg des Meeresspiegels um 70 Meter – dies nicht sofort, sondern womöglich über Jahrzehnte, Jahrhunderte hinweg, aber dafür unaufhaltsam, verheerend und vor allem irreversibel.

Wenn die Welt klimatologisch betrachtet untergeht, dann peu à peu und nicht mit einem Schlag, wobei der auslösende Mechanismus ihres Untergangs sehr wohl mit einem Schlag, mit jenem berühmten Tropfen zu viel begänne, der das Fass zum Überlaufen brächte. Es mag den Hysteriker insofern beruhigen, als die soeben diskutierte Eisschmelze über die Jahrhunderte hinweg eine virtuelle Angelegenheit mit reichlich Raum für Fabulierkunst und Spekulationseifer ist. Ganz reale Gefahren dagegen sind schleichende Prozesse, die zeitgleich, auf vielen Ebenen und sich verselbständigend auftreten, destabilisierend wirken und den Bruch der Zivilisation, wie wir sie bisher kennen, herbeiführen könnten. Gesetzt den Fall, die Erde würde sich – was bei aller Spekulation wissenschaftlich als höchstes Szenario noch vertretbar ist – tatsächlich um 7 Grad erwärmen: Was wären die unmittelbaren Folgen?

Mit großer Sicherheit extreme Hitzewellen, denen extreme Dürren folgen, die wiederum extreme Hungersnöte bewirken, welche extreme Flüchtlingsströme zur Folge hätten, denen extreme Verteilungskämpfe folgen würden. Das hieße, dass der Großteil Sibiriens verbrennt, dass in weiten Teilen Südamerikas die CO_2-bindenden Regenwälder verbrennen, dass es im Hochdrucksystem der Atmosphäre keine Wolken mehr gibt, dass Regen ausbleibt und dass, je wärmer es wird, desto mehr Wasser verdunstet, was das Klima weiter erwärmt. Krankheiten breiteten sich aus, Ungeziefer vermehrte sich, Insekten vernichteten große Ernten. Gleichzeitig wären Starkregen und Überflutungen an der Tagesordnung, versänken ganze Landstriche im Hochwasser, rafften Tsunamis Regionen dahin, rissen Orkane Tausende in den Tod. Regierungen wären nicht mehr in der Lage, ihre Bevölkerung zu ernähren, weitere Migrationsströme setzten ein, Menschen hausten in Camps, Horden wanderten nordwärts. Europa –

auch dann noch immer klimatisch begünstigt – riegelte sich militärisch ab, während in Afrika Kriege ausbrächen. Ein Szenario, das auch Wolfgang Sofsky, Soziologe und Gewaltforscher, als realistisch einschätzt. »Millionen Menschen werden aus den südlichen Elendsgebieten zu den Inseln des Wohlstands getrieben. An den Außengrenzen verbarrikadieren sich die Eingesessenen, im Innern dehnen sich die Ghettos aus. Der Gegensatz zwischen Einheimischen und Fremden forciert rassistische Ideologien diesseits und jenseits der Mauer. Im Kult der Gemeinschaft fühlen sich die Zugehörigen als die Guten, Auserwählten, Rechtgläubigen. Die anderen, das sind die Eindringlinge, die Verkommenen, die Überflüssigen. Ihnen gilt alle Verachtung – gegen sie ist alles erlaubt, jede Schikane, jeder Übergriff, jeder (Bomben-) Anschlag. Wie auch sonst enden die Grenzen der Moral an den Grenzen der Gemeinschaft. Geostrategisch weitet sich der Terrorkrieg aus. Sein Schlachtfeld umfasst keineswegs nur den asiatischen Balkan zwischen Kaschmir und Palästina. Auch Ostasien, Nordafrika und die westlichen Metropolen sind Schauplätze des wilden Krieges. Mit dem keineswegs unwahrscheinlichen Übergang zum Massenterror mittels Giftgas und Nuklearstoffen wird der Ausnahmezustand zur Normalität. Vergebens fordern die Untertanen weitere Sicherheitsmaßnahmen und erzwingen so die Diktatur sozialer Kontrolle. Kollektive Panik beschleunigt die Zerstörung der Freiheit. Misstrauen zersetzt die Gesellschaft, Verdächtige werden vorsorglich inhaftiert, im Geheimen fällen Sondertribunale das Urteil. Die Spezies wird vermutlich auch dieses Säkulum überstehen, aber das Leben der Menschen wird einsam, elend und unfrei sein.«

Vergangenes Jahr wies eine Studie darauf hin, dass es während eines El Niño und den damit verbundenen Dürren vermehrt zu kriegerischen Auseinandersetzungen gekommen ist. Geoforscher der New Yorker Columbia University konnten zeigen, dass in El-Niño-Jahren zwischen 1950 und 2004 vor allem in Afrika und Südamerika doppelt so viele Bürgerkriege wie sonst ausbrachen;

weltweit jeder fünfte Bürgerkrieg, schlossen sie, werde vom Klimaphänomen El Niño verursacht.

Klima und Krieg stehen in einem engen Zusammenhang, was die Erde zu einem einzigen Schlachtfeld machte, erwärmte sie sich derart, dass Hitzewellen, Dürren und Hungersnöte an der Tagesordnung wären. Der kanadische Militärhistoriker und Geostratege Gwynne Dyer bezeichnet jene Kriege von jedem gegen jeden und aller gegen die Natur als »Klimakriege«. Und mit welchem Satz beginnt Dyer sein Buch »Climate Wars«? »Eine Krise apokalyptischen Ausmaßes wird mit ziemlicher Sicherheit das Gesicht des 21. Jahrhunderts prägen.« Ist das wohlfeile Übertreibung und publizistische Kassandra-Taktik? Nicht wirklich. Die Wahrscheinlichkeit von Kriegen bis hin zu Atomkriegen, schreibt Dyer mit Bezug auf den Vierten Sachstandsbericht des IPCC von 2007, wachse mit dem Ansteigen der Temperatur um 2 bis 3 Grad Celsius erheblich.

Noch ist das Ende der Welt keine ausgemachte Sache, denn noch ist alles Eis gebunden. Aber würden alle im Boden der Erde verfügbaren fossilen Energieträger Kohle, Öl und Gas ausgeschöpft und verbrannt, würde also alles so weitergehen wie bisher, wäre Ende des 21. Jahrhunderts eine Erwärmung um 7 Grad erreicht. Das Potsdamer Institut für Klimafolgenforschung hat errechnet, dass die Vorräte an konventionellen und unkonventionellen Öl-, Gas- und Kohle-Ressourcen das 60-Fache jener Summe Kohlenstoff ausmachen, die sich in der Atmosphäre akkumuliert hat, seit die Menschheit in der industriellen Revolution begann, fossile Energieträger zu verbrennen. Absolut gesehen, sind das 14 000 Gigatonnen Kohlenstoff. Geschätzt die Hälfte davon würde bereits ausreichen, eine 8-Grad-Erwärmung zu verursachen.

Da der Mensch sein Leben nicht in der Sauna verbringen und mit Temperaturen ab einer bestimmten Schwelle nicht mehr umgehen kann, gäbe es viele Gebiete auf der Erde, in denen das Leben nur noch mit Klimaanlagen möglich wäre. Die politische, technologische und ökonomische Zukunftsfrage hieße also: Hat die Menschheit genügend Energie, um die Erde zu kühlen und Meerwasser zu entsalzen?

Entsalzung ist ein aufwendiges und teures Geschäft, die Technologie besitzen bislang nur wenige Nationen. Den vermutlich ausbrechenden Kampf um Wasser als Kampf ums Überleben werden jene überstehen, die genügend Trinkwasser und genügend Wasser für ihre Landwirtschaft zur Verfügung haben, und das sind nach Lage der Dinge jene Staaten, die sich Entsalzungsanlagen leisten können oder das technische Know-how dafür besitzen. Entsalzt wird das Meerwasser durch den Prozess der sogenannten »Umkehr-Osmose«: einen Filtrationsprozess, bei dem das Meerwasser mit hohem Druck durch eine semipermeable, feine Kunststoffmembran gepresst wird, in der Salze, Bakterien und Schwermetalle hängenbleiben.

Ist das ganze klimawissenschaftliche Szenario letztlich die Ausgeburt einer hypersensiblen Paranoia? Bedenklich scheint, dass die Risiken tatsächlich gegeben, die Daten unwiderlegbar, die Schlüsse logisch sind. Hans Joachim Schellnhuber, Institutsdirektor in Potsdam und Berater der Bundesregierung, kommt zu folgendem Schluss: »Ich halte diesen schlimmsten Fall zwar für nicht wahrscheinlich, aber für grundsätzlich möglich. Das Risiko liegt vielleicht bei 1:1000. Wir brauchten deshalb dringend eine Art Manhattan-Projekt, bei dem die 100 bis 200 weltbesten Wissenschafter einige Jahre in einem virtuellen Kolleg zusamenarbeiten, um zu erforschen, ob dieser Worst Case tatsächlich eintreten kann. Und wenn die Antwort ›ja‹ lautete, müssten wir schnellstmöglich eine neue Weltgesellschaft erfinden, klimafreundliche Städte bauen, die Landwirtschaft auf Energieproduktion umstellen, riesige Solarfelder und CO_2-Speicher errichten. Wir haben die Potenziale, die globale Erwärmung zu bremsen, da bin ich optimistisch. Nur was unsere Fähigkeit anbelangt, diese Potenziale zu nutzen, bin ich schon skeptischer. Wenn wir hier versagen, dann könnte der Klimawandel indirekt doch noch zur Auslöschung der Menschheit führen: Ein Gemisch aus Kernwaffengebrauch, Terrorismus und Umweltkonflikten um Boden, Energie und Wasser könnte uns am Ende ausradieren.«

Stephen Hawking antwortete auf seine selbstgestellte Frage »Wie werden wir die nächsten hundert Jahre überleben?« im Übrigen wie folgt: Langfristig werde das Überleben der Menschheit nur sicher sein, wenn wir in das Weltall ausschwärmen, so der Physiker; außerdem hoffe er darauf, dass die Menschen durch einen Eingriff in ihr genetisches Material weiser und weniger aggressiv werden.

Die bisherigen Simulationen eines Weltuntergangs durch Klimawandel, Erderwärmung und Verteilungskriege haben einen Faktor außer Acht gelassen, der wesentlich zu einer Verschärfung der Situation beiträgt: die Überbevölkerung. Ende Oktober 2011 wurde jener Mensch geboren, der die 7-Milliarden-Marke der Weltbevölkerung offiziell überschritt. 7 Milliarden Menschen auf der Erde können eine treibende Kraft apokalyptischer Phantasien sein, denn Kriege um Nahrung und Kämpfe um Wasser sind dadurch vorprogrammiert. Geschätzte 850 Millionen Menschen auf der Welt leiden bereits heute unter Hunger, 20 000 Menschen sterben jeden Tag an den Folgen von Unterernährung, 1,1 Milliarden Menschen haben keinen Zugang zu ausreichend sauberem Trinkwasser.

Die Folgen von Landflucht und Überbevölkerung sind nicht unbekannt. 1798, als die Verhältnisse im Vergleich zu heute noch paradiesisch waren und schlappe 900 Millionen Menschen die Erde bevölkerten, setzte der britische Nationalökonom Thomas Robert Malthus in seinem »Essay on the Principle of Population« ein wirkmächtiges Menetekel auf: »Wer sich zu heftig vermehrt, wird untergehen. Aber Hilfe führt nur zu noch mehr unerwünschten Armen.« Seither spricht man von der sogenannten »malthusianischen Katastrophe«, die im Ungleichgewicht von Bevölkerungswachstum und landwirtschaftlicher Produktion besteht. Das heißt: Es sind auf der Erde zu viele Menschen zu ernähren, und die Nahrung wird ausgehen, wenn die Weltbevölkerung derart rasant weiterwächst, wie dies zu Malthus' Zeiten geschah. Damals stieg die Bevölkerungszahl exponentiell, die Nahrungsmittelproduktion aber nur linear. Die Folgen heute wären weitaus drastischer mit dem Wort »Verelendungswachstum« bezeichnet: Armut, Hunger, Krankheit, Slumbildung, soziale Unruhen in den Großstädten, in denen, wie Studien prophezeien, in zwanzig Jahren schon 60 Prozent der Weltbevölkerung leben werden. Da bringt der von Malthus bemühte naturgesetzliche Zyklus, dem zufolge sich die Bevölkerung im Prozess der fortlaufenden Verelendung durch Seuchen und Krankheiten wieder reduziere, ehe der Zyklus von neuem beginne, der apokalyptisch getönten Sorge wenig Linderung.

Obwohl unter gänzlich anderen Voraussetzungen aufgestellt, ist das Theorem der Malthusianischen Krise bis heute zu einer Konstante der Weltentwicklung geworden. Jährlich wächst die Weltbevölkerung um etwa 78 Millionen Menschen, alle vierzehn Jahre um eine Milliarde. Weltweit werden in jeder Sekunde fünf Kinder geboren; jeden Tag verbrauchen Menschen mehr Erdöl, als sich auf natürliche Weise in 1000 Jahren gebildet hat. Ende des 21. Jahrhunderts könnte – eine mögliche Verlangsamung des Bevölkerungswachstums miteinberechnet – die 10-Milliarden-Menschen-Marke erreicht sein. Der auf Treibhauswachstum und Erderwärmung bezogene Kumulationseffekt wäre so enorm wie logisch: Mehr Menschen brauchen mehr Energie und mehr Wasser, mehr Menschen brauchen mehr Nahrung und essen mehr Fleisch, weswegen mehr Tiere gezüchtet und gefüttert werden; mehr Menschen scheiden mehr aus, mehr Flächen werden gedüngt, mehr CO_2 steigt auf. Das fossile Grundwasser schwindet, die Äcker laugen aus, die Böden erodieren, der Raubbau an den Tropenwäldern schreitet voran, die Hälfte der weltweiten Getreideernte wird zu Kraftstoffen verarbeitet. Einer Projektion der Welternährungsorganisation FAO zufolge müsste die Agrarproduktion bis zum Jahr 2050 um 70 Prozent gesteigert werden, wenn neun Milliarden Menschen ernährt werden sollen.

Gehen wir davon aus, dass die Annahmen zum größten Teil

stimmen. Der amerikanische Biologe und Insektenforscher Paul R. Ehrlich, der 1968, angesichts von damals vier Milliarden Menschen, mittels einer berühmt gewordenen Intervention vor der »Bevölkerungsbombe« warnte, äußerte sich kürzlich in einem Zeitungsinterview wie folgt: »Für viele ist die Apokalypse längst Realität. Eine Milliarde Menschen hungern, drei Milliarden leben von weniger als zwei Dollar am Tag. Die Bevölkerung aber wächst weiter. Und die zwei Milliarden Menschen, die bis zur Mitte des Jahrhunderts dazukommen, werden die Lebensgrundlagen noch viel stärker beeinträchtigen als die Milliarden davor. Denn sie müssen sich von ertragsarmen Böden ernähren und Wasser aus abgelegenen und verschmutzten Quellen holen.« Was tun? Ehrlich rät zur Schrumpfung der Bevölkerung, sonst gingen die Lichter aus. Ob Apokalyptiker oder nicht – es gibt wenig Grund zur Zuversicht. »Erstmals in der Geschichte«, sagt Ehrlich voraus, »könnte eine globale Zivilisation kollabieren.«

Das, bei allem Respekt, hatte man immer schon prophezeit. Seit jeher waren Kometen die bestgeeignete Form einer apokalyptischen Vision vom Kollaps. Im 19. Jahrhundert wurde das Ende der Welt mehrfach und immer dann vorausgesagt, wenn sich, wissenschaftlich bestätigt, ein Komet der Erde näherte – so in Katastrophen-Erzählungen von 1816, 1832, 1843, 1857, 1861. Eine Epoche früher, vor dem Gipfelsturm der europäischen Aufklärung im Jahr 1773, gab es eine gleichermaßen lang anhaltende wie horrende Kometenangst, und abermals ein Jahrhundert früher, 1680, wurde ein angeblich kommender Komet von einem so puritanischen wie einflussreichen Kirchengelehrten der Massachusetts Bay Colony in Boston, der den Namen Increase Mather trug, als Warnschuss Gottes gegen die zerfallende Menschlichkeit interpretiert, ja mehr noch: als böses Omen für Dürren, Stürme, Fluten, Krankheiten. Mindestens in puncto Wetter, Politik, Feuer oder Fluten glaubte Apokalyptiker Mather fest und tief an den direkten Einfluss Gottes auf den Alltag.

300 Jahre nach Increase Mather trat der amerikanische Um-

weltarchäologe Bruce Masse vom Los Alamos National Laboratory auf die internationale Bühne der Endzeit-Spekulationen, eine Art postmoderner Visionär, der die Überzeugung vertrat, die biblische Sintflut sei keineswegs eine raffinierte literarische Fiktion, sondern real gewesen und durch den Einschlag eines Kometen im Ozean verursacht worden, was jederzeit wieder geschehen könne. Masse verglich astronomische Tabellen und Daten von erdnahen Meteoriten mit alten Sagen vom Nahen Osten bis Hawaii und stellte fest, dass jede Kultur ihre eigene, mündlich überlieferte und in der Kunst dargestellte Flutgeschichte hat. »Viele der indianischen Völker in Nord- und Südamerika beziehen sich auf Flut mit Abbildungen von Wasserschlangen und Schlangen mit gefiedertem Kopfschmuck.« Auffallend sei in beinah all diesen Bildern eine langgestreckte Figur mit Hörnern, in der Bruce Masse die Darstellung eines Kometen erkennt.

Er wertete seine Daten aus und kam zu dem verblüffenden Ergebnis: Der Zeitpunkt des Kometeneinschlags sei exakt am 10. Mai 2807 vor Christus gewesen. Man hat sich das wie folgt vorzustellen: Gesetzt den Fall, ein Komet mit einem Durchmesser von dreitausend Metern raste mit 160 000 Kilometern pro Stunde direkt auf die Erde zu und würde zum Beispiel 1500 Kilometer südöstlich von Madagaskar ins Wasser einschlagen, so hätte der Aufprall zur Folge, dass zehnmal so viel Wasser in die Atmosphäre geschleudert würde, wie der Komet an Masse besitzt. Dies würde die Energie von zehn Millionen Megatonnen TNT freisetzen und so viel Wasserdampf in die Atmosphäre blasen, dass sechs oder sieben Tage unentwegter Regenfälle die Folge wären.

Abgesehen davon, dass diese rückverlagerte Sintflut-Projektion den tatsächlichen Ereignissen um den Tsunami vom 26. Dezember 2004 verblüffend ähnelt, kann bis heute niemand Masses Theorie widerlegen oder bestätigen. Hätten, wenn er denn tatsächlich passiert ist, ein derartiger Kometeneinschlag und die folgende Verwüstung nicht in jeder Kultur einen bleibenden, einen mythentauglichen Eindruck hinterlassen und sich über mündliche Geschichtsüberlieferung von Generation zu Generation weitererzählt, ausgeschmückt, vergrößert, je öfter man sich nach Art des Anglerlateins das Ereignis erzählt, demzufolge eine gefangene Dorade in Kürze zu einem Merlin wird?

Neben Kometen waren es die Vulkanausbrüche, welche die Menschen am stärksten an die poetischen Fiktionen der Johannes-Offenbarung erinnerten, als würden sie unmittelbar dem Zorn des Herrn ausgeliefert sein, da die Diastase nahte und Gott seinen Unmut über moralische Verkommenheit und politische Ungerechtigkeit zu erkennen gäbe. 1628 v. Chr. führte eine Vulkanexplosion auf der griechischen Insel Santorin zu 60 Meter hohen Wellen im gesamten Mittelmeerraum, was die Auslöschung der bronzezeitlichen minoischen Kultur auf Kreta nach sich zog. Als 1815 der indonesische Stratovulkan Tambora, auf der Insel Sumbawa östlich von Java gelegen, ausbrach, verdunkelten bisher nicht bekannte Aschewolken den Himmel und schränkten das Sonnenlicht derart ein, dass dies nicht nur zwei Tage und Nächte vollständige Dunkelheit, sondern erhebliche klimatische Störungen, nämlich das sogenannte »Jahr ohne Sommer« in Europa, zur Folge hatte: Missernten, Nutztiersterben und eine der schlimmsten Hungersnöte des Jahrhunderts. Zahlreiche europäische Staaten erlebten Wirtschaftskrisen, Menschenmassen emigrierten. In Frankreich und England kam es zu Aufständen, in der Schweiz wurde der Notstand ausgerufen. Den Ernteausfällen folgte ein starker Anstieg der Haferpreise, woraufhin es zu einem bemerkenswerten Rückgang des Pferdebestandes in Europa kam. Gravierender war nur noch, dass im Dauerregen vulkanischer Asche über 70 000 Menschen auf den indonesischen Inseln ihr Leben verloren. Noch in 1300 Kilometer Entfernung soll die Asche des Tambora niedergegangen sein, insgesamt ein Auswurf von 140 Milliarden Tonnen Pyroklastika, vulkanischer Tuff. Man geht davon aus, dass der Ausbruch des Tambora im April 1815 die größte je beobachtete Eruption eines Vulkans war; mittlere und kleinere Ausbrüche – der letzte 1967 – konnten nicht im Entferntesten mit jener Endzeit-Eruption mithalten, die zu einer Zeit stattfand, als in deutschen Landen die Romantik einen neuen Naturbegriff einforderte. Der Ausbruch 1815 erfüllte mehr oder weniger genau die Prophezeiungen des alttestamentlichen Propheten Daniel, die, nahm man sie exakt, 1819 oder 1864 hätten eintreffen müssen, und kamen für die Voraussagen des neuzeitlichen US-Predigers William Ward genau zur richtigen Zeit, erwartete der evangelikale Seher doch zwischen 1830 und 1833 keinen Geringeren als den Messias.

Traf nicht genau das, die Prophezeiung Daniels, am 26. Dezember 2004 an den Stränden des Indischen Ozeans ein? Geschah dort nicht eins zu eins, was immer schon erwartet wurde, was die Bibel prophezeit und beschrieben hatte, und zwar in solchem Ausmaß wie nie zuvor? Wie muss sich die drohende Apokalypse angefühlt haben?

Der Himmel ist blau, Wolken gibt es nicht. Plötzlich kommt das Wasser. Es drückt sich durch die Palmenreihen, bis zu dreißig Meter hoch türmen sich die Wellen. Das Meer kocht. Menschen klettern Palmenstämme hinauf. Manche kreischen, manche fluchen. Tassen klirren. Es rumpelt, wirbelt, schäumt. Hunde jaulen, dann verstummen sie. Stadtteile ertrinken, Dörfer verschwinden. Stühle erschlagen Frauen, Dachziegel Männer. Die, die davonkommen, haben Prellungen, Quetschungen, Schnittwunden. Erklären kann sich die Katastrophe zuerst niemand. Hier und da kommen Details dazu. Dann entsteht eine Geschichte: Ein Mega-Tsunami hat die heile Welt heimgeholt. Messwert 9,3 auf der Richterskala. Es ist das drittstärkste je gemessene Seebeben. In Indonesien, Sri Lanka, Indien, Thailand, Myanmar, Malaysia, Bangladesh und auf den Malediven lassen am 26. Dezember 2004 insgesamt 230 000 Menschen ihr Leben. Wäre man 3000 Jahre früher dran, erfüllte das Geschehen ziemlich genau die Voraussetzungen eines göttlichen Strafgerichts durch die Sintflut – der größte aller Untergangsmythen, das initiale Ereignis schlechthin, jene Ur-Katastrophe, die die gesamte Menschheit seit Jahrtausenden prägt. Die Sintflut ist nach dem Paradies und der Schöpfung der Welt das zweite Großereignis der alttestamentlichen Genesis und steht somit am Anfang des jüdisch-christlichen Kulturverständnisses. Motive und Bilder des Sintflut-Mythos sind zweifelsohne eine Imitation altorientalischer Epen. Zahlreiche Schöpfungs- oder Welterzeugungsmythen, altägyptische, sumerische, akkadische, hethitische, persische Kosmogonien sind wesentlich älter als die biblische Paradieserzählung aus dem 6. vorchristlichen Jahrhundert. In den heliopolitanischen Mythen etwa entfaltet sich eine Urmasse aus sich selbst; die sogenannte Neunheit verwaltet die Elemente des Kosmos in Fleisch und Blut. Im sumerischen Schöpfungsmythos, dem ältesten, bekanntesten und einflussreichsten Epos der Menschheitsgeschichte, entstanden 2150 v. Chr., geht es um die Vermählung des Süßwasser-Ozeans (Enki) mit der Erde (Nintu) und im babylonischen Schöpfungslied »Enuma elisch« (»Als droben«) um die Erschaffung der Menschen aus dem Blut des Gottes Marduk, mit der Konsequenz, dass der Mensch schon im Moment seiner Entstehung schuldig und sein Blut mit Sünde und Tod belastet ist.

Das Wort Sintflut geht auf das althochdeutsche »sinvlout« zurück, wobei »sin« die Bedeutung »immer« oder »überall« besitzt. Die sündigen Menschen haben das Paradies verspielt. Sie vermehrten sich wild, die »Gottessöhne«, die Männer also, nahmen sich unter den schönen Menschentöchtern so viele Frauen, wie sie wollten. »Der Herr sah, dass auf der Erde die Schlechtigkeit des Menschen zunahm und dass alles Sinnen und Trachten seines Herzens immer nur böse war. (…) Der Herr sagte: Ich will den Menschen, den ich erschaffen haben, vom Erdboden vertilgen, mit ihm auch das Vieh, die Kriechtiere und die Vögel des Himmels, denn es reut mich, sie gemacht zu haben.«

Einer wird bekanntlich davon ausgenommen: Noah und seine Familie. Was unterscheidet Noah vom Rest der Menschheit? Im Gegensatz zu allen anderen Wesen aus Fleisch, die verdorben sind und Gewalt auf die Erde bringen, ist Noah ein rechtschaffener Mann. Er ist der Einzige, der Gottes Wort befolgt. Durch Noahs Gehorsam wird den Menschen Rettung und Neuanfang ermöglicht. Das ist der moralische Kern der Sintflut-Legende: Nur der fromme Mensch wird überleben. Und die theologische Lehre? Gottes Zusage zum Bestand des Lebens kann der Mensch selbst nie zu Fall bringen. Aus Gnade geht Gott einen Bund mit den Menschen ein, und alles gegenwärtige Leben ist diesem Bund geschuldet.

Wie und wo auch immer die Sintflut hineingestürzt ist, ihre Legende im Alten Testament entspricht in Aufbau, Motivik, Handlung und Aussage bis ins Detail der sumerischen Fluterzählung von Gilgamesch. Heute besteht kein Zweifel daran, dass das sumerische Epos, über die Jahrhunderte in zehn verschiedene Sprachen übersetzt, auch das leitmotivische Vorbild der Bibel-Autoren war. Mit hoher Wahrscheinlichkeit sind nach der Rückkehr der Israeliten aus dem Exil in Babylon nach 538 v. Chr. auch hebräische Erzählvarianten der Flutlegende verfasst worden. Als Namen des Helden wählten die jüdischen Autoren »Noach«, übersetzt: Ruhe. Die ehrgeizigen Versuche selbsternannter Experten und akademischer Wissenschaftler, die Ur-Katastrophe zu verorten, führt bis heute zu spekulativen, aber auch überzeugenden Thesen. Dass die Sintflut in Mesopotamien, irgendwo zwischen südlichem Irak und südlichem Iran stattfand, ist bis heute die plausibelste.

Legenden sind Verdichtungen und Flutmythen immer auch Schuldmythen. Die meisten Religionen haben die Vorstellung einer Urverschuldung gemeinsam, durch die der paradiesische Urzustand verlorengeht und die unvollkommene Welt entsteht: mit Angst, Sterben, Tod, Leiden, Mühsal, Arbeit und Entbehrung. Das unterscheidet die Bibel von den sumerischen Epen: Im Alten Testament werden die Menschen für ihre Sünden bestraft, während im Gilgamesch-Epos davon nichts zu lesen ist.

Wie die Paradieserzählung lässt sich auch der biblische Sintflutmythos nur auf dem Hintergrund der politischen Konstellation in den Königreichen Israel und Juda im 6. Jahrhundert v. Chr. verstehen. Bevor »die Kinder Israels« von den angreifenden Babyloniern ins Exil getrieben werden, ist die Religiosität im Gelobten Land recht simpel: Es herrscht der sogenannte »Tun-Ergehens-Zusammenhang«, nach dem ethischen Prinzip: »Tust du Schlechtes, wird dir Schlechtes widerfahren.«

597 v. Chr. bricht sintflutartig der erste verheerende Feldzug der Babylonier über das Königreich Juda herein. Elf Jahre später marschiert König Nebukadnezar ein, belagert und erobert Jerusalem und setzt den Tempel Jahwes in Brand. Große Teile der Bevölkerung, darunter die Schriftgelehrten und Priester, werden an die Ufer von Euphrat und Tigris verbannt. Alles, was bis zu diesem Ereignis israelitische Identität ausmacht, ist verloren: der Staat, der Tempel, das eigene Land. Es ist der große Einbruch. Ein Trauma. Eine Zäsur. Das Volk Israel gibt es nicht mehr. Das Königreich Juda ist von der Landkarte gelöscht. Die Kinder Israels: gedemütigt, versprengt, ohne Perspektive.

Nach ihrer Befreiung durch Kyros von Persien 538 v. Chr. und der Rückkehr aus dem Exil unter Führung des hohen persischen Beamten Esra nach Jerusalem stehen die jüdischen Priester vor der Aufgabe, die Schmach der eigenen Vernichtung zu erklären: Entweder sie bezweifeln die Allmacht Gottes, oder sie halten an Jahwe als gutem und einzigem Gott fest. Dann muss das traumatische Geschehen in eine pädagogisch brauchbare Geschichte gebettet werden.

So geschieht es. Schriftgelehrte schaffen die Legende vom Volk Israel, das schlecht gehandelt hat. Die Babylonische Gefangenschaft wird als Strafe für die eigene Schuld betrachtet, für das Vergehen gegen die Gesetze. Also war Gott nichts anderes übriggeblieben, als den Untergang herbeizuführen: die Vernichtung allen Lebens in der Sintflut. Die Geschichte Israels wird zur Dekadenzgeschichte, zur Geschichte des Abfalls der Kinder Gottes von ihrem Vater. Dieser moralisch-theologische Faden der Schuld und Sühne wird in die mitgebrachten Erzählungen von einer großen Flut eingewoben. Doch es gibt Hoffnung: Die Autoren versprechen denjenigen Rettung, die wie Noah das Wort Gottes befolgen, gehorsam und demütig, die an die Gesetze glauben, unbeirrbar, und sie stellen ihr pädagogisches Lehrstück an den Anfang der »Thora«, den gesammelten Weisheiten des jüdischen Lebens. Bis heute hat kein Tsunami diese Hoffnung auszurotten vermocht.

Neben der Legende im Buch Genesis kursieren in der Welt bis heute über 170 Sintflutmythen, die meisten verbreitet durch Forschungsreisende früherer Jahrhunderte. Unumstritten ist, dass so gut wie jede Kultur ihre eigene Flutlegende besitzt. Bis heute ungeklärt ist aber die Frage, ob die Mythen von der Ausrottung der Menschheit durch eine große Flut nur jeweilige Variationen ein und desselben Ur-Ereignisses sind. Womöglich ist der Sintflutmythos der einzig universell gültige bei allen Völkern der Erde. Die Angst vor dem Untergang war und ist weltumspannend. Aber die entscheidende Frage ist, ob der Sintflutmythos moderner wissenschaftlicher Forschung standhält oder seine Beschreibung nur eine ungemein raffinierte Fiktion einiger um Trost und Epentauglichkeit bemühter Bibelautoren ist – die prächtige Instrumentalisierbarkeit für moralische Richtzwecke selbstredend inbegriffen, denn in der europäischen Kulturgeschichte symbolisiert die Sintflut die Sündflut, die Flut der Sünden. Der Begriff lässt sich doppelt auslegen: Sintflut als Wasserflut, die das gesamte sündige Leben auf der Erde vernichtet; oder aber als Flut der Sünden auf Erden, die durch das Wasser weggespült werden, auf dass die Erde wieder paradiesisch rein werde, ein globales himmlisches Jerusalem sozusagen.

Hält man jedem Mythos zugute, dass er ein reales Ereignis ausschmückend transzendiert, könnte die Ur-Katastrophe – wie in den ersten Zeugnissen nach Erfindung der Schrift traditionsfähig dargelegt – wie folgt abgelaufen sein:

Vor 7600 Jahren setzt die Gletscherschmelze ein, der Golfstrom springt an. Die Eismassen des Nordens weichen zurück. Millionen Kubikmeter Wasser stürzen in die Ozeane. Deren Pegel steigt so weit an, dass auch das Wasser des Mittelmeers an den Damm jenes Landes drückt, das heute die Westtürkei bildet.

Im Hinterland befindet sich, deutlich tiefer gelegen, ein Süßwassersee. Und plötzlich kommt das Wasser. Es rauscht und hallt, schwappt und rast. Gemäß dem Gesetz der Schwerkraft brechen die mediterranen Fluten mit der 200-fachen Wucht der Niagarafälle über den Damm herein. Sie stürzen 130, 150 Meter hinab, schießen mit 100 Stundenkilometern durch eine Rinne in den See. Immer heftiger, immer wuchtiger. Die Rinne wächst und ist nach 90 Tagen so tief, dass ein mehrere Kilometer breiter Strom entsteht. Das Wasser frisst Hütten auf, verschlingt Tiere und Menschen. Tag für Tag schwemmt die Flut das fruchtbare Land der Ackerbauern einen Kilometer hinweg. Die jungsteinzeitlichen Jäger und Sammler, gerade sesshaft gewordene Bauern, fliehen in Panik bis nach Mesopotamien.

Die Rinne, durch die das Wasser gekommen sein könnte, ist heute der Bosporus, der einstige Süßwassersee das Schwarze Meer. Nachdem die beiden amerikanischen Geologen Walter Pitman und William Ryan westlich und östlich der russischen Halbinsel Krim Proben vom Grund des Schwarzen Meers genommen hatten, konnten sie 1997 einen extrem schnellen Übergang von Süßwasser- zu Salzwassermuschelschalen nachweisen. Vor 7500 Jahren, folgern sie, müsse am Schwarzen Meer ein unerhörtes plötzliches Massensterben gigantischen Ausmaßes stattgefunden haben. Alle Lebewesen des Süßwassersees wurden vernichtet. Es war die tötende Sintflut. Ein Jahr später tauchte der Titanic-Entdecker und Ozeanograph Robert D. Ballard ins Schwarze Meer ab, ortete Schiffswracks und Amphoren und fand in 100 Metern Tiefe und 100 Meter von der Küstenlinie entfernt Steinblöcke und Holzreste. Ein eingestürztes Haus? Die Spur menschlicher Besiedlung? Der Beweis für die Existenz einer vorsintflutlichen Zivilisation? Ballard bestätigte die Theorie von Pitman und Ryan, und zum ersten Mal hielt eine Verortung des Sintflutmythos wissenschaftlicher Erklärung stand. Sie tut es bis heute.

Ich fand es verstörend, wie ähnlich sich die geologische Genese der Sintflut und die Simulationen der Klimaforscher nach Erreichen des Zwei-Grad-Zieles sind. Das legt freilich den Schluss nahe, dass auch der Sintflut ein Klimawandel vorausgegangen sein könnte, wie es auch den Umkehrschluss zulässt, dass dem Klimawandel eine erneute Sintflut folgt. Eine, die heftiger und brutaler als der Tsunami im Indischen Ozean sein wird, eine, die nicht nur Häuser, Autos, Küstensiedlungen hinfort- und 16 000 Menschen in den Tod reißen würde wie jene Wellen vor Fukushima es getan haben, sondern die megalomane und finale Katastrophe, die die gesamte Zivilisation auslöschen wird, weil ...

War ich in dieser kurzen Zeit meiner Tour durch die Gefilde des Untergangs selbst zum Apokalyptiker geworden? Bemerkenswert, mit welcher Kraft zur Phantasie die Natur den Menschen ausgestattet hat zu glauben, Rettung und Erlösung brächten die Sterne. Prophetischer als das, was in den Sternen steht, geht es nicht. Ich fuhr also nach Süden.

9. Betrachtung:
Die totale Ordnung des Alls

Mein Bedürfnis, ein Ende der Welt wissenschaftlich zu antizipieren und Fingerzeige der Forschung auf eine denk-, weil simulierbare Real-Apokalypse zu erhalten, war, so wie ein exzessiv benutzter Muskel im Körper immer stärker wird, zu einer wachsenden Obsession geworden – einer solchen mithin, mir selbst das psycho-kulturelle Erbe der Apokalypse auszutreiben, was nach einem Besuch auf dem Potsdamer Telegrafenberg am besten durch eine Auffahrt in die Sternwarte der Technischen Universität München geschehen könnte. Hier wollte ich den Astrophysiker Harald Lesch vor jeder Deutung der planetaren Konstellation mit meiner These überraschen, mit Zunahme der Rationalität blieben die Prophetien des Irrationalen seltsamerweise immer die gleichen. Es ist doch Fakt, dass dem Anstieg des Wissens nicht etwa die Abnahme der Mythen und Ängste entspricht, sondern eine putzmuntere Apokalypse-Angst, ein aufgeregter, unausrottbarer Weltuntergangsaberglaube.

»Ich habe den Eindruck«, daraufhin Lesch, »dass ein großer Teil von Weltuntergangsszenarien immer mit dem großen Unverständnis oder dem großen Unbehagen zu tun hat, wohinein wir uns begeben, ob Pandoras Büchse schon geöffnet ist. Man denke nur an die Entwicklung der Atombombe im 20. Jahrhundert, da gab es ja das erste Mal so ein Gefühl, man sei jetzt an Kräfte herangekommen, die wir nicht mehr beherrschen können, auch ethisch nicht. Heutzutage ist es ganz ähnlich, denn die Globalisierung stellt im Grunde genommen so etwas Unbewältigbares dar – niemand von uns kann sich für den gesamten Planeten verantwortlich fühlen, und alles, was deutlich über unseren Erfahrungs- und Erlebnishorizont hinausgeht, verursacht Unsicherheit.«

Sicher ist schon jetzt: Die Welt wird untergehen. Die Physik kann das Ende berechnen. Das Ende ist Tatsache. Astronomie wird zur Schwester der Apokalypse. Warum dies? Weil die Erde eine Geburt erlebt hat, und wie alles einst Geborene wird sie auch einen Tod haben. Gegen ihren Tod ist die Erde machtlos. Das kosmische Gesetz scheint dem kulturellen zu entsprechen: Werden und Vergehen. Die Erde ist den Umständen ausgeliefert, ohne Chance gegen jenen Megaplaneten, den sie täglich umkreist und der sie in etwa 4,5 Milliarden Jahren erbarmungslos verbrennen wird: die Sonne. Letztere wird sich dann so weit ausgebreitet haben, dass auf dem Planeten Erde kein Leben mehr möglich sein wird, ein Roter Riese, der den Planeten verschluckt. Es kann sein, dass das Gas der äußeren Schicht so dünn ist, dass, wenn der Stern wieder in sich zurückfällt und als Weißer Zwerg enden wird, dann noch was vom Planeten Erde übrig sein wird, aber das steht sozusagen noch in den Sternen. In summa: Es gibt ein wohldefiniertes Ende der Erde, wie es auch einen wohldefinierten Anfang für das Sonnensystem gegeben hat. Punktum. Und Lesch lächelt. Verblüffung gefällt ihm.

Man hat es in der Sternwarte naturgemäß mit den größten denkbaren Faktoren zu tun: dem Universum, der Sonne, den Galaxien. Womöglich leistet sich der immense menschliche Verstand, der sich die Sekunde vor dem Urknall zwar vorstellen, nicht aber begründen kann, in dieser Hinsicht alchemische Genialität, und die Erkenntnismaschine seiner Ratio vermag es, sich in Bereiche hineinzudenken, für die keine unmittelbaren sinnlichen Erfahrungen zur Verfügung stehen und für die der Mensch kein Gespür hat. Was er aufbieten kann, sind theoretische Annahmen, technische Fertigkeiten und physikalische Berechnungen, die sowohl das Universum als Ganzes wie auch die Struktur der Materie betreffen. Mit Quantenmechanik kann man Angst, Liebe und Sehnsucht nicht erklären, man kann nur sehr gut mit ihr rechnen. Seine Erkenntnisfähigkeit könnte ein schlagender Grund dafür sein, dass den Menschen Weltuntergangsszenarien deswegen so interessieren, weil er sie im Geiste synthetisieren, vorwegnehmen, die Natur somit überlisten und sich im sicheren Sessel seines Zuhauses dann darüber erhaben fühlen kann.

Von allen Endzeitmythen sind die kosmischen die irrwitzigsten. Es soll, behaupten mit dem Kosmos vermählte Eso-Apokalyptiker, in Kürze der Planet Nibiru auf die Erde zusteuern. Ein gestandener Akademiker wie Lesch muss an dieser Stelle sehr an sich halten, tut es redlicherweise auch und kommt zu einer letztlich programmatischen Aussage: »Alles Quatsch.« Der Wissenschaftler in ihm verweist darauf, dass Massen Massen bewegen. Gäbe es einen Planeten X oder einen Planeten Nibiru, wären jene Massen, die heute im Sonnensystem zu sehen sind, nicht dort, wo sie eben sind. Das ist, so leicht sich das anhört, erdenschwere Astrophysik. »Wenn in unserem Sonnensystem ein Stern in einem Abstand von einem halben Lichtjahr vorbeiflöge«, sagt Lesch, »würden die Planetenbahnen sichtbar gestört werden.« Mit anderen Worten: Die Tatsache, dass die Menschheit bis heute existiert und die Erde seit 4,56 Milliarden Jahren eine ungestörte Entwicklung vollzogen hat, deutet darauf hin, dass sich an der planetaren Konstellation seit Ewigkeiten nichts geändert hat. Was momentan an planetarer Besatzung zu erkennen ist, ist alles, was da ist. Mehr ist da nicht. Und wenn es mehr gäbe – und an diesem Punkt wird der gern flapsige Lesch maßlos ernst –, würde das Sonnensystem völlig anders aussehen. »Wir beobachten den Himmel, und seit 50 Jahren hat sich die Erde nicht mehr geändert.«

Um an dieser Stelle astromythologische Aufklärungsarbeit zu leisten: Der Name Nibiru wird in der babylonischen Sternenkunde öfters mit dem Gott Marduk in Verbindung gebracht, ist hingegen im mesopotamischen Gründungsepos »Enuma Elish«, wie es in der Bibliothek des Assurbanipal, des Königs von Assyrien, um 650 v. Chr. entstanden sein soll, nur eine Randerscheinung. Dennoch bleibt die Frage interessant, warum ein Planet Nibiru, dessen Existenz augenscheinlich durch kein Körnchen Tatsächlichkeit gedeckt ist, derart stark im Bewusstseinsfirmament aufgeklärter Menschen nisten kann. Nach Subtraktion aller physikalischen Parameter wird man dabei fast zwangsläufig auf ein transzendentales Gleis navigiert, wo man beginnt, Planeten als Gottersatz zu betrachten und sich, in den unerhört prosaischen Räumen eines astrophysikalischen Universitätsinstituts, mit den Auswirkungen des jüdischen Errettungsglaubens zu befassen. Wie jede Metaphysik der Hoffnung ist dessen Gesetzlichkeit psychodynamisch und startet mit einem Erwartungswert, der im Lauf der Zeit – also bis vor dem Ende der Welt die Erlösung naht – an Bindekraft gewinnt, so dass man den Eindruck hat, etwas fundamental Neues hat sich selbst erschaffen und harrt nun der Verwirklichung, der Errettung, des strafenden Gerichts durch eine neue, variierte Arche-Noah-Geschichte mit dem Impuls: Wir können uns retten, wir bauen uns ein Schiff und setzen uns in den Keller und fangen danach wieder von vorne an!

Die Kopplung des »Doomsday 2012«, also der Endzeit, mit der vermeintlichen Existenz des Planeten Nibiru ist ein Hochamt für sogenannte Astrobiologen, die Herkunft, Entwicklung und Zukunft des Universums erforschen. Der Nibiru-Mythos hat die amerikanische Raumfahrtagentur NASA derart in Bedrängnis gebracht, dass sie deren Senior Scientist David Morrison, den höchstrangigen Wissenschafter ihres astrobiologischen Instituts NAI, mit großer Ausdauer darauf eingehen ließ. Über 5000, meist den Anmarsch von Nibiru betreffende Fragen wurden unter der Rubrik »Ask an Astrobiologist« an Morrison gerichtet, über 400 davon hat er beantwortet. Drei aus dem Amerikanischen übersetzte Beispiele aus den Top 20 mögen die Flughöhe der digitalen Aufklärung illustrieren:

1. Frage: Worauf basiert die Vorhersage vom Ende der Welt 2012?
Morrisons Antwort: »Alles beginnt mit der Annahme, dass der Planet Nibiru, der von den Sumerern entdeckt wurde, auf die Erde zukommt. Zecharia Sitchin, der Romane über die alte mesopotamische Zivilisation der Sumerer schreibt, hat in mehreren Büchern seit den 1970er Jahren kundgetan, dass er sumerische

Dokumente gefunden und übersetzt hat. Sie haben den Planeten Nibiru identifiziert, der die Sonne alle 3600 Jahre umkreisen soll. Die sumerischen Fabeln beinhalten Geschichten von urzeitlichen Astronauten einer Zivilisation namens Anunnaki, die die Erde besuchen. Nancy Lieder, eine selbsternannte Psychiaterin, die vorgibt, Außerirdische zu channeln, schrieb auf ihrer Webseite, dass die Einwohner eines fiktionalen Planeten um den Stern Zeta Reticuli sie gewarnt haben, dass die Erde von Planet X oder Nibiru bedroht werde und in Gefahr sei. Diese Katastrophe wurde ursprünglich für den Mai 2003 vorhergesagt. Als aber nichts geschah, wurde das Endzeit-Datum auf Dezember 2012 verschoben. Kürzlich dann wurden diese beiden Hinweise mit dem Wintersolstitium der Langen Zählung im Maya-Kalender am 21. 12. 2012 in Verbindung gebracht.«

2. Frage: Wie können Sie die Existenz von Nibiru leugnen, da er doch 1983 entdeckt wurde, ein Ereignis, das damals alle großen Zeitungen aufgegriffen haben?

Morrisons Antwort: »Der Infrared Astronomy Satellite (IRAS) der NASA, der 1983 zehn Monate lang den Himmel beobachtete, entdeckte damals viele Infrarotstrahlungen, aber nichts darunter lieferte einen Hinweis auf Nibiru oder Planet X oder sonst ein Objekt im außersolaren System. Kurz gesagt: IRAS katalogisierte 350 000 Infrarotstrahlungen, von denen die meisten nicht identifiziert wurden. Das Gerücht von einem zehnten Planeten im System kam 1984 nach einem Artikel im Astrophysical Journal Letters auf. Diese ›geheimnisvollen Objekte‹ waren aber, wie 1987 beschrieben, entfernte Galaxien. Keine einzige Infrarotstrahlung durch das IRAS stellte sich jemals als Planet heraus. Zusammengefasst heißt das: Nibiru ist ein Mythos ohne jede Basis. Für einen Astronomen ist die Annahme eines in der Nähe befindlichen, aber unsichtbaren Planeten purer Unsinn.«

Im Weiteren erklärt Morrison den besorgten Bürgern, dass der Name »Planet X« nur ein Platzhalter für einen hypothetischen, noch nicht gefundenen Planeten sei; dass die angeblichen zahlreichen Nibiru-Fotos und -Videos im Internet falsche Bilder der Sonne seien, hervorgerufen durch Innenreflexionen der Linse; dass sich Nibiru nicht hinter der Sonne versteckt halte, obwohl auf den Bildern von Google Sky ein schwarzer Fleck im Orion zu erkennen ist; dass eine 180-Grad-Drehung der Erdrotationsachse und eine Umkehr des Magnetfeldes zum gleichen Datum unmöglich seien, weil die Rotation und Magnetpole nichts miteinander zu tun hätten; dass es mitnichten eine Neuordnung der Planeten und keine Zentrierung der Erde in der Milchstraßengalaxie geben werde.

Auf die Frage eines Besorgten, ob es wahr sei, dass wir alle im Jahr 2012 durch den Einschlag eines Meteors sterben werden, schreibt Morrison: »Der letzte große Aufschlag liegt 65 Millionen Jahre zurück und führte zur Auslöschung der Dinosaurier. Gegenwärtig suchen NASA-Astronomen im Rahmen des Programms Spaceguard Survey nach irgendwelchen großen erdnahen Asteroiden, um sie zu orten, bevor sie die Erde treffen können. Was wir jetzt schon mit Bestimmtheit sagen können, ist, dass es keine Asteroiden von jener Größe gibt, die einst die Dinosaurier vernichteten. All unsere Beobachtungen können täglich auf der NASA-Website eingesehen werden, so dass Sie sich selbst überzeugen können, dass wir für 2012 nichts zu erwarten haben.«

Schließlich die achte Frage besorgter Zeitgenossen an die NASA: *Wenn die US-Regierung Kenntnis über Nibiru hätte, würde man dieses Wissen dann nicht zurückhalten, um eine Panik zu vermeiden? Ist es nicht die Aufgabe der Regierung, die Bevölkerung zu beruhigen?*

Morrisons Antwort: »Sozialwissenschaftler haben darauf aufmerksam gemacht, dass unser Verständnis einer Panik der Bevölkerung das Produkt der Kulturindustrie in Hollywood sei, während die Menschen im realen Leben eine Menge gute Erfahrung damit haben, sich in schlechten Zeiten gegenseitig zu helfen. Jeder weiß, denke ich, dass der Versuch, schlechte Nachrichten geheim zu halten, immer nach hinten losgeht und die Lage verschlimmert, wenn die Fakten schließlich ans Tageslicht kommen. Nibiru betreffend, würden solche Fakten ohne Zweifel sehr bald bekannt werden. Selbst wenn die Regierung es wollte – eine Existenz von Nibiru könnte man nicht geheim halten, Tausende von Profi- und Hobby-Astronomen weltweit wären von diesem Planeten angezogen, gäbe es ihn wirklich.«

Man spürt sowohl Morrisons Mühe als auch sein Verständnis für astro-apokalyptisch aufgeladene Paranoiker und Hysteriker. Nichts, denkt man sich, mag ja schlimmer sein als die beständige Angst vor einem unberechenbaren Planeten in einer Welt voller Berechenbarkeit, deren Ordnung geradezu abhängig ist von dieser Berechenbarkeit, Kontrolle und Transparenz kontrollierter Berechnung.

Der Aufschlag eines Asteroiden ist übrigens das einzige Ereignis, das Harald Lesch als Gefährdung gelten lässt, denn die Resultate von Asteroiden-Einschlägen sind in großen Kratern in Süddeutschland, den USA und Kanada sehr wohl sichtbar. Tausende von Asteroiden schwirren auf verschiedenen Bahnen durchs All, kleinere und größere, entdeckte und noch nicht entdeckte, aber kein Asteroid ist in der Lage, dem menschlichen Auge am Teleskop zu entgehen, zu groß sind die Brocken letztlich, zu ausgeklügelt die Möglichkeiten der Menschheit, sich durch eine veritable Verkehrsbehinderung gegen sie zur Wehr zu setzen. Bei einer Vorwarnzeit von einer Generation, sprich 25 Jahren, würde es, meint Lesch, ohne Probleme gelingen, einen auf die Erde zusteuernden Asteroiden aus seiner Bahn abzulenken. Was nach Hybris und Herkuleskraft klingt, ist Sache minimaler Eingriffe. Da die Bahnen enorm lang sind, reicht es, kleine Veränderungen vorzunehmen. Der großflächige Asteroid, von sagen wir einem Kilometer Durchmesser, hat eine bestimmte Temperatur, die wiederum Wärme freisetzt, welche dann als Infrarot- und Radiostrahlung messbar ist. Die Bahn des Asteroiden würde von überall auf der Welt stationierten Teleskopen permanent beobachtet, aufs Komma genau berechnet und so eine mögliche Kollision mit der

Erde vorab simuliert werden, wobei der Menschheit zugutekommt, dass die Natur im Gegensatz zum sprunghaften Homo sapiens sapiens eine auf mathematischer Struktur beruhende feste Ordnung besitzt. Ist die Bahn bekannt, würden Drehverhalten und Strahlungsveränderung mit einberechnet. Das Einzige, was den georteten Asteroiden aus der Bahn lenken könnte, wäre eine andere Masse. Im Zuge eines planetaren Selbstverteidigungsprogramms allerdings lenkte dann der große Bruder Jupiter, mit 317 Erdmassen größter Planet im Sonnensystem, alle Eindringlinge von außen ab; ohne ihn gäbe es alle hunderttausend Jahre einen Einschlag auf der Erde. Doppelt so schwer wie alle anderen Planeten zusammen, zwingt der die Sonne umkreisende Jupiter ganze Asteroidenfamilien auf bestimmte Bahnen. Unbeeindruckbar dominieren die beiden Massen Jupiter und Sonne (330 000-mal so schwer wie die Erde) alles, was im Sonnensystem passiert.

Die helle Nachricht am lichtverhangenen Nachmittag in der Sternwarte München-Bogenhausen besteht in der Erkenntnis, dass man als Mensch und Erdenbewohner dem Untergang der Welt nicht wehrlos ausgeliefert wäre – zumindest dann nicht, wenn man Mathematiker und Astrophysiker unter sich weiß. Am Beispiel eines auf die Erde zusteuernden Asteroiden lässt sich bestens simulieren, wie die Astronomen, stellvertretend für die Menschheit, reagiert hätten. »Das Wichtigste wäre gewesen«, sagt Lesch, »eine schwere Masse in die Nähe dieses Asteroiden zu bringen, ein paar tausend Tonnen Nutzlast, weil Massen Massen anziehen.« Wenn so die Asteroiden-Bahn um ein winziges Moment abgelenkt würde, wäre die Erde bereits gerettet. Die natürliche Bahn des Asteroiden zu manipulieren könnte bedeuten, mittels großer Raketen Nutzlast ins All zu schießen, am besten ein paar tausend Tonnen Blei, die den Fremdling als Begleiter umkreisen und ihn Nanometer um Nanometer aus seiner Bahn herausziehen würden. Natürlich geht es auch viel banaler, wenngleich ebenso effektiv. Man könnte den Asteroiden beispielsweise mit weißer Farbe anstreichen, was zu einer Reflexion des Sonnenlichts führte; daraus folgte ein Impulsübertrag auf den

Gesteinsbrocken, der ihn danach abbremsen würde. Im Gespräch sind auch »Gravitations-Traktoren«, abgeschossene Sonden, mit deren Schwerefeld man einen Asteroiden peu à peu in eine andere Bahn lotst, was allerdings Jahre, wenn nicht Jahrzehnte dauert. Sollte es in einem Akt irdischer Notwehr wirklich um alles oder nichts gehen, würde man dem Asteroiden gar einen Nuklearzünder implantieren und ihn zu sprengen versuchen. Eine Generation Vorwarnzeit reicht, um die Rettung zu arrangieren.

Für erlösungswillige Menschen sind Planeten wie X und Nibiru Gott-Erscheinungen (oder Gott-Substitute), die im Bewusstseinskontinuum ins geistige Sonnensystem des empfindsamen Subjekts eindringen. Filme wie »Melancholia« von Lars von Trier oder Roland Emmerichs »Independence Day« greifen solcherlei subversive Fiktionen auf, spinnen einen selbstbezüglichen Kokon und fiktionalisieren die Fiktion dadurch noch ein Stück weiter, dass die Fiktion irgendwann nicht mehr fiktional, sondern plausibel erscheint. Nicht für Harald Lesch übrigens, der ehrlich erschüttert ist: »Diese Kunstszenarien sind derart dumm, dass ich mich als Physiker erbrechen muss.«

Das heißt: Es gibt gewisse Naturgesetzlichkeiten, die sich nicht als intellektuelles Sprachspiel eignen. Sachfragen lassen sich weder künstlerisch noch demokratisch entscheiden. Es gibt absolute Größen, mit denen man nicht verhandeln, die man nicht bescheißen kann, die sind so, wie sie sind. »Ein Elektron ist nicht politisch, das kennt keine Gnade«, sagt Lesch und deutet den Zusammenhang zwischen Astronomie und Angst wie folgt: »Dass wir Europäer, Amerikaner und Australier als Erste Angst vor dem Weltuntergang haben, ist kein Wunder: Wir sind momentan die Heros auf dem Planeten und haben das bestfunktionierende System, und immer, wenn man abgeben muss, wird man ängstlich. Weltuntergangsszenarien werden ja nicht in Nigeria oder Bangladesh geboren.«

An diesem Punkt wird es politisch relevant, denn solcherlei Aussage führt zwangsläufig zu der Frage: Wie muss die Welt in

Zukunft beschaffen sein? Sind die Borniertheit und Ignoranz, auf Kosten nachfolgender Generationen zu leben und die Erde herunterzuwirtschaften, länger hinnehmbar? Kann der Energiebedarf für 12 Milliarden Menschen gedeckt werden, da die Menschheit heute Energie so generiert, dass der CO_2-Ausstoß wie gesehen irgendwann zu Kipp-Effekten und zum Untergang der Zivilisation führen kann und die Spaltung von Atomkernen die Gefahr der kompletten Verseuchung in sich trägt? Unbedingt, meint Lesch, und weiter: »Hätten wir in den 1950ern mit Solarthermie begonnen, wären wir von fossilen Brennstoffen heute unabhängig und bräuchten auch kein einziges Atomkraftwerk.«

Dass es dieses Jahr tatsächlich vermehrte und dauerhafte Explosionen auf der Sonne gibt, wie behauptet wird, kontert der Physiker kühl. »Das kann keiner vorhersagen.« Der Zyklus der Sonne sieht eine Auf- und Abwärtsbewegung alle 11 Jahre vor, das letzte Maximum war 2001. Jetzt steht die Sonne also kurz davor, in einen neuen Aktivitätszyklus überzugehen, wie dies seit 4,6 Milliarden Jahren alle 11 Jahre der Fall ist. Wer also heute 50 ist, muss wissen, dass er schon fünf derartige Sonnenzyklen mit mehr oder weniger starken Stürmen erlebt hat, auch wenn das wilde Wüten der Sonnenflecken es sogar bis in die Abendnachrichten der deutschen Privatsender geschafft hat. Die Sonne schleudert in einer gigantischen Eruption aus Elektronen, Protonen, Kernen schwererer Elemente und Röntgenstrahlung bestehendes »solares Plasma« aus sogenannten »Sonnenflecken« in den interplanetaren Raum hinaus, was mindestens zu ungewöhnlichen Polarlichterscheinungen auf der nördlichen Halbkugel der Erde und zu geomagnetischen Stürmen und sogenannten Störströmen auf der Erde führt, wodurch GPS-Empfang, Satellitennavigation und Stromversorgung beeinträchtigt sind.

Wird der Verweis auf einen steten, nie gestörten, berechenbaren Zyklus, auf die exakte Berechnung der Himmelsbahnen, die Entzauberung des Weltalls, auf die Sicherheit einer eben nicht chaotischen, sondern nach mathematisch konsistenten, seit

500 Jahren bekannten Regeln funktionierenden Natur den besorgten Zeitgenossen womöglich beruhigen?

Da erreicht uns Anfang des Jahres 2012 plötzlich die verstörende, genau aufs Gegenteil wilder Aktivität abhebende Meldung, wonach eine Abschwächung der Sonnenflecken erwartet werde, quasi ein Winterschlaf der Sonne. O Gott, ja, und mit welchen Konsequenzen? Unabhängig voneinander kommen augenscheinlich drei Forscherteams zur dem nicht unumstrittenen Ergebnis, die Sonne lege eine womöglich jahrzehntelange Verschnaufpause ein, was, wie die Astronomen des amerikanischen National Solar Observatory (NSO) meinen, von der Raumfahrt bis zum Erdklima so gut wie alles beeinflussen würde. Ist die Sonnenflaute endzeitgeeigneter als der Sonnensturm? Bei der notorischen Erregbarkeit mancher Zeitgenossen durchaus, denn was wäre schlimmer, als die Kraft des lebensspendenden Elixiers zu verlieren? Man habe, ließ sich NSO-Forscher Frank Hill kürzlich zitieren, Hinweise auf den Beginn von Zyklus 25 für das Jahr 2012 erwartet, sehe aber bislang keinerlei Anzeichen dafür, was darauf hindeute, dass Zyklus 25 erst 2022 beginnen könne – oder sogar komplett ausfalle.

Mit großer Beflissenheit wird der aufmerksame Leser einwenden, dass dies nun durchaus eine Chance zur Abkühlung der stets erhitzten Erde darstelle und dem Treibhauseffekt auf natürliche Weise den Wind aus den Segeln nehme. Tut er auch, ein bisschen zumindest. Mehr als geschätzte 0,1, höchstens jedoch 0,3 Grad, so haben Klimaforscher berechnet, sind bei einem solaren Winterschlaf jedoch nicht drin. Was auch immer es sein wird: Auf der Sonne kehrt keine Ruhe ein.

Um es, am Ende der Reise in die astronomischen Tiefengründe, klar und deutlich in den Äther der Vernunft zu schmettern:
Es gibt 2012 keine seltene Planetenkonstellation; es wird keinen Polsprung, also keine Umpolung des Erdmagnetfeldes von Süd- und Nordpol geben; die Erde wird nicht ins Zentrum der

Milchstraße wandern; die Erde hört nicht auf, sich zu drehen; ein gigantischer Asteroid ist nicht in Sicht, und jener kleine, der in Sicht ist, wird die Erde knapp, aber elegant passieren. Nein, 2012 gibt es nichts, was auffällig, nichts, was außergewöhnlich, nichts, was weltuntergangstauglich wäre. Mit Harald Lesch gesagt: »Seit 4,56 Milliarden Jahren rasen acht Planeten da oben rum, und nie hat sich daran irgendwas geändert.«

Astronomisch betrachtet, herrscht das gesamte Jahr 2012 über im kosmischen Gefüge eine beruhigende, gelassene, womöglich langweilige, jedenfalls totale Ordnung. Das würde sich erst ändern, wenn der seit 4,56 Milliarden Jahren treue Erdbegleiter Mond, der die Stabilität der Rotationsachse garantiert, auf einmal nicht mehr da wäre. Aber der Mond ist da. Jede Nacht ist hell. Alles ist gut.

10. Betrachtung:
Das Ende der Welt und der Anfang des Glaubens

Zu wissen, dass bis zur Epoche der europäischen Aufklärung 1650 folgende Astronomie und Astrologie schwesterlich vereinte Sterndeutungszwillinge waren, deren gemeinsames Geschäft die Ortung und Berechnung von Planetenbahnen in ihrer zyklischen Wiederkehr war, gehört glücklicherweise zum Fundus meines bescheidenen Universalwissens. In der Geschichte haben sich immer wieder messianische Erwartungen mit astrologischen Argumenten verknüpft, ob in der christlichen Apokalyptik, jüdischen Kabbalistik oder spätmittelalterlichen Wissenschaft, als der Wissenskomplex Mathematik/Astronomie/Astrologie die Medizin beherrschte. Alchemie und Kosmologie bekamen ihren festen Platz in der Wissenschaft, und der apokalyptische Denkstil wurde stets erneuert, bezogen auf die Daten aus Astronomie und Astrologie. Nachaufklärerisch, an den Bruchstellen eines sich absolut setzenden Verstandes, vollzog sich dann die Trennung des Seins in res extensa und res cogitans, in Geist und Materie, Leib und Seele, und aus dem symbiotischen Bund von Astronomie und Astrologie wurden zwei konkurrierende Disziplinen. Die Astrologie steht seither unter allerlei Verdacht, vor allem unter jenem auf Scharlatanerie, was nachvollziehbar erscheint, wenn man sieht und hört, wie von Musikantenstadl-Astrologen auf Astro-TV bis zu den Horoskop-Fabrikanten der bunten Blätter Seelendeutung und Lebensberatung samt Handlungsanweisung exerziert werden. Die gegen astrologische Erkenntnisse ins Feld geführten Vorurteile sind Legion, und weil ich selbst keine erkennbare Neigung zu der Annahme habe, ferne Gestirne hätten Einfluss auf meinen Charakter, fuhr ich – dankbar über eines seiner selten gewährten Zeitfenster –

von der Sternwarte der TU München in Bogenhausen via Maximiliansbrücke über die Isar hinunter ins Lehel, wo im dritten Stock eines herrschaftlichen Jugendstilhauses der von so vielen verehrte, aus Franken gebürtige Astrologe Erich Bauer residiert. Ihn umgibt für nicht wenige Zeitgenossen eine Aura der Kultperson, er genießt höchsten Respekt, die Szene erhebt ihn gern in den Rang eines Weisen. Bauer verfasst Bücher, schreibt in Europas größtem Horoskop-Magazin »Astro-Woche« eine wöchentliche Kolumne, liefert in Frauenzeitschriften die Horoskope des Monats und kann, 65-jährig, auf die Zuschreibung von Weisheit bei denen zählen, die ihr Leben im Einfluss seiner Sterndeutungen gestalten.

Für unseren Termin mit dem Schicksal hatte sich Bauer das gesamte Jahr 2012 und speziell den Monat Dezember vorgenommen, und seine Erkenntnis, um es kurz zu machen, lautet: »Da ist nix los.« Sollte 2012 die Welt untergehen, dann hätte dies im Mai geschehen müssen, denn der Wonnemonat hielt allerlei Voraussetzungen für Zuspitzungen und Eruptionen bereit, für ein Aufbäumen, ein Zerbrechen von Erdteilen, Bergen, Strukturen. Sei's drum, nichts ist geschehen. Aber gibt es trotzdem einen Zusammenhang, eine planetare Konstellation, zwischen Finanzmarktkrise – der Angst vor dem Crash, der Hysterie der Märkte, dem Kollaps der Kurse, der drohenden Inflation – und der Naturkatastrophe in Fukushima?

Astrologische Medaillen haben meist zwei Seiten, und so ist es auch in diesem Fall. In den Rebellionen im arabischen Raum, in der anhaltenden Finanz- und Wirtschaftskrise und der Zunahme der Umweltkatastrophen erkennt Bauer durchaus stellare Parallelen und endet auf seiner Tour d'Horizon durch den Weltraum explizit beim Spannungsverhältnis von Uranus und Pluto. Mit beiden verhält es sich folgendermaßen: Der Uranus, während der Erstürmung der Bastille zu Beginn der Französischen Revolution entdeckt, ist so klein, dass man zu seiner Sichtung ein Fernrohr braucht. Oft aber ist das Kleine das Kraftvolle, und also besitzt der Wassermann-Planet Uranus den Charakter des Revolutionären, des Umsturzes, der Erhebung, des Aufbrechens. Er ebnet Ungerechtigkeiten ein und macht Unebenheiten sichtbar, einer Schneeschmelze im Frühjahr gleich, da alles Gefrorene zu Wasser wird. Astrologisch gesagt war der Uranus die vergangenen zwanzig Jahre im Exil, sprich: Er war unwirksam. Kurz nachdem er das Feuerzeichen Widder betreten hatte, ereignete sich Fukushima – das Erdbeben, der Tsunami, die nukleare Katastrophe. Seit dem Eintritt des Uranus in den Widder nahmen Energie und Intensität der Widerstände zu: In Afrika stürzten die Diktatoren und erhoben sich die Völker, in Europa und den USA erhoben sich die Okkupisten gegen Wall Street und Bankenimperien.

Der Pluto nun ist der Vertreter des Establishments und der Etablierten, der Herrschenden und der Herrschaft, er steht für das Konservative, Bewahrende, Felsenfeste, für gefügte Strukturen und die daraus resultierende Macht; entdeckt wurde er während des Faschismus. Während der Astrophysiker ihm kurzerhand das Recht abspricht, überhaupt Planet zu sein, assoziiert der Astrologe den Pluto zum Beispiel mit dem Kaiserreich. Zwischen Weltmacht-Zuschreibung und Statusentzug – im Übertragenen also zwischen Astrologie und Astronomie – offenbart sich in Gestalt des Pluto die Manifestation der nachaufklärerischen Trennung einst verschwisterter Disziplinen.

Für Bauer, der sich, selbstironisch verkleinernd, gern als »Wahrsager« bezeichnet, ist die weltweite Eruption eine logische Folge der äußerst schwierigen Beziehung zwischen Uranus und Pluto seit Anfang 2011. Die beiden Planeten stehen nicht nur in Opposition zueinander, sondern sogar im Quadrat (hier muss kurz angemerkt werden, dass Quadrate – und überhaupt alles Rechteckige – in Astrologie wie Anthroposophie kein Behagen auslösen). Diese Beziehung im Quadrat gibt es alle vierzig Jahre. Dass darüber hinaus der Uranus im Widder, der Pluto im Steinbock steht, ist allerdings einzigartig und verschärft die Lage. Das heißt: Der widderige Uranus ist der Krieger, der sich bewaffnet und gegen den steinböckigen Pluto zu Felde zieht, der wiederum das angestammte Machtgefüge gegen den Rebellen verteidigt. Im späten Frühjahr des Jahres 2012 erhob sich Uranus gegen Pluto. Daraus schließt Bauer auf eine explodierende Spannung über der Erde, ohne zu wissen, wie sich das exakt auf die Seelen der Menschen auswirkt; Aufstände, Aufmärsche und Rebellionen überraschen ihn nicht im Entferntesten.

Im Mai 2012 war die spannungsreiche Quadratbeziehung zwischen Uranus und Pluto, zwischen Machterhalt und Zerstörung, zwischen Regierung und Volk, zwischen Konservativen und Revolutionären astrologisch betrachtet auf dem höchsten Punkt. Zum Zeitpunkt des 21.12.2012 aber, da die Maya das Ende der Zeit voraussagten, wird sie lange vorbei sein, auch wenn am 21. Dezember der Pluto auf fast 9 und der Uranus auf 4 Grad ist – was immer noch den Tatbestand einer Quadratbeziehung erfüllt und somit eine nach wie vor kritische Beziehung zwischen beiden anzeigt, die im Übrigen sich überaus langsam bewegende Planeten sind.

Nie sollte man eine stellare Rechnung ohne den Mond machen, denn weder er noch Saturn ist an jenem Freitag, dem 21.12., mit von der planetaren Partie. Zwar gibt es eine Opposition von Jupiter und Merkur, was an sich eine schöne Angelegenheit ist, etwas unruhig, leicht bewegt, weswegen man nervös sein könnte und, so der Lebensrat gewünscht ist, an diesem Tag auf Kaffee verzichten sollte. »Wann und wo die Blase platzt, die jetzt schon die ganze Zeit sichtbar ist, kann ich nicht sagen«, befindet Bauer, »aber dass es knallt und uns das noch ein paar Wunden schlagen wird, das glaube ich sicher.«

Die Astrologie ist seit geraumer Zeit und bei nicht nachlassender Attraktivität zu einem Orakel-Substitut geworden, zu einer Ersatzgottheit für jene, die der Konstellation der Sterne mehr Glauben schenken als dem einen Christengott, und für die, die, obwohl religiös oder gar gottgläubig, an die Verbundenheit des eigenen Organismus mit dem Sonnensystem glauben und im

Selbstverständnis einer Ganzheitlichkeit den Bund mit dem Kosmos erspüren. »Momentan hat jeder recht, der unkt.« Das sagt Bauer im Wissen, dass niemand Astrologie belegen kann – im Sinn eines naturwissenschaftlichen Beweises, dessen objektive Güte durch seine Nachprüfbarkeit an jedem Ort und an jeder Stelle der Welt garantiert wäre, im Wissen, dass die Einflüsse einfach da sind und geglaubt werden müssen und, was zumindest seine, Bauers, Person betrifft, dass all das funktioniert. »Wie, weiß ich nicht. Es ist lächerlich. Aber es funktioniert.«

Dass vom Himmel Kausalität ausgeht, ist schwer vorstellbar, also wird man sich den Einfluss der Sterne auf die Menschenseele mit Magnetfeldern oder einer gewissen Parallelität erklären müssen, vorausgesetzt, man fasst das Sein ganzheitlich auf. Bauer, examinierter Psychologe (und um 1968 Studentensprecher der Münchner Universität), spürt unter seinen Mitmenschen eine »kolossale Unruhe, eine kollektive Verunsicherung«, wie sie noch nie da gewesen sei. Womöglich deshalb wird das Wort »Horoskop« als Suchbegriff auf Google so häufig eingegeben wie das Wort »Sex« – beides, wenn man so sagen darf, »Entlastungstechniken« in einer als bedrängend erfahrenen Gegenwart. Heute, da Wissenschaft sich als aseptisches, asketisches, funktionalistisches Logik-System eingerichtet hat – aus Sicht des ganzheitlich spürenden Astrologen vollkommen entgeistigt und total materialisiert, ohne Relevanz für die existenziellen Fragen und das eigentliche Leben –, greifen die Menschen zur Selbsthilfe und machen sich ihre eigene Astrologie. Das Internet bietet genügend Plattformen an und ist zudem ein Medium, in dem nichts messbar ist, das nichts fordert, das alles möglich macht, wodurch ein unglaublicher Astro-Konsum-Sog entfacht wird.

Die astrologische Deutung des Lebens und des Seins greift die Sehnsucht nach dem Punkt null, nach Neubeginn, Wiedergeburt, zyklischer Entlastung auf – eine, wie Bauer anmerkt, Sehnsucht nach höherer Gerechtigkeit, nach Ausgleich durch höhere Fügung, durch die Macht und Kraft der unbestechlichen Planeten, die uns anstelle von Präsidenten, Kanzlern und Königen regieren. »Den Weltuntergang prophezeien ja die, die der Auffassung sind, dass sie überleben. Darin steckt ein großer Auserwähltheitsglaube, sehr häufig von sensiblen Köpfen, die spüren, dass in der Welt etwas nicht mehr stimmt. In der starken esoterischen Bewegung um 1900 war es ähnlich, und wenn man sich vor Augen hält, dass eine solche Zeit der Unruhe mit so etwas Fürchterlichem wie dem Ersten Weltkrieg endet, kommt man zum Schluss: Alle hundert Jahre gerät etwas aus dem Gleichgewicht.« Also, sind wir wieder so weit? Das wäre eine Unterstellung, denn nichts dergleichen kommt über Bauers Lippen, aber ein wenig Insinuation ist schon dabei, durchaus bewusst vielleicht, vielleicht aber auch subrational.

Man kann den Weg auch anders gehen als durch Spekulation und Erwartung dessen, was kommen, was geschehen, was sich schicksalhaft ereignen wird. Wenn die Quadratbeziehung zwischen Uranus und Pluto gesetzmäßig alle vierzig Jahre wiederkehrt, müssten ja in der mittleren Vergangenheit ähnlich eruptive Wirkkräfte zu finden sein, weswegen die Retrospektive auf der Suche nach Rebellion, Aufstand und Erhebung mehr als reizvoll ist. Vierzig wie achtzig Jahre zurückblickend, befände man sich in den Jahren 1972 bzw. 1932. Es wäre astrologisch höchst vermessen, die Daten mathematisch zu nehmen, weswegen es um Zeiträume geht. Um 1960, antwortet Bauers Computersystem, stand der Uranus im Löwen und war sogar in Konjunktion mit dem Pluto. Das heißt: eine sehr rebellische Zeit, die er, Bauer, als Student leibhaftig erlebt hat. Revolutionäre Gesinnung, die sich in einer Rebellion gegen die konservative Schicht der herrschenden Elite auflehnt – diesen realgeschichtlichen Frontverlauf dürfte man 1968 folgende bei voller geistiger Gesundheit nicht ernsthaft in Frage stellen wollen. Und wie ist es um 1932? Liegt auf der Hand, wenn auch mit höchst unangenehmen Konsequenzen. Im Januar 1933 wurde Adolf Hitler deutscher Reichskanzler.

Weitere vierzig Jahre zurück lässt sich um die Jahrhundertwende eine Uranus-Pluto-Opposition auffinden, die Bauer als »hoch esoterisch« einstuft. Damals dachte man, das Ende der Welt hinge mit der erwarteten Ankunft der Pharaonen zusammen; es war eine Zeit des großen metaphysischen Umbruchs, aus Bauers Sicht vergleichbar mit der heutigen Situation einer Implosion der bisher herrschenden Ordnung durch kollapsartige Krisen der Märkte. Astrologisch betrachtet, liegt der Unterschied zwischen 2012 und 1902 nur in umgekehrten Vorzeichen: Damals stand der Uranus im Steinbock, heute ist es der Pluto. Der damaligen Konstellation folgte gut zehn Jahre später eine Katastrophe apokalyptischen Ausmaßes, deren kollektives Erbe für Deutschland noch eine große Rolle spielen sollte: der Erste Weltkrieg. Wenn die innere Logik der Geschichte recht hat, hieße das, die Welt hätte nicht 2012, sondern 2022 etwas durch und durch Katastrophisches zu erwarten ...

Den einen ist Erich Bauer ein Quasi-Heiliger, den anderen ein pfiffiger Boulevard-Astrologe, weshalb sie eher auf Lehrer wie Alexander von Schlieffen setzen, wohnhaft in Berlin-Kreuzberg, sowohl Astrologen-Ausbilder als auch Bildender Künstler, dessen tiefe, volle Stimme wie der Widerhall eines fernen Planeten erscheint. Man hat es bei Schlieffen nicht mit Quadratbeziehungen zwischen Uranus und Pluto zu tun, nein, der Mann denkt größer, er ist Neptunier. Der Neptun, entdeckt 1846, ist der äußerste aller Planeten im Sonnensystem, nach Schlieffen allerdings derjenige mit dem größten Einfluss.

So saß ich in einem tiefen Fauteuil seines rotgetünchten Wohnzimmers und hörte ihn bereits am Anfang unseres langen Gesprächs einen bedeutsam klingenden Satz sagen: »Die Apokalypse ist die Leerstelle des Rationalitätskonzepts.« Was an Kultur- und Gesellschaftskritik später auszuführen sein wird, begann ganz elementar mit einer Unterrichtung in Zyklen- und Planetenkunde. Unter den kleinen Zyklen gibt es Schlieffen zufolge den Mond-Saturn- sowie den Sonne-Jupiter-Zyklus, unter den großen den 800- und den 700-Jahre-Zyklus. Bei letzteren treffen sich vom Erd-Standpunkt aus betrachtet die Planeten Saturn, Uranus und Neptun, die zusammen den kulturellen Überbau, die Normen und Regeln einer Zivilisation, symbolisieren. Notabene: Die letzte Begegnung der drei fand im Jahr 1989 statt.

Schlieffen beschäftigt sich vornehmlich mit dem 700-Jahre-Zyklus und nennt zwei für denselben historisch einschneidende Daten: 1305, als mit der Ära der Schwarzen Pest in Europa auch die Neuzeit begann; 622, als die islamische Expansion begann. Ob hinter diesen epochalen Daten – die bei fanatischer Penibilität der Komma-Dezimale keinen und nur mit der Lässigkeit einer ungefähren zeitlichen Bestimmung überhaupt Sinn ergeben – eine höhere Relevanz, ein zyklischer Zusammenhang und eine schicksalhafte Notwendigkeit steht, bleibt dahingestellt; jedenfalls sind es markante und laut Schlieffen nachprüfbare Paradigmenwechsel in der Geschichte.

Entscheidend für die Gegenwart ist, dass aus der Sicht des Neptuniers in den Jahren 2008 bis 2011 ein neuer 700-Jahres-Zyklus sich zu manifestieren begonnen hat und wir im Jahr 2012 mitten in der ersten relevanten Phase der Wiederbegegnung von Saturn, Uranus und Neptun, also mitten in der Kehre stehen. »Seit 2011 offenbart sich eine neue Epoche, was immer schon an Wandel und Wechsel in Kultur, Wirtschaft und Natur erkennbar ist. Es wird sich alles neu ausrichten, es ist ein Untergang der alten Welt.«

Was besser als die Katastrophen der zurückliegenden Jahre könnte Schlieffen in die Hände spielen? Er beharrt darauf, seit langem den 12. März 2011 als Start der neuen Epoche vorhergesagt zu haben. Und was geschah an jenem Tag (astrologisch gedacht: in der Umgebung dieses Tages)? Fukushima.

Und was geschah kurz vorher?

Das Öl-Desaster im Golf von Mexiko.

Und davor?

Der Zusammenbruch der Bank Lehman Brothers, mit dem der Kaskadeneffekt des Niedergangs der Weltwirtschaft begann.

Die Ballung und Verdichtung der Desaster (zumindest in medialer Vermittlung und also subjektiver Wahrnehmung) ist für Schlieffen alles andere als eine Überraschung, denn ab 2012, so beschwört er allenthalben, habe man es mit extremen Konstellationen, vor allem aber mit der Tatsache zu tun, dass Neptun von 2012 an im Zeichen Fische steht, was fundamentale Veränderungen verspreche: Die Kategorien der Wirklichkeit wandeln sich. Gemeint ist ein Wertewandel, ein Wandel der Wahrnehmungsmuster, des Paradigmas. Alles werde offener, die Übergänge würden kleiner, die Geschwindigkeiten höher, und für alle jene, die sich darauf nicht einließen, prophezeit Schlieffen quasiapokalyptisch, sei dieser Wandel eine »enorme Bedrohung«, die einen Wirklichkeitsverlust nach sich ziehe. In der Verweigerung des Neuen erkennt er, der Neptunist als Sozialpsychologe, das Endzeit-Szenario der Gegenwart: Wenn sich die Grenzen auflösen und diese Auflösung nicht wahrgenommen werde, dann geht für manchen die Welt unter, seine Welt, die jeweils eigene, kleine, die für das Subjekt die einzig erfahrbare ist. Das Zeichen Fische kündigt diese Zeit des Übergangs an, in der alles Alte zu Ende geht, das Neue aber noch nicht sichtbar ist. 14 Jahre lang, bis 2026, wird der Neptun im Zeichen der Fische sein. Das, meint Schlieffen, der Astrologie für eine »Kultursprache« hält, läute den Wandel einer Epoche ein.

Der Neptun ist ein Planet, der wie kein anderer für die Aufhebung der Grenzen, der Strukturen von Einstellungen steht. Die neptunische Epoche seit 2011 führt anscheinend dazu, dass weit mehr Leute als sonst in Schlieffens Astrologiepraxis vorstellig werden. Nach seiner Wahrnehmung sind dies Menschen, die bestehende Verhältnisse nicht mehr ertragen und sich angesichts der Zusammenbrüche von Ehen, Beziehungen und dem Ausstieg aus dem Beruf fragen, ob sie, wie er ihre Verwirrung ausdrückt, »eigentlich spinnen«.

Wissenschaftlich ist eine Wirkung des Neptuns auf die Erde nicht nachweisbar. Im Unterschied zum akademischen Astronomen ist der gelernte Astrologe ein Deutungskünstler und kann die Kraft des Planeten ebenso wenig beweisen wie der Musiker Musik oder der Maler Kunst. Die Erkenntnisse gewinnt der Deutungskünstler aus der jahrelangen Beobachtung der planetaren Zyklen: Wenn der Neptun eine bestimmte Position einnimmt, passiert mit hoher Wahrscheinlichkeit Ähnliches oder Gleiches, weil in dieser Position immer schon dies und jenes passiert ist. Es sind unbeweisbare Wirkungsgesetze, die dennoch auf eine innere Gesetzmäßigkeit hindeuten: auf eine Ursache-Wirkung-Beziehung zwischen Planet und Mensch, ähnlich dem Magnetfeld des Mondes, wobei Schlieffen nicht anzuführen weiß, wovon und wodurch die Wirkung des Neptun ausginge, auch wenn er dessen Radikalität bei der Aushebung von Ausgrenzung, beim Niederreißen von Grenzen symbolisch betrachtet und mit dem Wirken von Jesus Christus vergleicht.

Peu à peu, von der Deutungskunst über die Kulturkritik, kommt Schlieffen auch der Prophetie näher und simuliert die Konstellation der entscheidenden Faktoren am 21. Dezember, dem von vielen erwarteten Weltuntergangstag. Zu erkennen ist erstens, dass Uranus dann im Widder steht, was einen enormen Drang der Befreiung, was neue Lebensenergie bedeute. Zweitens steht Pluto im Steinbock, weshalb Schlieffen die gleichen Konsequenzen wie Erich Bauer erwartet, nämlich Machtausübung durch Kontrolle. Der Saturn, drittens, befindet sich im Skorpion, woraus die Gefahr eines Rückfalls in totalitäre Strukturen abzulesen sei, und der Jupiter im Zwilling heißt, viertens, nichts weniger als die Suche nach neuen Ressourcen. Schlieffens Summa summarum: »Unfriedliche Auseinandersetzungen« werden folgen und eine wahrscheinlich steigende Suizidrate. Der ominöse 21. Dezember aber ist alles andere als das epochale Ereignis des Endes. Er ist einfach nur langweilig.

Wenn man die Apokalypse in ihrem Anspruch auf umfassenden Untergang nun diminuierte und übereinkäme, dass in den vergangenen Jahren womöglich keine große, dafür aber, in den jeweils eigenen Leben der Menschen, lauter kleine Apokalypsen stattgefunden und die gesellschaftlich ventilierten apokalyptischen Szenarien zugenommen haben, dann würde man im gängigen Endzeitraunen so etwas wie den Hang zur Selbstverletzung, Selbstzerstörung, auf jeden Fall zur kraftvollen Destruktion finden, die eine Antwort auf die spiegelglatte Politur der Oberflächlichkeit, auf den Imperativ der Perfektion, auf die geleckte, aseptische Funktionsneurose der optimierten und ökonomisierten Gesellschaft finden können. Was spräche denn dagegen, das Apokalyptische als eine Kraft zu betrachten, der die masochistische Lust an der Demütigung innewohnt? Wohnt der Demütigung nicht immer auch die Demut inne? Könnte man aus der Endwelt-Erwartung nicht auch eine Entlastung sehen, sich eine Lizenz zum Scheitern und dem Unfertigen, Imperfekten, dem Schwachen und Fehlbaren einen Wechsel auf Wahrhaftigkeit auszustellen?

Der Astrologe bewegt sich stets am Saum des Psychologischen, setzt das Seelenheil des Individuums in Bezug zu den kosmischen Zyklen, um das Leben zu klären und zu erleichtern, und er findet im Endzeitdenken der Zeitgenossen eine Prädisposition für den Untergang, die womöglich mit Hingabe zu tun hat – Hingabe an etwas Totales, nicht Kontrollierbares, an etwas, dem man sich ausliefern kann ohne Rückfahrschein, ohne Versicherung, mit der Entäußerung des Aufgestauten, als wäre das apokalyptische Denken der Einbruch des Diffusen ins verwaltete Leben, als ermöglichte es totale Hingabe und totale Demut zugleich.

Und ist nicht ohnehin alles eine Frage der Wahrnehmung? Und schließt der Mensch nicht bekanntlich vom Wahrgenommenen auf das Sein? Leisten wir nicht den umgekehrten naturalistischen Fehlschluss und leiten aus dem erspürten Phänomen eine schlechte Tatsächlichkeit ab?

Nun, da klar war, dass die Welt astrophysikalisch nicht untergehen kann, dass sie – also die Erde – durch Erwärmung des Klimas höchstens geflutet, aber nicht versenkt werden könnte, dass astronomisch besehen seit 4,5 Milliarden Jahren im Sonnensystem keinerlei ungewöhnliche Konstellation zu erkennen ist und dass astrologisch vorausgeschaut der 21.12.2012 in puncto Apokalypse der denkbar langweiligste aller Tage sein würde, war nicht länger von der Hand zu weisen, dass das Ende der Welt ein Tatbestand hirnphysiologischer Vorgänge und deshalb auch ein Gegenstand psychologischer Hebung sein musste.

Meine Vermutung, durch kulturelle Muster, Erziehung und mediale und Sublimationen eigener Ängste niste auch in mir die Apokalypse, erhielt dadurch neue Nahrung, dass im Angesicht der Naturkatastrophen und Krisen für 2012 von diversen Autoren ein Bewusstseinssprung zum Aufstieg in eine höhere Dimension angekündigt wurde und ich darüber nachzudenken begann, warum mich diese esoterisch anmutende, vollkommen platte Phrase nicht in Ruhe ließ.

Wenn so viele Horoskope lesende Menschen glauben, der Kosmos habe irgendetwas mit ihnen vor, dann ist es ein Kinderspiel zu glauben, das Ende der Welt sei bereits im Äther präfiguriert und werde, von einer überirdischen Instanz beschlossen, über die Erde kommen, wann immer der Zeitpunkt dazu gegeben ist.

Effizienz und Evidenz sind zwei Leitmotive der späten Moderne. Beide sind Grundlage der Wissenschaft und haben die kulturellen Paradigmen kolonisiert. Was nicht mess-, vermess-, zähl- und nachprüfbar ist, das ist nicht. Doch der rein wissenschaftliche Beweis grenzt andere Wirklichkeitserfahrungen aus, und es sind eben die sogenannten irrationalen, esoterischen, spirituellen Dimensionen, die auf Kriegsfuß mit der reinen Kausalitätsdominanz des westlichen Selbstverständnisses stehen. Der Beweis ist das magische Moment unseres Rationalitätskonzepts. Was sich nicht beweisen lässt, ist nicht. Der Beweis ist das unhintergehbare Fundament von Wissenschaft und »Wissensgesellschaft«, er ist die zweifelsfreie Unbestechlichkeit. Die auf Beweisen basierende Ordnung ermöglicht weitgehend totale Kontrolle, macht aber alles berechenbar. Und hier bricht das apokalyptische Denken wie ein Jahrhundertsturm in die aseptische Welt der reinen Logik ein: der Schein, das Diffuse, das Mögliche, das Hochamt des Nicht-Faktischen und doch Möglichen, das uns herrlich stört bei der Kontingenzbewältigung, mit der der Mensch sich sein sinnloses Sein erklärt: dass er ist, aber nicht sein müsste.

Das apokalyptische Denken lotet den Schwebezustand des Nichtwissens aus; über die Apokalypse entsteht das Möglichkeitskonzept, das sich gegen das Rationalitätskonzept erhebt. Der totalen Kontrolle durch Wissen steht die Hingabe des Glaubens gegenüber – und zwar keineswegs in ausschließlich christlicher oder religiöser Sicht.

Nach allem, was bislang über den Weltuntergang gesagt worden ist, muss festgestellt werden: Die Endzeit ist ein Glaubenssystem. Ehe ich mich der Apokalypse psychologisch nähern konnte, war vor jeder Analyse des Unbewussten und der eigenen Schattenanteile auf jeden Fall bei folgender Frage zu verharren: Warum glaubt der Mensch überhaupt irgendwas? Die Kraft der Apokalypse setzt die Bereitschaft zum Glauben an ihre Bilder voraus, sonst wäre das Höllenfeuerhafte ja nichts weiter als billiger Kitsch, wie jede Revolutionsrhetorik letztlich Kitsch ist. Dass die Differenz zwischen Glauben und Wissen spätestens mit Hegel die Grundlage jedes besseren Philosophiestudiums ist – geschenkt, denn eine andere Frage ist so faszinierend wie noch immer nicht ausreichend beantwortet, eine Frage, die auf eine scheinbar anthropologische Grundkonstante des Menschen abzielt und den spätmodernen Betriebswirtschaftler und IT-Manager in unmittelbare Verbindung zum mittelalterlichen Schuster und zum antiken Bauern setzt:

Warum glaubt der Mensch?

Zuerst wäre zu fragen: Warum glauben die Zeitgenossen *wieder*? Oder besser: Wodurch ist eine angebliche Rückkehr zu Religion und Religiosität zu erklären? Offensichtlich ist für viele vor allem junge Menschen der Papst ein Superstar. Bischöfe jubeln und nehmen popstarhafte Bäder in der Menge. Theologen plaudern in Talkshows über den Willen Gottes. Christliche Schulen können sich vor Anmeldungen kaum retten. Gebetskongresse finden statt. Bibelkreise boomen. Jugendkirchen entstehen. Messen für Teenager boomen. Jesus-Freaks feiern den coolen Kumpel Christus.

Auf einmal, im Zenit der Individualisierung und scheinbar höchsten Freiheit zur Selbstverwirklichung des Einzelnen, entsteht der Eindruck von der Allgegenwart einer christlich-abendländischen Gemeinschaft als Bollwerk gegen die Zumutungen der Gegenwart: Biopolitik, Gentechnik, islamischer Fundamentalismus, Vereinsamung, Angst, Depression, Orientierungslosigkeit. Und wenn schließlich selbst Jürgen Habermas, Deutschlands großer, religiös unmusikalischer Geist der praktischen Vernunft die Religion als Ressource der Sinnstiftung gegen die Sinnentleerung der Moderne nicht nur akzeptiert, sondern geradezu anruft – deutet dann nicht alles auf eine Wiederkehr der Religion hin? Hat die postsäkulare Epoche begonnen, ein neues metaphysisches Zeitalter?

Eine Wiederkehr der Religion gibt es nicht, weil sie nie verschwunden war. Was es zu verzeichnen gibt, ist die gesteigerte Wahrnehmung gesteigerter Religiosität. Zwischen Religion und Religiosität existiert ein bedeutsamer Unterschied: Religion, wie immer man sie definieren mag, ist die gemeinschaftliche, institutionalisierte Form religiösen Verhaltens; Religiosität ist die individuelle Form spiritueller Erfahrung, die aus der Überzeugung entsteht, dass die Welt nicht aus sich heraus verstanden werden kann. Eine der schlimmsten Erfahrungen des Menschen ist seit jeher der Verdacht, Produkt eines Zufalls zu sein. Austauschbar. Überflüssig. Von niemandem erwartet. Kurzum: die Sorge, kontingent zu sein, das heißt weder notwendig, aber eben auch nicht unmöglich. Geburt, Leben, Leiden, Tod. Und danach? Ist das Wissen der eigenen Kontingenz nur durch Glauben zu ertragen?

»Ohne einen subjektiven Sinnhorizont geht es nicht«, sagt Friedrich Wilhelm Graf, Münchner Professor für Systematische

Theologie und Ethik, »das Individuum braucht ein kohärentes Deutungsmuster.« Das heißt: Der Fragende braucht eine vernünftige Erklärung, um seine Nicht-Notwendigkeit ertragen zu können. Er sucht nach einem Sinn, auch wenn es keinen messbaren gibt. Seit je, so lehren Kulturanthropologen, kreierten die Menschen Religionen, um die Vielfalt der Naturphänomene erklären zu können: Was lässt die Sonne sinken und die Planeten sich drehen? Wie soll man Déjà-vus und die vermeintliche Anwesenheit von Geistern, Stimmen und Toten erklären?

Von Konfession und Glaubensrichtungen unabhängig bietet die Kulturanthropologie vier Kriterien für die Entstehung von Religion und Religiosität an:

Religion erklärt, warum es das Böse und das Leiden gibt; Religion lässt einen die eigene Sterblichkeit akzeptieren und das Los des Todes ertragen; Religion mindert Angstgefühle und richtet ein komfortables Weltbild ein; Religion hält die Gesellschaft zusammen, stellt soziale und moralische Ordnung her; Religion bietet die Möglichkeit zur Illusion, da der Mensch abergläubisch ist und alles glaubt, was ihm in seiner Einsamkeit Trost spendet.

Glaubt der Mensch nun, weil er weiß oder weil er nicht weiß? Oder glaubt er, weil er weiß, dass er nichts wirklich weiß? Ist Wissen mehr als bewiesener Glaube? Und ist Wissen selbst nicht ein Glaubenssystem? Ist es vielleicht so, wie Wilhelm Busch vermutete: »Nur was wir glauben, wissen wir gewiss«? Oder steht am Ende Goethes Einsicht: »Der Glaube ist nicht der Anfang, sondern das Ende alles Wissens«?

Die Spannung zwischen Glaube und Wissen ist alt, ein Gegensatz ist es nicht. Im Gegenteil: Glaube und Wissenschaft standen, jedenfalls im christlichen Abendland, seit jeher in einem dialektischen Verhältnis. Den Glauben drängte es immer schon zum Wissen, oder, nach den Worten Anselm von Canterburys: Der Glaube sucht den Intellekt, wie man in der vierten Betrachtung hat sehen können, als die Geschichte Europas als christliche Geschichte vorgestellt wurde, eine Erzählung vom Aufstieg aus dem Untergang, derzufolge die Wissenschaft eine Geburt aus der apokalyptischen Lehre vom Jüngsten Gericht ist.

Die westeuropäische Kultur ist seit 200 Jahren maßgeblich geprägt von einem naturwissenschaftlich geschlossenen Weltbild, das zwar rational nachvollziehbar und physikalisch messbar ist, aber keinen Raum für außerempirische Sehnsüchte zulässt. Religion als Phänomen ist in den letzten Jahren in dem Maße stärker in die ausgeworfenen Netze der Mediengesellschaft geraten, in dem technisch nicht zu bändigende, rational unfassbare oder existenziell bedrohliche Ereignisse sich häuften, Schicksalsfügungen, gegen die der Einzelne macht- und hilflos ist, in dem er sich unkontrollierbaren Mächten ausgeliefert fühlt: Tsunamis, Dürren, Jahrhundertfluten, Hurrikans; der Rückkehr der Seuchen, Vogelgrippe, Aids; Terror, Anschlägen, Angst und der Angst vor der Angst. Religiosität und Glaube stehen heute, auf dem bisherigen Höhepunkt der Wissensgesellschaft, auf der Agenda von Kultur und Wissenschaft an hoher, vielleicht höchster Stelle. Je größer das scheinbare Wissen ist, desto größer wird auch sein vermeintlicher Gegensatz, der Glaube. Oder andersherum: Je mehr wir zu wissen glauben, desto weniger glauben wir an das Wissen.

Der Mensch braucht, unabhängig von seinem Kulturkreis, seiner Konfession, seinem Wohlstand, einen letzten und unhintergehbaren Grund. Er muss die Frage »Warum?« positiv beantworten. Er will das, was sich mit ihm ereignet, verstehen; er will Prozesse verstehen, die sich seinem Verstand entziehen. Er will begreifen, um zu erklären. Erklären, um vorherzusagen. Vorhersagen, um das Vorhergesagte zu kontrollieren. So wird aus Mythos Logos und aus Logik Sinn.

Was zurzeit, im Angesicht des großen Widerspruchs von scheinbar höchster Logik und größtem Defizit an Sinn, aus den Nischen und Subkulturen an die mediale Oberfläche der westlichen Industriestaaten kommt, ist die immer schon vorhandene Pluralität des Religiösen als privatisierte Sinnsuche. Religion, das ist unbestritten, hat sich ins Religiöse verflüchtigt, wo jeder selbst über letzte Bedeutungen verfügen kann, ohne mit den Institutionen in Konflikt zu geraten. Dies ist, vor allem in den westlichen Industriestaaten, eine frei flottierende Religiosität, die sich manifestiert in der Wiederkehr der Zauberer, Orakel und Hexen, in der Ausbreitung von Reinkarnationsvorstellungen, Yoga und Reiki oder Tai-Chi, in den Heilsversprechen von Familienaufstellungen, positivem Denken und Erleuchtungsromantik, in den charismatischen Formen evangelikaler Frömmigkeit. Oder in der Sakralisierung des Profanen.

Keine Epoche hat so viele mythisch begleitete Leit- und Identifikationsfiguren gekannt, so viele Vergötterungen von Idolen und Ikonen wie die säkularisierte, die nicht-religiöse, nachmetaphysische Moderne: Lenin, Stalin, Hitler; Elvis, der King, Callas, die Diva; Garbo, die Göttliche; »Santa« Evita Perón, in der sich Utopie, Messianismus, Schauspiel, Fiesta, Selbstheilung und Heldentod vereinten; Che Guevara, der auf dem Esel ritt, die Bauern bekehrte, nach seinem Tod glorifiziert und zur »Ehre der Altäre« nach Santa Clara gebracht wurde.

Mögen sich soziale Umstände geändert, Paradigmen verschoben, Revolutionen ereignet haben – entscheidend ist, dass der Glaube an sich nie verschwunden war. Die spirituellen Sehnsüchte und Techniken sind über Jahrhunderte, Kontinente und Kulturen hinweg gleich geblieben. Wenn sich Menschen in heiligem Schlamm in Trance suhlen, sich mit Peitschen geißeln, auf heilige Berge rennen, Hunderte Kilometer wallfahren, in Taufbecken mit göttlichen Wassern baden, im Gebet versinken oder sich stellvertretend kreuzigen lassen, so geht es immer um die Kontaktaufnahme des Beschränkten mit dem Unbeschränkten. Das menschliche Herz braucht den Komfort der metaphysischen Sicherheit, die Geborgenheit des Väterlichen, und der Verstand braucht die Erklärung, dass alles, was geschehe, Teil der Kommunikation mit diesem Vater sei.

Um der Religiosität als subjektiver Sinnstruktur auf die Schliche zu kommen, schlug der amerikanische Psychologieprofessor William James 1902 in seinem bahnbrechenden Vorlesungszyklus »The Varieties of Religious Experience« vor, »nach den ursprünglichen Erfahrungen zu suchen«, die allen Gläubigen und allen Religionen als Muster zugrunde liegen. So lässt sich gerade heute danach fragen und fahnden, was Christentum, Islam, Judentum, Buddhismus, Hinduismus, Konfuzianismus, Daoismus, Sikhismus, Shintoismus, Animismus und den Naturreligionen womöglich verbindend zugrunde liegt. Nach dem kleinsten gemeinsamen Nenner von Religiosität. Nach der anthropologischen Grundkonstante.

Der Mensch glaubt, weil er spüren will

Warum gibt es das Böse? Die Religionen geben auf das unerhörte Sinndefizit so wenig Antworten wie die Kirchen oder das christliche Glaubensbekenntnis es tun. Warum hat das Sein eine dunkle Seite, Krieg, Terror, Angst? »Die Sinnfrage ist noch nie so radikal gestellt worden und zugleich unbeantwortet geblieben wie heute«, meint etwa Willigis Jäger, Zen-Meister, Theologe und Benediktiner-Mönch der Abtei Münsterschwarzach und Leiter des dort angesiedelten Hauses der Stille, für den das angebrochene Jahrhundert eines der Metaphysik sein wird. In der wirtschaftlichen Krise von heute ist Spiritualität zum existenziellen Grundbedürfnis geworden. Technik und Zufluchtsort zugleich für unbehauste Seelen, die den Lebenssinn nicht mehr an Aktiensteigung, Immobilienbesitz oder Urlaub im polynesischen Luxushotel bemessen. Durch das vor allem seit den 1970er Jahren erwachte Interesse an spirituellen Methoden aus dem ostasiatischen Raum, aus Korea, Japan, Vietnam, Thailand und China, kehrt das gespürte Erleben als Quelle allen Glaubens wieder in den westlichen Kulturkreis zurück, dorthin, wo in voraufklärerischer Zeit Meister Eckhart und Jakob Böhme schon einmal den Sinn von Sein in der lebendigen Union von Natur und Gott fanden.

Die Zersplitterung der Welt in Fragmente, in voneinander losgelöste Systeme und Subsysteme, hat dem aufgeklärten Subjekt heute so gut wie jede Illusion genommen, es gebe etwas, das die Welt im Innersten zusammenhält. Es zählt, was zählbar ist. Nichts gilt, weil alles gilt. Relativismus, scheint es, ist der Preis für Pluralismus. Deshalb sehnt sich das Individuum nach der unzählbaren Menge, nach der unmessbaren Größe. Und viele Zeitgenossen suchen Antworten in Glaubenssystemen, die den Prozess der Säkularisierung, die Trennung von Geistigem und Körperlichem, nicht durchlaufen mussten. In östlichen Religionen wie dem Buddhismus ist das möglich, was die durch nichts erfüllte Sehnsucht nach subjektivem Sinn in der westlichen Konsumkultur des christlichen Abendlandes zu befriedigen scheint: spirituelle Erfahrung.

»Erfahrung«, schreibt Ken Wilber, der große Kopf der transpersonalen Bewusstseinsevolution in seinem Traktat »Der glaubende Mensch«, »geht über Frömmigkeit hinaus in tatsächliche Begegnung und eigentliche, wenn auch noch so kurze Kognition über. Erfahrung in dem Sinn, wie ich das Wort gebrauche, bedeutet Gipfelerfahrung.«

Der Mensch glaubt, weil er auffahren will

Religiosität hat immer mit veränderten Bewusstseinszuständen zu tun. Die Derwische tanzen, bis ihr Ich sie verlässt; die Buddhisten sehnen sich nach Leere, wo es keine Gedanken und keine Bedürfnisse mehr gibt; die Schamanen rufen die ewigen Geister in Wasser, Stein und Baum an. Um diese Zustände zu erreichen, braucht man entweder wunderheilerische Fähigkeiten oder eine Schule der Technik. Wenn man also heute von einer Wiederkehr der Religiosität spricht, spricht man von der Rückkehr der mystischen Selbsterfahrung. Der Fromme der Zukunft, hatte der katholische Theologe und Jesuit Karl Rahner einst prophezeit, werde ein Mystiker sein. Mystik (vom griechischen Verb »myein«: sich schließen, zusammengehen) bezeichnet die Einheitserfahrung mit einer übergeordneten Wesenheit, ob durch Trance oder Meditation.

Letztere war von frühgeschichtlicher Zeit an zentraler Bestandteil östlicher Religionen: in der schamanistischen Tradition und ihrem Glauben an einen direkten Kontakt zu unsichtbaren Geistern; in der vedischen Tradition und ihrem Glauben an Karma, Wiedergeburt und die Einheit von Brahman und Atman; im Buddhismus und seinem Streben nach Erleuchtung. Wie in der kabbalistischen Form der jüdischen Mystik oder im Derwisch-Tanz muslimischer Sufi-Orden geht es um eines allein: die Aufhebung des Selbst durch höchste Konzentration. Um Ent-Werdung. Das intuitive Erfassen des Einen. Die Gotteserfahrung.

Kaum etwas entspricht dem ausgeprägten Individualismus dieser Tage so sehr wie Mystik. Der Gegenwartsmensch hungert nach Unmittelbarkeit, und im mystischen Erlebnis der Verschmelzung ist er selbst das Medium. Körper und Geist, Leib und Seele schließen sich kurz; der westlich-moderne Dualismus von Ich und Corpus, Außen und Innen ist aufgehoben im Gefühl der Auffahrt zum Gipfel. Und danach? Vielleicht ist das Individuum in seiner Wahrnehmung verändert. Jedenfalls fühlt es sich für einen wie lang auch immer währenden Moment nicht länger überflüssig und zufällig. Vielleicht ist es in den innersten Tempelbezirk der Erfahrung getreten, über den sich seit jeher alle Religionen definieren.

Kulturgeschichtlich betrachtet gibt es an allen Bruchstellen, immer dann also, wenn Paradigmen wechseln, wenn Normen ihre Geltungskraft verlieren, wenn der Mensch vom Schicksal zur Umwertung seiner Werte gezwungen wird, eine starke Konjunktur des Mystischen: Im 17. Jahrhundert nach dem Dreißigjährigen Krieg; Anfang des 19. Jahrhunderts mit den Rosenkreuzern, später den Pietisten; Ende des 19. Jahrhunderts mit der Kunstreligion und den Spiritisten; in großem Stil in den ersten zwanzig Jahren des 20. Jahrhunderts mit den Bewegungen der

Vegetarier, des religiösen Biologismus, der Theosophen, schließlich der Anthroposophen.

Und eben heute. Die Meta-Erzählungen der Aufklärung – Fortschritt, Staat, Gerechtigkeit – sind erschüttert. Verlässliche Wertvorstellungen wie Familie, Ehe, Hierarchie, normative Verbindlichkeit, Pflichtbewusstsein, Disziplin und Tugendhaftigkeit scheinen aufgelöst, absolute Gewissheiten von ewigem Fortschritt und berechenbarer Erwerbsbiographie, von »gutem« Kapitalismus hier und »bösem« Kommunismus drüben, gefallen. Alles ist möglich und nichts notwendig. Alles zählt, weil nichts zählt. Alles ist relativ und deshalb im Fluss. Die traditionellen sozialen Beziehungen lösen sich auf, die Rate der Singles ist so hoch wie nie, die Scheidungsrate ebenso, die der Arbeitslosen ohnehin. Kriege, Kämpfe, Kinderarmut – das Projekt Moderne steckt in der Sackgasse. Die Vernunft schwächelt, und die bindenden Mythen haben sich weitgehend erschöpft: die politischen von Freiheit und Europa; die sozialen von Rentensicherheit und Generationensolidarität; die ökonomischen vom ewigen Wachstum; die technischen vom linearen Fortschritt. Es gibt keine letzten Wahrheiten mehr und keine normativen Hierarchien. Die Institutionen bröckeln, die Kirchen leeren sich, der Sozialstaat ist kein verlässlicher Partner mehr, das Band staatsbürgerlicher Solidarität droht zu reißen. Auf der einen Seite herrscht nihilistischer Relativismus, auf der anderen religiöser Fundamentalismus.

Warum der deutsche Zeitgenosse der »Risikogesellschaft« (Ulrich Beck) derart mystikanfällig ist, wird klar, wenn man sich vor Augen führt, dass er, alleingelassen und auf sich selbst gestellt, in kürzester Zeit Enormes zu verkraften hatte: die Revolution von 1989 und den Zusammenbruch des bipolaren Weltbildes, den Wandel der Kommunikationstechnik und die Herrschaft der digitalen Kultur, den gentechnischen Eingriff ins Leben und die Veränderung des Erbguts, die Verheißung von Wahlfreiheit und zugleich der Imperativ zur Eigenverantwortung, die Attentate des 11. September 2001 und die neuartige Form des globalisierten Terrorismus.

Fast alle einenden Riten, die in älteren Kulturen mit dem Numinosen und Geheimnisvollen verbunden waren, sind im Zuge der unterkühlten Zweck-Mittel-Rationalisierung des technischen Fortschritts entzaubert und entwertet worden. Die helle Ratio allein, so scheint es aber immer mehr, macht nicht glücklich. Das Individuum will ans Übersinnliche andocken.

Der Supermarkt der spirituellen Sinnfindungsangebote ist eine globale Kette geworden: Manager machen Höhlenmeditationen in Österreich, Graphikerinnen gehen auf schamanische Reisen nach Hawaii, Bankangestellte zu den Ur-Menschen im peruanischen Regenwald, um Selbstheilungsmethoden zu lernen. Vor allem Frauen des mittleren Bürgertums zwischen 40 und 50 besuchen Wochenendseminare auf »Spirituellen Sommerakademien«, die den Titel »Aus der Fülle des Nichts« tragen, um sich bei einem Fest der Sinne in Meditationen, Kontemplationen, Wanderungen, Tanz und Shiatsu an ihre Quelle, an ihren Ursprung zu wagen. Konferenzen sprießen aus dem Boden, Tagungen, Workshops. Die Menschen spüren, dass die Welt nicht mehr funktioniert, dass sie ökologisch kaputt und seelisch entkernt ist. Sie setzen sich mit persönlichem Wachstum und eigener Kreativität auseinander. Und immer mehr wachen dabei auf. Erwachte und Erleuchtete touren durch Europa und sprechen vor begeisterten Akademikern, Angestellten und Arbeitern in überfüllten Hallen über Stille und Innerlichkeit.

Da technische Funktionalität, reine Vernunft und empirische Rationalität heute augenscheinlich keinen Sinn mehr abwerfen, lässt sich auch die Gier einer körpervergessenen, durch die Taktung der digitalen Kultur der Sinnlichkeit und Übersinnlichkeit beraubten Jugend nach exzessivem Leben, nach Party, Fun und Extremsporterfahrungen als Gier nach mystischer Erfahrung lesen. Theologisch gesprochen: nach Gott. Spirituell gesprochen: nach aktiver Bewusstseinsänderung. Esoterisch gesprochen: nach dem Fluss kosmischer Energie. Jedenfalls nach der Übersetzung des kleinen Ich ins große Ganze. Da ist das Ende der Welt nicht weit, und das neue Jerusalem nah.

Der Mensch glaubt, weil er sich überwinden will

Das Ziel mystischer Erfahrung ist die Erfahrung von Selbsttranszendenz. Charakteristisch für die Erfahrung dieser Übersteigung des eigenen Selbst ist aktive Passivität: sich von etwas ergreifen lassen; sich jemandem hingeben; etwas mit sich geschehen lassen. »Wir wissen nach einer solchen Erfahrung nur, dass wir etwas erfahren haben«, befindet der Soziologe Hans Joas, Leiter des Max-Weber-Kollegs in Erfurt, »unsere Gewissheit erstreckt sich nicht auch auf die genaue Deutung dieser Erfahrung.« Mystische Erfahrungen sind nicht selber schon Gotteserfahrungen; vielmehr ist Glaube die Interpretation von erfahrener Selbsttranszendenz. Es ist das Grundbedürfnis des Menschen, sich mit etwas zu konfrontieren, das über ihn hinausgeht.

Oft beginnt die Sehnsucht nach dem Anderen ab Mitte bis Ende 20, in einem Alter, da sich der auspubertierte Mensch den großen Sinnfragen zuwendet: Ist das, was ich wahrnehme, wirklich? Gibt es einen Plan, der hinter allem steht? Wird mein Leben gelenkt? Mitte 20, meinen Religionspsychologen, ist auch das typische Konversions-Alter, in dem bewusst erfahren wird, dass Glauben ein geistiges Vermögen ist: Der Mensch hat die Fähigkeit, zu glauben, weil er die Fähigkeit hat, das Andere zu denken, weil er sich hineindenken kann in das Gegenteil von Sein: das Nichts. Die Erfahrung des Hineindenkens in das Nichts macht einsam, ist verunsichernd und bedrohlich. Gerade weil der menschliche Geist zu Transzendenzerfahrungen in der Lage ist, braucht er Sicherheit und Begrenzung. Der Mensch glaubt also, weil er, wenn er über sich hinausdenkt, eine transzendente Heimat braucht. Einen Himmel. Ein metaphysisches Dach über dem Kopf. Gott genannt. Oder Allererhabenes Wesen. Oder Seinsgrund. Oder Ewige Substanz. Der Eine Geist. Leerheit. Nirwana. Brahman. Atman. Reines Bewusstsein. Prana. Aura. Quante. Ufo. Endzeit.

Jeder denkende Mensch will gemeint sein. Er will geantwortet bekommen. Noch mehr: Er will als er selbst erkannt sein.

Der Mensch glaubt, weil er gesehen werden will

Evolutionspsychologisch betrachtet, ist Religion die einzig funktionierende Gemeinschaftsform, die den Egoismus zu reduzieren in der Lage ist. »Ego-Deflation« nennt das Sebastian Murken, klinischer Therapeut und Leiter der Arbeitsgruppe Religionspsychologie am Forschungszentrum für Psychobiologie und Psychosomatik der Universität Trier. Murken befasst sich seit 1989 mit dem Verhältnis zwischen Religiosität, Gesundheit und Krankheit. Die Religionspsychologie, eine junge, in Deutschland lediglich von einer Handvoll Forschern betriebene Disziplin außerhalb der theologischen Fakultäten, bezeichnet einen der evolutionsbiologischen Vorteile des Glaubens mit »Coping«: Als Bewohner einer transzendenten Heimat wird der Mensch mit den Zumutungen und Bedrohungen des Alltags besser fertig. Im Glauben hat der Einzelne die Möglichkeit, sich selbst zu relativieren, weil Glaube Beziehung zu etwas Höherem vermittelt.

Als Animale soziale, als sozialem Wesen, ist dem Menschen von Geburt an das Bedürfnis nach Beziehung und damit nach Kohärenz eingeschrieben. Murken bezieht sich auf die »Bindungstheorie« des Psychoanalytikers und Arztes John Bowlby, der zufolge in der frühkindlichen Sozialisation mit dem Selbstbild auch ein spezifischer Bindungsstil generiert wird, der, so führt Murken Bowlby weiter, auch das spezifische Glaubensmuster prägt. Jeder Mensch strebt nach einem positiven Selbstbild. Menschen mit negativem Selbstbild und defizitärer Beziehungsstruktur hingegen bevorzugen in der Tendenz einen strengen, strafenden, zürnenden Gott, den des apokalyptischen Denkens.

In der Konversion erkennt der amerikanische Evolutionspsychologe Lee A. Kirkpatrick ein Muster, das die Gesetzmäßigkeit der Bowlbyschen Bindungstheorie auf das Religiöse erweitert. Je höher die innere Spannung zwischen gewünschtem und erlebtem, zwischen positivem und negativem Selbst ist, desto eher suchen Menschen, diese Spannung zu lösen. Das ist einer der Hauptgründe für den Übertritt zu neuem Glauben. Der plötzliche Wechsel zu einem liebenden Gott, die radikale Umwertung von inneren Überzeugungen, von Selbst- und Weltwahrnehmung, wie sie gerade christlich-evangelikale Gruppen propagieren, garantiert Entlastung und erhebliche Erleichterung. Kirkpatrick weist die Vorstellung zurück, der Mensch besitze so etwas wie religiöse Instinkte. Religiöser Glaube sei die Suche nach der Beziehung zu einer Vaterfigur.

»Man sieht die Gottesbeziehung heute wesentlich partnerschaftlicher als früher«, befindet Pater Bernhard Grom, Jesuit und Professor für Religionspsychologie und -pädagogik an der Hochschule für Philosophie in München, und konstatiert das Ende der religionskritischen Periode. Bis in die Mitte der 1980er Jahre hinein habe die wissenschaftliche und intellektuelle Elite Deutschlands unter dem großen Einfluss der Lehre Sigmund Freuds gestanden, der Religion als »universelle Zwangsneurose« bezeichnete, weil der gläubige Mensch mit Hilfe religiöser Rituale und Gebete versuche, die verdrängten sexuellen Triebimpulse unter Kontrolle zu halten. Bis vor kurzem noch sei Religion pauschal als Konfliktherd einer »gottesvergifteten« Gesellschaft verdächtigt worden, meint Grom, während man heute »ressourcenorientiert« denke: Was hilft dem Menschen zu einem gelingenden Leben und zur Bewältigung der Probleme?

Der Mensch hat das unstillbare Bedürfnis, gesehen zu werden. »Beten«, sagt Murken, »ist deshalb eine geniale Sache, weil ich mich damit in Beziehung zu etwas Höherem bringe, das immer verfügbar ist.«

Dass seit gut 15 Jahren die Literatur über Engel boomt, ist ein Beweis für die Sehnsucht nach persönlicher Fürsorge. In seinem Engel besitzt jeder seinen eigenen Beschützer. Der Glaube an den Beschützer entlastet. Der Gläubige fühlt sich beobachtet, geleitet, behütet. Ethologisch betrachtet ist es verblüffend, wie stark die Bereitschaft, einem Schöpfer zu danken und ihn zu verehren, von den Menschen aller Kulturen bis zum heutigen Tag bejaht wird. Der vernünftig begründete Glaube an eine höhere

Wirklichkeit, das Niederwerfen auf die Knie, scheint den denkenden Menschen geradezu zu erheben. Vielleicht kann der Mensch auch gar nicht anders als glauben. Aus rein physiologischen Gründen.

Der Mensch glaubt,
weil Gott im oberen Scheitellappen wohnt

Der Geist sei zwangsläufig mystisch; mystische Erfahrung sei biologisch real, also naturwissenschaftlich messbar; religiöses Erleben habe allein neurophysiologische Grundlagen; ergo: Gott sei ein Produkt des Gehirns. Er wohne im Lobus parietalis superior, auch Scheitellappen genannt. Das ist die Behauptung einer noch sehr jungen Disziplin mit dem Namen Neuro-Theologie, die seit einigen Jahren versucht, den Mechanismus mystischer Erfahrung im menschlichen Gehirn zu verorten. Der (in seiner Vermischung von Disziplinen methodisch unhaltbare) Begriff Neuro-Theologie, 1984 von James Ashbrook vom Chicago Center for Religion and Science zum ersten Mal verwendet, steht seit einigen Jahren für den systematischen Versuch neurophysiologischer Forschung, Religiosität ganz von ihrer biologischen Grundlage her zu verstehen. Und zweifelsohne stützt die Neuro-Theologie den herrschenden Trend zum Naturalismus, Biologismus und Materialismus, obwohl sie eine neuartige Form von Metaphysik zu sein anstrebt.

So will der amerikanische Neuropathologe James Austin die Zustände der Erleuchtung auf eine durch Meditation herbeigeführte Hemmung der Aktivität mehrerer subkortikaler Hirnbereiche zurückführen. So will der Neurologe Vilayanur S. Ramachandran durch Messungen mit einer Art Lügendetektor zeigen, dass Patienten mit Schläfenlappen-Epilepsien auf religiöse Bilder signifikant stärker reagieren als auf sexuelle oder gewalttätige Darstellungen. Und so will der kanadische Psychologe und

Neurophysiologe Michael Persinger bei Patienten mit Schläfenlappen-Epilepsien einen (empirisch nicht gesicherten) Zusammenhang zwischen Visionen, unerklärlichem Geruchsempfinden und mystischen Vorstellungen feststellen und religiöse Erfahrungen auf epileptische Mikroanfälle zurückführen, die die Angst vor dem Tod mindern sollen, um die Stimmung zu heben.

Soll daraus nun zu schließen sein, Spiritualität sei tatsächlich nicht mehr denn eine Abnormität des Schläfenlappens? Und auch wenn der bekehrte Apostel Paulus wirklich Epileptiker war: Ist Gott im doppelten Sinn des Wortes bloßes Hirngespinst?

Dass es eine gemeinsame biologische Wurzel aller religiösen Erfahrungen und einen biologischen Ursprung aller spirituellen Sehnsüchte gibt, behaupten an vorderster Front der junge Nuklearmediziner Andrew Newberg und der mittlerweile verstorbene Psychiatrieprofessor Eugene d'Aquili von der University of Pennsylvania School of Medicine. Mit ihren Thesen und Versuchen erregen sie bis heute Aufsehen und haben auch an deutschen Universitäten Wissenschaftler zu weitergehenden Studien animiert. In ihrem 2001 erschienenen Buch »Why God won't go away« schreiben die beiden in bester populärwissenschaftlicher Prosa: »Gott findet nur einen Weg in Ihren Kopf, nämlich durch die Nervenbahnen des Gehirns.«

Das Gedankengebäude von Newberg/d'Aquili ist, je nach Standpunkt, charmant einfach oder fahrlässig simpel: Alle Religionen beruhen auf Mythen; in »gewissem Sinne« ist der Scheitellappen ein wichtiger Teil des mythenbildenden Zentrums im Gehirn; menschliche Rituale können transzendente Einheitszustände hervorrufen, die sich auf den Hypothalamus auswirken; während einer Meditation wird die Reizzufuhr durch den Hippocampus, der als Filter Beruhigungs- und Erregungsreaktionen im Gehirn reguliert, gestoppt; die neurologischen Prozesse des Rituals machen aus Mythen gefühlte Erfahrungen; über das religiöse Ritual wird der Mythos im Gehirn messbar; also schafft sich das Gehirn seinen Gott. Religiosität, so die Erkenntnis von Newberg/d'Aquili, sei ein in ihrer Grundstruktur so einheitliches

Phänomen, dass man für verschiedene Glaubensrichtungen und Kulturen ein identisches Hirnareal annehmen kann.

Das etwas spärliche Versuchsdesign der beiden Forscher sah Folgendes vor: Drei Franziskaner-Nonnen und acht Buddhisten sollten beten beziehungsweise meditieren und im Moment der größten Versunkenheit an einer Schnur ziehen, woraufhin per Kanüle ein markiertes Kontrastmittel in ihren Blutkreislauf gegeben wurde. Durch Bilder mit der SPECT-Kamera, einer radioaktive Strahlung registrierenden Hightech-Apparatur, wurde schließlich festgestellt, dass im oberen hinteren Scheitellappen die Durchblutung drastisch zurückging (während einer Meditation reduziert sich der Sauerstoffverbrauch offenbar um bis zu 30 Prozent).

Newberg/d'Aquili nennen diese Unterbindung kognitiver und sensorischer Impulse »Deafferenzierung« des links- wie rechtshemisphärischen Orientierungsfeldes im hinteren Abschnitt des Scheitellappens, jener Hirnregion, die für die Verarbeitung von Emotionen verantwortlich ist. Es werde dann, wie mystische Texte seit biblischen Zeiten schildern, subjektiv nur noch Raumlosigkeit erlebt, die der Geist, so Newberg/d'Aquili, »als Gefühl des unendlichen Raums und der Ewigkeit« deute.

Es ist fast trivial zu sagen, dass, wie alle anderen, so auch religiöse Emotionen neuronale Grundlagen haben, weil Emotionen immer neuronal bedingt sind. Aus dem Aufleuchten eines bestimmten Areals im limbischen System, dem »emotionalen Gehirn«, nun aber den Schluss auf Religiosität im Allgemeinen zu ziehen und daraus zu folgern, Gott sei systemimmanent, ist höchst fraglich. Parietale Minderdurchblutung und frontale Höherdurchblutung lassen sich in allerlei anderen Studien auch feststellen. Es ließen sich bei Meditationen die gleichen starken Theta-Wellen messen wie während eines Orgasmus oder eines intensiven Schmerzerlebnisses.

Aus den Ergebnissen differenzierter Hirnforschung lässt sich höchstens mutmaßen, dass religiöse Erfahrungen intensive emotionale Erlebnisse sind, die unterhalb des kortikalen Mantels im limbischen System, der entwicklungsgeschichtlich ältesten Hirnregion, verankert sind. Und auch wenn man von der Repräsentation religiöser Zustände im limbischen System ausgehen kann, ist es dennoch ein Kategorienfehler, religiöses Erleben einfach mit mystischen Einheitserfahrungen gleichzusetzen, die ohnehin nur eine Minderheit von Gläubigen erlebt, und das sehr selten. Ganz abgesehen davon, dass metaphysische Annahmen (Existenz Gottes) mit physikalischen Operationen (SPECT-Messungen) auf methodisch unlautere Weise kurzgeschlossen werden. Kann es unter diesen Voraussetzungen überhaupt einen Normwert für mystische Erfahrungen und damit für den Glauben geben?

Ja, wenn man daran glaubt, dass die Cytosin-Base des VMAT2-Gens Gott beherbergt.

Der Mensch glaubt, weil seine Gene es ihm befehlen

Dean Hamer hat als Erster das Ungeheuerliche zu sagen gewagt und das Erwartbare behauptet. Der Molekularbiologe und Leiter der Abteilung Genstruktur am Nationalen Krebsforschungsinstitut der USA in Bethesda, Maryland, hat werbewirksam annonciert: Es gibt ein Gottes-Gen. Religion, sagt Hamer, basiere auf sogenannten Memen, auf kulturellen Traditionen, die gelernt oder imitiert würden; Glaube aber sei Instinkt, und Spiritualität stecke im Genom der Menschheit. Hamers Ziel ist die Synthese von Genesis und Genom. Er will nicht *das,* aber ein spezifisches Gen ausfindig gemacht haben, das gekoppelt ist mit Selbsttranszendenz. Selbsttranszendenz sei der Maßstab für Spiritualität, und Hamer, der die Ehre hat, umstrittener Entdecker des zweifelhaften »Schwulen-Gens« zu sein, ist davon überzeugt, Spiritualität auf der Grundlage der sogenannten »Selbst-Transzendenz-Skala« des Psychiaters und Genetikers Robert Cloninger von der

Washington University School of Medicine in St. Louis im Rahmen des Persönlichkeitstests TCI (Temperament and Character Inventory) messen zu können. Kurz gesagt bedeutet dies: Der Mensch glaubt, weil ihm seine Gene gar nichts anderes übriglassen.

Anfangs hatten Hamer und seine Kollegen aus mehrfach durchgeführten Studien mit 447 zweieiigen, in gleicher Umgebung aufgewachsenen Zwillingspaaren neun Gene in den Blick genommen, die an der Produktion von sogenannten Monoaminen, die die Ausschüttung von Neurotransmittern im Gehirn regulieren, beteiligt sind. Über eine spezielle Sequenziermethode stießen die Biologen auf die Gen-Variation VMAT2, denn bei jenen Zwillingen, deren VMAT2 eine Cytosin- statt einer Adenin-Base aufwies, konnte eine direkte Verbindung zu den Angaben über ihr Gefühl der Selbsttranszendenz hergestellt werden. Die Cytosin-Base des Gens VMAT2, das »Allel für Spiritualität«, hat demnach großen Einfluss auf die Art und Weise, in welchem Ausmaß das Gehirn monoamine Botenstoffe wie Dopamin, Noradrenalin oder Serotonin ausschüttet, die für Bewusstseinszustände und den emotionalen Haushalt eine Schlüsselrolle spielen.

Natürlich weiß auch Hamer, dass, selbst wenn man die biochemische Funktion aller Gene kennen würde, noch lange nicht bekannt ist, wie sie miteinander interagieren, um einen Erbpfad zu bauen, der so komplex ist wie Spiritualität. Aus seinen Untersuchungen will er dennoch den Beweis ableiten, dass »40 bis 50 Prozent der Selbsttranszendentalität erblich sind«.

Obwohl aktuelle Zwillingsstudien am Londoner St. Thomas Hospital die Annahme einer genetischen Prädisposition des Glaubens zu erhärten scheinen, gibt es keinen seriösen deutschen Wissenschafter, der der Idee vom Gottes-Gen etwas abgewinnen könnte. Dean Hamer beharrt darauf, dass »eine der wichtigsten Aufgaben, die das Gottes-Gen in der Selektion hat, darin besteht, den Menschen mit Optimismus zu versorgen«.

Optimismus, das ist eine feststehende Größe in der Lebensqualitätsforschung, unterstützt Heilungsprozesse und sorgt für schnellere Rekonvaleszenz.

Der Mensch glaubt, weil Glaube gesund hält

Aus zahlreichen religionsmedizinischen Studien vornehmlich amerikanischer Wissenschaftler geht hervor, dass Gläubige gesünder sind als Nichtgläubige. Menschen, die wahrhafte mystische Zustände erfahren, weisen angeblich ein höheres Maß an psychischer Gesundheit auf als die Bevölkerung insgesamt. Der klinische Psychologe David B. Larson vom National Institute for Healthcare Research, Maryland, hat alle zwischen 1978 und 1989 erschienenen Untersuchungen seines Instituts systematisch auf den Zusammenhang zwischen Glauben und psychischer Gesundheit ausgewertet und kommt zu dem Fazit: Religiosität wirke sich in 84 Prozent der Fälle positiv, in 13 Prozent neutral und in 3 Prozent gesundheitsabträglich aus.

Eine breitangelegte Studie über den Zusammenhang zwischen Religiosität und Mortalität aus dem Jahr 1999 will beweisen, dass 20-jährige US-Amerikaner, wenn sie einmal pro Woche den Gottesdienst besuchen, eine um 6,6 Jahre höhere Lebenserwartung haben als Menschen, die nie einen Gottesdienst besuchen. Wenn sie weniger als einmal wöchentlich zur Kirche, Synagoge oder Moschee gingen, lebten sie immerhin noch 4,4 Jahre länger als Gottesdienst-Abstinenzler. Naheliegend ist der Rückschluss auf die subjektive Verhaltensweise im Angesicht des Transzendenten: Das Gesundheitsverhalten von Gottesdienstbesuchern ist grundsätzlich günstiger. Erstens rauchen sie weniger, trinken weniger Alkohol und nehmen seltener Drogen; zweitens erfahren sie größere soziale Unterstützung in den Pfarrgemeinden und genießen bessere Krankenpflege in intakten Familien; drittens befähigt lebendiger Glaube offenbar, emotionale Belastungen besser zu bewältigen, die eigenen Nöte ins Gebet zu nehmen, Stress abzubauen und damit das Immunsystem weniger zu beanspruchen.

Harold G. Koenig, Direktor des Center for the Study of Religion/Spirituality and Health an der Duke University Durham, North Carolina, einer der weltweit aktivsten Forscher, wenn es um die Synchronizität von Glauben und Gesundheit geht, sieht durch seine eigenen Kohortenstudien den Beweis erbracht, dass religiöse oder spirituelle Aktivitäten zu einer Reduktion depressiver Symptome führen. »Wir wissen, dass religiöser Glaube die Menschen vor Depressionen schützt und die Dauer depressiver Schübe reduziert, und wenn jetzt eine ganze Reihe wissenschaftlicher Studien zeigt, dass Depressionen das Herzinfarktrisiko erhöhen, ist es nur logisch zu schließen, dass wir durch die heilende Kraft des Glaubens unsere Haupttodesursachen bekämpfen können.«

In seinem dem bekennenden Gottsucher und missionarischen Stiftungsgründer John Templeton gewidmeten Buch »The healing Power of Faith« kommt Koenig auf der Datenbasis des Umfrageinstituts Gallup zu einem seine Annahmen empirisch stützenden Ergebnis: Menschen, die regelmäßig Gottesdienste besuchen, haben unabhängig von Alter, Rasse, Geschlecht, Schichtzugehörigkeit und chronischen Krankheiten eine um 50 Prozent niedrigere Wahrscheinlichkeit als Nicht-Besucher, den Abwehrstoff Interleukin-6 im Blut zu haben; ähnlich günstige Zahlen gab es unter anderen für alpha2-Globuline und Neutrophile.

Wenn religiöses Verhalten tatsächlich den Blutdruck senken kann, wie Koenigs Ergebnisse nahelegen, scheinen wichtige Beweise für die These gefunden zu sein, dass Glaube psychisch und damit physisch heilt. Körperliche und geistige Heilung spielen in allen Glaubenssystemen eine zentrale Rolle, und Heil wird kulturübergreifend als Heilung durch Transzendenz verstanden. Die vor allem durch den amerikanischen Pragmatismus inspirierte Lebensqualitätsforschung stellt in diesem Sinne fest: Glaube steigert das subjektive Wohlbefinden.

Die Ergebnisse der religionspsychologischen Studien sind

auch ein später Triumph über Sigmund Freud, dessen Verdacht »ekklesiogener Neurosen«, wonach Zwangsstörungen und Depressionen von Gläubigen auf angstmachende Bilder eines strafenden Gottes zurückzuführen seien, widerlegt zu sein scheint. Eine empirische Untersuchung des Psychologischen Instituts der Universität Hamburg über Gottesvorstellungen aus dem Jahr 1993 hatte die Freudsche These noch bekräftigt. Man kam zu dem Ergebnis, dass vor allem Frauen Furcht und Schuld insbesondere gegenüber einem bewertenden und strafenden Gott erlebten, was negative Auswirkungen auf die seelische Gesundheit habe. Und der über Jahrzehnte in Amerika führende Psychologe Albert Ellis, der davon ausging, dass der Mensch eine weitgehend angeborene Neigung zu »irrationalem Denken« habe und Religiosität in vielerlei Hinsicht mit irrationalem Denken und emotionaler Störung gleichzusetzen sei, stellte noch 1988 unbeirrt elf pathologische Eigenschaften von Religion auf, unter anderem: Sie entmutige den Menschen, mindere das Selbstwertgefühl, fördere Intoleranz und Inflexibilität.

Es ist auffällig, dass der Zusammenhang zwischen Glaube und Krankheit weit weniger erforscht wird als der zwischen Glaube und Gesundheit. Es scheint, als habe sich, mitunter finanziell erheblich gefördert durch die Templeton-Foundation, die Wissenschaft auf die positive Kraft des Glaubens festgelegt.

Wenn Glaube gut für die individuelle Gesundheit ist, ist er es auch für eine gesunde Volkswirtschaft. Das behaupten die amerikanischen Ökonomen Robert J. Barro und Rachel M. McCleary, die die Wachstumsraten von Ländern aus aller Welt mit grundlegenden Wirtschaftsdaten und länderspezifischen Angaben über erstens die Häufigkeit von Gottesdienstbesuchen, zweitens religiöse Überzeugungen, drittens dem jeweiligen Wirtschaftswachstum kombiniert haben. Eine Nation, deren religiöses Selbstverständnis Aufrichtigkeit, Ehrlichkeit und Anstand fördert, resümieren sie, muss weniger Ressourcen darauf verwenden, sich gegen Betrug abzusichern, Verbrecher zu jagen, Korruption zu bekämpfen und kleptokratische Auswüchse zu verhindern. Religiosität, so darf man Barro und McCleary verstehen, hat Auswirkungen auf das Arbeitsethos, und die religionsökonomische Gleichung lautet: Hart arbeiten gilt als gottgefällig, wodurch ein höheres Bruttosozialprodukt entsteht, woraus höhere Prosperität resultiert. Die Angst vor der Hölle jedenfalls fördert das Wirtschaftswachstum statistisch gesehen um etwa ein Prozent.

Abgesehen von der Frage, welches Prosperitätspotenzial in Deutschland stecken könnte, wo der Europäischen Wertestudie 2000 zufolge nur 67 Prozent an Gott glauben, wirft das die letzte, die politisch entscheidende Frage auf: Kann das Leben, kann die Gesellschaft, kann die Welt ohne Glauben funktionieren?

Der Mensch glaubt, weil er vertraut

Kein System funktioniert ohne Vertrauen in dasselbe. Weder das Werte- noch das Wirtschafts- noch das Glaubenssystem. Das System ist eine Art objektive Wahrheit, seine Funktionstüchtigkeit lebenswichtig. Die Analogie zwischen Wirtschafts- und Glaubenssystem, zwischen Geld und Glauben ist diesbezüglich verblüffend. Der Kredit ist nicht nur sprachlich verwandt mit dem englischen »credibility« (Glaubwürdigkeit) und dem lateinischen credere (vertrauen). Gewährt man jemandem einen Kredit, glaubt man an die Vertrauenswürdigkeit des Empfängers. Der Nominalwert einer gewöhnlichen Metallmünze ist schlicht unerheblich. Die eigentliche Währung ist Vertrauen. Und wenn man etwa die Hostie mit der Münze gleichsetzt, lässt sich, mit dem Instrument des wachen Geistes, die christliche Transsubstantiationslehre auf das weltliche Kreditsystem übertragen: Es gilt, an das Symbol als an eine übersinnliche Einheit zu glauben. Erst so ergibt die Hostie als Leib Jesu Sinn, erst so erhält ein Stück rundes Metall Geltungskraft (worin, im Übrigen, das mittelhochdeutsche »Gelt« steckt).

Der Homo naturaliter religiosus, dessen Geist immerzu nach Erklärungen sucht, glaubt, weil er gar nicht anders kann als glauben. Der Mensch ist von Natur aus religiös, weil er von Natur aus vertraut. »Vertrauen in die Realität gehört zur Grundausstattung des Menschen«, sagt Psychologe und Hirnforscher Pöppel, »das heißt: ich als ein pro-soziales Wesen akzeptiere, wer und was Anderes da ist, vertraue auf meine Sinne und stelle nicht andauernd das Wahrgenommene in Frage.«

Im Vertrauen versichert sich das Individuum seiner selbst, was im frühen, also prä-reflexiven Alter geschieht. In den ersten zehn Jahren wird dieses erworbene Vertrauensmuster bestätigt, und es bilden sich im Gehirn emotionale Strukturen für Bilder aus. So sind frühkindliche Prägungen durch Symbole wie Kreuz, Grabstein und Kirchturmkuppel, die zu einem Teil der personalen Identität werden, zusammen mit elterlicher Erziehung und der Interpretation dieser Bilder etwa im Religionsunterricht leitend für die Tiefe des Glaubens und seine kulturelle Prägekraft. Je früher sich die Bilder in die Matrix einbrennen, desto unbedingter glaubt der Mensch, und desto überzeugter mag er für seinen Glauben auch in den Krieg ziehen.

Michael von Brück, Zen-Lehrer und Vorstand des Instituts für Religionswissenschaft an der LMU München, sieht darin die kultur- und religionsübergreifende Erklärung: »Glaube funktioniert nur über die Fähigkeit des menschlichen Geistes, Bilder zu entwerfen, sie zu transzendieren und zu hinterfragen. Mit solchen Bildern kann der Mensch Situationen durchspielen, die noch nicht gegeben sind, und er kann sich anpassen.«

Alle Religionen, resümiert von Brück, stimmen überein, wenn man Glauben mit Ur-Vertrauen übersetzt.

Und alle Theologien, beschließt William James sein religionspsychologisches Pionierwerk »The Varieties of Religious Experience«, stimmen überein, dass das »MEHR« nicht nur existiert, sondern auch handelt. »Dass es«, wie James schreibt, »dir wirklich zum Besseren gereicht, wenn du dein Leben in seine Hand gibst.«

Wenn der Mensch nun also glaubt, weil er den Zufall eliminieren, sich spüren, ein höheres Bewusstsein erreichen, weil er auffahren, sich selbst transzendieren, sich mit dem Ganzen vereinen, weil er gesund bleiben, gesehen werden, in Beziehung sein und vertrauen will, so ist der Glaube Ausdruck eines existenziellen Willens und damit unabkömmlich für die Selbstgewissheit. Der Mensch glaubt, damit er weiß, dass er ist. Die letzte Frage, an wen er glaubt, heißt auch: Wem traut er? Was liebt er? In wen setzt er Hoffnung?

Fazit: Der Mensch glaubt, weil er hoffen will

Ist nach dem Ende der Metaphysik und dem Tod des moralischen Gottes noch religiöse Erfahrung möglich? Oder erst recht? »Gibt es eine Welt ohne Gott?«, fragt in seinem Buch »Jenseits des Christentums« der italienische Philosoph Gianni Vattimo. Die Antwort müsste lauten: Eine Welt ohne das, was die Kulturen als Gott bezeichnen, kann es nicht geben, solange es Bilder gibt. Bilder gibt es, solange der Mensch die Fähigkeit hat, sie zu entwerfen. Folglich gibt es, solange es Menschen gibt, Bilder, Symbole, Rituale, Transzendenzerfahrungen. Und Götter. Wer an eine übergeordnete, schützende Kraft glaubt, hat immer schon den Bereich des Heiligen betreten. Im Glauben an das Heilige als Ganzes nimmt der Einzelne selbst am Heiligen teil. Der Glaube an die Sakralität der Person ist, wie der große französische Soziologe Emile Durkheim vor über hundert Jahren erkannt hat, ein Glaube an die Menschenwürde und also ein Glaube an die Menschenrechte.

So könnte man den Glauben in der Tat als moralisch wertvoll, als eine Verheißung des Guten sehen: Der Mensch glaubt, weil er die geistigen Fähigkeiten hat, Mythen zu kreieren, und die Phantasie, Idealzustände zu erschaffen, die die bestehenden Verhältnisse transzendieren. Somit wäre die Sehnsucht nach religiösen

Erfahrungen die Sehnsucht nach dem MEHR. In diesem Sinne ist Glauben die Gabe zur Hoffnung, dass die entworfenen Paradiese irgendwann Wirklichkeit werden. Die Hoffnung auf die letztlich doch ideale Ordnung der Welt. Auf den inneren und äußeren Frieden. Auf das himmlische Jerusalem.

Davor aber muss die lästige Wirklichkeit der Gegenwart abgeräumt werden. Und in der Tat: Es sind dieser Tage herrliche Zeiten für Apokalyptiker!

Gegenwart

Das Ende der Welt als Kulturtechnik

11. Betrachtung:
Warum für Apokalyptiker heute herrliche Zeiten herrschen

Die List der Apokalypse besteht bekanntlich darin, dass sie nicht eintritt. Ihr beständiges Ausbleiben macht die Rede vom Ende der Welt freilich unendlich wertvoll: Der Weltuntergang ist im globalen Handel mit Ängsten und dem weltweiten Wettbewerb konvertibler Währungen ums Seelenheil eine stabile Größe geworden. Jeder neue Tag, an dem die Welt nicht verbrennt, ist eine Gratifikation dieses Kredits, der im Vertrauen darauf ausgestellt wurde, seine Rendite bestehe in der besseren Zukunft und ihrer neuen Moral globaler Gerechtigkeit.

Dass Anfang 2012 das Wohlstandsniveau in Deutschland nach wie vor erfreulich hoch ist, dass die höchste Quote an Arbeitsverhältnissen seit zwanzig Jahren vermeldet wird, dass sich das Wirtschaftswachstum von Krise und Krieg nicht wesentlich ausbremsen lässt, wird den apokalyptisch imprägnierten Zeitgenossen natürlich kaum von seinen Untergangs-Pastichen abhalten. Wenn alles kommt und geht und nichts mehr bleibt im Strudel des ewigen Wandels, der permanenten Veränderungen, dieses stillstandslosen Mobilitäts-Irrsinns, der den Menschen Halt und Geborgenheit raubt, so bleibt eines gewiss bestehen: die Hoffnung auf eine Auffahrt vor dem Untergang.

Faktisch hat es in der Menschheitsgeschichte nicht einen einzigen seriösen Hinweis auf das Ende der Welt gegeben, deshalb muss diese Sehnsucht nach dem Zerstörerischen, die Faszination des Katastrophischen, die süße Lust am Untergang – da wurde ich mir immer sicherer – mit den sympathischen Torheiten der menschlichen Psyche zu tun haben, die der Vorstellungskraft des eigenen Verstandes letztlich nicht standhalten kann. Der leise Schauder einer möglichen Katastrophe vollzieht sich ja stets im

Gefühl der Erhabenheit, dem Ende der Welt von einem sicheren, warmen Platz aus zusehen zu können, freilich ohne zu berücksichtigen, dass dies ja auch das eigene Ende bedeutete. Der blinde Fleck des apokalyptischen Denkens ist die Ich-Erhebung bei totalem Tod, der Traum von der eigenen Auserwähltheit.

Der Ablasshandel mit dem Schicksal besteht in folgender Rechnung: Gehorsam ist der Preis für die Errettung. Das jedenfalls war meine Vermutung, und nach allem, was ich in Erfahrung gebracht hatte, was ich dachte, hörte, las und sah, musste ich allmählich zu der Einsicht kommen, dass die Apokalypse so etwas ist wie der unzerstörbare *Mythos der Zerstörung*, von Generation zu Generation überliefert, tradiert in jeweils neuen und passenden Kontexten, ein Mythos, der die Geschichte der menschlichen Angst vor der ungewissen Zukunft mit ebender Gewissheit einer goldenen Künftigkeit verheißt, wenn der fehlbare Zeitgenosse seinen Tribut an die Mächte der Schicksalsabschaffung zahlt, die er für unfehlbar hält: Technologie, Technik, Rationalität.

Der Begriff der Apokalypse, hieß es eingangs, sei ein Füllhorn, eine Wundertüte, und immer wieder heiße es, der Untergang der Welt sei die Erzählung der ultimativen Katastrophe schlechthin. Nicht nur ist apokalyptisches Denken der geistige Nukleus von New-Age-Propheten und ihren Glaubenssätzen, nein, das Ende der Welt ist ja auch die älteste und auf faszinierende Weise seit Jahrtausenden kollektiv vererbte, im kulturellen Genom der Menschheit – und wenn nicht der gesamten, so der europäischen, durch Juden- und Christentum geprägten – abrufbare Denkfigur.

Das bange Warten auf den Antichristen gab es, wie oben gesehen, zu allen Zeiten, überall und in jeder Ära, weil der Lauf der Zeit immer unsicher war und Fortschritt stets Panik mit sich bringt, da er immer auch ein Schritt ins Ungewisse ist. Der Antichrist, der dem Kommen des Christ vorausging, trat auf in Form von Sonnenhitze, Radioaktivität, Atom-Energie, in Gestalt von Mussolini, Hitler, Stalin, von Bankern, Unterdrückern, Ausbeutern, und er war das Böse schlechthin, die metropolitanen Sündenpfuhle Babylon, Rom, Bagdad, allesamt Symbole der Hybris. Für den Apokalyptiker sind alle Zeiten fruchtbar, weil alle Zeiten mit apokalyptischem Denken durchsetzt waren, und alle Zeiten waren apokalyptisch durchtränkt, weil in ihnen Apokalyptiker wirkmächtige Deutungsmuster für Leid, Grausamkeit, Ungerechtigkeit und Tod zur Hand hatten.

Ich kann mir all das vorstellen für die ferne, meinetwegen auch mittelnahe Vergangenheit, da die Seelen noch biegbar und die Geister weitgehend unaufgeklärt waren. Aber heute?
Ja, gerade heute. Ich behaupte: Heute herrschen die herrlichsten Zeiten für Apokalyptiker. Oder anders gesagt: Die Herrschaft der Apokalyptik über die Gegenwart ist Kultur geworden, denn die Katastrophe ist allgegenwärtiger Mainstream. Heute besteht der Satan in der in den Rang einer Wahrheit entrückten Annahme von der schlechten Gegenwart einer grundsätzlich sozial ungerechten Welt. Im Zerfall der Gewissheiten, der Solidarität, der Tugenden, in der Erosion des traditionellen Wertesystems, im Verstoß gegen Gerechtigkeit und Chancengleichheit, in der immer weiter klaffenden Kluft zwischen Arm und Reich, der Ausbeutung Afrikas und Prostitution asiatischer Kinder lauert der apokalyptische Drache in kaum verhohlener Deckung, und bald, sehr bald wird das Biest zum Angriff blasen ...
Die Lehre der bisherigen Betrachtungen lässt sich in dem Satz zusammenfassen, dass Apokalypsen immer nach erlittenen oder erwarteten Katastrophen reaktiviert werden: So war es nach dem Ersten, so nach dem Zweiten Weltkrieg, so war es zur und nach der Jahrtausendwende 2000, mit ähnlichen Ängsten, wie sie aus der Zeit um das Jahr 1000 überliefert sind. Apokalyptische Literatur ist immer Krisenliteratur, und Endwelt-Visionen sind immer Krisen-Reaktionen. Wenn die Krise zum Bezugspunkt des Lebens wird, heißt Leben, in der permanenten Katastrophenahnung zu sein. Das Wort »Katastrophe« besagt ja nichts weniger als Umwendung, eigentlich: Herabwendung, sinngemäß: Wendung nach unten. Nichts, was dieser Tage nicht niedergehen,

nichts, was nicht in der Krise wäre, nichts, was heute nicht am Abgrund stünde: der Euro, Europa, die Regierungen, das Regieren an sich, der Kapitalismus, das System, die Natur, das Klima, der Einzelne, der Gläubige, die Liebe, die Treue, das Vertrauen, einfach alles. Europa, ließ der betagte George Soros (als Inkarnation des amerikanischen Investors wohlgemerkt auch die Inkarnation des entfesselten Finanzmarktsystems schlechthin) kürzlich in einem Interview wissen, befinde sich »in Todesgefahr«. Die aparte Chefin des Internationalen Währungsfonds, Christine Lagarde, sieht die Weltwirtschaft 2012 in einer großen Depression und warnt sogleich vor einer Abrutschgefahr wie in den 1930er Jahren (implizit der Wink mit dem Zaunpfahl, gerade die Deutschen sollten wissen, wohin dieser Abrutsch führte). Und einige ausgewählte aus den massenhaften Berichten über das Anfang des Jahres 2012 havarierte Kreuzfahrtschiff Costa Concordia wurden flugs mit Überschriften wie »Tage des Zorns« versehen, als spräche Johannes der Apokalyptiker zu den Lesern von Spiegel und Bunte. Und so scheint es mir, als sei die gegenwärtige Epoche der Erregungsgesellschaft, in der wir Zeitgenossen seit einem Jahrzehnt leben (und zu leben haben), menschheitsgeschichtlich betrachtet das krisenhaft-katastrophische Jahrzehnt par excellence, weil das Apokalyptische in seinen vielfältigen Variationen das gesamte Wurzelwerk der Lebenswelt befallen hat – fruchtbarer Humus des Schrecklichen.

Warum ist das so? Und warum sind gerade die Deutschen des 21. Jahrhunderts so unerhört sensibel und anfällig für das Katastrophische? Gibt es, wie vor über 20 Jahren der Literaturwissenschaftler Klaus Vondung unterstellte, eine spezifisch deutsche Variante der allgemeinen Apokalypse?

Meine These lautet: Ohne die Denkfigur des Apokalyptischen, wie sie biblisch und also kulturgeschichtlich tradiert wurde, kann man die Gegenwart als gewordene Geschichte nicht verstehen. Allerdings versteht die Gegenwart die Denkfigur des Apokalyptischen durchgängig falsch, genau genommen: einseitig. Die

Phantasie der Zeitgenossen erlahmt bei der Hälfte des apokalyptischen Geschäfts und heftet sich ausschließlich an deren destruktiven Teil – die Vernichtung, die Katastrophik, die Strafgerichte. Neuschöpfung und Erlösung, der Aufgang des Himmlischen, Neujerusalemischen ist kaum gemeint, wenn dieser Tage vom Ende der Welt, von Endzeit und Weltuntergang geredet wird und die massenmedialen Fiktionen der bösen Wirklichkeit für die Wirklichkeit selbst gehalten werden. In der Moderne ist der Gedanke, dass hinter dem Apokalyptischen eine tröstliche Vorstellung, ein Heilsversprechen steht, völlig verlorengegangen. Apokalypse heißt nur Super-GAU, fürchterliches Verheeren, absolutes Zerstören.

Die Sorge vor der Unberechenbarkeit des Zukünftigen ist Schrecken und Lust zugleich, aber die Unwägbarkeit generiert Unsicherheit, und Unsicherheit gebiert Ängste. Das betrifft jeden Menschen, weil jeder Mensch einen Zukunftsentwurf (man nennt das Perspektive) braucht und jeder Zukunftsentwurf ein Wechsel auf das große Risiko ist, nicht einzutreten. Was gäbe das stets überforderte, erschöpfte, gestresste, wankende, schlingernde, alleingelassene, mit Eigenverantwortung befrachtete Individuum der spätmodernen Krisenzeit freilich für die Möglichkeit, einen Blick in die Zukunft zu werfen, nicht wahr?

Genau diese Frage reizte mich zur weiteren Nachforschung, weshalb ich aufs Neue aufbrach. Um Aufschluss über die psychische Komponente zu erhalten, erschien es mir ratsam, zu den Psychologen und Religionswissenschaftlern der Evangelischen Zentralstelle für Weltanschauungsfragen nach Berlin-Mitte zu reisen, um Grundsatzfragen und Strömungen des säkularen und religiösen Zeitgeists sowie diverse Endzeit-Thesen zu erörtern – etwa jene Frage, ob die Damen und Herren der Zentralstelle in den letzten Jahren eine Zunahme von Weltuntergangspropheten wahrgenommen haben. Um es kurz zu machen: Haben sie nicht. Endzeitliche Großgruppen, streng geführte Organisationen, die ihre apokalyptischen Erwartungen in Handlungen umsetzen, die Massenselbstmord planen, Versammlungen abhalten und Vorräte anlegen, gibt es so gut wie nicht mehr. Analog zur dezentral organisierten Esoterik-Szene, wo einzelne Erleuchtete vornehmlich via Internet ihre Gefolgschaften generieren, ist auch die Endzeit-Szene parzelliert und individualistisch organisiert. »Viele der Endzeit-Ideen laufen heute darauf hinaus, ein neues Bewusstsein anzusprechen.« So sieht Kai Funkschmidt, Theologe, Pfarrer und in der Zentralstelle Referent für den Themenbereich Esoterik, Okkultismus und Spiritismus, die Lage der Dinge. Das heißt: »Man prophezeit ein neues Zeitalter mit einem ganz neuen Bewusstsein, was aber dann derart unkonkret ist, dass es gar nicht falsch sein kann.« Appelle an Neubesinnung verschwistern sich mit Erwartungen einer Neugestaltung der Welt, vergleichbar tatsächlich mit der Idee des »Neuen Jerusalem« in der Johannes-Offenbarung. All das auf der Basis einer scheinwissenschaftlichen Dignität, die suggeriert, dieses und jenes hätten seriöse Forscher und Historiker herausgefunden, man nehme deren Erkenntnisse selbstredend als Basis der eigenen Überlegungen.

Des Weiteren hat Funkschmidt beobachtet, dass es bei allen Apokalypse- wie Esoterik-Gläubigen Analogien, wenn nicht gar Schnittmengen gibt: Auf dem Eso-Markt tummelten sich meist Frauen (Anbieterinnen wie Konsumentinnen) im Alter zwischen 30 und 50, Bildungsstand verschieden, also schichtübergreifend; 60 bis 80 Prozent derer, die die Angebote der Szene wahrnähmen, seien weiblich, weil es, so Funkschmidt, vor allem bei Frauen zu einem biographischen Bruch komme. »Das sind typischerweise Mütter, deren Kinder gerade aus dem Haus sind, die für die Erziehung ihre berufliche Karriere unterbrochen haben und jetzt zum ersten Mal seit langer Zeit zum Atemholen kommen, etwas für sich tun wollen und zwischen Bachblütentherapie, Yogakurs oder Meditation einen neuen Sinn für sich suchen.« Wohingegen Männer, dies sei angemerkt, meist das Privileg einer durchgehenden Berufsbiographie haben.

Womöglich bedeutet die Suche nach einem geheimen Bauplan der Welt weniger, dass Frauen leichtgläubiger, sondern vielmehr, dass sie offener und zugleich vernunftkritischer sind. Keineswegs naiv, vertrauen sie dem herkömmlichen, von Männern gefertigten und dominierten Rationalitätskonzept nicht mehr und beziehen etwa den Körper als Erkenntnisinstanz in ihre Wahrnehmung einer Wirklichkeit hinter der aufscheinenden Realität mit ein. Spirituelle Intelligenz, Bewusstseinsversenkung und die Sehnsucht nach einer Spürenswirklichkeit können durchaus probate Medien sein, um bei der fast grotesken Zunahme des sogenannten Expertenwissens in der sogenannten Wissenskultur für eine hochkomplexe Gesellschaft den offenbleibenden, wesentlichen Fragen des Daseins auf die Spur zu kommen – und zwar nicht mit der üblichen Ursache-Wirkungs-Linearität einer technisch-pragmatischen Intelligenz, die auch in Beziehungsangelegenheiten nicht wirklich weiterführt, sondern mit dem Versuch, die »wahre« hinter der materiellen Wirklichkeit zu erhaschen.

All das ist natürlich insofern interessant, als die treibenden Kräfte im Erlösungs- und Heilsgeschäft ausnahmslos Männer oder Männergesellschaften sind: Moses, Jesus, Mohammed, Päpste, Patriarchen, Kongregationen, Gurus, Führer, Weltzerstörer, Kriegstreiber, Folterer, Menschenrechtsverächter, die Diktatoren aller Zeiten und Farben, von Dschingis Khan über Mussolini, Hitler, Stalin, Franco, Salazar bis Pol Pot, Saddam Hussein, Baschar al-Assad und die vielen anderen. Und nebenbei: Auch die Regisseure der cine-bombastischen Weltuntergangsepen unserer Zeit sind Männer: Roland Emmerich (The day after Tomorrow, 2012), Michael Bay (Armageddon), Nicholas Meyer (The Day After), Jon Amiel (The Core), Danny Boyle (28 Days Later), Terry Gilliam (12 Monkeys). Männer augenscheinlich, die ihre Phantasien eines einsamen Heroen im Kampf gegen die Vernichtung der Menschheit technisch ausagieren, während Frauen als sogenannte »Engel-Channelerinnen« lieber den Wandel des Bewusstseins erspüren.

Ein solch »reiner Kanal« ist die Hessin Sibylle Weizenhöfer, die vor acht Jahren ein Buch »gechannelt« hat, in dem »Meister Saint Germain« der aufsteigenden Menschheit seine Offenbarungen mitteilt. Das Buch enthalte, lässt der Kanal wissen, den

Schlüssel zum Tor für das Goldene Zeitalter auf Erden, das die Krönung einer jahrtausendelangen Suche nach Glück und Freude, nach Frieden und Gerechtigkeit sei. Vor allem anderen gehe es nun um die letzte Etappe dieser langen Reise und die letzten noch zu überwindenden Hürden. Durch Frau Weizenhöfer legt Meister Saint Germain offen, welche Transformationsenergien von 2000 bis 2012 die Erde durchströmen und wie sie zu handhaben seien, und er baut den Lesern eine Brücke, über die sie sicher in das Goldene Zeitalter gelangen. Das 247-Seiten-Werk beginnt mit folgenden Sätzen:

»Nun, meine Lieben, jetzt ist der Zeitpunkt gekommen. Die Endzeit, von der alle reden, hat begonnen. Wir schreiben das Jahr 2004. Der Übergang in das neue Jahrtausend war für euch Menschen von sehr großer Bedeutung. Die großen Veränderungen, die in diesem Wechsel verborgen liegen, brauchen jedoch ihre Zeit, bis sie sich hier auf Erden manifestiert haben. Um es genau zu sagen, braucht es zwölf Jahre.«

Der »Channel« Sibylle Weizenhöfer lebt in Flörsheim am Main, wird von Meister Saint Germain geführt und betreibt einen »Lichtdienst« im »Tempel der Transformation«. Auf ihrer Webseite bietet die junge Frau an, für 35 Euro die Botschaften von Meister Saint Germain live zu channeln, um die Transformationsenergien der Menschen zu unterstützen: »Meister Saint Germain wird Euch an diesem Tag eine Botschaft überreichen, die sich immer in einer direkten Verbindung zu Eurer gegenwärtigen Entwicklung befindet. Nachdem Euch Meister Saint Germain seine Botschaft übermittelt hat, wird er Euch die Gelegenheit geben, ihm Eure Fragen zu überreichen, die er gerne beantworten wird.«

Was weiß man von Saint Germain? Nun, er soll ein »Aufgestiegener Meister« sein, der Meister des violetten siebten Strahls der spirituellen Freiheit, dem Umwandlung, Anrufung und Erweiterung des Bewusstseins auf der Ebene des unbegrenzten Seins zugeordnet sind. Er soll der Führer des begonnenen Wassermannzeitalters sein, und seine Inkarnationen waren offenbar folgende:

Herrscher des Goldenen Zeitalters im Gebiet der heutigen Sahara (vor 70 000 Jahren); Atlantischer Hohepriester (Tempel der Reinheit, Orden von Meister Zadkiel; vor mehr als 11 500 Jahren); der hebräische Prophet Samuel (11. Jh. v. Chr.); Joseph von Nazareth; Saint Alban (300 n. Chr., im heutigen St. Albans, Herfordshire, England); Lehrer von Proclus (ca. 410/11–485) in Athen; Merlin (5./6. Jh.), Berater von König Artus; Roger Bacon (1211/14 – 1294), englischer Philosoph und Naturforscher; Christian Rosenkreutz, Gründer des Rosenkreuzerordens (um 1378–1484?); Christoph Kolumbus (1451–1506), Genua, Italien; Paracelsus, Schweizer Chemiker, Physiker und Theologe; Francis Bacon (1561–1626), England, Alchemist, Philosoph und Autor.

Diese Inkarnationsliste umfasst eine veritable Reihe renommierter Persönlichkeiten. In seiner letzten Inkarnation erschien der Besagte dann als Graf von Saint Germain, eigentlich Prinz Leopold Georg, der sich Sanctus Germanus nannte und von 1696 bis 1822 gelebt haben soll, was eine phänomenale Lebensspanne von 126 Jahren ergibt. Die Autorin Jeanne Ruland, Jahrgang 1966, wohnhaft im hessischen Darmstadt, liefert in ihrem Buch »Die Gegenwart der Meister« eine knappe Skizze dieses offenbar höchst beeindruckenden Mannes: »In diesem Leben beschäftigte er sich mit dem Wachstum des Bewusstseins. Er sprach sämtliche Sprachen Europas und andere mehr, war ein ausgezeichneter Violinist und Schwertkämpfer, besaß ein ungewöhnliches fotografisches Gedächtnis und eine außergewöhnliche Geisteskraft. Er war unabhängig und reich, da er als Meisteralchemist unedle Metalle in reines Gold, das nie seinen Glanz verlor, verwandeln konnte. Um irdische Belange wie Essen und Trinken kümmerte er sich wenig, und wo und wann er auch erschien, so war er immer von außergewöhnlich jugendlichem Aussehen, frei von den Spuren des Alters.«

Andere Namen, unter denen er noch aufgetreten sein soll: Comte Bellamare (Venedig), Graf Schevening (Pisa), Weldone (Leipzig), Rakoczy (Dresden).

Was an dieser Stelle rational verfassten Menschen die Fremdschamesröte ins Gesicht treiben mag, ist für andere ein Elixier der Hoffnung – die Bestäubung ihrer Seelen durch Engel, Licht und die Blumen der Liebe. In der Weltanschauung der Channel-Esoterik verquicken sich Endzeitdenken, Reinkarnationsglauben und Bewusstseins-Metaphysik zu einer merkwürdigen Seelenauffahrt. Es ist gesetztes Faktum, dass jede Weltanschauungsgemeinschaft durch ein geschlossenes Weltbild Geborgenheit verleiht; Gebote, Dogmen und Erklärungsmuster geben Selbstsicherheit, und wer mit seiner von Brüchen bedrohten Biographie in ein derartiges Weltdeutungssystem eingebettet ist, generiert gewöhnlich große Zufriedenheit, weil ihm ungebrochenes Ur-Vertrauen ermöglicht wird – weswegen, im Umkehrschluss, nach den neuesten Studien der akademischen Glücksforscher superreiche Individualisten permanent unzufrieden seien, da die Sinnfrage durch Kapitalakkumulation keineswegs geklärt werden kann.

Kein Bestreben grundiert das Wertesystem der westlichen Industriegesellschaften tiefer und ist zugleich besser verdrängt als das des »Glücks«. Wirtschaftlicher Erfolg, materieller Wohlstand in Freiheit und Selbstbestimmung, die großen Versprechen der modernen Kultur, die nichts weiter sind als stimulierte Sehnsüchte der Gegenwartsmenschheit auf eine noch bessere Zukunft, zielen auf wenig anderes hin denn auf umfassende Glückserfüllung, wobei sie stillschweigend voraussetzen, dass ebendas, wirtschaftlicher Erfolg und materieller Wohlstand, das Glück (was immer es ist) befördert.

Man kennt das Phänomen: Wer viel hat und noch mehr dazugewinnt, ist getrieben von der Angst, das Erworbene und Gewonnene wieder zu verlieren. Er gewöhnt sich daran, dass sein Glück an die Steigerung, an das Mehr, an das Übermaß geknüpft ist. Aus Ehrgeiz neigt er zu Geiz oder Verbissenheit und lässt sich steuern durch seine eigene Angst, sich und den eigenen Ansprüchen nicht zu genügen. Wer geizig ist, ist meist auch ehrgeizig, weil er die Ehre als Kapital seiner Persönlichkeit betrachtet, das sich als hoher Einsatz über den Zins der Zeit in der Anhäufung von Glücksmomenten zu höherem Sinn niederschlägt. Durch den ständigen Bezug auf seine Verlustängste ist der Besitzende nicht mehr in der Lage, sich in Freiheit selbst zu bestimmen, und verstößt damit gegen das erste Gebot des Glücks: Selbstbestimmung.

Bekanntlich hat Glücklichsein auch eine zynische Schlagseite. Denn es ist die miese Motivation der Masse, den scheitern zu sehen, der glücklich ist; der alles hat – Erfolg, Reichtum, Glamour –, was die Masse nicht hat. Der Reiz an den modernen Kaisern und Königen, Michael Jackson, Elvis, Marilyn Monroe, Romy Schneider, liegt darin, dass ihr persönliches Unglück – die Einsamkeit des Ruhms, die Drogen- und Tablettenabhängigkeit, die Dauerüberwachung durch Paparazzi, das Ausgeliefertsein an die permanente Reproduzierbarkeit ihres Heldentums, kurzum: der ständig selbstbefeuerte Mythos durch Medien –, dass dieses Unglück die Menge glücklich macht. Die Masse bezieht ihr Daseinsglück aus dem Lebensunglück der von ihr Verehrten, welches, das lehrt die Geschichte, immerzu flüchtig ist.

Nicht nur aufgrund der Metaphysik des Channelns, der weitaus mehr Menschen anhängen, als man gemeinhin glaubt, sind die schönsten Blüten zeitgemäßer Endzeitvorstellungen stets die esoterischen. Esoterik ist ein zyklisches System aus energetischen Neuschöpfungen. Im esoterischen Weltbild steht kein Ereignis für sich allein, sondern hängt immer mit allem in einem großen Verbund zusammen. Man könnte sagen: Die Esoterik ist der Amalgamierungsversuch von Individuum und Kosmos und zugleich die Verhältnisbestimmung einer Notwendigkeit.

Über ihre Attraktivität als apokalyptische Disziplin hinaus ist Esoterik ein einträgliches Geschäft mit dem Numinosen, dem Meta-Materiellen, vor allem aber der Bewusstseinssteigerung geworden. Kernsätze der esoterischen Bewusstseinsforschung bestehen in der Überzeugung, dass das Ich nicht ans Gehirn gebunden sei und dass das Subjekt seine Personalität erweitern kann.

Der Glaube an die permanente Erneuerung entlastet vom Leid an der alten Gegenwart. Esoterik ist insofern eine religiöse Angelegenheit, da die Aufgabe der Religion – das Leidvolle und Krisenhafte zu beenden und mit einer konkreten Vorstellung vom erlösenden »Danach« Halt und Geborgenheit zu geben – nun vom Individuum selbst vollzogen wird. Esoterik verlagert die Erlösungsinstanz nicht auf einen außerindividuellen Gott, sondern in das Subjekt hinein, indem es den allesvernetzenden energetischen Körper voraussetzt.

Da diese Denkströmungen von immer mehr Menschen Besitz ergreifen, hat seit März 2011 das Universitätsklinikum Regensburg folgerichtig eine Stiftungsprofessur für angewandte Bewusstseinswissenschaften in der Abteilung Psychosomatische Medizin eingerichtet. Stifter sind die Heiligenfeld-Kliniken Bad Kissingen, die, ganzheitlich denkend, auf die Behandlung von psychischen und psychosomatischen Erkrankungen spezialisiert sind. Die Stiftungsprofessur, heißt es in der Selbstdarstellung der Fakultät, sei die erste Professur im deutschsprachigen Raum, die sich explizit auf eine anwendungsbezogene, mehrperspektivische und ganzheitliche Bewusstseinsforschung richtet. Forschungsschwerpunkte sind Bewusstseinszustände in Spiritualität und Meditation, die Entwicklung neuropsychologischer Bewusstseinstechnologien und Qualitätsmerkmale professioneller spiritueller Begleiter und Therapeuten sowie von Netzwerken für spirituelle Krisen. Das Selbstverständnis der Forscher im Zitat: »Unsere grundlegende Überzeugung besteht darin, dass der entscheidende Schritt in der Evolution der Menschheit gegenwärtig die Entwicklung des menschlichen Bewusstseins ist.«

Dem jahrzehntelang herrschenden Fortschrittsoptimismus, dem zufolge der Mensch die Natur beherrscht und der Markt für Wohlstand sorgt, schlägt peu à peu eine Antithese höherer Weisheit entgegen: So abgesichert viele Menschen materiell sein mögen, so ungesichert sind sie es seelisch. Bei aller Fülle fehlt etwas Fundamentales, Existenzielles. Man könnte es Sinn nennen. Auf der großangelegten Sinnsuche schreiten die Zeitgenossen auf religiösen Pfaden, gehen auf spirituelle Sommerakademien, laufen über heiße Kohlen, feiern Rituale. Die Bewusstseinsindustrie läuft bestens, die Umsätze des Sinnsuch-Kapitalismus sind beachtlich. In diese Suche hinein fällt auch die Sehnsucht nach indianischer, alter, ewiger Weisheit, eben der Weisheit von Naturvölkern wie den Maya. Die stets präsente Angst und Lust am Untergang führen nicht mehr dazu, dass sich Einzelne einer Großorganisation anschließen, sondern kleinen, vereinzelten Gruppierungen: bestimmten Gurus oder Wunderheilern, deren prädominante Themen Selbstoptimierung, Gesundheit und geistiges Heilen sind.

2012 ist eine Art magisches Datum, magischer noch als die Jahrtausendwende. Für Abertausende von Menschen dürfte dieses Jahr zum spannendsten ihres Lebens und für Kleinverlage zum lukrativsten ihres Bestehens werden. Zahllose Erklärungshypothesen darüber, was da jetzt alles passieren wird, sind seit Monaten in Umlauf. Typisch für eine der gegenwärtigen Befindlichkeiten der zeitgenössischen Seele ist die Verquickung der angeblichen Weltuntergangsprophetie durch das mesoamerikanische Volk der Maya mit der Ankündigung eines globalen Erwachens – Bewusstseinstransformation durch Apokalyptik sozusagen. Hinter diesem Amalgam eine esoterische Programmatik zu vermuten, ist nicht abwegig und keinesfalls fahrlässig. Ein für die wuchernde 2012-Spiritualität typisches Buch ist kürzlich im Hanauer Amra-Verlag erschienen, dessen Selbstbeschreibung sich in den Begriffen »spirituell – inspirierend – wegweisend« ausdrückt. Zusammengefasst lauten die Thesen des Buchs »2012: Der Maya-Code« wie folgt: Die Zeit beschleunigt sich; die Lebensbedingungen auf der Erde verändern sich; ein neues Zusammenleben der Menschheit hat begonnen; das Jahr 2012 markiert das Ende des Mayakalenders und bildet den Höhepunkt einer evolutionären Entwicklung, die sechzehn Milliarden Jahre in die Vergangenheit des Universums reicht. Verfasserin des Buchs ist

Barbara Hand Clow, eine, wie zu erfahren ist, »hochspirituelle« Lehrerin, Bestsellerautorin, Astrologin, Medizinfrau, Hüterin der Aufzeichnungen der Cherokee und – notabene – »Mitglied des Ältestenrats der Maya«. Mrs. Clow zeigt, dass wir durch kosmische Wellen, die uns aus dem Zentrum der Milchstraße erreichen, eine Zeitbeschleunigung erleben, die nur ein Ziel kennt: das Erwachen des globalen Bewusstseins. Die Zukunft beginnt – jetzt!

Barbara Hand Clow, die ihre Bücher offenbar im Licht einer galaktischen Trasse schreibt, prophezeit nichts weniger als die »Transformation unserer Spezies« und geht von folgendem Heilsversprechen aus: »Wir leben inmitten eines kritischen Sprungs der Evolution, der uns dazu inspiriert, unsere Körper zu heilen, unsere emotionalen Blockaden zu verwandeln, unseren Geist zu reinigen und unsere Seelen zu entdecken.«

Ihre Bücher, heißt es aus dem Verlag, hülfen uns, den Menschen, die hohe spirituelle Energie, die die Erde durchflutet, zu maximieren.

Der Amra-Verlag wiederum vertreibt zahlreiche »2012-DVDs« und »2012-Bücher«, die auf die große Veränderung, auf den Aufbruch in ein höheres Bewusstsein, auf das Bewusstsein einer Neuen Zeit abzielen. Auffällig ist, dass der Großteil der Autoren Frauen im Alter zwischen 40 und 70 sind, die häufig aus Kalifornien stammen oder in Kalifornien leben. Ihr erstes Anliegen ist Realitätsoptimierung und Energiemaximierung, und beides geschieht eben durch die Transformation des Bewusstseins. Der Pfad zur Heilung führt über das innere Arbeiten und hat meist, nach der Lüftung eines Schleiers – nach einer Ent-Hüllung also – einen neuen Anfang zum Ziel. Wohin der Pfad führt, wie er sich gestaltet, wann der Weg vollzogen ist, wodurch der Anfang erreicht wird – das wissen nur sie, die spirituellen Lehrerinnen, deren Publikationseifer und Auftrittsfrequenz beeindruckend sind.

Die Zahl der Autoren, die sich über den Amra-Verlag hinaus den vermeintlichen Weltuntergang 2012 zum Thema gemacht haben, ist verblüffend. Man halte eine Minute inne und gönne sich die Lektüre einer Auswahl und deren Ankündigungen im Wortlaut:

»2012-Endzeit und Neuanfang: Die Botschaft der Mayas«
Bestsellerautor Walter-Jörg Langbein hat uralte Weissagungen der alten Hochkulturen recherchiert und mit neuesten wissenschaftlichen Erkenntnissen verglichen. Die wahre Botschaft der Mayas lautet: Nur im All wird die Menschheit überleben, nur modernste Weltraumtechnik kann sie retten. Doch werden wir den Wettlauf mit der Zeit noch gewinnen können?

»Apokalypse 2012: Die Endzeitprophezeiungen der Maya«
Autoren: Kurt-J. Heering ist Germanist und Soziologe, verheiratet, zweifacher Vater, arbeitet als Autor, Journalist und ist Inhaber einer Agentur für Kooperationsmarketing im Rheinland; Jo Müller ist erfolgreicher Filmemacher und Buchautor aus Stuttgart. Er hat mehrere Dokumentationen über Roland Emmerich gedreht, dessen Doomsday-Film – 2012 – im November 2009 ins Kino kam.

»Überlebenskodex für die Wendezeit 2012«, erschienen 2009.
Autor: Peter Ruppel. Die Menschheit wird im Jahr 2012 schwierige, aber auch interessante Aufgaben zu bewältigen haben. Der erfahrene Autor Peter Ruppel beschreibt, wie man sich seelisch, geistig und körperlich auf diese Herausforderungen vorbereiten kann. (…) In Anlehnung an Lichtkörperprozesse und Yoga-Praktiken finden sich zahlreiche Übungen zur Vorbereitung im Buch.

»2012 – Die große Zeitenwende: Wie die Prophezeiungen der Mayas Chancen für neues Denken und Sein eröffnen«
Autorin: Birgit Feliz Carrasco. Nach zwanzig Berufsjahren in Werbung und Marketing, heißt es in der Kurzvita, führten persönliche Erfahrungen Birgit Feliz Carrasco in eine neue Lebensrichtung. Sie ließ sich als Yogalehrerin und Heilpraktikerin ausbilden. In München gründete sie eine eigene Praxis und ein Yogazentrum. Birgit Feliz Carrasco leitet Work-

shops, hält Vorträge und arbeitet als spirituelle Lebensberaterin. Die Autorin hat zuvor nicht nur ein Yoga-Tagebuch veröffentlicht, sondern auch eines über »Chakra Yoga«, in dem sie das komplette Programm zur Vitalisierung und Heilung der Energiezentren darstellt.

Birgit Feliz Carrasco schien mir eine hervorragende Adresse zu sein, um mehr über die Denkweise einer ehemals erfolgreichen Bewohnerin des Kapitalismus in Erfahrung zu bringen, die eine Kehre vollzogen und sich, wie so viele andere, dem Weg in eine neue Dimension verschrieben hat. In einer Epoche, deren gesellschaftsprägende Merkmale Soziologen zufolge »Highspeed« und »Hurry-Sickness« sind, will sie eine sich kaputt arbeitende Leistungsgesellschaft für Sinn, Körperbewusstsein und Kontaktpflege sensibilisieren. Die wissenschaftlichen Fakten liegen auf dem Tisch: 40 Prozent der leitenden Angestellten leiden unter Stress; Ehepaare reden am Tag durchschnittlich acht Minuten miteinander; das Lebenstempo hat sich in den letzten 200 Jahren verdoppelt; vier von fünf Kindern in Deutschland fühlen sich unter Zeitdruck, der Einsatz von Beruhigungsmitteln, Antidepressiva und Muntermachern steigt jährlich um acht bis zehn Prozent, und Untersuchungen der Historikerin Juliet Schor zufolge haben Amerikaner seit Mitte der 1970er Jahre 37 Prozent ihrer Freizeit eingebüßt.

Ich selbst saß vor Jahren einmal einer ehemaligen Führungskraft gegenüber, einer beeindruckenden Frau, die als Organisationsentwicklerin in der Hightech-Welt Furore und Geld gemacht hatte und mit 42 die Unternehmenskultur eines großen Softwarekonzerns organisierte. Sie brachte Managern nachhaltiges Kommunizieren bei und tat es so gut, dass sie nicht dazu kam, ihr eigenes Leben zu leben. Dann kam die Langeweile, dann die Leere, dann die Schubumkehr. Sie lebte nicht, was sie lehrte, und als der Körper nicht mehr nur der Träger eines schnellen, stets einen Schritt vorausdenkenden Kopfes war, sondern dauerhaft zu schmerzen begann, stieg sie um. Dann stieß sie auf die musiktherapeutische Pädagogik namens »TaKeTiNa« und spürte dabei etwas Unerhörtes: ihren Rhythmus, in Harmonie mit dem universellen Rhythmus. Sie tanzte, sang und percussionierte sich in den Raum des Zeitlosen hinein, in die Ganzheitlichkeit, in Sphären, von deren Existenz sie nichts wusste. Sie lernte, sich zu spüren, eine Stunde, drei Stunden, drei Tage, die Gruppe war mal größer, mal kleiner, sie sangen und klatschten und musizierten und lagen auf dem Boden und trommelten. Es ist keine Therapie, keine Ideologie, nur die Lust auf sich und das Tempo der eigenen Natur. Sie lernte, aus der Gleichzeitigkeit zu fallen und die Atemlosigkeit zu besiegen, und sie drang ins Hier und Jetzt vor und zum Sinn. Es gelang ihr, ihrem Kopf zu entkommen. Schließlich sagte sie: »Ich bin komplett geheilt.«

Birgit Feliz Carrasco ist ein offensichtlich anderer Fall, wenngleich ähnlich sozialisiert. Die Frau, die ihre Arbeitsweise als »recht spirituell und esoterisch« einstuft, ist die prototypische Vertreterin eines modisch gewordenen Lebensstils vornehmlich von Frauen zwischen 30 und 50, die auf dem Grund europäischer Rationalität stehen, meist wohlsituiert, zum Teil beruflich erfolgreich waren oder sind, die Weisheiten des Buddhismus in ihr Lebenskonzept adaptieren, ein Unbehagen an der gegenwärtigen Kultur feststellen und mit fernöstlichen Kultur- und Meditationstechniken eine neue Dimension erreichen möchten. Sie verschmelzen Yoga, Zen-Buddhismus, asiatische Weisheiten und meditative Hobbys zu einer Gesamt-Kontemplation. Ein Gespräch mit ihr über das Ende der Welt ist nicht nur ein Gespräch über den Maya-Kalender, sondern vornehmlich eine Erörterung über radikale Veränderungen, die Welt und Menschheit ihrer Ansicht nach momentan erfahren. »Ich vertrete die weltliche Sicht der Dinge und finde, dass es mit dem Maya-Kalender ein Erklärungsmodell dafür gibt, dass die Menschheit, die Erde und das ganze Universum bestimmte Zyklen durchlaufen, die eine natürliche Gegebenheit sind, wie auch das Leben aus Geborenwerden, Verweilen und Sterben besteht.«

Darum geht es ihr wie so vielen: um das Kommen und Gehen und Wiederkehren, um die Zyklen des Vergehens und Neuentstehens, dass etwas von vorne beginnt, einen neuen Anfang nimmt und die Menschen Veränderungen durchlaufen wie die Bäume im Herbst, da die Blätter fallen und im Frühling wiederkehren – das schöpferische Prinzip des Lebens. »Es geht letztlich um die Erhebung, um eine Bewusstseinsentwicklung, vom animalischen Sein bis zu einer Annäherung an eine Göttlichkeit. Vielleicht bedeutet auch das Ende des Maya-Kalenders, dass wir die Chance haben, jetzt unser Leben und unser Zusammenleben neu zu definieren und von überholten Werten wie Kapitalismus und Materialismus wegzukommen.«

Feliz Carrasco betreibt Systemkritik mit anderen als mit marxistischen oder plump antikapitalistischen Mitteln. Sie sieht das System von innen ausgehöhlt, wenn man so will: in seinem Wesenskern vernichtet, weshalb eine neue Bewusstseinsstufe nicht nur wünschenswert, sondern vonnöten ist. Esoterisch gedacht ist dies der Sprung vom Ende der Welt als Ende eines bestimmten Äons in eine neue Dimension des Seins. Ein permanentes Zulaufen auf den pyramidalen Zielpunkt hin: die Vervollkommnung des menschlichen Wesens. »Ich denke, dass die Leute jetzt anfangen, anders zu denken, auch aufgrund dessen, was zurzeit weltpolitisch passiert. Es kann sein, dass wir globale Katastrophen über uns ergehen lassen müssen, aber es ist so deutlich, dass unsere bisherigen Systeme nicht mehr Bestand haben können. Schon irre, was in der letzten Zeit passiert ist.«

Wie kam es zum Erkenntnisumschwung? Feliz Carrascos Initiation hat sich analog zu der so vieler anderer abgespielt. Da war sie also eines Tages auf einem Workshop, und jemand hat beiläufig vom Ende des Maya-Kalenders und den Stufen der Entwicklung erzählt. Diese Information, dargetan in einem Nebensatz, sei so in sie gedrungen, dass sie spürte: Das hat irgendwas mit mir zu tun, ohne zu wissen, was genau. Also sei sie auf die Suche gegangen und in der Literatur auf die Maya und ihr Kalendersystem gestoßen, hinter dem sie ein ganzes Weltbild, einen ganzen Mythos entdeckt habe: dass sich nämlich die Zeiten wandeln und es so etwas wie eine Zeitqualität gebe.«»Die Maya schreiben in ihren Empfehlungen, dass es Tage gibt, wo man gut Projekte anfangen kann, und Tage, wo man besser zur Ruhe findet. Das haben wir ja letztendlich mit unserem ganzen Zeitmanagement verloren in unserer Hektik, dass wir gar nicht mehr hinspüren, was der Tag für eine Qualität hat. Unsere schnelle Zeittaktung ist nicht gut für uns, wir haben es irgendwie vermasselt.«

So fasziniert war sie von den Maya-Prophezeiungen, dass diese im Verein mit einem Weltbild indianischer Naturweisheit zum Teil ihres Lebens wurden. Sie suchte weiter in der indischen Philosophie nach Zeichen, die auf Zeitenwende, auf Weltenwende hindeuten, fand auch in der Bibel ein paar Parallelen, setzte ganz auf dieses akkumulierte Wissen und machte es zu einer Berufsstrategie. Sie lehrt mehr Tiefe im Alltag und Abstand zur Ratio. »Ich glaube, dass die Menschen heute eine große Sehnsucht nach neuen Werten haben, die durchaus mit alter Weisheit einhergehen können. Sehr viele merken jetzt, dass sie sich nicht mehr alleine auf Job und Geld verlassen, dass sie von heute auf morgen verlorengehen können. Sie suchen nach wirklichem Sinn des Lebens, das hat die letzten Jahre enorm zugenommen. Ich glaube, dass so etwas wie die Maya-Kultur mit dem, was sie uns mit ihrem Weltbild und dem Kalendarium hinterlassen haben, durchaus einen gewissen Trost spenden kann.«

Auch wenn das Wort »esoterisch« vielfältigen Denunziationen ausgesetzt, Verhohnepipelungen anheimgegeben ist und beständig unter Verdacht auf Unseriosität steht, bezeugt es dennoch das Lebensgefühl jener immer mehr werdenden Menschen, die es wichtig, gar unerlässlich, jedenfalls sinnvoll finden, wieder oder stärker auf ihre Intuition zu hören. Sie möchten herausfinden, was ihre Intuition sein könnte, die eigene Tiefe spüren, ihr Gefühl für sich fühlen, den harten Stahl des Verstandes schleifen und sich von einer Polemik an ihrer Welt- und Selbstsicht erst gar nicht beeindrucken lassen. Carrasco sagt es stellvertretend: »Ich spreche immer von der Diktatur des Verstandes, der wir unterliegen; die Welt ist ja rein rational gesteuert. Da überlegen sich die Leute, wie sie sich am besten absichern können, dass sie in 20 Jahren noch genügend Geld haben, da überlegt man jeden Tag, welche To-do-Liste man abzuarbeiten hat. Ich will damit nicht sagen, dass wir uns alle in Höhlen zurückziehen und meditieren sollten, das ist nicht der Weg. Aber ich vertrete einen sehr pragmatischen Weg, wieder Spiritualität und Esoterik in den Alltag zu bringen. Die Leute müssen erst mal wieder lernen, zu hören oder herauszufinden, was ihr Herz glücklich macht, und nicht nur danach gehen, was vom Kopf diktiert wird, was mit der Prägung der Gesellschaft und mit dem Leistungsdruck zu tun hat. 2000 Jahre christlicher Prägung haben uns nicht wirklich weitergebracht, die ganzen Depressionen und Burnouts weisen doch darauf hin, dass in dieser Gesellschaftsform etwas nicht stimmt.«

Wer die Gesellschaft in ihrer momentanen Verfassung ablehnt, ist zwar kein Apokalyptiker im herkömmlichen Sinn, hat das Endwelt-, vor allem das Endzeit-Denken aber inhaliert und strebt nach dem Untergang des bisherigen Systems auf das Paradies eines höheren Bewusstseins hin, ohne zu wissen und sagen zu können, worin das Spüren eigentlich besteht.

Weitaus verkopfter, in der Konsequenz drastischer und in gewisser Hinsicht lebensferner, weil abgedrifteter, geht die kalifornische Sachbuchautorin Marie D. Jones zu Werke, eine augenscheinlich höchst erfolgreiche, sicherlich sehr einflussreiche Frau, wie es heißt, die nach eigenen Angaben »paranormale Phänomene aus naturwissenschaftlicher Sicht« untersucht. Sie stellt sich der jetzt »tickenden Uhr« und fragt, ob nach dem 21.12. 2012 – da die Metaphysiker und Esoteriker eine Ansammlung kosmischer Kräfte prognostizieren, die den Eintritt in ein Zeitalter der spirituellen Transformation bewirken – die Ära der Erleuchtung oder das Ende aller Tage beginnt. Zeitenwende hin oder her: Nach allerlei halbgaren Erkundungen wird es erst zum Schluss hin spannend, wenn Jones auf die bevorstehende »Evolutionsevolution« zu sprechen kommt, und zwar mit der immer durchgängig variierten Ausgangsfrage: Ist mit 2012 alles zu Ende, oder bricht eine Zeit der Veränderung an? Und, hält man im Stillen dagegen, wenn vielleicht einfach gar nichts geschieht, weder Ende noch Beginn eines ganz neuen Seins?

Jones' Versuch einer Annäherung an eine Antwort an die imaginierte Frage hört sich folgendermaßen an: »Es könnte immerhin sein, dass niemand außer uns selbst uns retten oder erheben oder zerstören oder auch nur verwandeln wird und dass die Maya uns einfach nur sagen wollten, dass wir im Jahr 2012 das Potenzial haben, einen Wandel herbeizuführen ... wenn wir es denn wollen. Das Tor wird geöffnet werden, aber wir allein entscheiden, ob wir hindurchgehen oder uns abwenden, weil unsere Angst und unser Widerstand zu groß sind.«

Warum in Gottes Namen, fragt man sich dann, sollten UNS die Maya nur irgendetwas sagen wollen oder gesagt haben? Und welches Potenzial zur Veränderung wäre es denn? Und warum wird durch wen das Tor geöffnet werden?

Es ist typisch für die Art der 2012-Erregung, mit Gedankenstrichen und drei Pünktchen zu arbeiten, nachdem etwas angerissen wurde. Jones macht das permanent, wenn sie unterstellt, dass die mit dem Jahr 2012 verbundenen Ereignisse (sie nennt: die Präsidentschaftswahlen in den USA, in Frankreich und Mexiko, die Footballmeisterschaft Super Bowl, den hundertsten Jahrestag des Titanic-Untergangs, die Olympischen Spiele in London, eine absolute Sonnenfinsternis und die verblüffende Tatsache, dass Menschen geboren werden, heiraten und sterben und Ufologen auf das offizielle Eingeständnis von Regierungen warten, Kontakt zu Außerirdischen zu haben), wann auch immer sie eintreten mögen, »uns zumindest verändern werden ...« O ja, gewiss! Solcherlei Spiel mit der Bedeutungsschwangerschaft, dass also etwas möglicherweise Großes gesät ist und heranwächst und, wann auch immer, geboren wird ... dass dies ein ganz neues Tor zu einer neuen Zeit aufstoßen wird ... oder vielleicht auch nicht ... aber wer weiß ...

Frau Jones, Tochter eines Geophysikers, schließt ihr 330 Seiten dickes Buch mit den Sätzen: »Meiner Meinung nach hat das größte Mysterium von 2012 auch etwas mit unserer Beteiligung am Ausgang unseres individuellen und kollektiven Schicksals zu tun. Als Spezies. Als Planet. Als Mitglied der galaktischen Union und des Universums. Wie also wird die Welt aussehen, wenn wir am 1. Januar 2013 aufwachen? Es könnte sein, dass sie genau so sein wird, wie wir es geplant haben.«

Mit einer ähnlichen Mischung aus Halbwissenschaft, Insinuationen und darauf aufbauender Lebenshilfe arbeitet auch der amerikanische Astronomie-Amateur und Autor John Major Jenkins, den seine Anhänger als »führenden unabhängigen Forscher in Altamerikanischer Kosmologie« bezeichnen. Jenkins ist Autodidakt und durch keinen akademischen Grad ausgezeichnet, aber seine Bücher erreichen Millionenauflagen, und sein Einfluss auf die Bewusstseinsgemeinde vor allem in den USA ist erheblich. Mit einer Mixtur aus kulturgeschichtlicher Empirie, munterer Kosmologie und eigener Thesenfreude versucht er in seinem 2002 erschienenen Buch »Galactic Alignments« beispielsweise den Nachweis zu erbringen, dass allein die Anordnung der Milchstraße, deren Zentrum 26 000 Lichtjahre von der Erde entfernt liege, die Kosmologie und Identität der Alten Welt der Maya, Ägypter und Veden inklusive ihrer apokalyptischen Doktrinen erklären könne. Das Galaktische Zentrum sei für die »transformatorischen Effekte« auf das Leben auf der Erde verantwortlich. Immerhin erkennt Jenkins die Wichtigkeit der Frage, ob es für seine Annahme einer globalen Transformation wissenschaftliche Beweise gebe, und kommt zu der Erkenntnis: Wenn der Meridian der Wintersonnenwende den galaktischen Äquator kreuzt – was nach der ersten Ära 1000 vor Christus nun, 2012 nach Christus, die zweite große Ära einläute –, mag das, so Jenkins weiter, eher auf unsere spirituellen und energetischen Wesenheiten denn auf die materielle oder physisch mess- und empirisch beweisbare Biologie Einfluss haben. Metaphysik statt Physik also. Mit empirischem Design eines kosmologischen Modells will sich Jenkins nicht weiter aufhalten; sein Interesse gilt nicht der Frage, ob eine Transformation in der nahen Zukunft stattfinden wird oder nicht. Statt in den wissenschaftlichen, astrophysikalischen Diskurs zu treten, verrührt er seine astronomischen Annahmen mit der 3500 Jahre alten indisch-vedischen Philosophie des großen Einen als Weltgrund. Jenkins interessiert allein, wann und wo die Transformation geschehen wird, was darauf hinweist, dass er sie als gegeben voraussetzt. Und nun kommt es, auf Seite 256, einundzwanzigstes Kapitel, zur entscheidenden Frage:»Was wird dabei zerstört werden und was erneuert? Wie wird diese globale Transformation geschehen? Was am Horizont steht, ist also die große verstörende wie irritierende Frage: Wird es eine Kosmogenesis oder die Katastrophe sein?« Also: ewiger Tod des Planeten oder neues Leben durch Wiedergeburt des Universums?

Der engagierte Amateur lädt uns ein, aus Anlass des magischen Datums 2012 über den Tod, vulgo: den eigenen Tod nachzudenken. Quasichristlich fragt er, woher wir wüssten, dass der Tod nicht das Eingangstor in ein anderes Leben sei, und bemüht mesoamerikanische Weisheiten verschiedener Weltalter, die eher die Neugeburt als den Tod nahelegten. Die Menschheit werde immer in etwas Anderes überführt, nicht ausgelöscht. Mit altägyptischer, mesoamerikanischer und vedischer Tradition im Rücken (übrigens einem ungeheuren Eklektizismus dreier mythologischer Großsysteme), behauptet Jenkins, dass die Menschheit derzeit die 13 000-Jahres-Periode des »Great Year of precession« beginne, etwa die Hälfte des 25 900 Jahre dauernden Kegelumlaufs der Erdachse. Es geht dabei um eine Richtungsumkehr, deren Zeitraum als »Zyklus der Präzession« oder »Platonisches Jahr« bezeichnet wird, eine Entdeckung, die auf die Babylonier im 4. vorchristlichen Jahrhundert zurückgeht. Die Präzession soll Auswirkungen auf Klima, Sonnenstrahlungswinkel und Fixstern-Positionen haben. Jenkins zieht folgenden Schluss: »Es ist die Zeit gekommen, unsere tiefe Versunkenheit in Materialismus und Todesverleugnung zu beenden. (…) Auch wenn wir als Individuen uns um ein gutes Verhältnis zu gesundem Leben und gesunder Natur bemühen mögen, so ist unser gegenwärtiges Paradigma vollauf damit beschäftigt, die Dschungel und das Leben in seinen diversen Formen zu unterjochen oder zu zerstören. Die westliche Zivilisation legt ein selbstmörderisches Verhalten an den Tag, das 2012 zu einem Desaster führen könnte, nicht, weil es in den Karten steht, sondern in Form einer sich selbst erfüllenden Prophezeiung.«

Jenkins persönlich ist der Auffassung, so lässt er wissen, dass die Art und Weise, wie wir über 2012 denken, starken Einfluss auf das haben werde, was dann tatsächlich passieren wird. »Wir kreieren unsere Realität.« Das ist nun Konstruktivismus, Ermächtigungsglaube und ökologisches Ganzheitlichkeitsdenken in einem, das schließt Schicksal und jede Form objektiv nachvollziehbarer Geschichte aus, zieht allerdings in Betracht, dass die Menschheit für Ozonlöcher, Überbevölkerung und Umweltverschmutzung selbst verantwortlich sei. Kurzum: Es gehe nicht um 2012, sondern um den nächsten Schritt innerhalb eines globalen, Jahrhunderte dauernden Prozesses – die Chance nämlich, durch eine offene Tür zu gehen und uns, die Menschheit also, an den galaktischen Quellen des Seins auszurichten. Jenkins schlägt als Leitmaxime die bedenkenswerte Lehre der indianischen Ureinwohner des Algonquin-Stamms in Kanada vor: vor jeder Entscheidung sieben nachfolgende Generationen weiter in die Zukunft zu blicken. Die Erde sei nur eine Station für die Seelen auf ihrer Reise der Inkarnationen durch viele Dimensionen hindurch. Wenn die Erde explodiert und jedes Lebewesen ausgelöscht ist, fragt er schließlich, würden dann die Erdseelen nicht zu einer anderen erdähnlichen Welt irgendwo in der Galaxie fortziehen? Am Ende seiner Ausführungen rät Jenkins dem Menschen, seine Verantwortung, dieses Geschenk eines freien Willens, an- und wahrzunehmen und die Bedeutung größerer kosmischer Zyklen, in die jeder eingebettet sei, wertzuschätzen. 2012 beginne das Bewusstsein mit der Konjunktion des Meridians der Wintersonnenwende und der Milchstraße die Umkehr, und das Universum werde die spirituellen Abenteuer und unsere Sehnsucht nach höchster Freiheit von jetzt an vollauf unterstützen.

Obwohl Jenkins 1968 erst vier Jahre alt war, hört man hier ohne weiteres die vermeintliche Weisheit des Wassermann-Zeitalters der Hippiegeneration heraus, deren Überzeugungen stark in die Weltanschauung der New-Age-Bewegung eingeflossen sind. Es ließe sich auch mit weniger Eso-Spiri-Pathos sagen: Die erwartete Umkehr der Menschheit ist eine Absage an das herrschende System westlicher Industriegesellschaften und ihrer materialistischen Linearität.

Aller esoterischen Weltanschauung von Birgit Feliz Carrasco über Marie D. Jones bis John Major Jenkins liegt der Glaube an einen seelischen Gezeitenwechsel zugrunde. Hinter der vordergründigen Transformation des Bewusstseins durch das vermeintliche Ende des Maya-Kalenders 2012 steht der esoterische Klassiker spiritueller Selbstermächtigung im Zuge des Erwachens. Jede Veränderung setzt spirituelles Erwachen voraus, jedem Erwachen folgt eine praktische Veränderung.

Wer erwacht ist, hat den Satan des Systems besiegt und das neue Jerusalem betreten.

Die Erwachten spüren einen universellen Bewusstseinswandel, und sie wollen, dass Veränderung bei jedem selbst beginnt, jetzt und hier. Das spirituelle Erwachen ist eine neue Religion ohne Gott. Ihr Fundament ist das Eine. Das Eine ist immer schon da. Die Erwachten nennen das Eine ES. Die Quelle. Spirit. Geist. Sie bieten Meditationsabende, Fragestunden, Gruppen- und Einzelsitzungen an. Sie sind Lebenslehrer, die den chronisch Überforderten ihrer Gegenwart, den unter Leistungsdruck Ächzenden, den Gemobbten und Verängstigten, den Verzweifelten und Einsamen zu einem höheren Bewusstsein verhelfen wollen – es soll ein Erwachen aus dem Tiefschlaf der materialistischen Selbstentfremdung sein.

Der Eso-Markt mit Hellsehern, Klangschalenheilern, Channel-Anrufern, Kinesiologen, Numerologen, Geomantikern, Feng-

Shui-Experten, die Gedanken- und Chakrenhygiene im Sinn haben und den Sieg des Geistes über die Materie feiern, hat sich von Rezession und Selbstzerfleischung nicht kleinkriegen lassen, obwohl die Sinnsuche marktwirtschaftlicher Gesetzmäßigkeit unterliegt und Aura-Fotografie oder Regenbogenlichtseminare mittlerweile finanzieller Luxus sind.

Der Begriff Esoterik war, gedemütigt durch allzu populistischen wie medialen Missbrauch, lange Zeit über ein Synonym für außerwissenschaftlichen Schabernack. Esoterik handelt von verborgenem Wissen für Eingeweihte, die dieses Wissen mit ihren Mitteln bergen. Heute ist das Esoterische Mainstream geworden, die Esoterik-Industrie ist hochaktiv und hoch attraktiv. Esoterik ist aus dem Tempelbezirk des okkulten Geheimwissens einer spirituellen Elite herabgestiegen in die kleinbürgerlichen Konsumecken der verunsicherten Gesellschaft. Es gehört zum guten Ton, zu meditieren, um die eigene Leistungskraft zu optimieren. Einkehr ist nicht unbedingt das Ziel, sondern der Weg zur Entlastung von bedrängenden Normen und Werten. Immer öfter gibt es Manager, die klösterlich meditieren, bevor sie Mitarbeiter schassen; kaum ein Wellness-Angebot, das nicht esoterisch-ayurvedisch orientiert ist; fast unauffindbar eine Gruppe von zehn Menschen, in der nicht zwei pendeln, meditieren, Reiki machen, Kraftschöpfungsseminare oder Schwangerschafts-Qi-Gong belegen, Atem- oder Bachblütentherapien anwenden, Feng-Shui-Beratungen aufsuchen, Reinkarnationstherapien durchführen, schamanische Trommelkurse mitmachen, Tarotkarten legen und vom Dalai-Lama und seiner vermeintlichen Friedfertigkeit schwärmen.

Seit ihrer Hoch-Zeit Ende der 1980er lässt sich in der mittlerweile stark kommerzialisierten Jedermanns-Esoterik ein thematischer Wandel festhalten. Es geht nicht mehr nur um Räucherstäbchen, Steinorakel, Hellseherei und Zukunftsdeutung. In der Ära depressiver Verstimmungen und psychosomatischer Friktionen hat sich das Esoterische um einen neuen Fixstern eingependelt: Ernährung, Gesundheit und Heilung, wobei sich Heilung als

Selbstheilung versteht. Die entscheidende Größe ist das Selbst. Alles, was geschieht, geschieht dem Selbst. Niemals ist der Einzelne Opfer äußerer Umstände, immer schafft er sich seine Umstände durch Resonanzen selbst. Zufall wird eliminiert, Schicksal destruiert. Alles ist durch Notwendigkeit bestimmt und erhält eine subjektive Bedeutung. Einen definierbaren Urgrund gibt es nicht, esoterischer Ausgangs- wie Zielpunkt ist die Annahme eines kosmischen Gesamtbewusstseins, das entfernt nach dem ES, der sogenannten Quelle der Erleuchteten, klingt und doch eher mit metaphysischer Selbstbefriedigung denn mit wahrhaft spiritueller Auffahrt zu tun hat.

Viele Esoteriker bieten Kurse an, treten als selbsterklärte Schamanen und spirituelle Heiler auf, die die Verunsicherten in die neue Ära überführen können. Das Versprechen besteht in Erleuchtung durch Gefolgschaft; wer sich seinen Kursen anschließt, kann zu einem höheren Bewusstsein aufsteigen und in die neue, bessere, gerechtere Welt eintreten. Hier und da lassen sich, das darf nicht verschwiegen sein, durchaus faschistoide Elemente antreffen, wenn sich die Erleuchteten oder Lehrer als Auserwählte empfinden, die eine Jüngerschaft formieren. Die Führer, missionarisch-messianisch auftretend, entziehen sich durch ihre Erwähltheit und Erleuchtung einer auf rationalen Argumenten basierenden Kritik.

Selbstbezogenheit ist der atomare Kern allen esoterisch-spirituellen Denkens, auch wenn das erleuchtende Erwachen mit herkömmlicher Esoterik nichts zu tun hat und eher den Mut meint, in den freien Raum zu treten, in sich die Stille zu finden, ihre Ratio aufzulösen und ein neues, wahres, sokratisches Bewusstsein anzunehmen: die Idee, dass alles eins ist und nichts geschieden. Die auf stete Steigerung und Vermehrung ausgerichtete kapitalistische Logik macht nicht glücklich, denn glücklich könne nur der sein, der bei sich und in sich ist.

Dieses verbreitete Weltbild ist ein metaphysischer Eklektizismus aus buddhistischen, taoistischen, hinduistischen und christlich-mystischen Glaubenssystemen, aufgefahren als Kampfgeschütz gegen eine aus den Fugen geratene Welt mit Selbstzerstörungsdrang. Spätmodernes Patchwork, nachmetaphysisches Glaubenssystem, mystische Bricolage: ein Häppchen Buddhismus, ein Häppchen Christentum, ein Häppchen Hinduismus, eine Prise Existenzphilosophie, ein Schuss Fundamentalontologie, und all das ohne Gottesbezug und Gottesbeweis, und das Mahl ist angerichtet: frugal, aber erfüllend. Ohne Offenbarung. Ohne moralische Wertung. Es gibt kein gut, kein schlecht, keine Sünde, keine Sühne. Es gibt nur die Bipolarität des Energetischen als Ausdruck des Zeitgeists, mit dem sich die Erwachten gegen ebendiesen Zeitgeist selbst wenden. Sie kreieren gerade eine neue Energie, auf dass sich ein Shift vollziehe und die Menschen klarer werden. Nur wenn alle erwachen, ist der Planet zu retten.

Die Mystik der Erleuchteten ist säkulare Religiosität, gekleidet in religiöse Sprache ohne religiösen Inhalt. Es geht ihr nicht um eine Lehre, ein Gebet, einen Glaubenssatz. Der stetig steigende Erfolg der Erwachten reagiert auf die Ohnmachtserfahrung des Einzelnen und zementiert ein Paradoxon: Einerseits vollendet sich damit die Individualisierung, andererseits soll gerade das Individuum überwunden werden.

Die Erwachten (und die höher eingestuften Erleuchteten) sind Teil einer Bewegung der Selbsterforschungsesoterik, die bisweilen wörtlich die Lehren des indischen Erleuchteten und Heiligen Bhagavan Sri Ramana Maharshi (1879–1950) vom Berg Arunachala anwenden und vertreten: die nondualistische Philosophie des Advaita-Vedanta. In dieser hinduistischen Mystik geht es, verkürzt gesagt, um das Verlassen der Zweiheit in die Einheit. Alles ist eins – Verstand, Seele, Leib, Kosmos. Unterschiede gibt es nicht; es gibt allein, so lehren die Upanishaden um 800 nach Christus in Indien, ein kosmisches Urprinzip, das als Gesamtheit Brahman, als einzelnes Selbst Atman heißt. Das höchste, das wahre Wissen ist das der Einheit von Brahman und Atman, der Einheit aller Gegensätze, wie es im Tao-Te-King von Lao-tse aus dem vermutlich 6. vorchristlichen Jahrhundert nachzulesen ist,

Erstes Buch, Kapitel 16: Heimkehren zum Wurzelgrund heißt: Stille finden. Und dieses nennt man: sich zum Schicksal kehren. Sich zum Schicksal kehren heißt: ewig sein. Das Ewige kennen heißt: erleuchtet sein.

Maharshis Jenseits-Denken ist im westlichen Kulturkreis en vogue, genau wie der Buddhismus und östliche Heilmedizin. Eine Religion, die dem religiösen und moralischen Pluralismus die Geborgenheit einer Einheit entgegensetzt, die vermeintlich friedfertig ist, Sehnsucht nach Stille bietet, die nicht weh tut, von jedem ohne Credo und rituelle Einweihung befolgt werden kann, wenig Arbeit verlangt und wie die buddhistische Lehre Ausdruck einer Suche nach Sinn, Glück, neuen Formen und alten Traditionen, nach magischen Ritualen und dem Ur-Wissen der Menschheit ist. Die Lehre von der Aufgabe eines individuellen Ichs verfängt just auf dem Höhepunkt des Individualismus, der Geist von Körper, Leib von Seele getrennt und die effiziente Rationalität zum Imperativ erhoben hat. Innerlichkeitssehnsucht im Veräußerungszwang. Die neue Flucht ins Erwachen scheint ein Rückweg aus einer erbarmungslosen Dienst- und Leistungsgesellschaft unter ein neues metaphysisches Obdach – für die in der haltlosen Weite des globalisierten Nihilismus Verlorenen, für die an der Suche nach dauerhaftem Glück Gescheiterten und für alle, die im permanenten Kampf um soziale Anerkennung wieder und wieder Niederlagen einstecken mussten.

Ausläufer der Sehnsucht nach neuem Sinn ist der vermeintliche Widerspruch zwischen Religionsmüdigkeit und Religionsfaszination. Amtskirchliche Antworten und schulmedizinische Dogmen reichen nicht mehr. Es herrscht religiöser Pluralismus, eine, wie der Soziologe Peter L. Berger einst schrieb, »Zeit der Leichtgläubigkeit«, wo auf magisch-mystischem Weg Probleme in kürzester Zeit gelöst werden sollen. Kritische Beobachter der esoterischen Welt im weitesten Sinne warnen, wie der Theologe Matthias Pöhlmann von der Evangelischen Zentralstelle für Weltanschauungsfragen in Berlin, vor Instant-Lösungen und geschickt verpackten menschlichen Allmachtsphantasien. »Man macht die Rechnung ohne die menschliche Ambivalenz, die neu entstehenden Bewegungen geben entweder zynische oder keine tragfähigen Antworten auf Armut, Diskriminierung, Brutalität, Gewalt, Leid und Tod.«

Die sogenannte »Eso-Szene« ist hochkomplex und in feinste Verästelungen hinein ausdifferenziert, so dass man von der Esoterik schlechthin nicht reden kann. Allenfalls thematische Kernschmelzen lassen sich erkennen, eine davon ist eben »2012«. Auffällig ist, dass für einen 95-minütigen Film wie »2012 – Die Prophezeiungen der Maya« der amerikanischen Regisseurin Sharron Rose zum Beispiel Interviews mit Experten geführt wurden, die nach Lage der Dinge keinerlei akademische Weihe besitzen: José Argüelles, Gregg Braden, Rhonda Eklund, John Major Jenkins, Rick Levine, Geoff Stray, Moira Timms, Alberto Villoldo, Jay Weidner und die Inka.

Namentlich José Argüelles betrieb seit Jahrzehnten eine ganz bestimmte Auslegung der Maya-Prophezeiungen, die auf esoterischer Weisheit und sehr viel Spekulationen beruhen. Der sich selbst als »Planetary whole systems Anthropologist« bezeichnende Argüelles, der an der Gründung des »Earth Day« 1970 maßgeblich beteiligt war und mit seiner Frau das Planet Art Network ins Leben gerufen hat, war der Ansicht, dass die gesamte Schöpfungsgeschichte der Maya nur aufgrund einer Konstellation entstehen konnte, die am 21. 12. 2012 zu einer angeblich astronomischen Einzigartigkeit führt, die sich seit Jahrtausenden abzeichne: Zur Wintersonnenwende wird die Sonne in Konjunktion mit dem Äquator der Milchstraße stehen. »Eine Veränderung, die durch den Abschluss des gesamten großen Zyklus ausgelöst wird, hat bereits eingesetzt, signalisiert durch eine Verschiebung der resonatorischen Frequenz«, ließ sich Argüelles vernehmen, »diese Verschiebung kündigt das Ende des Großen Zyklus an und gibt eine Vorahnung von dem Glanz unserer galaktischen, solaren und planetarischen Wirklichkeit in der nachfolgenden Ära, die 2012 n. Chr. beginnt. Damit tritt unser Planet in seine nächste evolutionäre Phase ein und sichert sich seinen Platz als neues Mitglied der Galaktischen Gemeinschaft.«

Argüelles' Botschaften sind edles Saatgut auf einem Humus spiritueller Bedürfnisse, die seit Ende der 1960er Jahre nach Anknüpfung suchten. Viele der einflussreichen spirituellen Lehrer und Erleuchteten sind ehemalige Hippies oder Alt-68er. In den 1970er Jahren sind sie mit der Hippiebewegung entweder nach Indien gegangen und haben dort Erlösung gesucht. Die Hippiebewegung der USA ist überwiegend nach Mexiko gezogen, um dort Pilze zu konsumieren und indianische Lebensweisen kennenzulernen. Indianische Welten galten als eine Quelle für spirituelle Inspiration, und José Argüelles, ein gebürtiger Mexikaner, der in Kalifornien lebte, knüpfte mit seinen Büchern und Vorträgen an ebenjene Maya-Vorfahren an, deutete sich selber als eine Art Priester, der die Mayaweisheit in die westliche Welt tragen und vor dem Untergang bewahren wollte.

Auffällig ist, dass in keinem der 2012-Bücher und -DVDs esoterischer Verlage ein Hinweis auf die führenden Altamerikanisten und Hieroglyphenforscher zu finden ist – die Einzigen, die den Kalender der Maya dechiffriert haben und zu lesen in der Lage sind, Wissenschaftler, die seit Jahren und Jahrzehnten im Urwald von Yucatán und Guatemala archäologische Grabungs- und Verständnisarbeit leisten. Womöglich, aber das ist zarte Spekulation, ist gerade dieses akademische Wissen nicht gewollt, weil es möglicherweise zu dem Ergebnis kommt, dass der Kalender mitnichten endet und für den 21.12.2012 nichts, aber auch gar nichts vorhergesagt wurde. Könnte es also sein, dass dieses Datum nichts weiter ist als reine Fiktion, mit der Verlags-, Medien- und Konsumgüterindustrie ein höchst lukratives Geschäft machen?

12. Betrachtung: Der Maya-Kalender und keinerlei Weltuntergang

Ich hatte mir sagen lassen, dass es in der zeitgenössischen Maya-Forschung weltweit nur eine Handvoll Koryphäen gibt; die meisten davon leben in den USA, eine unter ihnen aber ist in Europa ansässig. In Deutschland. Genauer: im Rheinland. Wenn einer Sinn, Syntax und Mythologie des Maya-Kalenders und seiner Aussagen zum von so viel unseriösen Ideen umflorten Jahr 2012 auf das seriöseste deuten kann, dann ist es der Altamerikanist Nikolai Grube.

Also fuhr ich nach Bonn. Die deutschlandweit einzige Forschungseinrichtung für die Geschichte des alten Amerika ist in einem funktionalen Gebäude am Rande der Altstadt untergebracht, in der Oxfordstraße; um die Ecke steht das Geburtshaus Ludwig van Beethovens. Im zweiten Stock des Instituts VII der Philosophischen Fakultät, Abteilung Altamerikanistik, befindet sich am Ende eines Gangs das denkbar schlichte Büro von Professor Grube. Keine Statuen, keine prachtvollen Masken, keine Bilder. Eine Yuccapalme im Eck, auf dem Schreibtisch PC und Kassettenrecorder, schlichter geht's nicht. Hier hält sich niemand lange auf. Die Hälfte des Jahres verbringt Grube ohnehin im Urwaldgebiet an der Grenze von Mexiko zu Guatemala, wo er seit 2006 die Königstadt Uxul aus der klassischen Periode zwischen 700 und 900 n. Chr. ausgräbt, um Aufschlüsse über Aufstieg und Zerfall einer Maya-Stadt zu erhalten. Wie und warum Uxul, wie so viele andere Königsstädte der klassischen Maya-Zeit, plötzlich untergegangen ist, wird später zu klären sein. Erst einmal sitzt Grube am großen Tisch, weist handelsübliche Klischees zurück und rückt Halbwahrheiten zurecht.

»Man hat immer geglaubt, die Maya seien eine schriftlose

Kultur wilder Indianer, aber das ist völlig falsch. Sie hatten eine hochdifferenzierte, vollständig entwickelte Schrift.«
»Die Maya waren also eine antike Hochkultur?«
»Ja, wie die Ägypter, wie die Juden, wie die Chinesen.«
Was Grube wichtig ist, geht über präzise Astronomie und geniale Mathematik hinaus: Wer ein Volk, eine Kultur verstehen will, sagt er sinngemäß, der muss seine Mythologie entschlüsseln. Nicht jede Kultur hat eine Endzeitvorstellung, aber jede hat einen Anfangsmythos. Und die Maya haben einen sehr exakt datierten.

In ihrem Verständnis wurde die gegenwärtige Welt am 11. August 3114 v. Chr. erschaffen. Das heißt nicht, dass vor diesem Datum nichts war, denn davor hat es bereits unendlich viele Welten gegeben. Den Nullpunkt der Zeit haben die Maya-Intellektuellen Grube zufolge vor Oktillionen, also 9×13^{20} Jahren errechnet. Im vorchristlichen Jahr 3114 aber wurde die jetzige, die gegenwärtig anhaltende, ihrer Rechnung nach fünfte Welt erschaffen – durch Neugeburt und Ordnung der Götter des Kosmos und den Sieg über den Gott der Unterwelt, dem, und das ist der wichtigste Aspekt, die Nutz- und Kulturpflanzen Kakao und Mais entrissen wurden. Mais ist für die mesoamerikanischen Völker von elementarer Wichtigkeit: Der Sonnenkalender ist an die Zyklizität der Maispflanze gekoppelt, die Könige verkörperten den Mais-Gott, und nur wenn der König sein Blut opfert, war sichergestellt, dass der Mais, die Grundlage der Ernährung, wachsen würde.

Die Schöpfung der Welt ist mythologisch zu verstehen, einen rationalen Grund gibt es nicht. Das Datum: eine rückwärtige, irgendwann festgelegte Projektion. Auffallend ist, dass es ungefähr mit dem Beginn des Ackerbaus und der Sesshaftwerdung in Mesoamerika zusammenfällt.

»Welches Weltbild liegt diesem Schöpfungsdenken zugrunde?«
»Dass es mehrere Welten und mehrere Schöpfungen gegeben hat«, sagt Grube, »die Schöpfung ist für die Maya ein bis heute andauernder, kontinuierlich sich entwickelnder Prozess aus Zerstörungen und Neubeginnen.«

»Das heißt, die Maya haben chronologisch gedacht?«
»Sie haben die Zeit weitergezählt, in immer größeren Zyklen. Wir kennen Angaben, die sich auf das Jahr 8000 und 12 000 nach unserer jetzigen Gegenwart beziehen. Diese Daten ergeben ja nur dann einen Sinn, wenn der Kalender weitergezählt wird.«

Der Maya-Kalender ist eine so komplizierte wie faszinierende Angelegenheit. Ohne kulturelles Vorwissen erschließt er sich dem Betrachter auf keinen Fall, denn für die Maya waren die Bewegungen der Gestirne am Himmel der Spiegel dessen, was die Götter wollten und was eines Tages auch auf Erden geschehen würde. All das verdichtet sich in den mit Tinte handgeschriebenen Büchern des Kalendariums.

Im Zusammenhang mit der chronologischen Zählung der Tage und dem möglichen Datum des Weltuntergangs stieß ich plötzlich auf den Namen Ernst Förstemann. Der Mann mit dem weißen Backenbart hat für Forscher aller Welt bis heute eine immense Bedeutung, obwohl man ihn nur in eingeweihten Kreisen kennt. Jedenfalls ist bekannt, dass er 1906 in Berlin gestorben war und davor lange Jahre als Germanist und Leiter der Königlichen Bibliothek in Dresden gearbeitet hatte. 1887, in seinem 65. Lebensjahr, fiel Förstemann ein Buch mit mysteriösen Inhalten in die Hände. Er verwahrte es in seiner Schreibtischschublade und fing nach Dienstschluss an, den dargestellten Tieren, Figuren, Balken, Muscheln und Punkten systematisch auf die Spur zu kommen. Was Förstemann entzifferte, war ein hochkomplexer Zusammenhang astronomischer und religiöser Zeichen. Er entdeckte, dass Balken und Punkte Zahlen darstellten und die Maya die Null vor den Indern und Chinesen kannten. Und er fand heraus, dass Zahlen nur bis 19 geschrieben wurden, was auf ein 20er-, ein Vigesimalsystem hindeutet. Weiterhin erkannte er, dass die Zahlen, werden sie multipliziert, jeweils einen nächsthöheren Zyklus ergeben. Das Entscheidende aber war: Ab dem vorchristlichen Jahr 3114 zählten die Maya jeden Tag einzeln.

Seit Förstemann diese Nuss geknackt hatte, weiß man, dass die Basis der Maya-Mathematik und -Astronomie die sogenannte »Lange Zählung« sowie die Zahlen 20 und 360 sind. Die Zahl »20« setzt sich zusammen aus den 10 Fingern und 10 Zehen des Menschen und symbolisiert die Ganzheit; die Zahl 360 stellt die 360-Tage-Periode (das Sonnenjahr »Haab«) dar. Die Tage werden in zyklischen Einheiten gezählt, die Zyklen jeweils mit dem Faktor 20 potenziert, also: der 20-Tage-Zyklus, der 360-Tage-Zyklus, dann 360 x 20 = der 7200-Tage-Zyklus, 7200 x 20 = 144 000 Tage (= 400 Jahre), 400 x 20 = 8000 Jahre, x 20 = 160 000 Jahre, x 20 = 3,2 Millionen Jahre, dann 64 Millionen Jahre, 1280 Millionen Jahre und so weiter. Die Einheiten wurden wie folgt benannt: Ein Tag heißt K'in, 360 Tage sind ein Tun, 7200 Tage ein K'atun und 144 000 Tage ein Bak'tun (400 Jahre). Gegenwärtig, nach dem gregorianischen Kalender im Jahr 2012, befindet sich die Menschheit aus Sicht der Maya im 13. Bak'tun, im 13. Vierhundertjahreszyklus seit Erschaffung der Welt. Dieser 13. Bak'tun endet am 21. 12. 2012. Die große Frage ist jetzt: Wird es einen 14. Bak'tun geben? Und wo könnte ein Hinweis darauf zu finden sein?

Ich wusste mittlerweile, dass es sich bei jenem Buch mit den mysteriösen Inhalten, das Ernst Förstemann 1887 in die Hände gefallen war, um den sogenannten »Dresdner Kodex« handelte. Und ich hörte, dass dieser Kodex weltweit als einziges Originalzeugnis der Maya-Kultur zugänglich sei. Also begab ich mich auf seine Spur und fand einen ersten Fußabdruck im April 1945.

Während Berlin brennt, rückt – im Großen Vaterländischen Krieg der Sowjetunion gegen das Dritte Reich – die Rote Armee in der deutschen Hauptstadt ein. In ihren Reihen befindet sich ein Flakhelfer namens Yuri Knorosow, damals 22 Jahre alt. Die Berliner sind zu diesem Zeitpunkt weitgehend geflohen, da entdeckt Knorosow mehrere zurückgelassene Bücherkisten aus der Stadtbibliothek. Unter den aufgefundenen Schriftstücken ist die Reproduktion eines Berichts, dessen spanisches Original im Jahr 1566 verfasst worden war; zudem findet Knorosow die Kopie einer Sammlung von Blättern mit Hieroglyphen – geheimnisvoll anmutende Tierköpfe, Muscheln, Punkte, Balken. Der russische Archäologe packt beide Schriftstücke ein und nimmt sie mit in die Sowjetunion. Zurück in Moskau folgt er, der Ägyptologie studiert hatte und jetzt, nach Ende des Krieges, promovieren will, dem Rat seines Doktorvaters, wechselt das Thema und beschäftigt sich mit den so exotischen wie faszinierenden Trophäen aus Berlin. Sieben Jahre später präsentiert Knorosow seine Ergebnisse, die zum Fundament der modernen Maya-Forschung werden sollen, der Öffentlichkeit: die teilweise Decodierung der Hieroglyphen. Was er aus Deutschland mitgebracht hatte, war zum einen eine Kopie des sogenannten »Codex Dresdensis«, zum anderen die Kopie eines an Skizzen reichen Buchs, das den Titel »Relación de las cosas de Yucatán« trägt und von keinem Geringeren als dem Inquisitor der spanischen Konquistadoren bei ihren Eroberungsfeldzügen auf der südmexikanischen Halbinsel Yucatán verfasst wurde: Diego de Landa.

Ich vertiefte mich in Literatur, las beim Amerikaner David Stuart, der neben Grube anderen Koryphäe der Altamerikanistik, nach und lernte, dass de Landa ein brutaler Eiferer gewesen sein muss. Im spanischen Toledo geboren, kam der Franziskanermönch und religiöse Fanatiker 1549 nach Yucatán – überzeugt, die Seelen der vom Teufel verführten Einheimischen retten und zum christlichen Glauben bekehren zu können. Jene Indios aber, die an ihren religiösen Ritualen festhielten, die sich der Mission nicht ergaben, ließ de Landa ebenso verbrennen wie all ihre Bücher, Altäre, Schriftrollen, Götterstatuen und religiösen Gefäße – mit dem erklärten Ziel der Auslöschung einer angeblich heidnischen Mythologie und, wie sicher anzunehmen ist, aus Angst vor geheimen, teuflischen Botschaften.

Doch neben Tod, Furcht, Trauer und Vernichtung hinterließ de Landa noch etwas anderes, das zum wichtigsten Grundlagendokument der gesamten Maya-Forschung bis heute werden sollte: das »Landa-Alphabet«, ein kurzes Kapitel zur Schrift der Maya im großen Buch über seine Zeit in Yucatán. Mittels intensiver Gespräche mit seinen Maya-Untertanen hatte de Landa versucht, deren Schriftzeichen zu verstehen. Mit jenem Landa-Alphabet in der Hand konnte gut vierhundert Jahre später Yuri Knorosow den Sinn und die Semantik der Hieroglyphenschrift entziffern. Er fand heraus, dass sie so hoch entwickelt wie die ägyptische war und eine Mischung aus insgesamt 800 Wort- und Silbenzeichen darstellte. Seine Ergebnisse publizierte Knosorow in einer Zeitschrift der mexikanischen Kommunistischen Partei, die allerdings von keinem führenden Archäologen gelesen wurde. So dauerte es bis zur Mitte der 1980er Jahre, als eine Gruppe junger Forscher erkannte, dass Knorosows Erkenntnisse tatsächlich der Schlüssel zum Verständnis der Maya-Schrift waren. Einer dieser jungen Mayaforscher wurde 1962 in Bonn geboren und war seit seinem elften Lebensjahr, als er von seiner Großmutter C. W. Cerams bekannten Roman der Archäologie »Götter, Gräber und Gelehrte« geschenkt bekam, von der Idee besessen, das Geheimnis der verlassenen Maya-Städte aufzudecken: Nikolai Grube.

In der Zwischenzeit hatte ich das Internet auf Hinweise zum Weltuntergang durchforstet. Die Kombination »Maya + 2012« ergab 5,3 Millionen Treffer. Auf der Homepage »www.Weltuntergang-2012.de«, einer unter zahllosen zu diesem Thema, lief und läuft der Countdown ab, Tage, Stunden, Minuten und Sekunden werden auf den 21.12. hin rückwärts gezählt. Beim Voting auf derselben Seite kam man zu folgendem Ergebnis: 24,6 Prozent erwarten den Weltuntergang, 58,7 Prozent tun es nicht. 16,7 Prozent wissen es nicht.

Amazon.de führt zu diesem Zeitpunkt zum Thema »2012« über 100 000 Titel auf, und schon die ersten zehn Seiten der aufgelisteten Bücher und DVDs machten klar: Es geht allen um die mysteriöse Prophezeiung vom Ende der Welt. Unfassbar, wie tief verankert sie war. Ich fragte mich unwillkürlich, wie es kommen konnte, dass derart viele aufgeklärte Zeitgenossen der Idee verfallen, mit dem Ende des Maya-Kalenders ende auch die Welt. Wussten sie überhaupt, dass es den *einen* Kalender gar nicht gibt?

Der Maya-Kalender besteht aus verschiedenen Kalendern, die ineinander verwoben sind, genauer gesagt aus einem Triumvirat dreier verschiedener Systeme, die miteinander in Beziehung stehen: die »Lange Zählung« zum Ersten, der landwirtschaftlich wichtige Sonnenjahrzyklus von 365 Tagen zum Zweiten, das zyklische 260-Tage-System zum Dritten. Letzteres fungierte als »Ritualkalender« und ist in Hinsicht auf Prophezeiungen entscheidend: Es besteht aus 20 Tageszeichen in Kombination mit den Zahlen 1 bis 13. Sobald jedes dieser Tageszeichen mit einer Zahl verbunden worden ist, beginnt der Kalender von vorn. Dieser »Tzolkien« genannte Ritualkalender diente dazu, Vorhersagen ausschließlich religiöser Natur zu machen. Warum 260? Zum einen ist 260 das Ergebnis der Multiplikation von 20 x 13, den beiden heiligen Zahlen der Maya. Zum anderen ergeben 260 einzeln gezählte Tage jenen Zeitraum, in dem ein Mensch zum Menschen wird – die neun Monate Schwangerschaft einer Frau.

Bei wem auch immer ich nachlas oder wen auch immer ich um Einschätzung fragte, immer kam die Sprache auf den »Dresdner Kodex«, als wäre diese Handschrift eine Art Originalbibel. In gewisser Weise ist sie natürlich aufgrund ihrer Prophezeiungen heilig, vor allem aber deswegen, weil sie das einzig verbliebene und authentische Zeugnis der Maya-Kultur ist. Dieses älteste erhaltene Buch Amerikas befindet sich seit 273 Jahren in der einstigen Königsstadt Dresden. Und das war einem Zufall geschuldet.

Im Jahr 1739 reist der Hofbibliothekar Johann Christian Götze nach Wien, um im Auftrag des Königs von Sachsen von Privatpersonen zahlreiche Handschriften für die Kurfürstliche Bibliothek einzukaufen. Er erwirbt wertvolle orientalische Originale und, wie er in sein Kaufbuch eintragen wird, dazu noch ein »mexikanisches Buch mit hieroglyphischen Figuren« von privat. Die Handschrift ist als Leporello mit 39 doppelseitig beschriebenen Blättern gefaltet. Wie sie von Mesoamerika nach Europa gekommen ist, ist bis heute nicht bekannt, womöglich, so wird spekuliert, durch den spanischen Eroberer Hernán Cortés selbst, als Teil jener Abgaben, die er an Karl I. (den späteren Kaiser Karl V.)

liefern musste, oder etwa, um seinem königlichen Auftraggeber zu demonstrieren, dass es in Südamerika auch künftig lohnenswerte Ländereien zu erobern gäbe.

Götze weiß nicht, dass es sich bei der Handschrift um einen 1250 in Yucatán verfassten Kalender der Maya handelt, ein Buch voller Götter-Almanache und mathematischer Tafeln. Als »Codex Dresdensis« wird die Handschrift im Japanischen Palais an der Elbe ausgestellt. Humboldt lässt Teile davon abzeichnen, Napoleon und Goethe bewundern die filigranen Hieroglyphen auf dem Bast der Feigenbaumrinde, aber was genau sie bedeuten und besagen, weiß damals noch niemand. 150 Jahre später fällt der Kodex dann Ernst Förstemann in die Hände.

Der Kalender hatte eine eindeutige Funktion: Er war die Legitimation von Herrschaftsansprüchen, ein Machtinstrument für Könige und Priester. Als Autoren, auch wenn die Schriften stets von Hofschreibern verfasst wurden, galten immer die Könige, die durch die Bücher das Wort der Götter verkündeten. Sie führten ständig Rituale durch, verkleideten sich, legten verschiedene, Götter darstellende Masken an und vollzogen, auf dem Tempelplateau stehend, Schauspiele und Tänze, während unten das Volk zusah, wie sich die Herrscher ihr kostbares Blut aus Ohrläppchen, Zunge oder Penis abzapften, es auf Papier träufelten und zusammen mit Weihrauch verbrannten, so dass es als Nahrung für die Götter in den Himmel stieg. In diesem Moment waren die menschlichen Könige die Verkörperung der Götter auf Erden, und wenn eine bestimmte Zeitperiode innerhalb des Kalenders endete, ließen sie neue Tempel bauen oder Stelen errichten.

Der Kalender prägte das gesamte Leben der Maya. Wichtige landwirtschaftliche Termine, Aussaaten, Ernten und sogar Finsternisse wurden mit seiner Hilfe vorhergesagt, und wenn sich dann tatsächlich die Sonne verdunkelte, stärkte dieses faszinierende Zeichen des Himmels die Macht der Gottkönige. Und wenn nicht? Wenn plötzlich eine nicht vorhergesagte Dürre kam? Und wenn dies sogar zweimal nacheinander geschah? Dann nagte das an der Autorität des Königs, und der Kalender wurde zum Fluch, weil er Klimaschwankungen nicht vorhersagen konnte. Just zu jener Zeit, als die Stadtstaaten der klassischen Maya-Zeit zwischen 600 und 900 n. Chr. reihenweise kollabierten, hat es eine Serie schwerer Dürren im Tiefland von Yucatán gegeben; diesen Nachweis konnten Forscher des Klimaforschungszentrums Potsdam durch die Analyse von Pollen und Sedimenten eindeutig erbringen.

Untergegangen ist freilich nicht die Welt, sondern sind die Maya, zumindest in ihrer klassischen Periode, der Hoch-Zeit ihrer Kultur. Die Altamerikanisten waren sich lange nicht einig, wie es zum Kollaps gekommen ist. Einige glaubten an die Klimatheorie, der zufolge ein recht plötzlich erlebter Kälteeinbruch zu einer Art Eiszeit auf Yucatán führte, in deren Folge Pflanzen und Vögel starben, begraben unter Schnee, einer quasi über Nacht hereinbrechenden Kälte schutzlos ausgeliefert, was großen Einfluss auf die Mythologie und damit das Kalendersystem gehabt habe.

Andere verfochten die These von der falschen Bodenbearbeitung der Maya-Bauern mit darauffolgenden Hungersnöten. Für Nikolai Grube ist die Frage mittlerweile geklärt. »In einer Gesellschaft, in der es ein funktionierendes politisches System gibt, können solche Dürren überstanden werden«, sagt er, »doch bei den Maya war zu diesem Zeitpunkt die Institution des Königtums bereits so geschwächt, dass die Dürren der Punkt aufs i waren.«

Das heißt: Dem Verlassen der Städte geht der politische Kollaps voraus. Manche Gottkönige hatten versäumt, die Wasserverteilung rechtzeitig zu regeln und, um möglichen Dürren vorzubeugen, große Zisternen anzulegen. Wenn politische Institutionen, um diese Arbeit zentral zu organisieren, fehlen, kommt es zu Wassermangel, Unzufriedenheit, Leid, Entbehrung, Aufstand und Krieg. Was Grube als kleiner Bub faszinierte, kann er jetzt mit seinen Ausgrabungen als Professor beweisen: Wassermangel, fehlende Wasservorräte und versäumte Wasserverteilungswege waren es, die die Maya-Städte dazu getrieben haben, gegeneinander Krieg zu führen – mit Massentötungen, vergleichbar denen im Krieg Bosniens gegen Serbien. Die kommenden Dürren besiegelten dann das Ende. Die alten Städte wurden verlassen, neue gegründet. Die Könige fielen, der Kalender blieb.

Diese Gewissheit im Gepäck, reiste ich nach Dresden, um endlich den berühmten Kodex mit eigenen Augen zu sehen. Es hat in der Geschichte der Maya-Kultur Tausende Götter, Tausende Kalenderbücher, Tausende Kodizes gegeben, aber nur drei haben die spanische Eroberung überstanden und sind Diego de Landas Autodafé entkommen. Sie liegen in der Bibliothèque Nationale Paris, im Museo de América in Madrid und eben in Dresden. Jeder Kodex ist in sich ein intellektuell hochkomplexes, mathematisch ausgeklügeltes System mit Bezug auf Zeremonien, Gottheiten und auf Bewegungen der Planeten Venus und Mars.

Es kam der lang erwartete Dresdner Freitag. Nikolai Grube flog aus Bonn ein, wir trafen uns im Foyer der Sächsischen Landes- und Universitätsbibliothek und gingen hinauf in den zweiten Stock. Der Weg in die »Schatzkammer« des Buchmuseums der Sächsischen Landes- und Universitätsbibliothek erschien mir wie der Pilgergang zu einem Tempelschrein. Die Tür der Kammer ist aus massiver Bronze, das Licht der Punktstrahler an den Decken unter 50 Lux, die Temperatur kühl, Fenster gibt es keine. Raum und Stimmung sind ehrfurchtgebietend, man spricht automatisch leise. Da steht nun die Vitrine mit dem Kodex, das Prunkstück unter Prunkstücken, in der Mitte der Schatzkammer. In den Vitrinen herum liegen Dürers Skizzenbuch, Luthers Vorlesungsmanuskript, Bachs Partitur der H-Moll-Messe, Handschriften von Vivaldi und Wagner, alles Originale. Dass der Codex Dresdensis der künstlerisch wertvollste und intellektuell anspruchsvollste Kodex der drei existenten Kodizes ist, wird schnell klar. Er diente als Handbuch eines hochangesehenen Maya-Priesters, um Bedürfnisse einer Stadt oder Gemeinde zu befriedigen, Königen zu empfehlen, welche Tage gut für Kriegführung waren, oder um Klienten, die von ihm wissen wollten, welche Tage gut und schlecht für Rituale waren, in Kenntnis über den Willen der Götter zu setzen. Der Dresdner Kodex beinhaltet 80 Almanache – einzelne, manchmal vier Seiten lange Wahrsage-Kalender, die dazu dienten, die durchgezählten Tage des 260-tägigen Tzolkien auf wichtige Ereignisse und Themen der Maya zu beziehen. »Dieser 260-tägige Kalender«, flüstert Grube, »war von so großer Bedeutung, dass selbst die Spanier ihn nicht aus den Köpfen der Leute bekommen haben: Noch heute wird er im Hochland von Guatemala verwendet.«

Die astronomischen Tafeln setzen sich mit hochkomplexen Kalenderberechnungen auseinander, in denen es um den Ursprung der Zeit-Zyklen geht – um die Erschaffung der Welt, die Geburt der Götter und die Berechnung einer Flut, die möglicherweise den Untergang der Welt bringen könnte. Auf Seite 74, dem letzten Kalenderblatt rechts unten, sind ein Wasserfluten ausspeiendes Himmelskrokodil zu sehen und die alte Göttin Ix Chel, die aus einem Gefäß Wasser schüttet.

»Es ist die Erwartung einer großen Flut, die in Zukunft möglicherweise zum Untergang der Welt führen könnte.«

»Also doch!«

»Ja, aber eben nicht mit dem Datum 2012. Das Datum, das dort genannt wird, ist der Tag 5 Eb, ein Tag im 260-tägigen Kalender. Und dieser 5 Eb wiederholt sich alle 260 Tage.«

»Wie sich beispielsweise der 5. Juli alle 365 Tage wiederholt?«

»Exakt. In den Kapiteln, die diesem Bild vorausgehen, geht es darum, herauszufinden, wann der Tag 5 Eb mit der Regenzeit zusammenfällt. Wenn eine solche Koinzidenz stattfindet, besteht in der Vorstellung der Maya die Gefahr, dass eine große Flut kommt. Ob jede der vorangegangenen Welten durch eine Katastrophe zu Ende gegangen ist, das wissen wir nicht.«

»Fluten waren damals keine Seltenheit, oder?«

»Es gibt im Tiefland von Yucatán noch heute sintflutartige Regenfälle, das war für die Maya an der Tagesordnung.«

Bis dahin hatte es also keinen einzigen Hinweis auf den 21.12.2012 gegeben, dann entdeckte ich im neuesten Buch des renommierten Mayaforschers David Stuart von der Universität Austin in Texas eine hochinteressante Passage. Stuart, der ähnlich wie Grube bereits seit Kindertagen mit dem Thema vertraut ist, beschreibt die Inschrift einer Kalksteinplatte in einer Ruine der antiken mexikanischen Stadt Tortuguero bei Palenque aus dem Jahr 692. Es geht darin um den lokalen König Bahlam Ajaw, der Mitte des 7. Jahrhunderts am Hof in Baakal lebte und einen Tempel hinterließ, der in den 1960er Jahren abgerissen wurde. Den Abbruch überlebt hat nur das sogenannte Monument 6, und im letzten Absatz der Inschrift heißt es: »In zwei Tagen ... und dreimal vierhundert Jahren wird der 13. Bak'tun enden und 4 Ahaw, 3 K'ank'in wird sich ereignen.« Ironischerweise zieht sich exakt an jener Stelle ein Riss durch die letzten Hieroglyphen auf dem Kalkstein, wo eine Aussage zur Bedeutung von 2012 gestanden hat. Eine einzige lesbare Glyphe ist geblieben, und sie nennt den Namen des kaum bekannten Maya-Gottes Bolon Yokte' K'uh. Mehr sagt die Inschrift nicht.

Manchmal werden die bedeutendsten Fragen an profansten Orten verhandelt. So kam es auch in puncto Weltuntergang 2012. Nikolai Grube und ich verließen die Schatzkammer des Buchmuseums in Begleitung des Direktors und gingen zwei Stockwerke tiefer in die Cafeteria der Sächsischen Landesbibliothek. Dort war es laut und wuselig, Studenten der TU arbeiteten an ihren Laptops, tranken Kaffee oder aßen Blechkuchen, aber im hinteren Eck war noch ein Tisch frei.

»Lässt sich denn nun aus dem Kalender die Prophezeiung einer großen Katastrophe ableiten oder nicht?«

»Definitiv nein.«

»Dann hatten die Maya keine Endzeitvorstellungen?«

»Doch, sie gingen davon aus, dass es wahrscheinlich zu einer großen Flut kommen würde, die unsere gegenwärtige Welt beenden würde.«

»Sie wussten also, dass die gegenwärtige Welt endlich ist.«
»Ja, aber sie wussten nicht, wann sie endet.«
»Es gibt also keine einzige Verbindung einer Weltuntergangsvorstellung mit einem konkreten Zeitpunkt?«
»Definitiv nein. Kein Maya hätte je mit dem Untergang der Welt zum 21.12.2012 gerechnet.«
»Aus dem Kalender geht ein Ende der Welt nicht hervor?«
»Definitiv nein. Im Kalender gibt es keinerlei inhaltliche Aussagen, was in der Zukunft wann passieren wird.«
»Der 21.12. stellt für die Maya also keine Zäsur dar?«
»Dieser Tag ist eine Zäsur, wie für uns etwa der Wechsel vom Jahr 1999 auf das Jahr 2000 eine Zäsur war. Die Maya wissen genau, dass es den 22.12.2012 geben wird. Das geht eindeutig aus dem Dresdner Kodex hervor. Der Mayakalender endet definitiv nicht am 21. Dezember.«

Jede valide Information braucht für ihren Wahrheitsgehalt zwei Quellen, also nahm ich in Angelegenheit des angeblichen Weltuntergangs David Stuarts »The Order of Days« zur Hand. Und auch bei Stuart steht nichts anderes als klipp und klar: Am 21.12. endet weder die Welt noch die Zeit. Und am 22.12. beginnt der 14. Bak'tun, der vierzehnte 400-Jahre-Zyklus, der erste von unendlichen vielen Neubeginnen der Welt im ewigen Prozess der Schöpfung.

Am Ende meiner Reise zum Weltende in die astronomischen und mythologischen Tiefen des Kalenders ergab sich folgendes Bild: Der Kalender der Maya, eine große Flut vorhersagend, hält in gewisser Weise einen Weltuntergang für möglich und gibt dafür das Datum 5 Eb an, nennt aber kein Jahr. Die Tortuguero-Inschrift führt zwar das konkrete Datum 21.12.2012 als Ende des 13. Bak'tuns an und kündigt den Herabstieg des Gottes Bolon Yokte an, teilt aber nicht mit, ob der Gott einen Tempel errichtet oder ob die Welt untergeht. Nirgendwo gibt es eine in sich kohärente Prophezeiung, die die Annahme eines Weltuntergangs rechtfertigen würde.

Auf der Höhe dieser Erkenntnis angekommen, blieb nur noch

eine einzige Frage offen: Wie konnte es sein, dass eine falsche oder missverständliche, jedenfalls nicht belegte Prophezeiung derart hartnäckig in den Seelen rationaler Zeitgenossen nistet und zu absonderlichen Apokalypse-Ängsten führt?

Forscher wie Nikolai Grube oder David Stuart, beide entsetzt über den Missbrauch des Maya-Mystizismus, führen zur Erklärung an, dass die Maya als Volk immer schon fälschlicherweise mit Authentizität und Reinheit assoziiert wurden. Man habe in ihnen das Ideal des edlen Wilden im Einklang mit der Natur erkennen und in der Maya-Kultur die naturverbundene Urwaldkultur eines Volkes entdecken wollen, das große Weisheit besaß, als friedlich galt, keine Kriege kannte, dem man unterstellte, keine Herrscher, sondern nur Priester gehabt zu haben, die nichts Weiteres taten, als die Gestirne anzubeten und Kalenderprophezeiungen zu erstellen.

»Das ist alles grundfalsch«, sagt Grube, und Stuart schreibt: »Diejenigen, die eine Weltuntergangsprophezeiung auf die Maya stützen, haben nicht die geringste Ahnung, worüber sie sprechen.«

Die Mär vom Weltuntergang 2012 begann Ende der 1960er Jahre, als das esoterisch-spirituelle Bedürfnis der Hippiebewegung nach Anknüpfung suchte, die Amerikaner das antike Mexiko entdeckten und die eigenen Wünsche mit einem altertümlichen Bild ihrer antiken Vorfahren verbanden. Dieser Mythos eines New Age hat sich verselbständigt, perpetuiert, ist von Westen ins alte Europa geschwappt – bis zum heutigen Tag, in der Ära des Internets, da der Humus aus Ängsten, Unsicherheiten, Sehnsüchten und Glücksversprechen in der Gegenwart so fruchtbar ist, dass die Sporen einer falschen Prophezeiung selbst in durchrationalisierten Industriegesellschaften millionenfach streuen und die wunderlichsten Pilze der Apokalyptik aus dem Boden schießen können.

Alle Apokalyptiker berufen sich irgendwie auf die Maya. »Das ist schon sehr erschreckend«, befindet Grube, der sich nicht erinnern kann, unter allen Prophetien auch nur eine seriöse und sachlich zutreffende Deutung gelesen zu haben. All das mag (und wird) stimmen, vor allem aber ist an den modischen Rekursen auf die mesoamerikanische Kultur vor tausend Jahren Eminentes über die Jetztzeit zu lernen. Die Anrufung des Maya-Kalenders ist vor allem das für die Gegenwart prototypische Beispiel einer Phänomenologie der Unsicherheit, die die psychologische Introspektion ins zeitgenössische Individuum unumgänglich erscheinen lässt.

13. Betrachtung: Fortschritt bringt stets Panik mit sich

Hört man den Zeitgenossen zu, lauscht man ihren Gesprächen, sieht man sie agieren und reagieren, liest man Diagnosen zum Stand der Dinge in populären Magazinen und führt sich soziologische Kohortenstudien zu Gemüte, kommt man nicht umhin festzustellen, dass sehr viele Menschen in der Wirtschaftsgesamtverwaltung des spätmodernen Lebens das Gefühl haben, nicht oder nirgends mehr anzukommen, obwohl sie ständig aufbrechen und auf dem Weg sind, dass sie befürchten, im Kampf um soziale Anerkennung – worin Sozialphilosophen den Sinn des Lebens erkennen – stets den Kürzeren zu ziehen, nicht beachtet, nicht anerkannt zu werden, nicht mehr als fühlender, sich sehnender, sensibler, schwacher, suchender Mensch wahrgenommen zu werden, sondern nur noch als ein auf Leistungsfähigkeit und Funktionstüchtigkeit reduziertes, ein geschubstes, herumgeworfenes, verfrachtetes Objekt.

Was bedeutete nun in solchen Zeiten die Verweltlichung, also die Übersetzung des apokalyptischen Traumfurors, in die Realität? Lässt sich die theologische Vision vom Ende der Welt säkularisieren, gar psychologisieren? Wenn es stimmt, dass auch um 2012 herum keine signifikante Zunahme von Endzeit-Sekten zu verzeichnen ist (was an sich ein auffälliger Befund ist), dann muss die Denkfigur des Apokalyptischen ein tief im Subjekt verankertes und abrufbares Muster sein.

Im Zentrum der psychologischen Auseinandersetzung mit den Wirkungen des Weltuntergangs steht die Frage: Was passiert mit Menschen, die ihr persönliches Heil mit einer Endzeit-Erwartung verknüpfen? Eine Psychologie der Apokalypse muss also vorderhand die Frage nach dem Sinn, dem Ziel, dem Plan der Geschichte (und also des eigenen Lebens) im Blick haben. Steckt Schadenfreude im apokalyptischen Denken derer, die mit dem Untergang der Welt auch den Untergang eines korrupten Systems, menschenverachtender Regenten, egomanischer Herrscher, skrupelloser Schlächter und schlichtweg brutaler Dummköpfe sehen – da sie gegen die Mächtigen ohnehin keine Chance haben und das Vertrauen auf den gerechten Gott, der sie, die sittlich intakten Gerechten, als Auserwählte in das neue Jerusalem hofiert –, so grundiert das Endweltdenken derer, die sich von den Umständen, den Normen und Imperativen der spätkapitalistischen Epoche bedroht fühlen, Ohnmacht und Angst. Beide Male ist die Apokalypse das geistige Medium, das dem Einzelnen die Chance bietet, durch Erleuchtung und Erhöhung dem ganzen Malheur zu entkommen, geschützt durch Magie oder höhere Fügung, wie es etwa die evangelikalen Fundamentalisten tun, die glauben, sie führen im Fall der Fälle als Erste gen Himmel.

Unter all jenen Psychologen, die sich wissenschaftlich mit Angst und Ängsten auseinandersetzen, war für mich jener am interessantesten, der zugleich Risikoforscher ist und über adaptives Verhalten und Kognition arbeitet: Gerd Gigerenzer, Direktor des Harding-Zentrums für Risikokompetenz am Max-Planck-Institut für Bildungsforschung in Berlin. Zu ihm kam ich mit jener so schlichten wie gigantischen Frage, warum die Menschen seiner Meinung nach bis zum heutigen Tag vom Untergang der Welt auf – gemessen an allen bisherigen Betrachtungen – nicht nachvollziehbare Weise fasziniert seien.

»Das ist«, sagte er als Erstes, »eine gute Frage!«

Womöglich deshalb, fragte ich weiter, weil es letztlich nicht um die Menschen hier oder da und gestern oder heute geht, sondern um den Menschen an sich, um die psychische Struktur des Homo sapiens sapiens, jenes pro-sozialen Tiers, das um sein Wissen weiß. Paradox erscheint ja, dass Menschen von denselben Mechanismen fasziniert sein können, die ihnen größte Angst bereiten. »Man muss sich zuerst einmal fragen, warum zum Beispiel vor Jahren so viel Aufmerksamkeit auf die Schweine- oder

Vogelgrippe oder 2011 auf den Erreger EHEC gerichtet wurde. Für diese Ängste gibt es meines Erachtens eine evolutionäre Erklärung, nämlich dass die Angst vor Situationen, in denen viele Menschen zeitgleich zu einem einzigen Zeitpunkt sterben, enorm groß ist. Der 11. September 2001 wurde in den USA als apokalyptisch empfunden, weil an einem Tag so viele Menschen starben. Im Gegensatz dazu sterben aber mehr Menschen beim Autofahren, allerdings übers Jahr verteilt, und deshalb ist es sehr schwer, diesbezüglich Angst auszulösen.«

Sozialpsychologisch betrachtet, geht die Faszination am Weltuntergang mit Auslöschungsängsten der eigenen Gruppe einher; entscheidend ist dabei das Verhältnis von Zeitraum und Bedrohung. Angst, das ist Gigerenzers These, ist von Bezugsrahmen und Bezugsgruppe abhängig, weshalb der Psychologe als treffendes Beispiel abermals eine Seuche anführt, um diesen Topos zu verdeutlichen: »An der Creutzfeldt-Jakob-Variante der Rinderseuche BSE sind europaweit innerhalb von zehn Jahren ungefähr 150 Menschen gestorben, das war alles. Aber was war das damals für eine Aufregung! Im gleichen Zeitraum sind gleich viel, nämlich 150 Menschen durch das Trinken von parfümiertem Lampenöl gestorben, meistens Kinder. Darüber hat sich niemand aufgeregt, weil die eben verteilt übers Jahr gestorben sind. Wenn aber 150 Kinder an einem Tag sterben, wäre das wiederum der große Aufruhr.« Der, so darf man anfügen, apokalyptische Züge trüge ...

Was wir über den Menschen lernen ist also, dass er augenscheinlich tiefsitzende Ängste vor dem Tod der Masse hat. Mehr noch: Gigerenzer zufolge hat der Einzelne größere Angst vor dem sozialen Tod seiner Peergroup als vor dem eigenen Tod. Auch wenn der Psychologe keine direkte Antwort auf das Phänomen der Untergangsfaszination hat (und diese Faszination über die Jahrhunderte hinweg bis heute ausdrücklich anerkennt), scheint ihm von allen die evolutionsbiologische Hypothese am plausibelsten. »Ich denke, dass die Kernangst in der Vorstellung liegt, gemeinsam mit vielen anderen plötzlich zu sterben. Wahrscheinlich hängt das damit zusammen, dass in der Menschheitsgeschichte, während der wir fast immer in zweistelligen Gruppen zusammenlebten, der plötzliche Tod eines Teils der Gruppe zur Gefährdung der ganzen Gruppe führen konnte. Diese rationale Angst aus früheren Zeiten, dass die Gruppe nicht mehr funktioniert, lebt vielleicht heute immer noch weiter. Die Gruppe funktioniert ja so lange, wie das normale Absterben da ist, aber wenn unerwartet eine Katastrophe eintritt, die einen großen Teil wegrafft, ist das große Ganze in Gefahr. Ich glaube, dass diese Ängste heute noch weiterleben und in Weltuntergangsvorstellungen hineinprojiziert werden.« Weitergedacht heißt das: Wir überschätzen die Gefährdung durch spektakuläre Katastrophen und unterschätzen die ganz alltäglichen Desaster.

Bekannt ist, dass die Menschen früher in kleinen Gruppen lebten und durch Raubtiere oder andere menschliche Gruppen, durch Dürren und Hunger ernsthaft gefährdet waren; das bedeutet, dass Menschen immer schon voneinander abhängig waren – was offenbar ihren Fortschritt und Erfolg gegenüber den anderen Spezies ausmacht. Michael Tomasello vom Leipziger Max-Planck-Institut für evolutionäre Anthropologie hat den evolutionären Vorteil durch pro-soziale Kooperation in vielen Experimenten eindrucksvoll bewiesen. Auf der Suche nach dem Ursprung und der Funktionsweise menschlicher Kooperationsnormen vor allem an Forschung über den Altruismus interessiert (also an der Motivation von Individuen, sich für andere aufzuopfern), hat Tomasello, um die Einzigartigkeit des Menschen herauszufinden, die Unterschiede zwischen Kindern und Menschenaffen in ihrem sozialen Miteinander und in ihrer Kommunikation mit Blick auf die Nahrungssuche untersucht. Seine beiden Leitfragen: Wie entstehen soziale Normen und Institutionen? Und ist Altruismus kulturell vermittelt, oder tritt er auf natürliche Weise auf?

Zwei Besonderheiten machen laut Tomasello den Menschen evolutionär einzigartig: die kumulative kulturelle Evolution (immer komplexer werdende Vorgehensweisen, die erlernt werden müssen) sowie die Schaffung sozialer Institutionen, die durch wechselseitig anerkannte Regeln und Normen bestimmt sind. »Es scheint«, schreibt er, »als ob Kinder gern und eher als ihre Primatenverwandten Nahrung und andere Dinge an andere abgeben – sie bieten sie sogar an.«

Warum ist das so? Weil, so Tomasello, Kinder im positiven Sinne lernten; kooperatives Verhalten und Hilfsbereitschaft führten dazu, dass andere sich im Gegenzug ebenfalls kooperativ und hilfsbereit zeigen. Der Mensch werde bewundert, wenn er einer hochgeschätzten sozialen Norm wie Hilfsbereitschaft und Kooperativität gerecht werde. Das heißt: Soziale Normen repräsentieren auf komplexe Weise die Sichtweisen und Werte der sozialen Gruppe als Ganzes.

Entwicklungspsychologen haben darauf hingewiesen, dass Kinder soziale Normen nicht durch Imitation respektieren, sondern aufgrund von Autorität, die aus der Interaktion mit Erwachsenen stammt, sowie aus der Gegenseitigkeit, die in der Interaktion mit Gleichgestellten entsteht. Daraus ist zu lernen, dass Kinder von klein auf soziale Rationalität besitzen, eine geteilte »Wir«-Intentionalität und zusätzlich eine »Wir«-Identität. Das handlungsleitende »Wir«-Gefühl besteht darin, dass in gemeinsamen kooperativen Handlungen die individuelle Rationalität des einen zu einer sozialen Rationalität der gegenseitigen Abhängigkeit wird.

Kinder sind sich schon früh bewusst, bei kooperativen Handlungen von anderen abhängig zu sein. »Sie schätzen«, führt Tomasello dieses einzigartige menschliche Phänomen dieser sozialen Norm aus, »ein Wir-Gefühl als wichtige Grundlage für die eigene Respektierung sozialer Normen und deren Durchsetzung gegenüber anderen.«

Der Anthropologe schließt seine Studien mit der Erkenntnis, alle sozialen Lebewesen seien per definitionem kooperativ, da sie gemeinsam und relativ friedvoll in Gruppen lebten. Das meint angewandte Klugheit der Lebensführung: Ein gemeinsames Ziel werde nur erreicht, wenn alle Partner gleichermaßen profitierten.

Um diesen kurzen Exkurs in die Entwicklungspsychologie zu beenden und zugleich dessen Ergebnisse auf den Topos der Weltuntergangsfaszination anzuwenden, muss man auf Tomasellos Grundannahme zurückkommen. Seine Hypothese lautet, »dass die heute bei Kindern sichtbaren Kooperationsformen zu einem großen Teil die frühesten kollektiven Aktivitäten der Menschheitsgeschichte reflektieren. Als die Kooperation für alle verpflichtend wurde, hatten diejenigen Individuen, die schon vorher weniger konkurrenzorientiert und toleranter waren, einen Anpassungsvorteil.« Der Mensch, wenn er überleben und erfolgreich sein will, ist von früh auf ein pro-soziales agierendes Wesen.

Just an diesem Punkt kommt Gigerenzers Hypothese der Weltuntergangsangst ins Spiel, dass bei einer Katastrophe mit einem Schlag die ganze Gruppe ausgelöscht werde und der Einzelne an sich nicht überlebensfähig sei. »Ich finde es bemerkenswert, dass die Angst, selber zu sterben, gar nicht so groß ist wie die Angst, sozial zu sterben.«

In der Angstforschung ist Legion, dass jedes Volk seine spezifischen Ängste hat. In bestimmten Regionen Indiens fürchtet man sich noch immer vor Hexen; Amerikaner haben massive Ängste vor Wachskerzen an Weihnachtsbäumen, was den Deutschen erfahrungsgemäß nichts ausmacht, wiewohl diese nach Gigerenzers Erkenntnissen eine fast panische Angst vor Strahlungen und unsichtbaren Atomen haben, vor Atomkraftwerken, Handys, Mammographien und dergleichen. »Wir fürchten uns mehr als andere vor Strahlen, während wir uns um die Opfer von Erdbeben weniger scheren; bei uns überlegt man sich genau, ob man zu einer Röntgenuntersuchung geht. In den Vereinigten Staaten werden dagegen jedes Jahr 70 Millionen Computertomographien gemacht, obwohl viele davon überflüssig sind.«

Das war nicht immer so. Deutschland war die erste Nation, die bereits in den 1930er Jahren das Brustscreening mit Röntgenstrahlen einführte und deren Umgang mit Atomenergie noch in den 1960ern weitgehend sorglos war; es gab sogar einen Atomminister. Bekanntlich hat sich das Verhältnis der Deutschen zur

Radioaktivität völlig verändert, und man kann den Wendepunkt durchaus mit Beginn der 1970er Jahre ansetzen, als ein stark ökologisch orientierter Geist nicht nur Demonstrationen gegen Kernkraftwerke grundierte, sondern das Bewusstsein der Bevölkerung zu beeinflussen begann. Die panikartige Entscheidung der deutschen Bundesregierung nach den Ereignissen von Fukushima im März 2011, aus der Atomenergie auszusteigen, nachdem man sie jahrzehntelang als sicherste und sinnvollste Energiequelle gefeiert hatte, zeigte abermals, dass hier deutsche Ur-Ängste ausgelöst und bedient wurden. In anderen Ländern einschließlich Japan sprach man vornehmlich über Tsunami und Erdbeben, beide hatten im März 2011 über 10 000 Menschen das Leben gekostet, während man in Deutschland über Kernkraftwerke debattierte, die kaum jemandem je das Leben gekostet hatten, zumindest nicht nachweisbar und massenhaft.

»Ängste werden im Wesentlichen sozial gelernt«, das ist Gigerenzers Grundüberzeugung, »man hat ja kaum Erfahrung mit dem tödlichen Objekt.« Sozial lernen heißt: stellvertretend lernen durch das, wovor sich die anderen in der Bezugsgruppe fürchten. Das heißt, der Mensch fürchtet sich in der Regel vor den Dingen, vor denen sich seine Freunde und Familien fürchten.

Stimmt nun Gigerenzers Ausgangsvermutung, Ängste würden im Wesentlichen gelernt, dann stellt sich die Frage, ob es irgendwann eine negative Ur-Erfahrung der Deutschen mit Radioaktivität gegeben hat. »Das ist eine spannende Überlegung, auf die ich keine Antwort habe. Oft reicht es ja schon aus, dass es einen bestimmten Personenkreis gibt, der sich vor etwas ängstigt und das laut genug tut, damit dann die anderen sich zu ängstigen anfangen.«

Angst, heißt das, ist ein kulturelles Phänomen, sozial vermittelt und individuell empfunden. Sozial ausgelöste Ängste werden dann kulturell prägend, wenn sie zu einer höheren Moral stilisiert und medial vermittelt werden. Dazu kommen Fehleinschätzungen scheinbar objektiver Institutionen wie etwa der Weltgesundheitsorganisation WHO, die in einer von den Massenmedien hochgekochten Atmosphäre während der Schweinegrippe bis zu zwei Milliarden Infizierte vorhersagte – mit dem Ergebnis nur einiger Toter weltweit. Auch die Moralisierung von sozial gelernten Ängsten ist von Land zu Land verschieden. So haben es die Amerikaner geschafft, das Rauchen als Zeichen persönlicher Schwäche darzustellen, und man konnte darum beobachten, dass sich über den Siegeszug moralisierter Ängste im Laufe eines Zeitraums gesellschaftliche Gewohnheiten verändern lassen.

Abermals münden die freien radikalen unter den apokalyptischen Gedanken in der Frage, ob das Apokalyptische in der »Risikogesellschaft«, also angesichts permanenter Risikobereitung durch forcierte Technologien, eine höhere Sinngebung sei, weil ihre Bilder und Visionen unvermittelt mit dem Selbst des Menschen korrespondieren. Natürlich, es gibt Religionen, in denen die Menschen viel ruhiger ihrem Tod entgegensehen als wir vornehmlich christlichen Deutschen es tun, weil sie sich nachher etwas erwarten. Ist aber der Wasserstand des angewandten Glaubens derart niedrig, wie er in der gesamten Republik zu sein scheint – ist dann die Affinität zur Apokalypse bei denen umso größer, die sich eigentlich nachher nichts mehr erwarten, die wissen, zumindest ahnen, dass nach dem Tod das ewige Nichts kommt? Festzuhalten bleibt: Dem geistesgegenwärtigen Zeitgenossen ist die Apokalypse ein Triumph über seine geregelten und kontrollierten Umstände. Sie ist Sinnformation im Nihilismus. Insofern schafft sie Wert und ist wertschöpfend. Aber das ist ein weites, ein anderes Feld, das am Ende all meiner Betrachtungen vermessen werden soll und dem ich hier nicht vorgreifen will, nur so viel: Wo es den Weltuntergang gibt, kann es ja auch einen Weltaufgang geben. Dies ist, wie eingangs gesagt, eine Frage der Weltanschauung.

Man kann an den Untergang glauben oder nicht. Wenn man an den Untergang glaubt, wird man es jeweils auf eigene Weise tun. Die Phantasieräume des Einzelnen sind selbst verwaltet und selbst bestimmt. Angesichts des Endes ist die Art und Weise, wie es einem geschieht, ein letztes, grandioses, subjektives Aufbäumen gegen das objektiv Unvermeidliche. Das Wort Welt im Begriff »Weltende« fungiert als Chiffre für den persönlichen Kosmos des Individuums, für seine, soziologisch gesprochen, ureigene Lebenswelt. Für jeden Einzelnen ist die Welt, die womöglich untergeht, eine andere, eine rein subjektive, die Summe aus Erfahrungen, Ängsten, Hoffnungen und sinnlichen Wahrnehmungen seiner Biographie. Wenn das Leiden, um erträglich zu sein, einen Sinnhorizont, in den es sich einordnen lässt, braucht: eine Art Schicksal, gegen das man machtlos ist, dem man ausgeliefert ist, das man als sinngebendes Ereignis erkennen kann, dann ist der Untergang der schlechten, falschen, knechtenden Welt erhofftes wie gefürchtetes Schicksal zugleich und das Endziel des Apokalyptischen die Überwindung der eigenen Verzweiflung.

Der Kern aller apokalyptischen Visionen ist Verlust. Der Verlust ist der große Gleichmacher im Schicksal, denn im Verlust sind alle Menschen, Schichten, Klassen, Milieus gleich. Und doch ist die Angst vor dem Verlust dort am größten, wo man am meisten verlieren kann. Diese Verlustangst, »Loss Aversion« genannt, ist heutzutage oft die Angst, dass einem, ohne selbst etwas dagegen tun zu können, das vererbte oder erarbeitete Vermögen durch Unglück oder Katastrophe genommen werden kann. Deshalb, so scheint es, ist Apokalyptik vornehmlich ein Thema in wohlhabenden Industrienationen wie Deutschland und den USA. Loss Aversion bezieht sich freilich auf das Alltagsleben, nicht so sehr auf die existenzielle Dimension der Gruppenauslöschung. Einfache psychologische Experimente haben gezeigt, dass Menschen es als Tragödie empfinden, 10 000 Euro zu verlieren, während hingegen 10 000 Euro nicht zu bekommen keine weitere Reaktion auslöst. Vielleicht ist es beim Menschen wie bei manchen Vogelarten: Wenn sie zu viel haben, ist es gut, kommt aber der Verlust, ist es tragisch. Das heißt: Hohe Gewinne bringen einem nicht so viel, wie einem selbst kleine Verluste schaden.

Historisch betrachtet, war es dem einzelnen Individuum lange

Zeit unmöglich, eine gesicherte und auf Dauer sichere Existenz aufzubauen. War das familiär und sozial eingemeindete Individuum des Mittelalters und der beginnenden Neuzeit anfällig für Endwelt-Visionen aus der Angst vor göttlicher Strafe bei aus den Fugen geratener Sittlichkeit und moralischem Ungehorsam, so fürchtet das spätmoderne und oft moralfreie Individuum der Gegenwart, seine gesicherte, planierte und betonierte Existenz wieder zu verlieren. Das Ende der Welt dient allen Ängsten als Blaupause und Transmissionsriemen, um die eigenen Ängste und Unsicherheiten vom Mystischen ins Reale zu übersetzen. Ist denn nicht heute *der Markt* das apokalyptische Biest, das alle bedroht? Jener unsichtbare Markt, den nicht wir bestimmen, sondern der uns bestimmt? Der sich jeder Berechenbarkeit entzieht und durch seine Volten persönliche Katastrophen bewirkt?

Da eine der Grundgesetzlichkeiten spätmoderner Identität in der Gleichsetzung von Sein und Haben besteht (beziehungsweise Arbeit den Selbstwert generiert), ist die Verlustangst zu einer psychologischen Sprungfeder apokalyptischen Denkens in der Gegenwart geworden. Wer Ängste erzeugt und unter ihnen leidet, ist verunsichert; wer verunsichert ist, erleidet einen Einbruch des Selbstwertgefühls. Wessen Selbstwert einbricht, der ist, wie der Schweizer Okkultismus-Experte Hugo Stamm über jahrelange Beobachtung von Endzeit-Sekten herausgefunden hat, in einer panischen Reaktion sogar bereit, sich zu unterwerfen, damit er ins Heil geführt wird. Apokalypse und Selbstwert sind also insofern verbunden, als das Apokalyptische dem defizitären Selbstwertgefühl des Menschen eine Quelle zur Auffahrt anbietet.

Treiben wir es noch bunter und befragen die Gegenwart konkret: Wie lebt man als Zeitgenosse heute? Wie leben wir? Wie lebe ich?

Vornehmlich unter Druck, müsste die Antwort lauten. Unter oft diffusem Druck, den man als solchen nicht wahrnimmt, der aber unser Leben regiert. Bestürmt von Informationen und Impulsen, bedrängt von Imperativen zur Höchstleistung, steht das

Individuum unter permanenter Spannung, den Ansprüchen an es zu genügen. Durch die Beschleunigung des Spekulationskapitals unter der absoluten Regentschaft der Shareholdervalue-Ideologie und dem Diktat sprintender Heuschrecken wie den Hedgefonds sind Firmenchefs zur Quartalsberichterstattung gezwungen, sind alle verdammt, kurzfristige Erfolge zu erzielen und langfristig angelegte Verantwortung zu opfern, um andauernd Rendite bringen zu können. Man hat von den Folgen gehört: Burnouts, Schlafstörungen, Depressionen, Angst- und Erschöpfungszustände, die mit Kuren zu kurieren wiederum Zeit und Geld kostet. Wo also ist auf lange Sicht gesehen der Gewinn? Vor 100 Jahren schlachtete man ein Schwein im Alter von drei Jahren; heute kommt ein Schwein in 6 Monaten zur Schlachtreife; extrapoliert man diese Entwicklung in die Zukunft, müsste man im Jahr 2013 ein Schwein schlachten, bevor es geboren ist. So erliegen wir, in der Fülle des materialistischen Wohllauts, einem falsch verstandenen Hedonismus, weil uns die Verführungen der Konsumkultur keine Zeit lassen, unser Leben zu leben. Oder so gesagt: Vor lauter Erwartungen an sich und das Leben vergisst man, es zu führen.

Die Folgen? Sind bekannt. Soziale Bindungen brechen weg, flexible Arbeitswelten zwingen zur Mobilität, im permanenten Downsizing ist die Gefahr emotionaler Verkümmerung groß, der aller Gemeinschaftsgeborgenheit enthobene Einzelne gleitet in depressive Verstimmungen und Erschöpfungszustände, handelt sich ein Burnout-Syndrom oder schließlich eine veritable Depression ein. Die ständigen Nachrichten über Krisen und Katastrophen treiben ihn zwangsläufig dazu, auf »Dauer-Katastrophenmodus« zu schalten, wie es der Bonner Psychiater Michael Winterhoff nennt, weil das Individuum sich irgendwann nicht mehr von katastrophischen Impulsen in den Nachrichtenschleifen distanzieren kann. Das heißt: Der Einzelne, permanent mit Krisennachrichten beschossen, verliert die Mündigkeit zur selbstbestimmten Weltwahrnehmung. Er wird hilflos, während das Katastrophische zum Normalfall gerät und der Normalfall zur Dauerbedrohung. Der Katastrophenmodus erzieht den Menschen zu existenziellen Reaktionen. So sagt es Winterhoff: »In der Katastrophe ist der Mensch nach außen gerichtet und rettet, was zu retten ist. Man spürt sich nicht mehr selbst, sogar der Hunger wird zurückgestellt. Eltern, deren Psyche auf Katastrophe umgeschaltet hat, sind wie in einem Hamsterrad. Sie sind innerlich getrieben, selbst wenn sie nach außen ruhig wirken.«

Was daraus folgt, sind Stress, Ungeduld, Überforderung, Spannung. Die Wahrnehmung der Katastrophe als Realität führt zu psychischen Präfigurationen, die keine Entspannungsphasen mehr zulassen. In völliger Überreizung wird die Ausweglosigkeit zum dominanten Gefühl, zur Klage dergestalt: Es wird alles immer schlimmer, und so schlimm wie jetzt war's noch nie …

Als wäre die Realität eine einzige Galerie des Furchtbaren, stellen sich dem Zeitgenossen die Bilder der vergangenen Jahre dar: Tsunami, Hurrikan Katrina, Gammelfleisch, Haiti, Fukushima, Finanzkrise, Europakrise, Eyjafjallajökull, Tornados, Erdbeben, Fluten, Schweinegrippe, Geflügelpest, EHEC, Massenmorde, Amokläufe, Attentate, Kriegstote. Das liest und hört sich ungefähr so an: Der Taifun Roke, wird vermeldet, treffe Japans Küste und die Insel Honshu mit »voller Wucht« und »enormen Geschwindigkeiten«, »heftigste Regenfälle« folgen, in Island breche der Vulkan Grimsvötn aus, der kraftvollste Ausbruch der vergangenen 50 Jahre, siebzehn Kilometer steige die Asche in den Himmel, und schon prophezeien die Geoforscher den Ausbruch eines weiteren isländischen Vulkans namens Hekla, der unter enormem Druck stehe, das Magma brodele, und dann …

… dann kommt die Nachricht, in Deutschland könnte es in zehn Jahren eine Altersarmut von 10 Prozent geben, das System steuere auf den Untergang zu, das demographische Defizit sei nicht mehr zu organisieren.

Also doch der Zorn Gottes für die Hybris des Menschen im allgemeinen Verfall der Sitten? Ohne selbst eine apokalyptische Agenda zu verfolgen, behaupte ich, dass die beiden großen Probleme des Zeitgenossen in der Komplexität der natürlichen wie der sozialen Umwelt zum einen, in der Unsicherheit des individuellen Selbstwerts zum anderen bestehen. Das Ausgeliefertsein an die Kybernetik des Marktes und den unsteuerbaren Eigensinn hochdifferenzierter Computerprogramme, die in Sekundenbruchteilen Milliarden Dollar verhandeln, da zu gleicher Zeit der Mensch noch immer auf den Wochenmarkt geht und 1 Kilo Äpfel gegen 2 Euro tauscht, führt schnell zu einer allbekannten Überforderung. Und so war es in der westlichen Welt so gut wie immer, wie der rumänisch-amerikanische Historiker Eugen Weber festgestellt hat, denn zu jeder Zeit waren die Zeiten hart, und zu jeder Zeit generierten Niederlagen, Verfolgung und Unsicherheit ausgleichende Vorstellungen eines Gerichts, die in Zeiten des Leids Erlösung und die Versicherung göttlicher Intervention ins Leben brachten. Weber hat die moderne europäische Geschichte und darin vor allem die Geistesgeschichte Großbritanniens untersucht, jenes Landes, aus dem nicht nur religiöse Flüchtlinge in die USA emigrierten, sondern dessen Prediger in besonderem Maße die USA auch missionierten und apokalyptisch imprägnierten.

Diese Form der Vorstellung von Bedrohung und Ausgleich erkennt im Katastrophischen einen höheren Sinn – ein Gedanke, der im Laufe meiner Spurensuche nach den Figuren des Endwelt-Denkens schon mehrmals leitend war. Auf der Klimax technologischer Rationalität wirkt der Einbruch des Katastrophischen in eine neurotisch auf Kontrolle und Selbstkontrolle bedachte Ordnung befreiend für den einen, bedrohlich für den anderen. Nicht nur deshalb, weil Ordnung und Kontrolle beste deutsche Kulturtechniken sind, ist die Apokalypse ein sehr deutsches Geschäft. Endzeithysterie scheint noch mehr eine spezifisch deutsche Eigenart zu sein als die typische deutsche Panik, als gemilderte Variante der legendären *German Angst* vor Fehlern und der Schande des Scheiterns als Preis des Risikos. Die spezifisch deutsche Angst vor der Unsicherheit bedeutet, dass die Deutschen offenbar weit weniger damit zurechtkommen, das Risiko nicht genau voraussagen oder vorausberechnen zu können.

Man könnte an dieser Stelle ohne weiteres jegliches Räsonieren über die Apokalypse ablegen und sich, den Dichter Robert Gernhardt im Gepäck, als Hedonist im Garten der Lüste vergnügen. »Erst stirbt der Wald«, schrieb Gernhardt, »dann stirbt der Mensch? Glaub' ich nicht dran. Ist doch ein verdammt zähes Gemüse, der Mensch. Hat die Eiszeit überlebt. Wo waren sie da, die Bäume?«

Gewiss wahr, dieser Verweis auf die menschliche Zähigkeit, aber der Dichter macht die Rechnung ohne die Psyche. Diese ewige Lust am Untergang, der stets spitze Reiz an der Zerstörung, der kulturelle Masochismus einer anscheinend unzähmbaren Selbstauslöschungsphantasie, die jeglichen Selbsterhaltungstrieb zu widerlegen scheint – woher kommt all das?

Natürlich ist viel Wahres an der Überlegung des Psychologen Michael Utsch von der Berliner Zentralstelle für Weltanschauungsfragen, dass die meisten Menschen Phasen haben, in denen sie die Sinnlosigkeit des Lebens per se einsehen – eine Art Sinn-Depression, aus der tiefe Verzweiflung folgen kann, vor allem dann, wenn man sich den heilsgeschichtlichen Versprechungen des Christentums nicht anschließen kann oder möchte. Aber damit ist es nicht getan. Nach dem Studium der bekannten Weltanschauungen und Endzeitvisionen befähigt, radikal zu denken, begreift Utsch den Zusammenbruch grundsätzlich als Voraussetzung für den Fortschritt. »Aus psychologischer Sicht ist die Krise für jede Form von Wachstum unverzichtbar. Um weiterzukommen, braucht man einen Zusammenbruch. Das Neue gibt es erst, wenn das Alte nicht mehr funktioniert, das ist ein zyklisches Geschehen. Das heißt: Weil wir wirtschaftlich und sozialpolitisch heute sehr gut abgesichert sind, brauchen wir einen radikalen Einschnitt, um uns verändern zu können.« Und just da taucht im hochrationalen Gewerbe der funktionalistischen Systemorganisation der alte, unausrottbare Mythos des Weltuntergangs auf und spukt sozusagen in die erschütterbare Psyche hinein.

In Zeiten nach wie vor hoher Prosperität kommt das Ende der Welt gerade recht. Es könnte geradezu die Beschreibung eines evolutionären Anspruchs an Selbststeigerung sein, letztlich ein Paradoxon: die Steigerung des Menschen durch den Zusammenbruch seiner Lebenswelt. Dieser Gedanke besitzt eine ähnlich verstörend-verblüffende Dimension wie jener vom Aufstieg der Wissenschaft aus dem Denken des Untergangs. All das ist nicht nur ein Beleg für die Zyklizität des Lebens, sondern die Apokalypse markiert möglicherweise den blinden Fleck des Schicksals, das wir stets herausfordern, um uns weiterzuentwickeln. Zu Ende gedacht, heißt das: Apokalypse ist Evolution.

Wenn die These stimmt, bedeutete das im Umkehrschluss, dass aller materielle Wohlstand bei gesichertem sozialem und europäischem Frieden und einem trotz Alters- wie Kinderarmut funktionierenden Sozialstaat die meisten Menschen nicht sinnhaft glücklich macht. Abgesehen von der Platitude, dass man sich Glück nicht kaufen kann – woran liegt das? An fehlenden Antworten auf die Frage, was das eigene Leben für eine Bedeutung hat? Kann es wirklich sein, dass der Mensch fürs eigene Glück die Apokalypse braucht?

An diesem Punkt machen sich viele auf, der vermeintlichen Wirklichkeit hinter der Wirklichkeit auf die Spur zu kommen, auf den Pfaden der spirituellen Weisheit, in esoterischen Zirkeln, mit Bezug auf archaische Riten. Es wird aufgegriffen, was im westlichen Verwertungskonzept noch nicht abgegriffen ist, und so entsteht der Glaube an einen möglicherweise geheimen Bauplan der Welt, an eine vermeintlich unsichtbare hinter der sichtbaren Wirklichkeit, die in der Konstellation der Gestirne gründet und für deren Decodierung man geheimes Wissen benötigt.

Man könnte auf die Idee kommen, dass die Figur vom Ende der Welt mit all ihren reizvollen, im Höchstmaß emotional stimulierenden Superlativen tatsächlich eine Art Erlösung anbietet, weil sie dem Einzelnen hilft, mit dem denkbar Schlimmsten umzugehen: dem Skandal des eigenen Todes. Alle Todesängste und Sterbephantasien lassen den Gläubigen in den gütigen Himmel oder sonst etwas Außerterrestrisches, Unerreichbares, Transzendierendes, Kosmisches auffahren, in Erwartung einer erlösenden Hand, die Verantwortung für ihn übernimmt. Apokalypsen sind immer auch Formen von Komplexitätsreduktion. Sie ermöglichen die Delegation von Verantwortung. Ihnen eigen sind die entlastenden Dichotomien des Duells: Gut gegen Böse, Hell gegen Dunkel. Gegen diese höheren Gesetze ist man machtlos und lässt in einem Akt angewandter Psychohygiene sich selbst die phantasmagorischen Horrorszenarien ausagieren. Danach kehrt wieder Ruhe ein, und der rationale Zugriff auf die Welt durch Organisation, Verwaltung und Kontrolle garantiert wie gewohnt die berechenbare Ordnung.

Die Vernichtung des Gegenwärtigen wird zur Sinnfigur, weil sich darin Hysterie entladen kann. Sie ist nicht nur Phantasie-, sie ist ein Trostraum, und sie ist, kollektiv betrachtet, auch ein Ventil: Als Kulturtechnik stellt sie dem Individuum die Lizenz zu Voyeurismus, Fatalismus und Todestrieb aus, auf dass es sich an Elend und Ende der Anderen ergötzen dürfe, ebenso wie es auf diese Weise mit der eigenen Endlichkeit zu Rande kommt, wenn nicht nur es, das einzelne Individuum, zu nichts zerfällt, sondern wenn dies auch alle anderen Individuen tun, ja, wenn es die Welt als Ganzes tut.

Im Ende der Welt steckt letztlich immer auch eines: Hoffnung. Hoffnung im Sinn einer Theologie der Hoffnung – dass nicht alles so bleiben muss, wie es ist, dass nicht alles gleichwertig und nicht alles gleich schlecht ist, dass Unrecht berichtigt, gar beseitigt werden wird, wenn ich den Glauben an richtende Instanzen habe, wenn ich glaube, dass diese Instanz (ob Gott oder die Natur) andere Zustände als die herrschenden möchte und herbeiführt und es eine Frage der Zeit ist, bis dieser Wandel eintritt. Insofern ist die Apokalypse, psychologisch betrachtet, weltgestaltend und ethisch wertvoll, weil sie Menschen ein Ziel vorformuliert – was allerdings dann problematisch wird, wenn der Nicht-Ort dieses Utopischen konkret beschrieben oder mit Gewalt erreicht werden soll.

Immerhin: Der Reiz am Katastrophischen ist nicht nur cineastisches Entertainment, wo jene Szenarien vorgespielt werden, die dem Zuschauer – da hofft er wieder! – erspart bleiben, eine Art moralische Erhabenheit im Fernseh- oder Kinosessel, das Laben an der Vorstellung des Schlimmsten, die aber nur theoretisch vollzogen wird. Das Katastrophische ermöglicht ein Stück weit Eskapismus, die Verdrängung des bedrängend Realen und Verlagerung in ein definitives Herrschaftsverhältnis gegenüber dem Übermenschlichen, Übersinnlichen, Allumfassenden. Wenn das Größte dräut, sind kleine Sünden reine Lässlichkeit. Auch das ist entlastend. In jedem Fall berührt es die Frage nach dem Sinn. Dass es in hohem Maße sinnstiftend ist, ist eine der reizvollen Eigenarten des apokalyptischen Denkens vom Ende der Welt. Es füllt ein existenzielles Vakuum ohne Sinnperspektive in einem Leben, in dem Antworten auf die höchsten Fragen verlorengegangen sind. Das trifft auch auf viele okkulte Bewegungen zu. Wenn durch eine Sekte die Sinnfrage geklärt ist, hat dies für den Einzelnen einen großen existenziellen Nutzen. »Menschen«, sagt Psychologe Utsch, »die entweder in ein traditionell religiöses oder schamanisches Weltdeutungssystem eingebettet sind, haben oft eine größere Lebenszufriedenheit als jene, die das ursprünglich religiöse Vertrauen verloren haben. Wer kann denn heute noch von einer geistlichen Heimat sprechen?«

Nach Exkursen in die Theologie, Philosophie, Naturwissenschaft und Geschichte des Weltuntergangs gipfelte meine Auseinandersetzung mit der Apokalypse auf idealtypische Weise zuletzt in der sozialpsychologischen Betrachtung – zum einen, weil der Blick bei allem Betrachten immer auch auf mich selbst fiel, zum anderen, weil die Psychologie in ihrer sozialen Variante imstande ist, spannende Aussagen über die heutige Gesellschaft zu machen. Wenn eines klar war, dann dies: Ängste und Verlust sind die zentralen Motivationen der ewigen Lust am Untergang.

Ich war zu diesem Zeitpunkt der Vermessung des Apokalyptischen noch immer der festen Überzeugung, der Topos vom Untergang der Welt sei hochaktuell, weil er als Muster im Menschen präfiguriert und also jederzeit abrufbar ist. Nun ging es im Wesentlichen um die Frage, welche Kräfte in der Lage sind, diese schlummernden Befindlichkeiten anzusprechen, weswegen man bei der Analyse der Gesellschaft zwangsläufig auf die Kulturtechniken der Medien- und Kommunikationsindustrie zu sprechen kommen muss. Vor einer Untersuchung der Erregungsindustrie des Boulevard- und Zeitgeist-Komplexes folgt zuerst der Gipfel der Zumutung, nämlich die Vermutung, das Ende der Welt sei bewusstes Psycho-Entertainment.

Was heißt das? Das heißt, dass sich das Individuum in der Apokalypse das schlechthin Destruktive, das Außerindividuelle, die Antithese sucht, um das eigene Leben in Spannung setzen zu können. Die durch Sozialstaat und Rechtsprechung garantierte Sicherheit des Lebens mag komfortabel sein, könnte aber als langweilig empfunden werden. Die tagtäglich erlebte Gleichförmigkeit der Stabilität könnte als sinnfrei erscheinen, und der Verdruss darüber wäre ein mögliches Motiv, das Apokalyptische als Gegenwelt, als Rausch, als jene ominöse Kraft zu feiern, die größer ist als alles, brutaler als alles, existenzieller als alles, was der Alltag aufzubieten hat. Womöglich baut der Mensch sich auch deshalb Petitessen-Popanze auf, millimeterkleine Verfehlungen und Skandale, die genau genommen keine sind, sondern Abweichungen vom Dogma, von der Regel, von der Ordnung, um sie hernach sensationalisieren und das eigene Leben dramatisieren zu können – als ob, wie es in den öffentlichen Debatten der letzten Jahre den Anschein hatte, mit Bonuszahlungen an Vorstandsvorsitzende im Bank- oder Automobilgewerbe, mit der schäbigen Vorteilsnahme fehlbarer Individuen im Staatsamt, mit Anlagebetrug und Steuerhinterziehung gleich das Abendland versänke.

Dass sich der Mensch aus Mangel an äußeren Existenzbedrohungen innere schafft – dies wäre auch eine mögliche Antwort auf die noch nicht geklärte Frage, warum ausgerechnet die Deutschen derart apokalypseaffin sind. Liegt es am deutschen Wesen, wodurch auch immer das deutsche Wesen genauer bestimmt ist?

Liegt es an der Geschichte? Am System? An der Organisationsweise der Republik? Und gibt es das deutsche Wesen überhaupt? Die spannungslose Konsensgesellschaft, die Tradition bürokratischer Pedanterie, der hohe Sinn für Stabilität, das Bedürfnis nach Sicherheit, die Angst vor dem Risiko, die mangelnde Gabe zu Chaos und Gelassenheit, das fehlende Talent zu Pathos und Ausschweifung, die anerzogene Selbstdomestizierung in Bezug auf Heros und Mythos, das gänzlich Untragische und Tragödienferne des Deutschen, ja, die gepflegte Langeweile einer korrekten Hausordnung mit peniblem Faktotum, buchhalterisch einwandfreier Grundstücksverwaltung und emotionslosem Regelwerk, kurzum: jene adrette Ereignislosigkeit, die aus totaler Stabilität und Kontrolle entsteht – ist bei allen Klischees über die deutsche Art die wilde Wut des Weltuntergangs nicht im eigentlichen Entlastung durch Wucht, Rausch, Erhöhung?

Seine Sterblichkeit ist des Menschen größte Kränkung, sie ist durch ihn selbst nicht zu bewältigen. Was könnte versöhnlicher sein als der Gedanke, dass mit dem eigenen Leben auch das gesamte Leben, das gesamte Projekt »Welt«, die Geschichte, die unerlebbare Zukunft untergeht? Wie nichts sonst hat das Ende der Welt mit dem eigenen Ende zu tun. Zu demütigend erscheint die Aussicht, dass alles ohne einen selbst weitergehe, dass man für den Fortgang der Weltgeschichte entbehrlich sei, dass alles immer besser werde und der Fortschritt das Leben perfekter mache und nur man selbst, als Ich, als Einzelner, das Zeitliche segnen und die Welt verlassen muss, während sich das Tollhaus weiterdreht, als sei man gar nicht da gewesen. Die Vorstellung von Unendlichkeit ist bedrohlich, weil die eigene Endlichkeit gewusstes Faktum ist und die Unendlichkeit der eigenen Bedeutungslosigkeit eine schlimme Erkenntnis, weil nichts den Menschen mehr demütigt als sein eigener Untergang; der Tod ist nach wie vor die größte narzisstische Kränkung des Menschen. Die Sterblichkeit der Welt mit einem apokalyptischen Finale anzunehmen, relativiert diesen Skandal der eigenen Sterblichkeit. Dann ist Tabula rasa. Für die Existenz der meisten Menschen, die nicht mehr an ein Leben nach dem Tod glauben, ist es nicht unbedingt wichtig, was nach ihnen kommt.

Wenn tatsächlich, wie Psychologe Michael Utsch vorschlägt, der evolutionäre Anspruch des Seins die Steigerung des Menschen durch Zusammenbruch, die Weiterentwicklung der Menschheit durch die Krise ist – lässt sich dann nicht aus der Betrachtung des Katastrophischen ein Überlegenheitsgefühl des eigenen Gerettetseins gewinnen, ein Dankbarkeitsgefühl, dem Tod entronnen zu sein? Dem menschlichen Wesen inhärent zu sein scheint ja die Neigung, das Unglück anderer zu bestaunen. Man kennt das Phänomen des »Gaffens« bei schlimmen Unfällen auf Autobahnen oder Landstraßen oder das Glücksgefühl des Zaungasts, einer Katastrophe entkommen zu sein. Zum Besten des Menschen an sich sei angenommen, dass es ihm nicht unbedingt Freude macht, den Anderen blutüberströmt und hilflos auf der Straße liegend zu sehen, aber jeder Umstehende ist nun einmal besonders froh, dass er nur Zuschauer der sich vollziehenden Tragödie und nicht selber von Leid, Schmerz oder Tod betroffen ist. Für den Einzelnen ermöglicht der Untergang des Anderen die eigene Auffahrt: Ich bin dann momentan der Herr über das Unglück! Glücklicherweise ist es nicht mir passiert, ich schaue das Unglück nur an! Also ist nicht das Unglück Herr über mich, sondern ich bin Herr über das Unglück! Und ich habe überlebt und überlebe gerade, und das Geschehen hat keine katastrophalen Auswirkungen für mich!

So ähnlich könnte es sich mit der Erzählung vom Ende der Welt verhalten: Dadurch, dass ich als Erzähler die Erzählung wiederhole, bin ich Herr über die Erzählung, auch wenn sie genau das Gegenteil suggeriert. Wer vom Ende der Welt berichten kann, hat immerhin noch alles unter Kontrolle.

Daraus lässt sich ableiten, dass die halbierte Apokalypse, die ihr Geschäft typischerweise ohne den Aufstieg ins neue Jerusalem vollzieht, als metaphysischer Trost in einer Zeit fungiert, da die frohe Botschaft des Christentums und ihre Hoffnung auf Wiederauferstehung bei einem Großteil der Zeitgenossen nicht mehr verfängt. Da das Weiterleben nach dem Tod nicht mehr plausibel ist, scheint der Untergang der Welt tröstlich. Welch ein Nach-mir-die-Sintflut-Egoismus erlösungssüchtiger Individualisten!

Das Ende der Welt als prophylaktisches Psycho-Morphium – geht es größer? Nein. Soll es auch nicht. Als unsteigerbares Maximum ist die Apokalypse freilich nichts weniger als unerhört zeitgemäß.

14. Betrachtung:
Die Kultur der Gegenwart

Zu den Besonderheiten der spätmodernen Lebenskultur gehört die Befreiung des Menschen aus dem Korsett der scheinbaren Stagnation und Eintönigkeit des total verwalteten Lebens durch den Superlativ. Der Superlativ scheint das Einzige zu sein, das noch in der Lage ist, uns in Erregung zu versetzen. Also muss alles, um wahrgenommen und also gelten zu können, die definitive Steigerungsform erhalten. Was nicht Superlativ ist, hat Aufmerksamkeitsprobleme.

Der Superlativismus geht einher mit einer Renaissance der antiken Tugenden von Heros und Pathos, der massenmedial gewürzten Heldenverehrung, und ist dem gegenwärtigen Kulturverständnis inhärent: Das alltägliche Leben ist sozusagen infiziert mit dem Virus des Perfektionierten, es vollzieht sich im Sog der Optimierung, in dem jeder, als sein eigener Herr, ob er will oder nicht, die eigene Großartigkeit unter Beweis zu stellen hat und sich für eventuelle Defekte vor der Jury des uniformierten Zeitgeists rechtfertigen muss. Die Koordinaten des gegenwärtigen Selbstverständnisses – geprägt durch Kulturindustrie, Markt- und Werbepsychologie, mediale Welt-Vermittlung und Wohlstandsdefinition – lassen sich reduzieren auf die Motivationen Gewinn-Maximierung und Gewinner-Zwang. Sagen wir es so: Kaum etwas kennzeichnet die Gegenwart mehr als das gesamtgesellschaftlich verabredete Streben nach Steigerung, Optimierung, Perfektion und Effizienz, an dessen Ende immer der Anspruch auf eine Sensation des Rekords steht, das noch nie Dagewesene, die Herrlichkeit des Größten, Besten, Tollsten, Reichsten, Schändlichsten. Erdbeben, Vulkanausbrüche, Tsunamis sind deshalb der boulevardisierten Massenmedien liebste Kinder, weil sie die schiere Wucht des Gigantomanischen in sich tragen und verstörende Superlative versprechen, getreu dem Motto: So viele Tote hat es bei einem Erdbeben noch nie gegeben! Wow!

In der Dauerberichterstattung wird der implizite Zynismus hoffähig und zur unbestechlichsten Wertanlage mit garantierter Rendite: Katastrophe auf Katastrophe – was sind das herrliche Zeiten für Zyniker, Defätisten und Schwarzseher und somit für stoffsuchende Redaktionen, da sich die Blätter und Sendungen beinah von selbst und ohne größere Mühe füllen! Trotz allen Fortschrittsoptimismus und dem evolutionären Prinzip des Wachstums wird die Welt ja mit Vorliebe als etwas Schlechtes, Vergängliches, Defizitäres beschrieben. Oder täuscht die tägliche Mediennutzung?

Auf der Suche nach dem Unsteigerbaren, dem Absoluten, dem alles andere in den Schatten Stellenden, dem Definitiven, dem fundamentalen Superlativ, der gigantischen Größe, mit der man Unerschütterbare erschüttern, Unerregbare erregen, Gelangweilte ködern kann, stehen dem spätmodernen Deutschen vor allem zwei Begriffe zur Verfügung, die im Geschäft der Empörung seit jeher einen herausragenden Dienst leisten: Auschwitz und Apokalypse. In gewisser Weise sind beide Begriffe Synonyme. Die semantische Absolutheit des Begriffs entspricht einer unstillbaren Sehnsucht nach dem Ende. Das nicht mehr Steigerbare endet dort, wo die Vorstellungskraft versagt. Abgründiger als Auschwitz und absoluter als Apokalyptik geht nicht. Deswegen sind beide Begriffe zugleich Chiffren.

Das Apokalyptische nun ist der Superlativ des Superlativischen. Der Superlativ der Schrecklichkeit, die Quintessenz des Schlechten, die Gestalt des Bösen, die gebraucht wird, um das Richtige, wahlweise Gute als Desiderat in die Welt zu setzen. Mit der Apokalypse bleibt stets auch die Frage nach dem Bösen im Spiel und damit die Frage nach der Moral in scheinbar außermoralischen, postmetaphysischen Zeiten wie den unseren, in denen schlechthin das Gute (sei es Gott oder der interesselose Philantrop) seine Valenz verloren hat.

Gott und Apokalypse entsprechen sich insofern, als Gott die Chiffre für das Unverfügbare und Apokalypse jene für das Unfassbare ist. Beide, das Unverfügbare wie Unfassbare, hängen in ihrer Unbestimmtheit zusammen. Beiden gemein ist die schiere Größe, deren Maßeinheit das Unermessliche ist. Was unverfügbar ist, entzieht sich dem Zugriff des Menschen, der Wissenschaft und Technik. Was unfassbar ist, entzieht sich dem Geist. Das ist der Sinn vom Ende der Welt: sich das Unvorstellbare vorzustellen und vor schierer Pracht und Zerstörung Ängste auszubilden. Das Unfassbare transzendiert den Verstand.

Deutschland geht es gut, sehr gut, immer noch, aber das Gefühl für Kontrolle schwindet, gefühlt: täglich. Die Händler wetten auf den Niedergang Europas; Finanzspekulanten setzen auf den fortgesetzten Hunger in Afrika und machen daraus ein Mega-Geschäft; die Exzesse des spekulativen Kapitalismus, der Ab- und nicht Wertschöpfung im Sinn hat, treiben Staaten, vielleicht sogar Kontinente in den Ruin; das Äquivalent der Schulden im ökonomischen Kontext ist die Schuld in moralischer Hinsicht: Der Mensch ist vielfach verschuldet. Verschuldet kommt er auf die Welt, und sein Leben findet in der permanenten Schuld statt, die er abzuarbeiten hat. Sein Leben ist ein Wechsel auf die Schuld.
Schuld wiederum ist die Schwester der Angst, die Schuld nicht begleichen zu können. Ein verschuldetes Leben, ökonomisch wie moralisch, ist anfällig für Instrumente der Angst, die an es angelegt werden. »Angst« und »Schuld« sind die beiden treibenden Kräfte des gegenwärtigen Gesellschafts- und Wirtschaftssystems. Beide sind auf ihren Gegensatz angewiesen: Angst auf Risiko, Schuld auf Vertrauen. Seit 4000 Jahren ist die Dialektik zwischen Schuld und Schulden der Motor und Zusammenhang der menschlichen Kultur (im Königreich Ur etwa gab es Schuldscheine auf Tontafeln). Paradoxerweise sind »Schulden« der Nukleus des Fortschritts, das heißt: der Nukleus des kapitalistischen Systems. Unter Schulden versteht man einen Kredit auf Zeit. Der

Zins ist Schuld in Zeit: Schuld wächst exponentiell in Zeit und resultiert als »Schulden«, die zu tilgen sind. Damit steht die Verbindung »Zeit ist Geld« in einem moralischen Zusammenhang; durch das »Credit« (»man glaubt ihm«) kommt Ethik ins Spiel, durch die Transformation nicht-materieller »Schulden« als moralisch-rechtliche Verbindlichkeit auf materielle Schulden kommt leiblich-physische Schuld ins Spiel: die Knechtschaft. Die Umdefinition von Zeit als Terminus der Schuld, die so moralisch und damit politisch wird. Kumulieren die Schulden, folgt der Untergang der Welt – der Weltuntergang durch Überschuldung.

Das Leben vieler spätmoderner Zeitgenossen ist im Würgegriff von Schuld und Angst, was zwangsläufig in einer Krise resultiert. Wir leben in der permanenten Krise. Die Krise ist die Erbschuld der Zeitgenossenschaft. Selbst der Überbau ist in der Krise: das Sein, der Glaube, die Mythen und Erzählungen. Es gibt keine Geschichte mehr, kein Narrativ. Nichts wird zu Ende erzählt, weil alles zirkulär und endlos geworden ist. Die sozialen Netzwerke sind digitale Präsenz-Schleifen, aus denen kein Entkommen möglich ist, es sei denn, man meldet sich bewusst ab. Geschichte als übergeordneter Kontext, als Kumulat verschiedener Schichten in der Zeit, ist fragmentiert in Biographien ohne Bindung.

Doch die Welt kann gar nicht untergehen, weil die Welt das Netz ist. Das Netz ist die Welt. Wirklichkeit ist www. Geht die Welt unter, geht das Netz unter. Das Netz kann aber nicht untergehen, weil es hypertroph, virtuell, gar nicht existent ist. Was aber ist untergegangen? Die eindeutige Verortbarkeit und Verortung in dem, was das Raum-Zeit-Kontinuum ist, und nicht einmal das ist mehr wahr und sicher. Jetzt hören wir, dass selbst Einstein irrte, und die Relativitätstheorie gerät ins Wanken.

Apokalypse 2012, das ist tiefster Skeptizismus, tiefstes Misstrauen gegenüber Neuformation. Es ist ein metaphysischer Glaube an die Präkonditionierung der Existenz, eine Art Determinismus. Keine Revolution (die das Bestehende umstürzt), schon gar keine Evolution (die aus sich heraus innerhalb des Bestehenden etwas Neues entwickeln würde), sondern eine Involution: das In-sich-Zusammenfallen. Die Angst vor dem Verschwinden.

Nun ist es so weit: Der Weltuntergang ist aufs Deodorant gekommen wie die Sprache auf den Hund und dient dieser Tage der Kosmetikindustrie als schickes Aperçu für männlichen Duft. Mit großflächigen Werbetafeln in den U- und S-Bahnhöfen deutscher Großstädte plakatiert das niederländisch-britische Unternehmen Unilever noch einen letzten Aufruf zum guten Geruch, bevor der Schwefelgestank des göttlichen Zorns das Ende herbeiführt: Mit sinnigen und raffinierten Slogans appelliert der Deodorant- und Shower-Gel-Produzent mit ganz in düster-mystisches Schwarz gehaltenen Produkten in seiner »Final Edition« an die Lebensfreude der zum Untergang Verurteilten, was sich wie folgt anhört:

»Feier, bis die Ärztin kommt!
Axe 2012 – Das Ende der Welt
Mach das Beste draus«

Im interaktiven Zeitgeist geschult, fordert Unilever auf seiner Axe-Homepage in der Sparte »Körperpflege« die User und Konsumenten auf: »Verrate uns deinen letzten Wunsch«, während darunter der Countdown bis 21.12.2012 abläuft, rückwärts, und das Geräusch eines pfeifenden Windes, plätschernden Bachs und hereinbrechenden Donners eingespielt wird. So heißt es dann: »Bevor die Welt untergeht, würde ich …«

Die aus vorgegebenen Satzbausteinen in einer gewissen Schlüpfrigkeit verfassten Slogans sind erwartbar originell und lauten mit einem höllisch-lustigen Augenzwinkern in etwa: »… würde ich mit Drillingen einen Nackten auf der Spitze des Eiffelturms rasieren« oder »… würde ich von früh bis spät baggern« oder »… würde ich die weichen Seiten der Türsteherin entdecken« oder »… würde ich mit schreienden Cheerleadern einen umgedrehten Ananaskuchen in einem Pool voller Champagner essen«.

Derart originell also verleiben sich die zeitgenössischen Markt- und Werbepsychologen der deutschen Konsumgüterindustrie die Apokalypse ein. Nach der »Final Edition« wird, ist der Weltuntergang nur erfolgreich überstanden, sicherlich die »Survive Edition« oder »Surprise Edition« auf den Markt kommen. Eine fürchterliche Banalisierung, denn wenn die abendländische Denkfigur par excellence dem konsumistischen Kapitalismus zur Steigerung seiner Produkte dienlich wird, ist es in der Tat vorbei – und das Ende der Welt naht.

Der Nieder- oder gar Untergang der Welt ist geschichtsphilosophisch betrachtet weitgehend kontraproduktiv. Was wäre so gesehen der Sinn der Geschichte? Oder größer gefragt: Was wäre der Sinn des Lebens? Oder warum ist das Leben sinnlos und warum seine Sinnlosigkeit die einzig sinnvolle Kategorie des Lebens, da der Mensch doch alles zerstört, was er aufgebaut hat?
Das ist, man ahnt es, beste deutsche Idiosynkrasie.

Wenn die Angst vor Unsicherheit in einer stets unsicheren Welt zu Verlustängsten und psychischen Krankheiten führt, könnte ein Zusammenhang zwischen Hysterie und Hypochondrie gegeben sein. Auch wenn das hedonistische Frankreich die schönsten eingebildeten Kranken für sich reklamieren kann – in Deutschland hat die Hypochondrie eine probate Heimat gefunden, und die Frage nach dem Zusammenhang zwischen Krankheit und Apokalypse ist keineswegs eine verspielte, aber konkrete Variation des manchmal diffusen Themas, sondern substanzieller Existenzialismus. Ausweislich der Statistiken gibt es in Europa kein anderes Land, in dem die Bürger so oft zum Arzt gehen wie in der Bundesrepublik. Ein Volk, so könnte man das Nationalwesen zu fassen versuchen, definiert sich über seine Krankheiten und darüber, was es als Krankheit für sich akzeptiert. Nun hat jede Gesellschaft die Krankheiten, die sie sich leisten will, und man darf, die empirischen Daten der Gesundheitsökonomie im Rücken, ohne weiteres behaupten: Je größer der Wohlstand, desto umfassender die Krankheiten. Gerne holt sich der Bundesbürger Zweit- und Drittmeinungen ein. Findet der Allgemeinarzt nichts, geht der Durchschnittsdeutsche zum Kardiologen, kann ja vom Herzen kommen. Nein? Dann weiter zum Gastroenterologen, kann ja vom Magen kommen. Nein? Findet und befindet der Arzt nichts, fühlt der Kranke sich und sein Leiden nicht ernst genommen. Hat er gar das Gefühl, als Simulant zu gelten, schildert er sein Leid plastischer, pathetischer, bis es endlich pathologisch und also vom Arzt zur Krankheit erklärt wird.

Die mit prachtvollem Anspruchsdenken ausgestatteten Deutschen sind Arztbesuchseuropameister: Im Schnitt elfmal pro Jahr gehen sie laut den Bundesgesundheitsberichten des Robert-Koch-Instituts zum Arzt. Sechsmal tun es die Franzosen, dreimal die Schweden. 90 Prozent der Deutschen, lautete das Ergebnis einer Studie in acht europäischen Ländern vor einigen Jahren, suchten mindestens einmal im Jahr einen Arzt auf. Verglichen mit den Schweizern (69 Prozent) und den Italienern (48 Prozent) steht den Bundesbürgern somit die Goldmedaille zu.

Wenn das stimmt, hätte Kranksein in Deutschland viel mit deutscher Kultur zu tun, mit deutschen Glaubenssätzen, deutscher Philosophie und Mentalität. Die Vermutung liegt nahe, dass sich in der Art, krank zu fühlen, das deutsche Wesen ausdrückt.

Das Verhältnis der Deutschen zur Art ihres Krankseins besteht in einer typisch deutschen Schizophrenie. Nach wie vor genießen deutsche Ärzte hohes Sozialprestige; andererseits misstrauen die Deutschen ihren Ärzten und sind von allen Europäern am wenigsten mit ihren Medizinern zufrieden. Warum? Der Arzt, lautet die Kritik, höre nicht ausreichend zu, habe zu wenig Zeit, gebe zu wenig Informationen. Der Deutsche, heißt es bei Forschern, wolle immer und unbedingt eine Ursache hören. Die tiefgründelnde Fixiertheit auf Ursache und Wirkung, Grund und Folge deutet auf etwas hin, das eine Vorbedingung für eine veritable Apokalypsefähigkeit ist: dialektisches Verständnis des Lebens.

Womöglich lässt sich der These von der Weltuntergangsgesellschaft Deutschland AG, in der jeder Bundesbürger seine Aktie hat, mit den Finessen der Psychosomatik auf den Grund gehen. Gründet Kranksein in Deutschland nicht unhintergehbar in der deutsch-romantischen Melancholiebereitschaft, der gallebitteren Verdrießlichkeit übers eigene Dasein? Womöglich, denn, siehe da: In Deutschland wird die Galle viermal häufiger operiert als in anderen europäischen Ländern, und das ist Weltspitze. Dasselbe gilt übrigens auch für die Sorge ums Herz. Die sorgende Liebe zum Hohlmuskel geht vermutlich auf den lang anhaltenden Einfluss der deutschen Romantik und Lebensphilosophie und beider Vorstellung eines ganzheitlich lebenden Organismus zurück. Dabei gebären die Veranlagung zur Romantik und ein effizienzorientiertes Ordnungsstreben einen herrlichen Widerspruch: den der kontrollierten Emotionalität. Das Herz wird ja nicht, wie in Amerika, als Pumpe, als stockender oder laufender Motor verstanden. Es ist ein eigenwilliges, herrschaftliches Organ, subversiver Regungen fähig, Sitz des Gefühls und zugleich Träger metaphorischer Bedeutung. Die Deutschen, hat die amerikanische Medizinjournalistin Lynn Payer über lange Jahre hinweg beobachtet, schöben alle Unsicherheiten und Ängste aufs Herz. Deutsche Ärzte diagnostizierten Herzinsuffizienz aufgrund von Indizien, bei denen kein Arzt im leberlabilen Frankreich, im verdauungssensiblen England oder hygieneverrückten Amerika auch nur im Entferntesten ans Herz denken würde. Und in Deutschland gibt es die meisten Bypass-Operationen.

Ein Blick in die Krankheitskulturgeschichte Europas zeigt rasch, dass jedes Land seine Verlegenheitsdiagnose kultiviert – in Deutschland ist das Herz die Hülse fürs Unerklärbare. So klang einst der alte Befund »Vegetative Dystonie« in den 1960er und 1970er Jahren ebenso ernsthaft wie nebulös. Die krankhafte Sorge ums Herz ist, gemessen an der deutschen Freude am Vermessen, Regulieren und exakten Definieren, eine reizvoll sympathische Schwäche. Da Herz-Kreislauf-Erkrankungen als Todbringer Nummer eins akzeptiert sind, ist diesbezüglich von einer Wachsamkeit zu berichten, die viel mit einem urdeutschen Phänomen zu tun hat – wiederum einer Angst, einer großen sogar, jener vor dem bösen Cholesterin. Auch das, wie Atom und Proton, eine unsichtbare und deshalb schlecht kontrollierbare Bedrohung. Unter dem Namen »Cholesterin-Lüge« fegte vor Jahren ein veritabler Streit über zurechtgebogene Statistiken, unseriöse Studien und panikisierende Medien durchs Land über die Legende vom bösen Cholesterin, die, so lernte man, selbst böse sei. Bei entsprechend differenzierter Feindiagnostik hätten die meisten gar nichts zu befürchten. Der sinnlose Dauer-Check-up-Terror, die Rasterfahndung nach erhöhtem Blutdruck, die Angstmacherei der Knochenlobby vor Knochenschwund: ein »Märchen der Medizin«, wie die Gesundheitsökonomen meinen.

»Die meisten Gründe, warum die Deutschen zum Arzt gehen, sind organisch nicht erklärbar«, bemerkt Winfried Rief, führender deutscher Psychosomatiker von der Uniklinik Marburg. Er hat vor einigen Jahren die erste große Studie über Hypochondrie in der Bundesrepublik veröffentlicht, der zufolge 20 bis 50 Prozent aller Arztbesuche auf Personen zurückgehen, die organisch nicht krank sind. Die unklaren, ursächlich mit Emotionen in Zusammenhang stehenden Beschwerden nennt der Psychosomatiker »somatoform«. Das heißt: In Ermangelung objektivierbarer Schädigung prägt die subjektive Einschätzung das eigene Krankheitsverhalten. Je mehr somatoforme Störungen als Krankheit definiert werden, desto kranker wähnt sich eine Gesellschaft – und desto medikalisierter wird der Alltag. In den Niederlanden enden 42 Prozent der Arzt-Patient-Kontakte mit einem Rezept, in Deutschland sind es 80 Prozent.

Acht Prozent der deutschen Bevölkerung, hat Rief ermittelt, litten unter Gesundheitsängsten und suchten dauerhaft den Arzt auf. Sie leiden unter der Angst vor einer tödlichen Krankheit, der Angst vor Krebs, vor dem Herzinfarkt, vor plötzlichem Schwindel, vor dem Knoten in der Brust, vor Lähmung bei einem Bandscheibenvorfall. Eine von Riefs zahlreichen Patientinnen litt beispielsweise so sehr unter einer generalisierten Angststörung, dass sie innerhalb eines halben Jahres 107-mal einen

Arzt in Anspruch nahm. Klinische Psychologen bezeichnen die Angststörung als Vorform der Hypochondrie. Und derartige Störungen nehmen zu: 30 bis 40 Prozent der Krankschreibungen gehen auf nichtorganische Beschwerden, 15 bis 20 Prozent der Frühberentungen auf psychische und psychosomatische Ursachen zurück.

Vor einigen Jahren hat das Team um Europas führenden Medizinsoziologen Johannes Siegrist von der Universität Düsseldorf zwei Studien veröffentlicht, die den Zusammenhang zwischen bedrohlichen Veränderungen im Erwerbsleben, Angst und körperlichen Beschwerden empirisch erhärten. In Zusammenarbeit mit belgischen Kollegen fanden die Forscher bei anfänglich gesunden Beschäftigten, die von sich verschärfenden Arbeitsbelastungen und insbesondere Arbeitsplatzunsicherheit betroffen waren, bereits nach einem Jahr dreimal so häufig ausgeprägte Angstzustände wie bei Arbeitnehmern, die von solchen Veränderungen verschont waren. In einer Untersuchung an über 20 000 deutschen Erwerbstätigen zeigte sich, dass das Zusammentreffen von Arbeitsdruck und erlebtem Personalabbau im Betrieb mit mehrfach erhöhten gesundheitlichen Beschwerden einherging. Die Auswirkungen waren bei Frauen stärker als bei Männern, wie jenen Studien zufolge Frauen auch häufiger unter Angststörungen leiden als Männer.

Siegrists Erhebungen und diejenigen seiner Kollegen bestätigen die Vermutung, dass Angst im Verbund mit Depression zur vierthäufigsten Todesursache in westlichen Industriestaaten gehört und laut Schätzung der Weltgesundheitsorganisation im Jahr 2020 nach den kardiovaskulären Ursachen an die zweite Stelle aufsteigen wird. 70 Prozent der weltweiten Frühsterblichkeit werden dann durch chronisch-degenerative Störungsbilder bedingt sein, deren häufigste die Panik- und die Angstattacke sind. Man geht von einer Zunahme der Angst seit den 1950er Jahren um mindestens 1,2 Standardabweichungen aus – was sich nach wenig anhört, statistisch betrachtet aber eine höchst beunruhigende Steigerung ist.

Legt man als Maßstab von Krankheit die Angststörung an, lassen sich die Auswirkungen des globalisierten Wirtschaftens in fast allen westlichen Industriestaaten feststellen. Auch japanische Untersuchungen bestätigten kürzlich deutsche Befunde, wonach Arbeitnehmer, die unter Arbeitsplatzunsicherheit leiden, viermal so häufig depressive Störungen aufweisen wie Arbeitnehmer, die der Angst vor Personalabbau nicht ausgesetzt sind. Herzfrequenz und systolischer Blutdruck sind während des gesamten Arbeitstages, teilweise auch während der Nacht und am Wochenende, signifikant erhöht. In hohem Maße wird das Stresshormon Kortisol ausgeschieden, was auf permanente Gefahrenbewältigung hinweist – eine existenzielle Erschütterung und Verunsicherung, die zur Angst wird, zur Angst vor der Angst, schließlich zur Angststörung, der Angst vor dem sofortigen Sterben.

Aber hat sie, die Angst, wirklich zugenommen? Könnte man nicht einwenden, dass jetzt eben genauer wahrgenommen und logischerweise eine scheinbare Steigerung des Drucks sowie eine angebliche Zunahme der Angst festgestellt werde? Gibt es heute wirklich mehr Stress, mehr Druck, mehr Leid? Kann der Einzelne tatsächlich viel weniger ertragen als vor hundert, vor fünfzig, vor dreißig Jahren? Kurzum: Sind die Wohlstandsindividualisten von heute nicht allzu verweichlicht? Oder ist die Versagensangst so groß, weil der Einzelne in pluralisierten Gesellschaften für alles selbst verantwortlich ist, weil Identität sich über Arbeit definiert und Siegen in einer Gewinnerkultur zum Imperativ geworden ist, während gleichzeitig alle Gewissheiten und Sicherheiten zerfallen?

Die ersten medizinischen Längsschnittstudien, die seit Beginn der 1990er Jahre insbesondere in Finnland, Schweden und Großbritannien das Verhältnis zwischen Stress und Gesundheit untersuchen, zeigen jetzt eindeutige Ergebnisse: Die Auswirkungen des Arbeitsalltags auf die psychische Gesundheit des Einzelnen sind enorm. Der Beruf hat für das seelische und körperliche Wohlergehen des Einzelnen eine immense Bedeutung, weil er drei elementare Existenz-Bedürfnisse befriedigt: das Selbstwertgefühl, die Erfahrung von Selbstwirksamkeit und das Gefühl von Zugehörigkeit. Wenn diese grundlegenden Bedürfnisse nun, wie angenommen wird, durch Radikalisierung des Wettbewerbs, durch Konkurrenzkämpfe, durch Verlagerung der Produktion ins Ausland, durch Lohndruck, Kostendämpfung, Stellenabbau, zunehmende Rationalisierung und Mobbing bedroht sind, pathologisiert sich permanente Verunsicherung zur Angst. Der Angststörung folgt meist eine Depression, der Depression die somatische Erkrankung, die irgendwann chronisch wird. Jeder siebte Angstpatient stirbt von eigener Hand. Das Angstgefühl der Deutschen, folgerten die Auftraggeber einer Studie der R+V-Versicherung vor mehreren Jahren, sei auf Rekordniveau gestiegen.

Das alles kann nur bedeuten, dass der Faktor Angst zu einer gesellschaftlichen Konstante geworden ist. Unter- und Überforderung sind nicht mehr austariert; das Verhältnis zwischen Leistungsfähigkeit, Wohlbefinden und Beanspruchung ist gestört. Der gute Stress nimmt ab, der schlechte zu. »Die Zunahme von Angst ist eine Folge des wirtschaftlichen Prozesses, des gestiegenen Drucks durch Rationalisierung, Controlling und Arbeitsplatzunsicherheit«, sagt Siegrist.

Es macht grundsätzlich keinen Unterschied, ob es um den Arbeiter bei Opel, den Versicherungsagenten oder die Führungskraft geht. Auffällig ist, dass die Angst nun vermehrt auch die Höherqualifizierten trifft. Arbeitslose Akademiker in den Dreißigern sind keine Seltenheit mehr. Angstambulanzen und Kliniken werden bevölkert von jungen Elektroingenieuren, die bei Kommunikationsunternehmen wegrationalisiert und Hunderte Kilometer von zu Hause entfernt als Hartz-IV-Berater fachfremd eingesetzt wurden; von Technikern, die den Anforderungen ständiger Mobilität und Flexibilität nicht mehr gewachsen sind und die Ortswechsel und Fernbeziehung nicht ertragen können; von Bauleitern wie jenem in Bayern, der nach 30 Jahren Betriebszugehörigkeit mit dem Wechsel vom Senior- zum Junior-Chef den Sympathiebonus eingebüßt hatte, weil der Sohn plötzlich andere Kriterien anlegte.

Der Gegensatz von Arbeitsintensität und Personalabbau hat sich nach den Erkenntnissen der Medizinsoziologie in den letzten Jahren erheblich verschärft. Unter Bedingungen erhöhter Konkurrenz nehmen zwischenmenschliche Spannungen zu, die Solidarität unter der Belegschaft wird geschwächt. Folgen des sogenannten »Downsizings«, der permanenten Konfrontation des einzelnen Mitarbeiters mit Personalabbau, sind, wie eine prospektive Längsschnittstudie aus Finnland vor kurzem nachgewiesen hat, erhöhte Arbeitsunfähigkeitsraten und eine signifikant erhöhte Sterblichkeit in Bezug auf koronare Herzkrankheiten. Mit dem Anstieg der Stressbelastung am Arbeitsplatz steigt die Herz-Kreislauf-Mortalität um das 2,4-Fache an; Risikofaktoren wie Rauchen oder Alkohol sind dabei schon herausgerechnet. Immer weniger Menschen müssen immer mehr Arbeit verrichten. Jene, die keine Arbeit haben, fühlen sich unterfordert, jene, die arbeiten dürfen, überlastet. Psychische Konsequenzen hat es für beide.

Insgesamt gehen fast 70 Prozent der Krankschreibungen in Deutschland auf psychische Erkrankungen zurück. Vor den Psychotherapie-Praxen gibt es Staus, die Wartelisten werden länger und länger. Eine repräsentative Bevölkerungserhebung über Angstsyndrome in Ost- und Westdeutschland aus dem Jahr 2000 kommt zu dem Ergebnis, dass der Wert in Ostdeutschland zweieinhalbmal so hoch ist wie im Westen.

Die häufigsten Ängste sind mittlerweile die soziale Phobie und die generalisierte Angststörung, jene Störung also, die der selbst panikgestörte Sigmund Freud einst »Angstneurose« nannte. Die generalisierte Angststörung ist eine reale Angst, die maßlos übertrieben ist. Oft sind Angstpatienten Narzissten, wobei nicht alle Narzissten eine Angststörung haben. Therapeuten und Ärzte sind sich sicher, dass die Zahl der sozialen Phobien in nächster Zeit wachsen wird. Es hat mit der Organisation von Arbeitsprozessen zu tun. Zunehmend wird erwartet, dass sich der Arbeitnehmer in Teams integriert, dass der Einzelne Vorträge hält, an der Flipchart steht. Die größte Währung des Arbeitnehmers ist Selbstdarstellungskompetenz. Die Spannungen zwischen Einsatz und Gewinn werden sich in dem Maße verschärfen, wie die Angst vor Jobverlust zunimmt.

Angst ist das Normalste auf dieser Welt. Jeder hat Angst, weil jeder Angst haben muss. Ohne Angst kann der Mensch nicht leben und nichts leisten, als Alarmsystem ist Angst evolutionsbiologisch sinnvoll. 120 000 Generationen war der Mensch Jäger und Sammler, Hirte, Ackerbauer oder Industriearbeiter. Die Angst ließ ihn rechtzeitig vor dem Säbelzahntiger fliehen und gegen Hungersnöte kämpfen. Das hat sich eingebrannt ins kulturelle Gedächtnis. Heute gibt es hauptsächlich irreale Ängste: Ängste vor Problemen, die noch gar nicht eingetreten sind, aber durch die Medien eine stellvertretende Konditionierung erfahren: die Entstehung von Ängsten durch permanente Berichterstattung über Ängste, über Katastrophen, Anschläge, Krankheit und Tod.

15. Betrachtung:
Medien und Apokalypse

Das aufgeklärte, technizistische, entkörperlichte, auf rationale Wissenskomplexe und permanente Evolution sich verlassende Leben der Gegenwart ist in seinem Kern eine Todeskultur. Der Tod – fast besessen vermieden bei gleichzeitig hysterischer Erregung hinsichtlich jeder Verletzung, gar Fremdberührung des Körpers – setzt den geistigen Bezugsrahmen des zeitgenössischen Lebens. In der spätmodernen Kultur der westlichen Kulturgesellschaften ist der Tod ebenso ständig präsent wie der angstvolle Kampf gegen sein Eintreten. Das Leben des Menschen steckt im Spannungsverhältnis von Tod und Todesvermeidung. Dem Denken vom unbedingten Leben inhärent ist das stets drohende Ende, obwohl der Einzelne (der Buddhist mit Reinkarnationsglauben außen vor gelassen) weder über das Bewusstsein seines Anfangs noch (zumeist) über das seines Endes verfügt.

Dieser existenziellen Dimension des leiblichen Todes entspricht die phänomenologische des kulturellen Auf- und Niedergangs, die allgegenwärtigen Sternschnuppenschauer der Star- und Celebrityproduktion als notorisches Verfahren zur Stanzung von Kurzzeitmythen: aus dem Nichts kommend, grell leuchtend, im Fall verglühend, im Nichts verschwindend. Geburt und Tod einer kurzfristigen Parallelbiographie als wahnwitzig illuminierte Randerscheinung – das bringt folgendes Paradoxon mit sich: Die Sehnsuchtslosigkeit einer rastlosen, ihrer Sehnsüchte beraubten Gesellschaft korrespondiert auf pathologische Weise mit einer immensen Sehnsucht nach Sehnsucht. Und wonach mehr sollte man sich in der Epoche des Superlativismus sehnen als nach der unsteigerbaren Steigerung eines alles übersteigenden Endes?

Ich will keinesfalls plumpe Medienkritik anstimmen und mich dem bequemen Klischee anheimgeben, die Medien trügen am Ungemach der Verblödung und an den Schaltkreisen der Angst eine Alleinschuld. Schlecht widerlegbar hingegen ist die Erkenntnis, dass die Massenmedien in der Tat heutzutage die Aufgabe übernommen haben, die Metaphern des doppelten Todes durch den öffentlichen Raum zu schleudern, durch ihren als Professionalität missverstandenen Trieb, Leid, Schicksal, Scheitern, Schmerz und Sterben in angeblich objektiver Chronistenpflicht zur Nachricht definieren zu wollen. Was sie somit schaffen, ist ein apokalyptisch umflorter Zeitgeist, der als Geist der Zeit schließlich zur Mode wird und in den Mainstream einsickert.

In diesem Herrschaftsbereich des Massenmedialen lassen sich meiner Ansicht nach zwei Prinzipien erkennen, die über die Weltvermittlung hinaus Teil unseres Selbstverständnisses geworden sind: das kataklystische und das acidische Prinzip.

Das kataklystische Prinzip verhandelt die aufrüttelnde, umstürzende Erregung, das existenzielle Beben und Fallen, in jedem Fall eine Art Katastrophe. Medienkultur ist immer auch Katastrophenkultur, Raison d'Être der Massenmedien immer auch das Katastrophische per se. Man könnte sagen: Eben weil das Leben schlecht, die Moral verlottert und die Welt gefährlich ist, bleibt im höheren Auftrag der Abbildung des Katastrophischen den Massenmedien ja gar nichts weiter übrig, als das kataklystische Prinzip zu befolgen: das Vorlaufen zum Tod, das Sterben, das Vergehen, der Zerfall, der Skandal, der Eklat.

Der Begriff »Kataklysmus« bezeichnet im griechisch-antiken Denken den Einbruch einer alles zerstörenden Katastrophe in die Ordnung, das Hinunterziehen durch einen heftigen, etwa durch eine Flut ausgelösten Sog. In der wissenschaftlichen Geologie beschreibt der Begriff eine erdgeschichtliche Katastrophe; durchaus bemerkenswert ist, dass die Anfänge der Geologie im 18. und 19. Jahrhundert von den Auseinandersetzungen zwischen den Vertretern und Gegnern der Kataklysmentheorie geprägt waren, die über die Frage zerstritten waren, ob geologische Befunde als

Folge der biblischen Sintflut zu deuten seien oder nicht – was, wenn dem so wäre, letztlich heißen würde, dass es sich bei der Genese der Welt nicht um einen Jahrmillionen dauernden Prozess handelt, sondern – um alttestamentlichen Angaben gerecht zu werden – nur um wenige Jahrtausende. Vorbehalte und Reserven gegen die Apologeten des Kataklystischen sind in dem Maße merklich geschwunden, in dem solcherart Ereignisse eine sich verselbständigende Dynamik und Allgemeingültigkeit erfahren haben.

Das kataklystische Prinzip ist fester Bestandteil der hochtechnisierten Medienkultur. Einerseits lässt sich bildlich-sinnlich nichts besser vermitteln als Naturkatastrophen, andererseits ist der Kataklysmus die Chiffre für die superlativische Katastrophe an sich. Wenn Medien also der Transmissionsriemen des Voyeurismus, des Zynismus und der geheuchelten Empathie in der Folge eines Desasters sind, ist der Kataklysmus die Triebkraft ihrer emotionalen Erregung. Fazit: Das Bedürfnis nach Superlativen verschmilzt mit dem Bedürfnis nach dem Katastrophischen. Ohne Kataklysmen keine oder zu wenig Quote.

Das mag auch am philosophisch überhöhten Gefühl der Erhabenheit angesichts einer Tragödie liegen, jenem von Immanuel Kant ästhetisch verstandenen Gefühlszustand, der tröstend und entlastend zugleich ist: Der vernunftbegabte Mensch, vor dem Fernseher in der warmen Stube sitzend, sieht live das Leiden der Angehörigen bei einem Erdbeben, die weinenden Mütter nach einer Flut, die halbtoten Kinder einer Hungersnot, und am emotional ergreifendsten wird der voyeuristische Effekt, wenn der Superlativ gegeben ist: das schlimmste Erdbeben, die verheerendste Flut, die größte Hungersnot.

Im weitgefassten Sinn ist die Sehnsucht nach dem Kataklystischen das Kennzeichen des totalen Boulevards, obwohl sie mehr oder weniger auch die Qualitätsmedien beherrscht, die wiederum nicht nur im einfachen, sondern geradezu im kompetitiven Kontext zu den Quantitätsmedien stehen. Um im Wettbewerb um Auflagen, Quoten, Renditen und Arbeitsplatzsicherung bestehen zu können, müssen sie die kollektiven Motive der Angst und Unsicherheit des Bürgers abrufen, um ihn an sich zu binden. Ist der Mensch aber dauererregt, ist seine Hemmschwelle gesenkt, und das Besondere, das Außergewöhnliche ist zum Normalfall geworden. Es gilt also, die Apokalypse als kollektives Muster so anzulegen, dass sie stets abruf- und ansprechbar ist. Keine kleine Leistung.

Journalisten haben den unendlich angenehmen Vorteil, dass sie anklagen, kritisieren, besserwissen, zuspitzen und katastrophisieren können, ohne Verantwortung übernehmen oder konstruktive Lösungen anbieten zu müssen. Das Desaster, der Eklat, der Abgrund: So etwas liest sich dramatisch, Dramatik bringt das Blut in Wallung, und in Wallung befindliches Blut dient wiederum dem Journalismus zur Selbstlegitimierung aufgrund eindeutiger Bedürfnislage beim Konsumenten.

Das acidische Prinzip wiederum handelt bevorzugt mit der Währung Häme, Ironie, Spott und offenen wie versteckten Invektiven, allesamt Bausteine der Säure, wenn man so will: organische Säuren (lateinisch acidum). Durch die Säure ätzt man gegen das Bestehende – aus Sehnsucht nach dem Vergangenen oder in der Hoffnung auf das Kommende. Nichts aber scheint weniger erträglich als das Gegenwärtige, weil man selbst Teil des Gegenwärtigen ist. Häme und Spott, der Geist der Negation – das erspart die positive Selbstdefinition, erspart überhaupt jede Form von Definition, da Definition Differenzierung voraussetzt und Differenzierung begriffliche Arbeit, also mühsam ist. Mit ätzender Kritik ist man stets auf der richtigen Seite, die Selbsterhebung über das Kritisierte erscheint als niedere Kunst der Herablassung. Das acidische Prinzip legt die Beweislast stets dem Anderen auf – als Bringschuld der Realität gegenüber dem Mediensystem.

Um hier endlich eine fällige Differenzierung zu leisten: Der Begriff Massenmedien umfasst – ohne hierarchische Wertung – alle publizistischen Vermittlungsinstanzen, die unternehmerisch organisiert und am Quantum ausgerichtet sind. Im eigentlichen Sinne Frühwarnsystem für Probleme, im besseren ein feinnerviges Sensorium für fehlerhafte Entwicklungen, im besten Sinne kritisches Organ für Pluralismus und Meinungsvielfalt, sind die analogen wie digitalen, die gedruckten wie elektronischen Massenmedien so gut wie immer Horte des Scheiterns, Niedergehens, Versagens (kurz: der Formen des Sterbens). Die Faszination an Niedergang, Rücktritten, Eklats, Zerwürfnissen, weiterhin an Unfällen, Morden, Schmerzen trägt in sich die apokalyptische Vision vom Niederreißen des bestehenden, schlechten, bösen Heute, einschließlich des Keims der Hoffnung auf ein womöglich besseres Morgen, das im Sinne der kataklystischen und acidischen Prinzipien des Massenmedialen freilich von vornherein defizitär ist – nicht aus ethischen, gar moralischen Motivationen, sondern aus ökonomischen. Der Morgen soll kommen, weil seine neuen Katastrophen das Mediensystem am Leben erhalten.

Nun ist das Kerngeschäft des Medialen bekanntlich Aufklärung, und die selbstgesetzte Aufgabe der Medien heißt: Kritik. Kritik ist naturgemäß Negation, wenn man unter »Kritik« im Sinn des Wortes Grenzziehung versteht. Es ist eine alte Klage, dass die Grundlage der medialen Vermittlung der Geist des Negativen sei, und nur die negative Abweichung von der Norm es wert sei, als Nachricht durchzugehen. Man könnte wie folgt sagen: Massenmedien betreiben die Kritik der Krise. Um überhaupt wahrgenommen zu werden, ist eine hohe Betriebstemperatur vonnöten, und am liebsten die hohe Hitze, die die Emotion entflammt. Dass Emotion und Aufgeregtheit billiger als profunde, langwierige, mühsame Recherche sind, ist nicht nur eine medienökonomische Wahrheit, sondern eine kulturelle Tatsache. Es hat sich Entscheidendes verändert.

Mit einem bemerkenswerten Einspruch im digitalen Debattenmagazin »The European« hat Ernst Elitz, ehemaliger Intendant des Deutschlandradios und heute Hochschullehrer, den wohlfeilen Empörungsjournalismus dieser Tage heftig kritisiert. Guter

Journalismus, darf man Elitz verstehen, bedürfe gut ausgestatteter Redaktionen, denn Recherche mache Arbeit und sei teuer. Elitz fordert Substanz statt Meinung. Investigativ fühle sich nur noch ein kleiner Teil der Journalisten. In der Tat: Ihre Bräsigkeit und Stubenhockrigkeit sind schwer erträglich und angesichts weniger Mausklicks auf Google und Wikipedia und ungesichertem Wissen unredlich bis fatal.

Hinter der Kritik am entdifferenzierten Journalismus steht die Klage über Verlagshäuser, denen Qualität nur noch eine schmerzende Größe in der Quartalsbilanz zu sein scheint. Es ist wahrlich leichter, über das Trittbrett des Apokalyptischen die fällige Aufmerksamkeit zu bemühen, um im kompetitiven Wettstreit mit den Konkurrenten auf die vorderen Ranking-Plätze zu kommen und als erfolgreicher Medienmacher zu gelten. Und der Moralismus, den wir in deutschen Medien erleben, ist ein Doppelmoralismus; kaum eine Branche hat freilich mehr geldwerte Vorteile als der Journalismus, von Rabatten über Einladungen bis hin zu Gegengeschäften.

Keine einzelnen Vertretern der Zunft entgegengebrachte Sympathie oder raffinierte Suggestion kommt festzustellen umhin, dass das zeitgenössische Mediensystem in einem beklagenswerten Zustand ist. Doppelmoral und Selbstgerechtigkeit sind augenfällige Charakterzüge des Journalistischen, das kaum noch als Handwerk einer Qualitätsinnung verstanden wird, noch weniger als Güteklasse der Reflexion und als System einer aufklärerischen Transparenz; nicht mehr als Bohren dicker Bretter durch aufwendige Recherche einer unübersichtlichen Realität, die als solche von der Fiktion immer weniger unterscheidbar ist; kaum mehr als glaubwürdiges Kontrollunternehmen durch Faktensicherheit in der gleichzeitigen Darstellung wie Reduktion von Komplexität.

Woran liegt dieser nicht immer augenfällige Verfall journalistischer Normen?

Womöglich an der Zeitnot der Journalisten, die nicht mehr so lange recherchieren können, wie es der Stoff verlangt; womöglich an der schlechten Honorierung von Autoren, da es Konzernen selten um Transparenz, Aufklärung und Zusammenhänge, sondern vorzugsweise um Rendite und Gewinnsteigerung geht; womöglich am Hang zur Enthüllung und Denunzierung, weil man im Kampf um Aufmerksamkeit (und dieser kann ökonomisch verstanden werden) gegen Blogs und Boulevard unterliegt; womöglich liegt es am Sensationalismus eines permanent feuernden Kopfkinos, auf dass geklotzt statt gekleckert, erfunden und gedreht, psychologisiert und suggeriert wird; womöglich an der kulturellen Amnesie einer mit allem überfrachteten Gesellschaft, deren Speicherprobleme ein biologischer Überlebensmodus sind. Womöglich liegt es an Zeitungs-, Magazin- und Hörfunk-Chefs, die das Wort nicht mehr adeln, den Zusammenhang nicht mehr schätzen, die Relevanz der Fakten nicht mehr erkennen; womöglich liegt es an einem gesellschaftsökonomischen System, das für Qualität und Tiefe keinerlei Aktien bereithält, das Güte nicht mehr gratifiziert mit einer vom totalen Boulevard verzogenen Leser- und Hörerschaft, deren Großteil nur noch auf Personalisierung, auf Stars und Prominente reagiert; ja, womöglich liegt es an fehlendem Wissen, an mangelndem Interesse, Fakten einzuordnen und nachhaltig zu denken.

Kluge Journalisten haben erkannt, dass die Gefahr für den Journalismus nicht von Bloggern, Netzpiraten oder einer arroganten oder korrupten Politikerkaste ausgeht, sondern von ihnen, den Journalisten, selbst.

Die raunende Ouvertüre der medialen Trittbrett-Apokalyptiker, der offenen und versteckten, der privaten und öffentlich-rechtlichen, ist stets (mit mehr oder weniger Crescendo versehen) der Beginn eines neuen Jahres und reizvollerweise (welch Glück für derlei Fatalisten!) in diesem Jahr sogar der Beginn des angeblichen Untergangsjahres. In den ersten Wochen von 2012 hing an den Kiosken der Städte auch die neue Ausgabe des Magazins »Wunderwelt Wissen« aus dem Gruner-&-Jahr-Imperium, pro Exemplar 3,50 Euro, und fragte mit großen weißen Buchstaben:

»Wird 2012 das gefährlichste Jahr für die Erde?« Noch auf der Titelseite erfährt der Leser, dass solare Superstürme, die die hochtechnisierte Welt in ihren Grundfesten erschüttern werden, unseren Planeten bedrohen. »Wie können wir uns dagegen schützen?«, fragt das Magazin weiter, dessen Untertitel »Entertain your Brain« ist.

Und so ging es fort. Die aufmerksame Lektüre der meisten deutschen Zeitungen, Zeitschriften und Magazine ergab einen verstörend vielstimmigen Chor endzeitlich getönter Kassandraklagen. Geht es mit der Konjunktur bergab, haben Schwarzmaler Konjunktur. Was drohte uns da nicht alles unter der Headline »Große Angst vor 2012!« – Unterzeile: »Europas Schicksalsjahr«!

In nuce: Die soziale Spaltung vertieft sich; die Rettungsschirme reichen nicht aus; schwerste Prüfungen für Europa an den Kapitalmärkten; der Euro ist nicht zu retten, Hedgefonds wetten auf seinen Absturz; Panik ist wahrscheinlich; es droht die Rezession; die Experten warnen. Was davon traf zu?

Ein schlagendes Beispiel für einerseits geistige Schwindsucht unserer Tage, für andererseits wohlbewusste Instrumentalisierung des Superlativs ist der inflationäre Gebrauch des Adjektivs »apokalyptisch«, das allem beigestellt wird, dessen Wirkung als irgendwie zerstörerisch vorgestellt werden soll; was die rationale Ordnung unterläuft oder übersteigt, wird als »apokalyptisch« bezeichnet, ohne sich die Mühe zu machen, Sinn und Bedeutung des Wortes zu prüfen.

Es lassen sich Tausende Beispiele für die Apokalypse-Inflation in den Redaktionsstuben deutscher Massenmedienprodukte finden. Im Folgenden einige aus zahllosen über alle Druckerzeugnisse des Qualitätsjournalismus hinweg ausgesuchte, um das Prinzip des medialisierten Weltuntergangs zu verstehen – aus gegebenem Anlass sind nur die Monate Dezember 2011 und Januar 2012 berücksichtigt, Jahreswechsel also.

Die Süddeutsche Zeitung nimmt auf zwei Seiten das »Katastrophenjahr 2011« auseinander und fragt, was als Nächstes komme (das Ende der Welt ja doch wohl, oder?). Die Financial Times Deutschland stellt eine ganze Seite unter den Titel: »Europa am Abgrund«, illustriert großflächig mit Szenen aus dem Triptychon »Das Jüngste Gericht« des deutschen Malers Hans Memling aus dem 15. Jahrhundert. Der »Lehman-Brothers«-Schock, heißt es weiter, sei eine »Kernschmelze des Finanzsystems« oder ein »Super-GAU« gewesen. Ohnehin werden die Banken als »Masters of the Universe« gottgleich vorgestellt und als Satan gebrandmarkt. Die Autoren einer Art Reportage in der ZEIT wollen über Macht- und Bedeutungsverfall der bayerischen CSU berichten und führen den ehemaligen Chefredakteur des Bayernkuriers und Straußvertrauten Wilfried Scharnagl als Kronzeugen wie folgt ein: »Der Bote der Apokalypse kommt in senffarbener Cordhose und mit rotem Einstecktuch daher und lächelt freundlich … Und er ist ein gefürchteter Analytiker, der Verheißung und Apokalypse im Programm hat. Seit Karl-Theodor zu Guttenberg so schmählich zurücktreten musste, überwiegt die Letztere.« Das Wort Apokalypse ist hier in jeder Hinsicht vollkommen falsch, seine Bedeutung komplett missverstanden. Aber es ist Redensart und suggeriert einen Bedeutungs- und Sinnhorizont, der auf diese Weise angerissen ist – das Ungefähre des Ungefähren.

Weiter: Will man etwa, wie der SPIEGEL-Kolumnist Jan Fleischhauer, die Hysterie der Gegenwart in Zeiten der Krise kategorisieren, klingt das, im Fall einer Intervention von Jürgen Habermas im November 2011, wie folgt: »Habermas gehört, entgegen seinem Ruf als kühler Großdenker, eindeutig ins Lager der apokalyptisch gesonnenen Hysteriker. In seiner Erzählung von der Euro-Krise ist die Politik längst unter die Räder der Ökonomie geraten … Finis Europae.«

Man wird bemerken, dass hier Apokalypse und Hysterie locker gleichgesetzt werden.

Selbst in der FAZ, dem vermeintlichen Hort gewahrter Intellektualität, ist ein Essay zur Zukunft der Demokratie auf der Seite »Zeitgeschehen« wie folgt betitelt: »Zwischen Euphorie und

Apokalypse«. Der Autor meint mit dem Wort ›Apokalypse‹ vermutlich Endzeitstimmung, und im Eigentlichen, so erfahren wir, Endzeitstimmung als Zustand der Demokratie. Noch genauer genommen will er sagen: Wir leben bereits im Zeitalter der »Postdemokratie«, ohne freundlicherweise zu erläutern, wie er diesen durchaus komplexen Begriff versteht und inwiefern er mit der Endzeit zusammenhinge. Im Text wird weder das Wort Apokalypse nochmals aufgenommen, noch wird in irgendeiner Weise darauf Bezug genommen. Was bleibt, ist die Gleichsetzung von Postdemokratie und Apokalypse und die Suggestion einer Endzeit für irgendwas.

Dann setzt das Ressort Wirtschaft der Süddeutschen Zeitung einen ehrwürdigen »Ordnungsruf« in die Welt: Mehr Politik, bitte! Die Apokalyptiker gehören in die Schranken gewiesen. Der Autor will Schluss machen mit dem »Beschwören der Apokalypse«. Und die Leserbriefe zu den Umtrieben des damaligen Bundespräsidenten Wulff im Forum desselben Blattes sind einige Wochen später mit dem Titel überschrieben: Wulff und das Jüngste Gericht. Warum das? Eine Woche zuvor hatte die Kulturbeauftragte der Evangelischen Kirche, Petra Bahr, im Feuilleton die Affäre Wulff kommentiert und ihren Beitrag zum Ärger mancher Zeitgenossen mit dem Satz beendet: »Lassen wir Gott das letzte Gericht.«

Während die Druckerpresse dem Ende der Welt noch einigermaßen standhält, versendet sich der Geist des Apokalyptischen auf digitalem Weg über alle Hemmschwellen hinweg. Die Leitmedien der Zeit sind erstens digital und zweitens online. Die Online-Abteilungen der großen Medienhäuser geben den Takt vor, nach dem die meisten anderen tanzen. Print-Online ist sogar schneller als Hörfunk und Fernsehen und vor allem weitaus verbreiteter, zentralisierter, ist sofort und immer da, wo es eine 3G-Verbindung ins Netz gibt – und die gibt es, mit Ausnahme der nationalen Grenzgebiete, ständig und überall. Der Zeitgenosse lebt in einer »hyperconnected-world«, wo er die Vermittlungsinstanzen dessen, was als Welt dargeboten wird, in der Hosentasche spazieren trägt und mit mehreren Computersystemen gleichzeitig an denselben Datenströmen des World Wide Web hängt. Als gäbe es weder Raum noch Zeit, postet, twittert und facebooked er wie eine Milliarde Facebook-User weltweit, und ohne weitere störende Reflexion und Zeitverlust trägt er – durch die Verlinkung des »Gefällt-mir«-Buttons – zur gigantischen Verbreitung von Nachrichten bei, die streng genommen keine sind. Klicks ersetzen Quote, und weil ein Klick kaum mehr als ein elektronischer Impuls ist, die Quote sich aber aus mühsam erhobener Hochrechnungsarithmetik zusammensetzt, ist eine digitale Nachricht heute gleichsam ein Vor-Gericht: Das Behaupten einer Nachricht wird zur Nachricht selbst, die Inszenierung von Themen zum Thema selbst. Das Ereignis heute ist nicht mehr dasjenige, das einmal stattgefunden hat, sondern das Ergebnis dessen, wie die Medien das reale Ereignis darstellen. Es geht also längst nicht mehr um die ansprechende Darstellung des Inhalts, da die Darstellung (»Performance«) selbst der Inhalt geworden ist; nein, die Performance an sich wird zum Ereignis, weswegen die Mediendemokratie ein rein performatives Zeitalter ist.

Gleichzeitigkeit, Grenzenlosigkeit und Hierarchiefreiheit der digitalen Impulse generieren neue Werte und Relevanzen und verändern den Weltzugang. Es wird nicht mehr gesucht und gefunden, nicht mehr recherchiert und geprüft. Es geht um den Kick, den Klick, um die größte Erregung der Breaking-News, um ganz »oben«, auf Position eins der Onlinemedien zu bleiben, wozu ein Superlativ nie schlecht ist. Nur was oben und sichtbar ist, wird wahrgenommen. Die digitale Welt zeichnet sich durch unerhörte Bequemlichkeit und Reflexionsvernichtung aus – das eine bedingt das andere. Im Ergebnis haben wir nicht das Ende der Welt, sondern das Ende der Unterscheidung: zwischen wichtig und nicht so wichtig, zwischen bedeutend und unbedeutend, zwischen bildend und unterhaltend.

Diesbezüglich lohnt es sich, SPIEGEL-Online, das meistgenutzte deutsche Onlinemedium, eine gewisse Zeitlang regelmäßig zu studieren, also alltäglich. Was auf dieser Homepage steht, beeinflusst Abertausende Leser, Redakteure und Politiker. Das geformte Abbild der wahrgenommenen Wirklichkeit – von der man immer sagen würde, sie sei Realität und kein Konstrukt – kann dabei nicht anders als katastrophisch gedeutet werden.

So waren die Top-3-News am 16.12.2011 beispielsweise:
- »IWF-Chefin Lagarde warnt vor Großer Depression«
- »Orkan Joachim erreicht Deutschland«
- »Zukunft FDP: Partei der Angstbürger«

Darunter:
- »AKW Fukushima laut Regierung unter Kontrolle«

Dann:
- »Katholische Kirche in USA: Jahrzehnte der Sünde«

Und darunter:
- »Gaddafis Tod war möglicherweise Kriegsverbrechen«

Für Philipp Rösler, liest man die Meldungen weiter, werde es »finster«; in Nordrhein-Westfalen beiße ein Hund einen Säugling tot; der US-Senat wende gerade noch den Finanzkollaps ab, die Rating-Agentur Fitch stufe die Deutsche Bank herab.

Einen Tag zuvor zückte der Kolumnist Wolfgang Münchau den Schwarzstift: Politik und Wirtschaft versuchen verzweifelt, den Euro-Crash zu verhindern. Doch die Gemeinschaftswährung jetzt noch zu retten, ist fast unmöglich. Die Eigendynamik der Krise ist mittlerweile so mächtig, dass ein kleiner Funke reicht – und der Euro-Raum explodiert.

Bumm!

Die Titelzeile von SPIEGEL-Online am Morgen des 8.12.2011 lautet: Krise der Währungsunion: Zentralbanken rüsten sich für Euro-Desaster. »Rüsten« und »Desaster« sind Kampfbegriffe für das Schlachtfeld. Es geht um die finale Schlacht. Die Truppen stehen bereit, die Divisionen werden aufmarschieren, der Leser kann sich unter die Obhut der Kämpfer begeben.

Am 1. 12. 2011 heißt es zur »Finanzkrise«:
- Merkel zockt am Abgrund

Das Vertrauen der Märkte in die Euro-Staaten schwindet, sogar zahlungsfähige Länder bekommen kaum noch Geld. Setzt sich die Abwärtsspirale fort, ist die Währungsunion bald Geschichte. Doch die Bundesregierung verweigert sich weiter allen Lösungen – und wird damit zum größten Risiko des Euro. Wumm!

Anfang 2012 überbringt SPIEGEL-Online die Botschaft einer aktuellen Studie: »Sonnenstürme treiben Killer-Elektronen ins All.« Gemeint ist der übermäßige Auswurf energiereicher Teilchen in den interplanetaren Raum. Gefahr droht für Satelliten, nicht für Menschen, aber wer für das Ende der Welt präpariert ist, den scheinen »Killer-Elektronen« im All zu bestätigen. Und eine Meldung über die Angst und Warnung vor einem »globalen Verkehrsinfarkt«, der das Ende des kapitalistischen Systems bedeuten könne, wird wie folgt betitelt: Apokalypse Stau.

Schlimm ist es immer, vermutlich wird alles noch schlimmer, nein, sicher haben wir das Allerschlimmste zu befürchten. Die perpetuierte Steigerung des Schlimmen zum Allerschlimmsten ist, in Kürze, eine probate Geisteshaltung boulevardisierter Massenmedien, deren Organisationsprinzip in der Zuspitzung (als Reduktion von Komplexität) zu suchen und zu finden ist. Diese maximale Zuspitzung zielt letztlich immer auf das Katastrophische: auf eine Entscheidung. Personalisierung und Bipolarisierung in Form des dichotomischen Duells: Entweder-oder, Ja oder Nein, Er oder Sie, Der gegen Den. Gut gegen Böse. Gott gegen Satan. Entscheidend ist, dass die Variationen des Katastrophischen wohl dosiert werden und ständig kollektive Ängste kitzeln.

Das Katastrophische ist das Normale; um das Normale zu steigern, will die Degeneration organisiert sein. Die höchste Form der Degeneration wiederum ist das Katastrophische, das sich listigerweise apokalyptischer Referenzen bedient.

So lautet der Zwischenbefund wie folgt: Auf dem bisherigen Höhepunkt der Aufklärung, einer immer weiter perfektionierten technischen Rationalität, bricht mit der Apokalypse das Regime des Magischen, des Irrationalen, des Numinosen in die Lebenswelt ein, die bereits bei dezimalen Verschiebungen einen Vertrauensverlust erleidet. Die Apokalypse erschüttert den Glauben an den guten Gang der Dinge. Wer apokalyptisch argumentiert, reißt einen Phantasieraum auf, der zugleich ein Angstraum ist, und macht dessen Bewohner von sich abhängig, weil sie in ihrer Erschütterung nicht mehr dem Menschenverstand, ihrem Wissen oder einer göttlichen Kraft vertrauen, sondern Halt suchen in Antworten der Experten. Sie geben Verantwortung ab und damit aus der Hand, sie werden zu infantilen Wesen in subalternem Gehorsam gegenüber vermeintlichen Instanzen.

Da die Weltvermittlung vornehmlich bis ausschließlich, je nach persönlicher Veranlagung, virtuell und medial geschieht (durch die Vielfalt der Erscheinungsformen übrigens mehr denn je), lässt sich die These vom Konstruktivismus der Wirklichkeit erstens aufrechterhalten und zweitens variieren. Unser Verständnis von Realität und Welt basiert auf den Paradigmen, die uns mediale Weltvermittler vorzeichnen. Meist wird das Ergebnis als Wissen missverstanden. Unheilsprophetien, vor allem, wenn sie heilsgeschichtlichen Charakter haben (genau genommen negative Heilsgeschichte sind), sind oftmals Selffulfilling Prophecies: Jeder Mediator, ob Magazin-, Funk- oder Fernsehautor, vermag jene Details zu finden, die seine Prophetie legitimieren, weshalb die Prophezeiung umso düsterer erscheinen und als eingetreten gelten mag.

Die größte Macht der Medien besteht, wie die der Kirche, in der Macht zur Apokalyptik. Psycho-apokalyptisch betrachtet, ist der Schaltkreis des Katastrophischen reichlich simpel: Was unsicher ist, macht Angst; was Angst macht, verunsichert. Verunsicherung und Angst lassen sich bestens anstechen, stimulieren, instrumentalisieren und ausschlachten. Auf der Suche nach stets Verwertbarem könnte man also von einem Apokalypse-Kommerzialismus sprechen. Die Erscheinungsform des Weltendes in post- und spätmoderner Bildlichkeit ist ein ästhetisches Phänomen: der katastrophale Untergang der Welt in Feuer und Schwefel. Die Apokalypse braucht Bilder. Ohne Bilder, die sich aufladen lassen, ist das Apokalyptische reizlos, ohne Bildlichkeit verliert es seine Kraft. Die Koketterie mit den Bildern des Apokalyptischen befördert massentaugliches Mainstream-Entertainment, und nie konnte sich die Entertainment-Eschatologie besser aufladen als Anfang des Jahres 2012. So fragte etwa die ARD an einem Sonntag spätabends: »2012 – geht die Welt unter?« Und an seinem »Katastrophentag« (dem 8. Januar 2012) zum Beispiel lässt sich ablesen, wie der Privatsender ProSieben das Weltuntergangsjahr einläutet. Ein Sonntag, dessen Programm in einer weitgehend ununterbrochenen Reihung von Katastrophen-Blockbustern besteht, die dem Leser nicht vorenthalten werden soll:

- 11.00 Uhr: *Armageddon – Das jüngste Gericht* (Science-Fiction-Film mit Bruce Willis, 1998)
- 13.35 Uhr: *Der Sturm* (amerikanisches Drama mit George Clooney, 2000)
- 15.45 Uhr: *The Core – Der innere Kern* (amerikanisch/englischer Science-Fiction-Film mit Aaron Eckhart, 2003)
- 20.15 Uhr: *2012* (amerikanischer Katastrophenfilm mit John Cusack, 2009)

Bis tief in die Nacht hinein wurden alle Action-Dramen wiederholt. Die Quoten an jenem »Katastrophentag« waren für den Privatsender ProSieben herausragend: In der werberelevanten Zielgruppe von 14 bis 49 Jahren sahen 5,8 Millionen Zuschauer den Film »2012«, was einem Marktanteil von 37,1 % entspricht, den in dieser Höhe gewöhnlich nur ein Mega-Event wie Fußball, Boxen oder das Dschungelcamp erreicht. Auf die Gesamtreichweite, also Gesamtzahl der Zuschauer ab 3 Jahren umgelegt, sahen »2012« und das anschließende ProSiebenSpezial »2012 – das Geheimnis der Mayaprophezeiung« 7,97 Millionen Menschen – was einem Marktanteil von 22,2 % und damit in etwa dem eines als Erfolg eingestuften »Tatorts« entspricht.

Magazine, Medien, Filme und vor allem das Internet, wo sich, im Strom mit einer manchmal eher Schwarm-Dummheit denn -Intelligenz jeder Hysteriker ein krudes Bild des Untergangs nach eigenem Gusto zusammenbasteln kann, haben einen erheblichen Einfluss auf die kulturkonsumierende Menschheit im Millionenbereich. Je näher das Jahr 2012 rückte, desto größer und aufwendiger waren beispielsweise die Endzeit- und Endwelt-Produktionen der großen Hollywood-Studios. Im Film »The Road«, der Umsetzung des gleichnamigen, genialischen Romans von Cormac McCarthy, ziehen Vater und Sohn, Überlebende einer nicht näher definierten Katastrophe, am Tag danach durch die Wüste der Endzeit; in »The Book of Eli« kämpft Hollywoodstar Denzel Washington als letzter Gerechter um die allerletzte Bibel; in James Camerons »Avatar« unterliegt die Welt in 3D dem außerirdischen Wesen. Diesen dreien, veröffentlicht im Jahr 2010, ging eine ganze Reihe weiterer Streifen voraus. Dem prominent besetzten Hollywoodfilm »The Core« aus dem Jahre 2003 etwa gebührt zweifelsfrei das Prädikat, der schlechteste Physikfilm aller Zeiten zu sein, was seinem Massenerfolg nicht abträglich war. Weitere Filme über die Apokalypse waren »The Omen«, »Damien Omen II«, »The Final Conflict«, »Rapture« und »Armageddon«. Sie stimulieren, jeder auf seine Art, Ängste und suggerieren Zerstörung, Vernichtung, Verdammnis und so gut wie keine Errettung und Erlösung. Der Prototyp des Weltuntergangs-Blockbusters ist ohne jeden Zweifel der gerade zitierte, im Jahr 2009 erschienene Katastrophenfilm »2012« von Roland Emmerich, der die großen Linien parawissenschaftlicher und wissenschaftlicher Befürchtungen ins Extrem weiterspinnt und die Konsequenzen einer überhitzten Erde durchspielt – reizvoll, weil der Film nicht gänzlich Science-Fiction ist, sondern durchaus empirisch fundierte Aussagen macht, letztlich aber fatal, weil all das horrender Katastrophenkitsch ist. Basis der Überlegung sind die üblichen falschen Informationen über den Maya-Kalender, dessen Lange Zählung angeblich zur Wintersonnenwende am 21.12.2012 mit der Prophezeiung des Weltuntergangs endet, die kein einziger Angehöriger dieses Volkes bekanntlich jemals gemacht hat. Es lohnt sich trotzdem, kurz auf diesen Film einzugehen:

Worum geht es in »2012«? Die bisher schlimmsten Sonnenstürme schleudern Neutrinos ins All, die zum ersten Mal überhaupt eine physikalische Reaktion mit der Erde auslösen: Sie erhitzen den Erdkern. Ein junger farbiger Wissenschaftler und sein indischer Kollege errechnen, dass eine Erdkrustenverschiebung nicht mehr zu verhindern ist. Eine extreme Instabilität der Pole ist die Folge, die vom amerikanischen Physiker Charles Hapgood 1958 aufgestellte Theorie der Polverschiebung. Erste Risse in der Erdkruste, Spalten, Gräben durch Städte entlang der amerikanischen Küsten. Städte werden vom Erdboden verschluckt, Autos, Häuser, Straßen in den Abgrund gigantischer Spalten gesogen. Im Yellowstone-Nationalpark explodiert der Supervulkan, Feuerbälle werden auf die Erde geschleudert, Gesteinsbrocken schlagen ein. In Südamerika fordert die Katastrophe zwei Millionen Tote, Rio versinkt, die Menschen führen Krieg um die letzten Lebensmittel. In London werden die Olympischen Spiele abgesagt, der Eiffelturm fällt, vor der japanischen Küste finden Unterwasserbeben satt, Tsunamis reißen Tausende in den Tod, Prediger ziehen durch die Straßen Amerikas und reden vom Ende der Welt, dann begraben Riesenwellen Washington unter sich, der Präsident (ebenso ein farbiger) ist unter den Toten. Ein paar scheinbar Auserwählte aber kommen durch alles hindurch und fliegen zum einzig sicheren Ort auf der Welt: China, Tibet, der Himalaya.

Die Magnetfelder der Pole sind verschoben, und die letzten Menschen (beziehungsweise letzten Amerikaner) landen nicht im chinesischen Meer, wie ursprünglich angenommen, sondern im Eis des Gebirges, weil alles um 2000 Kilometer verschoben ist. Hubschrauber transportieren Giraffen und Elefanten, von jedem der Tiere eins, wie es in der alttestamentlichen Genesis heißt, zu den Archen, die von den Chinesen zur Rettung der letzten Menschen erbaut wurden. Die Regierungschefs der Länder (auch nicht aller) sowie die letzten 400 000 Menschen, die nicht nur mit perfektem Genpool von Genetikern ausgesucht wurden, um die neue Menschheit zu begründen, sondern die das entsprechende Scheckbuch besitzen (Sozial- und Kapitalismuskritik!), erhalten Pässe zur Rettung in den Archen, die auf dem Himalaya stationiert sind. Dann ist eine 1500 Meter hohe Welle im Anmarsch und reißt alles fort, die Archen überstehen den Ansturm, die finale Kollision mit dem Mount Everest (notabene: dem höchsten Berg der Welt, wie für die Autoren der Bibel einst der türkisch-iranische Berg Ararat, an dem die Arche Noahs gestrandet sein soll) kann gerade noch abgewendet werden. Am Tag 27 des Monats 1 im Jahr 0001 eröffnet sich den letzten Menschen das neue Paradies, das himmlische Jerusalem nach der Vernichtung der satanischen alten Welt durch eine zürnende Natur (Gott?): Afrika, das Kap der Guten Hoffnung, vom Schicksal oder von göttlichen Kräften emporgehoben. Das Dach der Welt sind jetzt die Drakensberge, der Neuanfang der Menschheit ist geglückt – abermals in Afrika, wo die Menschheit bereits bei ihrem ersten Mal entstand und von wo aus die Ersten der Spezies Homo sapiens vor Millionen Jahren nord- und ostwärts zogen.

Es lohnt sich aus zwei Gründen, die gut 160 rasanten, mit raunend-dramatischer Musik unterlegten Minuten von »2012« anzusehen. Erstens ist »2012« die cineastische Umsetzung der Offenbarung des Johannes, das mit allen verfügbaren technologischen Mitteln in die spätmoderne Gegenwart umgesetzte Neue Testament. Zweitens perpetuiert der relativ dumme Film auf brachiale Art und Weise alle geläufigen Falschvorstellungen und fehlerhaften Annahmen und macht gängige Ängste zum Ausgangspunkt seiner Geschichte. Als hätten die Drehbuchautoren schlichtweg allen pseudowissenschaftlichen Nonsens zusammengerührt, der durch die Welt geistert und den Experten wie unter anderen David Morrison von der NASA oder der Münchner Astrophysiker Harald Lesch tagein, tagaus mit Fakten und Erklärungen bekämpfen. Alles, was in diesem Film als wissenschaftliche Grundtatsache angenommen wird, wird von allen seriösen Wissenschaftlern als völlig unmöglich angesehen. Durch die megalomane Verbreitung des Films in den Mainstream der Konsumkulturen werden ebenjene anfangs plausibel scheinende Tatsachen in die Hirne der Zuschauer gepflanzt, wird Unhaltbares als real insinuiert, werden die üblichen Ängste freigelegt und Mythen perpetuiert. Nach hundert Tagen übrigens hatte der Film »2012« seinen Zweck weit übertroffen und bereits 750 Millionen Dollar eingespielt.

Proportional dazu – und genährt durch weitere hollywoodeske Giganto-Fiktionen – baut sich seit Jahren im Internet ein Paralleluniversum an Endzeit-Szenarien mit folgendem Resultat auf: Die Dichte der Veröffentlichungen wird größer, die Reflexionszeit über die aufgenommene Menge an apokalyptischen Informationen kürzer, der Gehalt der Informationen kleiner, das Weltbild kruder und in seiner paranoiden Bahn von keinerlei empirischer Schwerkraft gelenkt.

Womöglich ist die Frage nach dem Ende der Welt eine luxuriöse Ausgeburt des menschlichen Geistes auf der Suche nach Selbstbeschäftigung, die man philosophisch sezieren kann, ohne dass man eine Antwort erhält. Da die moderne Intelligenz an der Frage nach der Apokalypse weitgehend scheitert, schiebt sie sie, als wäre das Thema ein unbelichtbares Negativ, ins Reich des Glaubens und der Spiritualität ab, das schon immer ein Reich des Ungefähren ist, wo es nicht um Axiome und Synthesen, um Belege, Beweise und nachprüfbare Antworten geht, sondern um eine Dimension des Seins, die man weder mit den zerebralen Instrumentarien noch mit dem gesunden Menschenverstand lösen kann. Zwar erstreckt sich der Erkenntnisapparat des Menschen über einen enormen Bereich, in dem er direkte Erfahrungen machen und verarbeiten kann, doch die Zunahme der Informationen und des Wissens hat ja nicht zu einer Zunahme der Weisheit geführt. Das Ende der Welt aber ist etwas Transzendentes, etwas über jede Erfahrbarkeit Hinausgehendes, etwas, was das Existenzielle streift. Die beiden größten Existenzfragen, wo man herkommt und wohin man geht, sind weder durch präziseste Technologie noch durch höchst raffinierte Rationalität zu lösen. Deshalb ist zu vermuten, dass apokalyptische Szenarien eine derart hohe Attraktion selbst auf hochgebildete Individuen ausüben, deren Hang zu Weltuntergangsszenarien in das Reich der Romantik verweist, in dem nichts gezählt, gemessen, geprüft, bewiesen und begründet ist und werden muss, sondern in dem es – und zwar ausschließlich nur noch hier – möglich scheint, noch an Naturgewalten glauben zu können, die nicht dem sezierenden Zugriff der Naturwissenschaften ausgeliefert sind, wo sich Hoffnungen auf Himmlisches generieren, als begänne man von vorne, als ginge es erneut los, als käme man wieder, zöge den Vorhang zur Seite und erblicke etwas ganz Neues, Großartiges, Versöhnliches.

Das korrespondiert auf reizvolle Weise mit einer Form des kulturellen Eskapismus – der geistigen Flucht aus der realen Welt, die als bedrohlich empfunden wird, hinein in die Fiktion von Fantasy-Filmen oder Fantasy-Romanen, deren Absatz Bestsellerwerte erreicht und deren Verkaufszahlen unglaublich sind, vor allem die Untergattung »erotische Fantasy«. Diese Flucht reißt einen Phantasieraum auf, in dem eigene Wünsche und Sehnsüchte mit den angebotenen verschmolzen werden, in dem kein Gedanke eine Konsequenz besitzt, keine Handlung eine Rechtfertigung verlangt, kein Außenstehender Leistung verlangt. In der Fantasy-Welt ist man selbst ein Fantasy-Produkt ohne Rückbindung an die Zumutungen der Realität.

Und pausenlos laufen die Endzeit-Szenarios in den Schleifen und Spiralen der Massenkultur weiter. Der Weltuntergang ist eine selbstverständliche Redensart geworden und als solche in den Kommunikationsmainstream eingeflossen. Kaum abwegig scheint die Vorstellung, der Straßensprech der Teenager würde als Ausdruck einer emotionalen Steigerung nicht »hammermäßig« oder »vollfett« oder »endgeil«, sondern »apokalyptisch« einsprechen – man würde sich nicht einmal mehr wundern, und diese Abgestumpftheit spricht für sich.

Muss man an dieser Stelle über das Fernsehen dieser Tage noch ein Wort verlieren? Ja, muss man. Erstens ist es nach wie vor ein Leitmedium, zweitens kulturprägend, wenn nicht kulturbeherrschend, drittens spiegelt es Überzeugungen, Werte und Normen der Gesellschaft und ist viertens der Resonanzspeicher angenommener Sehnsüchte der Bevölkerung. Gewiss: Fernsehen ist nicht gleich Fernsehen, und in wohlfeiler Differenzierung seien Arte und 3sat oder »Jetzt red i« im Bayerischen Rundfunk abgehoben vom Rest der Massenbeglückung durch Tragik und Drama. Das quotenorientierte Fernsehen überbringt uns permanent eine schlichte Botschaft: Überall lauern Risiken und Gefahren. Also Vorsicht! Immer ist der Abgrund nah! Je privatwirtschaftlicher organisiert, desto plakativer appellieren die Sender an die Furcht der Zuschauer im Dienst angeblicher Aufklärung – und das nicht nur auf dem Boulevard.

Imperativ des Fernsehens ist die Unterhaltung um jeden Preis. Wer darin zeitgemäße Variationen des römischen Circus Maximus erkennt, ist kein Banause. Ein wesentlicher Bezugspunkt der Fernsehkultur ist der Tod. Fernsehkultur ist Todeskultur. In fiktiven Formaten wird in einer Tour gestorben und gemordet, in nonfiktiven über Niedergang, Verlust und Tod gehandelt. Eine Gesellschaft, die zu ihrer zeitgedrängten Kurzweiligkeit das Verbrechen, den Niedergang, die Vernichtung zur eigenen Erhebung braucht, ist eine apokalyptisch veranlagte. Nur das »Crimen« scheint den Zeitgenossen in seiner ganzen Apathie und Müdigkeit, in seiner Abgeklärt- und Abgekämpftheit ansprechen zu können, weil die Lust am Mord gängigem Sadismus entspricht, weil der Tod anderer Empathie hervorruft und Erhabenheit ermöglicht. Die fernsten Todesdramen werden ins Wohnzimmer geholt, wahllos, sinnlos, grundlos, Hauptsache, sie erfüllen die Voraussetzungen des Kataklystischen, Ekpyrotischen oder Acidischen: Seilbahnrisse, Erdbeben, Amokläufe, Flugzeugabstürze, Waldbrände, Vergewaltigungen, Morde, Raubüberfälle, dargeboten gern mit einer Moderatorenmiene höchster Betroffenheit. »Hallo Deutschland« im ZDF zum Beispiel eröffnet seine tägliche Spätnachmittagssendung so gut wie immer mit den tödlichen Autounfällen des Tages. Oder es wird im Reporter-Präsens kurz in ein Drama eingeführt, das leider für den Protagonisten negativ ausgeht: Um fünf Uhr nachmittags schneiden die Feuerwehrleute den Körper des Mädchens aus dem Wrack ihres Autos. Die Ärzte können nichts mehr tun …

Verlorene Todeskämpfe sind die besten. Man machte sich zum Narren der Ignoranz, würde man im Zynismus des Mediensystems etwas ganz und gar Neues entdecken wollen. Hinreichend beschrieben, dass nur die schlechte Nachricht eine gute ist, geht es im Zusammenhang mit der Apokalypse nur um eines: den medialen Transmissionsriemen zur Stimulierung von Ängsten. Der Tod, das Böse, die Vernichtung müssen im Gespräch gehalten werden, deshalb hat der Krimi die Aufgabe des Narrativs der späten Moderne eingenommen – als beständige Koketterie mit dem Höllenbreughelmäßigen, wie man es neuerdings bestens in skandinavischen Krimis serviert bekommt, als schillerndes Spiel mit dem apokalyptischen Schein. Ausweislich der Bestsellerlisten Belletristik und der TV- und Kino-Quoten wollen die Menschen die Abgründe lesen und sehen: wie Stieg Larsson und Jussi Adler-Olsen, um nur zwei Erfolgsautoren zu nennen. Gefolterte und geschändete Frauen, aufgehängte und durchbohrte Leiber, explodierte Gebäude, die Tragik des Existenziellen in einem technologisch hochgerüsteten Materialismus.

Ende 2011 hat die gute, öffentlich-rechtlich finanzierte ARD ihr Vorabendprogramm noch weiter in Richtung Todeskultur umgestaltet, was in der Logik der Katastrophenkultur dieser Tage bedeutet: Täglich gibt es jetzt einen Krimi der Reihe »Heiter bis tödlich« aus deutschen Landen in Nord, Süd, West und Ost. Täglich gibt es neue Morde. Täglich neue Ermittlungen. Täglich neue Klischees und die Suggestion, das Leben bestehe aus Tod und Totschlag und überforderten, lustigen, nachdenklichen, dämlichen, den Tod aufklärenden Kommissaren. SAT.1 zieht nach, denn SAT.1 braucht Quote, und wenn die Leute etwas einschalten, dann Mord und Verhaftung, also ermitteln künftig »Hannah Mangold & Lucy Palm« und »Wolff – Kampf im Revier«, während Heino Ferch im ZDF auf den »Spuren des Bösen« unterwegs war. Primetime 20.15 Uhr, ARD, Samstagabend: »Mord in bester Gesellschaft – Der Tod der Sünde«; das ZDF hat eine neue Freitags-Kommissarin, »Die Chefin«.

Das Morden und Töten im deutschen Fernsehen hat in den Redaktionsstuben scheinbar unerhörte Kreativität freigesetzt. Die öffentlich-rechtlichen Sender, üppig ausgestattet mit den Gebühren der Bürger und unterwegs im Auftrag der Grundversorgung mit Bildungsauftrag, sind ein wahres Paradies an Mord und Totschlag. Allein in 16 Städten zelebriert das Erste den »Tatort« (inklusive jahrelanger Wiederholungen). Dazu kommen im Zweiten, mit dem man bekanntlich besser sieht, in nie versiegender Kreativität der Titel SOKO Leipzig/Wien/Wismar/Köln/Stuttgart, Notruf Hafenkante, Küstenwache, Der Alte, Die Chefin, Der Kriminalist, Ein Fall für Zwei, Kommissarin Lucas, Bella Block, Rosa Roth, Das Duo, Wilsberg, Stubbe, Sperling, Lutter, Kommissar Beck, ach ... Bei den ohnehin jeder Schamgrenze enthobenen Privatsendern kommen noch synchronisierte Übernahmen aus den USA dazu (Navy CSI, CSI New York, Criminal Intent, Russenmafia Shark, Jugendcops, Cobra 11, Einsatz in Washington, CSI: Den Tätern auf der Spur, Bones – Die Knochenjägerin, K-11: Kommissare im Einsatz, Law & Order New York.

Da explodiert es höllenmäßig, fließt satanisches Blut, schreien Frauen in einer Tour. Man studiere eine beliebige deutsche Fernsehwoche ab 18 Uhr Sendezeit und rechne hoch: Allein bei den öffentlich-rechtlichen Sendern hat man es im Schnitt mit 40 Krimis zu tun, also mit 40 Morden und über 40 Kommissaren. Jeden Abend der Satz: »Ich habe noch ein paar Routinefragen.« Jeden Abend die Frage: »Todeszeitpunkt?« – »Genaueres kann ich erst nach der Obduktion sagen«, so dass man fragen möchte, ob der intellektuelle Anspruch des öffentlich-rechtlichen Fernsehens mittlerweile in der Kunst bestehe, diese Kommissare mit ihrer Frage »Wo waren Sie gestern zwischen 5 und 7?« phänomenologisch auseinanderzuhalten. Das heißt: Jeden Tag mindestens sechs Morde und die Trailer von ermittelnden Kommissaren und weiteren Morden, explodierenden Autos, perfiden Methoden. Durch permanent zu sehende Morde im öffentlich-rechtlichen Erziehungs- und Bildungsprogramm sinkt nicht nur die Hemmschwelle der Gewalt (eine umstrittene, meines Erachtens aber zutreffende These), sondern jedes Mal ist es auch ein Spiel mit der Schlechtigkeit der Menschen, mit der Bösartigkeit der Welt, mit dem unausrottbaren (weil ständig neu zu bekämpfenden) Übel, mit Gewalt und Naturrecht – und all das im zarten Gewande gepflegter Unterhaltung, was nicht nur Voyeurismus evoziert, sondern eine gewisse Gewöhnung an Gewalt, Mord und Tod. Insinuiert wird bei all jenen genannten Beispielen im übertragenen Sinne das Ende der Welt, die Notwendigkeit zur Erlösung, zur Rettung vor dem Bösen durch den Kampf gegen den Satan. Das sind, um es klar zu sagen, theologische Heilsmotive in boulevardesker Form, sozusagen medial säkularisierte Apokalypsen.

Natürlich ist es immer noch die Realität, welche die dramatischsten Todesgeschichten schreibt, und das ja nicht, weil ihr der Flor geistreicher Drehbücher umhängt. In der Bewältigung des Tsunamis in Südostasien im Jahr 2005 hat der mediale Zynismus einen apokalyptischen Höhepunkt erreicht. Ihr Leidausschlachtungsimperativ hat die Redakteure und Journalisten so weit gebracht, dass sie den Zuschauer zu einem Theaterbühnengänger machen und die Toten, Verletzten, Verlassenen zu tragischen Statisten einer globalen Inszenierung, welche die Natur mit uns aufführt. Durch Inflation der Bilder wurde die Scham- und Sensationsschwelle drastisch gesenkt. Künftig wird uns nur noch ein live gesendeter Mord berühren.

Die größte Gefahr für die labile, hysterisch geneigte, überforderte, unter Zeitnot stehende Gesellschaft ist die soziale Dekadenz einer totalen Entertainmentindustrie und ihrer Sensationalismen und Spektakel, ihre Vulgarität, ihr Voyeurismus, die Trivialität eines absurden Star-Kults.

Die Erregung, Verwerfungen und Verätzungen sind das Kerngeschäft des Boulevards, der im Gewande der Betroffenheit, Menschenliebe und Chronistenpflicht auftritt. Die Boulevard-Industrie ist eine profitgierige Apokalypse-Industrie, deren Kristallisationskern die Auflösung der Grenzen zwischen hart und soft, Sport und Politik, Promi und Staatsmann, zwischen Privatwirtschaft und Öffentlichkeit auf Kosten des kritischen Bewusstseins ist.

Wann ist der Boulevard der Fall? Der Boulevard ist kein Phänomen, er ist keine Tatsache an sich. Er ist weder Fiktion noch Illusion. Er ist nicht zu reduzieren auf einen Nukleus, einen TV-Sender oder die BILD-Zeitung. Vielmehr ist der Boulevard ein kompliziertes Geflecht aus vernetzten, systemlogischen Schaltkreisen. Man hat mehrere Arten von Boulevard zu unterscheiden, und zwar wenigstens vier augenfällige:

- den People-Boulevard (BUNTE)
- den zynischen Boulevard (BILD)
- den Boulevard der Emotion des Alltäglichen (Katastrophenparasiten-Panoptika wie »Hallo Deutschland«, »brisant« und nachmittägliche Beicht- und Anklageshows auf RTL und SAT.1)
- den adaptierten Boulevard des Weichen und Seichten in den Qualitätsmedien und -sendern, der auf den Genuss des Todes, die Unterhaltung durch das Böse setzt (das ist berechenbar und bequem)

Erster und letzter Grundsatz des Boulevards ist immer: Was unterhält, versteht sich von selbst. Was aber versteht sich schon von selbst? Um den von Gebührenzahlern und Werbekunden finanzierten Transmissionsriemen des apokalyptischen Scheins besser zu verstehen, im Folgenden eine interne Abhandlung mit 10 Thesen zur Verschränkung von Boulevard und liberaler Demokratie:

1. Der Boulevard ist keine Tatsache, er ist eine Geisteshaltung

Der Boulevard macht, was er immer gemacht hat: Liebe, Ehe, Hass, Mord, Vergewaltigung, Elend, Tod, Versöhnung, Blamage, Glück und Tränen, dazu: wahlweise Entführungsversuche, Pferderettungen, Wohnungsbrände, Eisbär-Etüden, Weihnachtsstress, vom Krähen des Hahns genervte Nachbarn, die scheinbare Magie von Royalty, Starkult, Prominentendemontage, Society-Träume.

Der Boulevard weidet die gesamte verhängnisfähige Bandbreite des Menschen aus. Er stellt das scheinbar Allgemeingültige und Allgemeinmenschliche dar und aus im Schaufenster der Res publica.

2. Der Boulevard simuliert und stimuliert die niederen Instinkte

Allen eben skizzierten Formen gleich ist der »Zapfvorgang«: Der Boulevard zapft die niederen Instinkte seiner Passanten an mit dem Ziel, Auflagen und Quoten zu steigern und damit den kommerziellen Erfolg zu erhöhen. Er ist primär, wenn nicht gar ausschließlich interessiert am Niedergang, am Scheitern, an Katastrophen, Rücktritten, Schmerzen, Scheidungen, Betrügereien, Skandalen, Eklats, emotionalen Grenzsituationen und seelischen Niederungen. Seine Betroffenheit und vermeintliche Empathie sind professionell und daher taktisch. Kurzum: Er giert nach Leid, das er ausschlachten kann. Je mehr Leidgeneratoren er zum Laufen bringt, desto größer die Chance auf gleichzeitige Mitleid-Erfüllung – desto höhere Einschaltquoten oder Auflagen, desto bereitwilliger die Anzeigen- und Werbespotbereitschaft der Wirtschaft, desto mehr Geld für die neuen Formate aus der Entertainmentindustrie. Gute Zahlen in der »Grosso-West«-Spalte, dem Einzelverkauf am Kiosk in Westdeutschland, und eine hohe Prozentschnitte am Fernsehmarktkuchen des Tages erschlagen jeden ethischen oder ästhetischen Einwand. Die Quote hat immer recht.

Ausschlachtung des individuellen Leids zugunsten kollektiver Erregung ist unter dem Aspekt der Gemeinschaftsbildung vielleicht ehrenvoll. Ethisch gesehen ist das jedoch blanker Zynismus.

3. Der Boulevard ist ein geschlossenes System

Er zapft die niederen Instinkte des Menschen deswegen an, um die so entstehenden Ängste und Sehnsüchte postwendend zu befriedigen. Er empört sich über Gewalt, Tod und Verbrechen, während er über dieselben berichtet, um dann mit Glück, Liebe, Schönheit und Reichtum das in Aufruhr gebrachte Bewusstsein wieder mit dem Ideal zu versöhnen. Er entsetzt sich über Nacktheit und Pornographie und hypersexualisiert sich am liebsten selbst, weil sich nichts so gut verkauft wie Sex und Hitler. Der Boulevard bietet Leid und Lust, Erlösung und Harmonie in einem und amalgamiert Unschuld und Schuld. Er ist die Versöhnung aller denkbaren Widersprüche. Das ist seine moralische Perfidie.

Kritik verleibt er sich gekonnt ein, ohne selbstkritisch sein zu müssen, weil er keine intrinsischen Werte vertritt, die attackiert oder in Frage gestellt werden könnten. Durch seine fehlende Normativität kann sich der Boulevard Ignoranz und Zynismus leisten, ohne sie als solche anerkennen zu müssen. Argumentative Bringschuld hat stets der Gegner.

4. Der Boulevard als Keilriemen der Erlösung übernimmt die säkulare Fortschreibung der Heilsgeschichte

Nimmermüde ist der Boulevard auf der Suche nach der Ausbeutung von Gefühlen durch Bereitstellung von Emotionen. Das große Ziel ist ein neuer »Held«, sein organisierter Mythos, sodann am besten der Niedergang von beidem. So erklärt sich die Leidenschaft für das Scheitern. Von Barack Obama hieß es im Wahlkampf 2008 an mehreren Stellen deutscher Medien, er habe kaum gepatzt. Im Zentrum des medialen Interesses steht also der Patzer. Das ist boulevardesk, weil es, an der Sache vorbei, menschliche Fehler und Schwächen in den Fokus rückt: je höher der Aufstieg, desto grandioser die Möglichkeit und Höhe des Falls.

Der Patzer ist der Verrat des Heilsbringers am Ideal des Boulevards. Deshalb hat dieser die Pflicht, den Verräter zu richten. Schuld und Sühne im manichäischen Sinn von Licht und Schatten, Schwarz und Weiß – das liegt dem Boulevard als Geisteshaltung zugrunde. Differenz kennt er nicht. Er funktioniert als Instanz der dichotomen Moral: Freund gegen Feind. Eindeutigkeit ist die Sehnsucht des kleinen Bürgers, Heil seine Hoffnung. Der Mensch braucht Gemein-Sinn.

5. Der Boulevard verweigert sich per definitionem intellektuellem Erkenntnisgewinn

Als kapitalistisch organisiertes System der niederen Instinkte zielt Entertainment auf dreierlei: Geld, Langeweile und die Erschütterbarkeit des sozialen Friedens, vornehmlich durch Stimulation von Angst, Schadenfreude und Neid – all das ist kontraindikativ für das Ideal des aufgeklärten, mündigen, diskursiven Bürgers, der am demokratischen Willensbildungsprozess partizipiert.

Nichts ist für den Boulevard schlimmer als Erkenntnisinteresse und Differenz, weil er den totalitären Anspruch auf homogene

Ganzheit verletzt. Nichts fürchtet er mehr als Distanz und kühle Rationalität.

Wenn nach Ludwig Wittgenstein (Gott, ja, ein Philosoph!) »Welt« all das ist, was der Fall ist, so ist Welt heute das, was massenmedial vermittelt wird. Was nicht medial ist, ist nicht. Ziel der massenmedialen Vermittlung von Welt ist aber nicht das Verstehen der vermittelten Welt, sondern ihr Nicht-Verstehen. Adressat der massenmedialen Vermittlung ist nicht der mündige Staatsbürger, sondern das in seinem möglichen Aufklärungswunsch gezähmte Massenpublikum als diskursferner Entertainment-Konsument.

Früher, in der Epoche der europäischen Aufklärung, waren die Uhren durchsichtig, transparent. Warum? Transparenz war ein Symbol, weil man die Mechanismen verstehen wollte, die der Uhr zugrunde liegen. Der Boulevard errichtet sich seine Glockentürme mit hermetischem Gehäuse und wohltemperiertem Klang. Er will gerade nicht die Durchschaubarkeit der Verhältnisse, er will nicht die zersetzende Kritik, er will nicht die Aufklärung.

Gesetzt den Fall, es wäre so: Was hätte der Boulevard heute, in der Krise der global-ökonomischen Netzwerke, da Orientierungswissen gefragt ist, zum Selbstverständnis des politischen Prozesses anzubieten? Zur Verfeinerung der Sittlichkeit? Zur Avantgarde der Kultur und Kunst? Zum Frieden der Religionen? Zur Integration der Ethnien ins Gemeinwohl? Zum Problem der Autonomie des Subjekts?

6. Der Boulevard ist das Betriebssystem der spätmodernen Erregungsgesellschaft

Die allseits konvertible Währung der Entertainment-Industrie ist nicht das Argument. Es ist die Emotion. So übernimmt der Boulevard die Rolle der Theaterbühne in postdramatischer Zeit, in der sich das Leben selbst keinerlei dramatisierbare Höhepunkte mehr schafft. Der Stoff ist zerfasert, Reflexion mühsam, Probleme sind komplex, Sachverhalte vieldeutig. Es herrscht der Wille zu Einfachheit und Einheit, zu dem, was sich von und durch sich selbst versteht.

Durch nichts generiert sich Emotionalisierung besser als durch Personalisierung. Durch Personalisierung wiederum entsteht jene emotionale Nähe, die der Boulevard so dringend benötigt: Er braucht und befördert die Reibungswärme der Erregung, die im besten Fall zur Hitze eines Skandals wird, der in mehreren Lieferungen mit advokatischer Empörtheit verhandelt wird. Dann hat es der Boulevard geschafft: Er hat sich in die Köpfe der Bürger geschlichen und das Bewusstsein besetzt.

Der Seichtigkeitsdruck wächst, und die Hochkultur reagiert: Lange Texte werden kurz, unbequeme Sendungen gestutzt, Bilder vergrößert, Komplexität auf Linearität reduziert; Zusammenhänge werden ignoriert, Diskurse im Keim erstickt, Kulturradios durchhörbar gemacht. Verlage drucken Bücher von Ulrich Wickert, Dieter Bohlen und Hape Kerkeling, die zu Bestsellern werden, öffentlich-rechtliche Fernsehanstalten zelebrieren »Star-Quiz«, »Star-Biathlon« oder »History«, wo weinende Zeitzeugen und die »Stars des Bösen« schlechthin instrumentalisiert werden: Hitler und die Wehrmacht, die Nazis und ihre Generäle. Mit sachdienlicher Analyse hat das wagnerisch verraunte Nazi-Entertainment kaum zu tun.

Der Boulevard ist die perfekt entworfene und stets bestens gewartete Hysterie- und Trivialisierungsmaschinerie der Republik. Er ist die postmoderne Heldenschmiede einer heldensüchtigen Gesellschaft in ihrer ganzen unheroischen Gleichgültigkeit. Und noch eins: Der Boulevard ist die psychohygienische Reinigungsindustrie der Erregungsgesellschaft mit garantierter Romantikgrundversorgung. Er steht auf der richtigen Seite des anti-intellektuellen Zeitgeists, der nichts so verpönt wie zersetzenden Aufklärungsdruck.

Die innewohnende Logik dieser Erregungsgesellschaft ist die stete Steigerung. Steigerung der Erregung läuft auf Selbstabschaffung hinaus, denn in Selbstabschaffung gesteigerte Erregung ist nichts weniger als der Tod. Die durch Erregung erzwungene Abstumpfung der Erregungsgesellschaftsteilnehmer ist nur noch mit Provokationen zu überwinden. Dadurch entsteht eine Dialektik zwischen Abstumpfung und Provokation. Das Unfassbare allerdings ist nur die Schwelle der Evolution von Erregung.

7. Der Boulevard setzt die Sprechthemen der Gesellschaft

Die Aufmerksamkeitsindustrie des Boulevard ist berechenbar: Als Subsystem des umfassender angelegten Mediensystems besteht sie aus verschiedenartigen Verwertungsketten. Die auf bestimmte Schlüsselreize ausgerichteten Magazine der Boulevardsender greifen die einmal gesetzte Nachricht auf, die schließlich durch ihren Abdruck allein als öffentliches Anliegen legitimiert, Nachrichtenwert zu erhalten. So entsteht ein selbstbezüglich inszeniertes Drama, dessen jeweils wohldosierte neue Akte täglich zu verfolgen sind.

8. Der Boulevard setzt gezielt auf Kurzfristigkeit

Er tut das durch organisierte Suspension aller Zusammenhänge. Nichts kommt ihm so entgegen wie die Reizüberflutung und Beschleunigung, die oft kollektive Amnesie zur Folge haben. Für die Organisatoren des Circus Maximus trifft es sich gut, dass die spätmoderne Arbeitsgesellschaft eine Gesellschaft in permanenter Zeitnot ist: Sie wird durch Impulsüberflutung am Räsonnement gehindert, schließlich sediert und verführt durch die Reize des lukrativen ausgeschlachteten Spektakels, die in den Schaltkreisen der Entertainmentindustrie konzipiert werden. Der Boulevard ernennt, mästet und verbraucht Menschen als »Stars«, ohne auf nachhaltige, sprich langfristige Wirkung zu setzen. Die Verdinglichung des Menschen durch Personalisierung von Vorgängen und Ereignissen ist fester Bestandteil des boulevardisierten Mediensystems. So fungiert der Boulevard als Verhandlungszimmer öffentlich geschlossener und geschiedener Ehen sogenannter Prominenter, die er selbst prominiert. Prominent sind Leute, *weil* sie prominent sind. Der Boulevard züchtet sich seine Prominenz und Prominenten selbst. Mit der Phänomenologisierung der Ehe-Praktiken Prominenter ist der Boulevard ein Bollwerk des reaktionären Konservatismus, der die Textur traditioneller Rollenspiele durchdekliniert (Ehen von Madonna, Heidi Klum, Angelina Jolie/Brad Pitt, Tom Cruise/Katie Holmes; diverse Königshäuser-Ehen ...).

Stars und Prominente ermöglichen die Reduktion von Komplexität auf einen einzigen Faktor: den emotionalen. Stars ersetzen Kontexte und Zusammenhänge. Ohne »Star« kein Boulevard. »Star«-Sein ist nun aber kein Ausweis des Genialischen, Überindividuellen, Spirituell-Entrückten mehr, der »Star« wird gefertigt auf dem Fließband der Kultobjekte, deren Betreiber prächtig von dessen Ruhm naschen. »Star« heute ist der Jedermann, also geradezu die Inkarnation des Gewöhnlichen, was, in letzter Konsequenz, seine definitive Entwertung als Leitfigur einer Kultur ist.

9. Der Boulevard ist nicht nur totalitär, er ist auch total

Dem Boulevard entkommt niemand mehr. ER ist in jedem Fall der Sieger der Geschichte. Er hat sich in seine Wirte eingenistet: in den Massenmedien, in der Kultur, in der Politik. Und so schleudern wir zwischen Krimi und Comedy, Quiz, Kochen, Kahn und Kerner in der Weichspül-Ökonomie einer allesumfassenden Wellness-Kultur halt- und haltungslos hin und her. Mittlerweile sind alle Bereiche von der Herrschaft des Entertainments und seinen vier theatertheoretischen Dimensionen erfasst: Darstellung, Inszenierung, Performance und Sichtbarkeit. Am gefahrvollsten geschieht dies in der Politik.

10. Die politische Klasse unterwirft sich den Regeln des Boulevards, und Politik wird zum Theater

Die Zurichtung des Politischen für die ständige Telepräsenz lässt sich mit dem Begriff Politainment umschreiben. Der Begriff bezeichnet die symbiotische Verflechtung von Politik und Unterhaltungskultur. Politainment ist politisches Theater oder anders: die Theatralisierung des Politischen je nach Notwendigkeit. Das Politische verliert dabei den Kern des Wahrhaften und wird zum Inszenierungsstoff der Medien. So generiert sich eine vom Image, vom Bild bestimmte Weise der Wahrnehmung, die auf der Seite der Politik zu rein symbolischem Handeln führt. Es ist nicht genau zu klären, was Ursache, was Wirkung ist.

Jedenfalls lässt sich, seit Berlin Machtzentrum und also Zentrum des politischen Boulevards ist, eine enorme Aufrüstung der Emotionsindustrie feststellen. 3000 Journalisten tummeln sich im Regierungsviertel und müssen über irgendetwas berichten; vermehrt freie Mitarbeiter frisieren, um wahrgenommen zu werden, ihre Berichte auf. Der immense Inszenierungsdruck produziert verfälschte Realitäten, Grenzen schwinden. Realität ist nur mehr mediale Realität. In der Spektakelkultur des Boulevards muss Politik ihre Selbstmediatisierung, ihre Inszenierung in den Medien, von vornherein mitdenken. Spektakel-Kunst ist die Erfindung von Symbolen. Schröders Victory-Figur, Möllemanns Fallschirmsprünge, Westerwelles Containerbesuche sind prototypische Zeichen der Mediokratie – der Unterwerfung der Politik unter die Logik der Massenmedien, mit dem Ziel der Unterwürfigen, die Herrschaft über ihre mediale Erscheinung zu gewinnen.

Der Begriff Mediokratie bezeichnet die für den Totalboulevard typische Allgegenwärtigkeit der Massenmedien, die Politik nicht mehr abbilden und vermitteln, sondern das politische System kolonisiert haben, indem sie das politische Personal zwingen, ihre Bühnen zu betreten. Aus der atemlosen Adelung der Nebensächlichkeit, der moralisch hochgerüsteten Banalität resultiert das Verschwinden des Politischen: durch die Kriterienlosigkeit, durch die Auflösung von Öffentlichkeit und Privatheit, durch die Promotion von Kitsch und Klischee. In ihrer Gleichförmigkeit und Gleichwertigkeit im öffentlichen Raum sind »Nachrichten« nicht mehr unterscheidbar in wichtig und unwichtig, wesentlich und unwesentlich, existenziell oder beiläufig. Die Beiläufigkeit alles Scheinbaren wird zum maßgeblichen Kriterium. Der Entzug des Anspruchs durch die Verführung des Trivialen ist Allgemeingut geworden. So stehen wir heute hier und unterhalten uns über Unterhaltung: über das, was sich von selbst versteht. Köche, Killer, Quiz, Krimi, Comedy, Soap und Fußball.

Wie konnte es so weit kommen? Warum haben wir, was wir haben? Womöglich weil das Bewusstsein für Eliten und den öffentlichen Geist aus der Gesellschaft weitgehend verschwunden ist; weil wir das Sterben des Bildungsbürgertums zu beklagen haben und das Verschwinden der Differenz; weil die Anverwandlung des Entertainments durch die Öffentlichkeit in der Ent-Wortung und Ent-Intellektualisierung gipfelt. In erster Linie aber: weil wir neue Grundsätze brauchen: grundlegende Sätze, Haltungen und Substrate – und keine haben. Der Boulevard ist die Schaltstelle des Irrelevanten, das dann relevant wird, wenn der Boulevard selbst die Vermittlung von Welt vornimmt. Was so entsteht, ist Boulevard in den Köpfen. Wenn der Geist auf den Boulevard kommt wie die Sprache auf den Hund, ist der Boulevard unversehens öffentlicher Geist. Mit einem Wort: Die permanente Unterforderung des Bürgers durch Unterhaltung kommt seiner Entmündigung gleich.

Vom Medien- und Kommunikationstheoretiker Norbert Bolz stammt die denkwürdige Einsicht, dass sich die Heils- in Unheilsgewissheit gewandelt habe. Die verlorene Heilsgewissheit drücke sich aus in der Suspension der Frage »Was darf ich hoffen?« zugunsten der stets präsenten Frage »Was muss ich fürchten?«. Im Gewand der Furcht vor allem begräbt die apokalyptische Angst alle anderen Ängste und, so muss man anfügen, alle Verantwortlichkeiten unter sich. Und freilich: Durch den Verweis auf den Weltuntergang entschuldet man das eigene Verhalten und Handeln – der persönliche CO_2-Fußabdruck wird recht nebensächlich, wenn es ums Höllenfeuer geht.

Das gegenwärtige Leben ist nicht nur geprägt durch Superlativierung, Gewinnerkult, Gewinnzwang, Optimierung, Narzissmus und Erschöpfung, sondern auch durch Eklektizismus, Collage, Zusammenhanglosigkeit, Pluralismus. Es ist ohne weiteres möglich, am Tag eine mechanistische Weltanschauung zu praktizieren, die nach den Prinzipien linearer Logik funktioniert, und nach Feierabend Engelsbotschaften zu hören. Spirituelle Naturalisten sind nicht länger ein Widerspruch in sich, und es ist kein Geheimnis, dass die Identität des Zeitgenossen multipel ist: sowohl rational als auch spirituell, sowohl technisch als auch magisch, sowohl naturalistisch als auch esoterisch. All das stets zugleich und immer parallel. Im Laufe der Jahrhunderte seit der Aufklärung ist die Integration von scheinbar Gegensätzlichem zu einer eigenen Qualität geworden, womöglich auch, weil die Aufklärung als Gesamtsystem das Scheitern, das Sterben, das Lieben, die großen existenziellen Fragen wenn nicht ausgeblendet, so doch auf die reine Vernunft reduziert hat. Verschiedene Kategorien von Wirklichkeit lassen sich in einem Weltbild vereinbaren wie verschiedene Lebenswelten in einem Lebensentwurf.

Endzeitvisionen, Offenbarungsglauben und apokalyptische Hoffnungen lassen sich nicht erklären, obwohl man geneigt ist, das naturwissenschaftliche Modell der Anerkennung durch Beweis auch auf existenzielle Dimensionen zu übertragen. In der Behandlung des Apokalyptischen vermischen sich wie nirgends sonst Rationalität und Magie. Das macht das Denken und Reden vom Ende der Welt so verführerisch und politisch reizvoll. Das politisch motivierte Spiel mit dem Katastrophischen triggert die kollektiven Ängste vor dem apokalyptischen Furor. Die Apokalypse wird zum Machtmittel. Angst und Apokalypse bzw. die Angst vor dem Apokalyptischen – das ist das emotionale Rüstzeug von Totalitarismen, deren Wesen das abgeschlossene System ist.

16. Betrachtung:
Die Politik der Apokalypse

Der Ursprung der Apokalypse scheint rein religiös zu sein, ist aber in Wahrheit durch und durch politisch. Wenn man so will: eine politische Theologie, deren Bezugspunkt Ende und Anfang ist, nicht Anfang und Ende. Als Deutungsmuster, als geschichtlich durch die Äonen schimmernde Matrix ist die Apokalypse substanzieller Bestandteil aller Offenbarungsreligionen und Erlösungsphantasien – unverzichtbare Mythologie in geschichtsphilosophischen Entwürfen. Dem Politologen Herfried Münkler zufolge sind politische Mythen Erzählungen von gemeinsamen Ursprüngen und Wendepunkten, in denen es nicht um Wahrheit, sondern um Bedeutsamkeit geht. Entscheidend ist, dass politische Mythen Bedeutungsinvestitionen in die Vergangenheit sind, die sich in Gegenwart und Zukunft auszahlen, das heißt: Sie erzählen Vergangenheit nicht als etwas Vergangenes im historischen Sinn, sondern sie präsentieren Früheres als etwas, das in der Zukunft Orientierung schafft. Die religiöse Dimension politischer Mythen ist ihre Kontingenz-Bewältigung: Sie geben dem scheinbar zufälligen Geschehen eine Notwendigkeit und damit einen Sinn. »Politische Mythen«, schreibt Münkler, »stiften Zutrauen, dass sich die Dinge zum Guten wenden und diese Wendung zum Guten durch das Handeln der Gegenwärtigen befördert werden kann.«

Alle Gemeinwesen sind auf sinnstiftende Erzählung angewiesen, und jeder Mensch braucht Anfänge und Enden, wie die Kulturwissenschaftlerin Aleida Assmann erkannt hat, weil sowohl Anfang als auch Ende nicht in seiner Macht stehen. Meines Erachtens ist die Erzählung vom Ende der Welt ein gigantischer Komplex von solchen Anfängen, Enden und der sinnstiftenden Verheißung einer Wendung zum Guten für das politisch kompakte Gemeinwesen.

Den apokalyptischen Geist einer blendenden Anfangsverheißung sieht man bis heute in allen Gewaltpolitiken walten: bei Kriegsverherrlichern genauso wie bei Revolutionären, deren gemeinsames Ziel die Freund-Feind-Dichotomie eines klaren Dezisionismus ist, wie der deutsche Staatsrechtler Carl Schmitt ihn 1927 im Begriff des Politischen beschrieben hat. Man kann Freund–Feind ersetzen durch den Antagonismus Christ–Antichrist, Gut–Böse, Hell–Dunkel. Mit Diskursen, Pluralismus, Toleranz, Sozialreformen, Selbstkritik, Liberalismus oder mühsamer Aushandlung pluralistisch widerstreitender Positionen hat Apokalyptik nichts zu tun. Sie ist bequem, einfach, schlicht, durchschlagend, unmissverständlich, deutlich. Praktisch, quadratisch, gut. Die Fronten sind klar: Wer nicht mit mir ist, ist gegen mich im Kampf wider das Böse. Das Böse ist definiert, das Gute wird prophezeit. Und wenn das Gute nicht eintritt, war die Zeit noch nicht reif dafür. Wann die Zeit reif ist, entscheidet nicht der Mensch. Das ist Sache Gottes oder der Geschichte.

Apokalyptische Visionen sind ja gern am raunenden Imperativ ihrer »Ich aber sag euch, es wird der Tag kommen, an dem«-Rhetorik zu erkennen.

Apokalyptisches Denken ist immer Geschichtsdenken. Geschichte wird nicht zyklisch, sondern linear begriffen. Geschichte wiederholt sich nicht kalendarisch, sondern vollzieht sich in Umsturz und Umschlag. Dialektisch ist das keineswegs, sondern radikal: die Tilgung der defizitären Wirklichkeit zugunsten einer erhofften Vollkommenheit. Von Synthesen ist im Zuge der Auslöschungsarbeit wenig zu sehen. Apokalypse, so lässt sich resümieren, ist immer progressiv verfasst, immer auf die Zukunft gerichtet: Sie verhandelt das Kommende, niemals das Zurückliegende. Und sie ist insofern moralisch, da ihr Kommen die Strafe für die gegenwärtige Fehlbarkeit ist. Hier nun wird es wiederum politisch.

Eschatologie, Chiliasmus, Millenarismus, die Vorspiele der Apokalyptik und all jene Heilsversprechen und Theologien, deren Grundlage der Anfang aus dem Ende ist, durchziehen die Menschheitsgeschichte seit 2000 Jahren und sind im Jahr 2012 immer noch präsent: die Formen gewandelt, die Aussagen angepasst, die Idee aber unverändert. Millenarismen und Apokalyptik sind Ideenformationen und Denkfiguren und Phantasien, die in Zeiten der Zerstörung, in Zeiten erlittenen Unrechts oder Verfolgung, kurzum: in Zeiten existenzieller Bedrohungen, die prophetische Phantasie aufspannen, Trost, Hoffnung und die Sehnsucht nach Errettung und Erlösung. Es geht meist um die Diskrepanz zwischen dem, was die Gesellschaft (die christliche) sein sollte, und dem, was sie ist, zwischen Ist- und Soll-Zustand. Der Millenarismus – oder in der griechischen Entsprechung »Chiliasmus« – ist die Lehre von der tausendjährigen Herrschaft Christi, dessen messianische Heilszeit auf tausend Jahre begrenzt ist. Der Begriff entstammt der Offenbarung des Johannes, wo es in Kapitel 20 wörtlich heißt: »Und ich sah einen Engel vom Himmel fahren, der hatte den Schlüssel zum Abgrund und eine große Kette in seiner Hand. Und er griff den Drachen, die alte Schlange, das ist der Teufel und der Satan, und band ihn tausend Jahre und warf ihn in den Abgrund und verschloss ihn und tat ein Siegel oben darauf, dass er nicht mehr verführen sollte die Völker, bis dass vollendet würden die tausend Jahre.«

Dann kommt der letzte Kampf, dann das Weltgericht, dann das neue Jerusalem. 1000 Jahre sind symbolisch, womöglich spirituell zu verstehen, nicht wörtlich-historisch. Das Tausendjährige Reich mag für damalige Verhältnisse zwar eine Art Ewigkeit gewesen sein, aber doch ist das millenaristische Reich ein begrenztes. Dem apokalyptischen Denken wohnt neben dem Dualismus der »alten« und der »neuen« Welt eine klare Zeitlichkeitsvorstellung des linear ablaufenden Fahrplans zur kommenden Ordnung des Tausendjährigen Reichs inne. Millenarismen sind in der Geschichte meist dazu ge- und missbraucht worden, Religion und Politik zu verbinden, vorpolitische Haltungen in politische Bewegungen zu führen sowie soziale und ökonomische mit religiösen Zielen gleichzusetzen. Die »neue Weltordnung« – Ergebnis einer niemals begründeten, stets offenbarten Verheißung der Apokalypse – ist das Resultat eines radikalen, politisch herbeigeführten gesellschaftlichen Wandels. Die Drohung mit der Apokalypse wurde instrumentalisiert, um korrupte, ungerechte und brutale Herrschaft im Namen eines Höheren zu ersetzen. Der strategische Vorteil einer Offenbarung liegt ja immer in ihrer Unbegründbarkeit – der Verweis, die Andeutung auf die Heilige Schrift genügt.

Der Weltuntergang ist eine Fiktion: eine Formation dessen, was kommen wird, eine projektive Prophezeiung; das Reden über ihn ist oft die Poesie einer unerfüllbaren, unbeweisbaren, unverifizierbaren Unredlichkeit und Mangelhaftigkeit der Gegenwart, jeder denkbaren Gegenwart. Die Gegenwart ist immer schon Teil des Abzulösenden, nie kann sie Teil der kommenden Herrschaft sein. Also ist die Bezugsgröße der Apokalypse immer die Zukunft. Apokalypse ist immer zugleich eine Agitations- wie Erlösungsvision für das zukünftige Heil. Die politischen Bewegungen und Ideologien der Deutschen in den Jahrhunderten seit der napoleonischen Fremdbeherrschung – vornehmlich Nationalsozialismus und marxistischer Kommunismus – sind eindeutig apokalyptische Mythologien, und auf der Folie des apokalyptischen Denkens betrachtet, ist der Sozialismus nichts anderes als die Prophezeiung einer Vernichtung des Bösen (Kapitalismus) und der darauffolgenden Herrschaft des Gerechten, Gleichen und Guten (vulgo: der sozialistische Arbeiter- und Bauernstaat).

Faszinierenderweise haben Sozialismus und Christentum die gleichen geistigen Wurzeln im Offenbarungsglauben, in der eschatologischen Sehnsucht an den Umschlag, an das Millennium der apokalyptischen Sinnformation, und für christlich imprägnierte Sozialisten ist das Ende der Welt das Ende der Welt von Ungerechtigkeit und Ungleichheit. Zwei historische Beispiele mögen die Analogie illustrieren:

Keiner repräsentiert die Verquickung von millenaristischen Hoffnungen, biblischer Prosa und radikaler Sozialreform so eindrücklich wie der in Wales geborene Robert Owen (1771–1858), einer der einflussreichsten Sozialisten seiner Tage, der eine Gesellschaft der Vernunft anstrebte, Siedlungskonzepte entwarf und allzeit eine wichtige Referenzquelle für Gewerkschaften und sozialreformerische Bewegungen war. Für Owen war der Sozialismus »praktizierter Millenarismus«, doch das legendäre »New Lanark«, seine schottische Mustersiedlung, blieb ein ebenso erfolgloser Versuch frühsozialistischer Jerusalemssehnsucht wie die später von ihm initiierten Konsumgenossenschaften und die Siedlung »New Harmony« (1827) auf amerikanischem Boden. Als Apostel der Hygiene, der Erziehung und des Managements predigte Owen seine Botschaft in apokalyptischer Diktion. Seiner Auffassung nach bestand Geschichte im Kampf zwischen Licht und Schatten, Gott und Satan. Er rief Männer und Frauen dazu auf, dem Laster zu entsagen und eine neue Welt als Vorspiel zur ultimativen Vollkommenheit zu betreten. In diesem Geiste schrieb Owen 1836 das »Book of the New Moral World« und befand: »Nicht ein Stein der gegenwärtigen Gesellschaft soll auf dem anderen stehen bleiben.« Im Vorwort heißt es: »Es kommt die Zeit, da der böse Geist der Welt, erzeugt von Unwissen und Selbstbezogenheit, zu existieren aufhört, und wenn ein anderer Geist aufziehen wird, bedingt durch gesicherte Tatsachen und Erfahrungen, die allen Gedanken, Gefühlen und Handlungen der Menschen eine neue Richtung verleihen und eine neue Art Wissen und Güte für die Menschheit kreieren werden.« Das sind Grundzüge der Neuen Moralischen Welt, in der das Böse unbekannt sein und in der allein Wahrheit die Menschen regieren wird, in der Wissen ohne Aberglauben oder Vorurteile, Erziehung und Bildung des Charakters für einen immerwährenden Fortschritt sorgen werden. Und weiter: »Die Welt wird unter einer Umverteilung (der Produktionsmittel), die aus der Erde ein Paradies und ihre Bewohner zu Engeln machen wird, allmählich eine passende Wohnstätte für hervorragende Männer und Frauen sein.«

Kaum anders dachte der französische Frühsozialist Charles Fourier (1772–1837), der sich »Messias der Vernunft« nannte. Er verstand sich als Prophet einer menschlichen Gesellschaft in der Nachfolge Jesu und wurde auch als solcher verstanden. Fourier, Begründer des Begriffs »Feminismus«, vertrat ein Evangelium der Harmonie, das die vorangegangenen Evangelien vervollkommne.

Als politische Denkfigur führt der Untergang der Welt zugespitzt zur überaus reizvollen Paarung von Karl Marx und George W. Bush als geistige Zwillinge. Überhaupt geht das apokalyptische Denken jedem politischen Fundamentalismus voraus. Man könnte sogar sagen: Es ist das Gegenteil jeder liberalen Demokratie, weil es ausgrenzend und nicht integrativ ist. Deswegen passt das Apokalyptische nicht in unsere Zeit der Ausdifferenzierungen, Verhandlungen, Diskurse und Netzwerke. Warum es dennoch derart präsent ist, liegt vielleicht genau daran: dass es das Gegenprogramm zu einer Wirklichkeit ist, deren Komplexität den Einzelnen regelmäßig zu überfordern scheint. Gewalt ist die eine Weise, diese Komplexität zu reduzieren, Hysterie die andere. Beides fällt in der ewigen Lust am Untergang zusammen.

Einer der großen – und als solcher noch nicht ausreichend gewürdigter – Apokalyptiker war demnach Karl Marx. Der Kommunismus marxistischer Herkunft ist als Utopie reine Heilsgeschichte, und zwar säkularisiert. Marx denkt antagonistisch und apokalyptisch, sein »Gott« ist die Geschichte. Geschichte wird unterteilt in eine bisherige und eine künftige. Grundsätzlich ist Geschichte, so versteht sie Marx, der Prozess einer Entwicklung von Produktivkräften und Produktionsbedingungen, bis sich der radikale Umschlag vollzieht: vom Zustand des extremen Mangels in den Zustand der Fülle; vom bürgerlichen Reich der antagonistischen Produktionsbedingungen in das proletarische Reich der Freiheit. Jener extreme Mangel, den Marx erkennt, ist der völlige Verlust des Menschen, die Versklavung einer ganzen Klasse. Er sieht den Menschen in den gegebenen Verhältnissen als erniedrigtes, geknechtetes, verachtetes Wesen – ein Verfallssymptom mit universellem Charakter, schlimmer als in der letzten Zeit des Römischen Reichs, ein Tiefstand, wie er unwürdiger nicht sein könnte. Der abrupte und radikale Umschlag, der diesem Unrechtsregime folgt, ist die Auflösung der bisherigen Weltordnung. Und das Reich der Freiheit wird dann die »völlige Wiedergewinnung des Menschen« in einer kommunistischen Gesellschaft sein. Ohne hier zu viel Geschichtsphilosophie treiben zu wollen, lässt sich festhalten, dass der Marxismus aus apokalyptischem Geist geboren ist. Fast allen linken Revolutionsideologien wohnt das apokalyptische Denken inne: die Verbesserung der Welt durch die Abschaffung des Bestehenden und die Inthronisation des Paradieses, in dem alle Menschen gleich und gleich gerecht sind, in dem Bedürfnisse, wenn aufgrund der allgemeinen Menschengleichheit überhaupt welche bestehen, bestens austariert sind.

Der Neutestamentler Martin Karrer hat hervorgehoben, dass das Wort »Zeit« in der griechischen Bedeutung »Kairos« kein apokalyptisches Ende, sondern einen Einbruch in die laufende Zeit meint. Einen Wandel. Wenn man so will: eine Revolution. Genau das hat der Sozialist Friedrich Engels 1883 in der Offenbarung des Johannes, dem »dunkelsten und geheimnisvollsten Buch des Neuen Testaments«, gesehen: eine Herrschaftskritik, die zum Umsturz aufruft. Bekanntlich ist die Offenbarung eine durch und durch politische Schrift, in deren Zentrum Macht, Pracht und Brutalität des römischen Kaisertums stehen.

Das Land politischer Apokalyptik par excellence, das musterhafteste Reservat evangelikaler Millenarismen und eschatologischer Endzeiterwartungen ist kein kommunistisches, sondern sein Klassenfeind: die USA. Die Vereinigten Staaten von Amerika sind bereits in ihrem Grundverständnis durch und durch apokalyptisch – was aber nicht heißt, dass alle Amerikaner Apokalyptiker sind. Vielmehr ist der amerikanische Gründungsmythos die Verheißung des neuen Jerusalem, des von Gott auserwählten Landes, in dem die Freien und Gerechten leben. Anklänge an die biblische Landnahme der Israeliten unter Joshua liegen auf der

Hand. Die vernehmbare Selbstanklage, Terror und die Angriffe des 11. September seien die göttliche Strafe für den moralischen Verfall eines zu liberalen, zu wenig frommen, zu homosexuellen und total verkommenen Amerika, erinnert motivisch sehr an die Remoralisierung der Israeliten um das Jahr 701 v. Chr., als man der Überzeugung war, das von Gott geschenkte Land Kanaan verspielt zu haben. De facto hatte man es an die Assyrer verloren. So entstand die Legende von Jericho im Alten Testament. Sie erzählt von der Schlacht um Jericho nicht vom Anspruch auf das Land, sondern ist eine Reflexion über den selbstverschuldeten Verlust des Landes zur Entlastung Gottes. Der alttestamentliche Erzählzyklus von der Landnahme ist entstanden, um sich selbst eine Lizenz zur Rechtfertigung auszustellen. Es geht um nichts weniger als eine Klage dergestalt: Alles, was wir hatten, war ein Geschenk Gottes. Wer aber ist jetzt, da wir alles verloren haben, schuld? Lag es an Gott? Nein. Das wäre undenkbar. So lud man die Schuld auf sich und bezichtigte sich selbst, Gottes Geschenk nicht würdig gewesen zu sein, weil man Gott gegenüber nicht würdig war, weil man nicht stark genug an seinen Plan, an seine Ordnung geglaubt hatte. Der Verlust des verheißenen Landes war die Strafe für die fehlende Treue zu Gott. Der Mythos von Jericho und der anschließenden Landnahme, könnte man zusammenfassend sagen, bildet den Auftakt zu einem großen, Gott entlastenden Geschichtswerk: Nein, nicht Gott hat versagt, es war der Mensch. Nicht Gott war ein Chaot, der Mensch nimmt alle Schuld auf sich, damit er Gott an und für sich als gerecht denken kann.

Aus dem Amalgam von politischer Theologie und manichäischem Nationalismus gebiert sich womöglich auch die Europa-Verachtung mancher Amerikaner bis heute: Europa, aus dem die in ihrem Glauben bedrängten Siedler fliehen mussten, das war die Hure Babylon, die böse Welt, die schlechte Gegenwart, der Kontinent der Könige und Fürsten, der Unterdrücker und Ausbeuter. Die aktuelle »Tea Party«, in ihren Grundfesten konservativ bis reaktionär, rekurriert gewollt oder ungewollt symbolisch auf den Befreiungs-, den Auserwähltheitsvorgang, auf die eigene Jerusalemisierung, das heißt: die Emanzipation der USA von Europa durch den Widerstand der »Boston Tea Party« im Dezember 1773. »Europa« bedeutet hier im übertragenen Sinn: Demokratie, Diskurs, Diversität, kurzum: Kompromisse mit Minderheiten. In der einflussreichen und bei vielen US-Wählern beliebten »Tea Party« – die Doppeldeutigkeit des Namens Party als »Feier« wie als »Partei« ist ein reizvolles Aperçu – sammeln sich ältere und weiße Reaktionäre, Libertäre, Neokonservative und Vertreter der christlichen Rechten. Kritiker bemängeln die kompromisslose, unbarmherzige, in Teilen rassistische und gegen das demokratische Establishment agierende Ausrichtung. Gemein ist ihnen eine auf christlichen Dogmen basierende Familienpolitik, Abtreibungsfeindschaft, Homosexualitätsverachtung, Feministinnenfurcht und ein protektionistischer Nationalismus.

Erstaunlich viele der Erweckungsprediger in diesem Geiste sind entweder aus England geflohene Anglikaner oder amerikanische Evangelikale, die auf den Gründungsmythos der USA als dem von Gott verheißenen Land rekurrieren. Die Idee einer dem Endgericht vorgelagerten sogenannten »Entrückung« findet in den USA bis heute viele Anhänger, die, wie eingangs geschildert, im erratischen Radioprediger Harold Camping eine prominente Stimme haben. Die Zahl evangelikaler Christen und christlicher Rechter, die sich mehr oder weniger stark im Einzugsbereich dieses Erwähltheitsglaubens bewegen, ist seit 1945 stark gewachsen und hat in der Systemkrise nach dem Fall des Kommunismus nochmals zugenommen.

Amerikanische Präsidenten neigen oft zur Theologie der Heilsgeschichte, präziser: zur Vorstellung der Geschichte als Abfolge verschiedener heilsgeschichtlicher Äonen, in denen Gott auf unterschiedliche Weise mit den Menschen umgeht. Mit Sicherheit zwei US-Präsidenten des 20. Jahrhunderts, Ronald Reagan und vor allem George W. Bush, und mit Abstrichen auch George Bush senior, waren gnadenlose Apokalyptiker. Reagan arbeitete stets mit dem Blick auf die bevorstehende Apokalypse und das drohende Armageddon, erklärte 1983 die Sowjetunion zum »Evil Empire«, das in der endgültigen Schlacht zwischen Gut und Böse geschlagen würde. Konkret hieß diese Politik auch, dass der Schutz der Umwelt (und also der Welt) die Reagan-Regierung herzlich wenig kümmerte, da der damalige Innenminister James Watt etwa 1981 dem Kongress vortrug, nicht sicher zu sein, wie viele Generationen noch vergehen würden, bevor – so wörtlich – »der Herr wiederkehrt«.

George Bush senior, der ausgerechnet den Irak, wo in der Nachbarschaft zu Bagdad die Ruinen der antiken »Hure« Babylon zu finden sind, zum Weltbösen ausrief, verkündete beseelt von messianischem Eifer nach dem Kollaps des Kommunismus am 11. September (sic!) 1990 eine »Neue Weltordnung«. Bush senior nutzte apokalyptische Szenarien, ohne, das darf man vermuten, die Apokalypse verstanden zu haben – woran man sieht, dass die politische Instrumentalisierung des Apokalyptischen eine existenzielle Entscheidung, die nämlich über Krieg und tatsächlichen Tod, heilsgeschichtlich auflädt, moralisch legitimiert, religiös absichert und ethisch vertretbar macht. Auch Bush der Ältere drohte Russland mit einem »Harmaggedon« und bezeichnete Saddam Hussein als »Antichrist«.

Der letzte und größte Apokalyptiker mit welthistorischer Mission und, was man bedauerlich finden mag, tatsächlicher Wirkmächtigkeit war Bush junior, der Sohn. George W., nach Meinung vieler der schlechteste, womöglich schlichteste US-Präsident aller Zeiten, befahl nicht nur nach einem Zwiegespräch mit Gott, wie er bekannte, einen völkerrechtswidrigen, auf Lügen basierenden Angriffskrieg auf den quasibabylonischen Irak, sondern kreierte 2002 die »Achse des Bösen« mit eindeutiger Botschaft: Wer nicht mit uns gegen Iran, Irak und Nordkorea ist, der ist gegen uns.

Bush stand, so viel weiß man heute, unter großem Einfluss der christlichen Rechten. Womöglich sah er in Irak, Iran und Nordkorea den Antichristen walten, betrachtete er selbst sich ja als

»Wiedergeborenen Christen«, den Gott nach langer Zeit des Alkoholismus auf den richtigen Pfad geführt habe. Abtrünnige, die zur Herde zurückkehren, das lehrt die Wirklichkeit, sind oft die radikalsten Gläubigen. Kurz vor der Invasion in den Irak, dessen Machthaber auch der amerikanische Evangelist, Prediger und Schriftsteller Tim LaHaye als Antichristen darstellte, teilte Bush Anfang 2003 der Nation in einer Rede seinen Glauben an die Vorsehung mit. Ist es wirklich verwunderlich, dass ein Land, das bis in die Haarspitzen apokalyptisch getönt ist, eine Weltmacht, die von entscheidenden Schlachten, von Achsen und Reichen des Bösen redet, mit den angeblich am besten ausgerüsteten Kämpfern der Welt, nicht selten rasch geneigt ist, Kriege zu führen, gerne auch zwei zur selben Zeit?

Mit der Bush-Administration ist die politische Theologie des Dezisionismus in den rationalistischen Diskurs politischer Verfahrensprozesse zurückgekehrt. Der gnostisch imprägnierte Manichäismus einer Zwei-Reiche-(hier: Achsen-)Lehre ist die adäquate Form eines in die Gegenwart getragenen Messianismus. Nach Lage der Dinge ging es dem US-Präsidenten in der Irakverbannung um eine mit Welterlösungspathos vorgetragene Mission: die Implantation des Guten in die Region des Bösen. Die imperiale Geste hat kein Argument. Sie setzt auf das Naturrecht. Sie ist eine Geste der Gnade wie Ungnade. Wer sich den Interessen des Imperators dann fügt (wer nicht hinterfragt und nach Überzeugung verlangt), gilt als erwählt.

Hier schließt sich der Kreis der Wiederkehr des Gleichen, der vor vierhundert Jahren begann: Die neue Weltordnung ist dem Hobbesschen Wolfstopos verpflichtet und begreift das Weltgeschehen als religiös motivierten Bürgerkrieg, dem mit uneingeschränkter Souveränität einer politischen (notabene: einer einzigen) Einheit zu begegnen sei. Das aus diesen religionskriegerischen Erfahrungen gewonnene Recht wird dabei außer Kraft gesetzt. George W. Bushs Suspension des internationalen, positiven Rechts durch messianischen Machtanspruch und der Verstoß gegen demokratische Prinzipien im Namen des Demokratischen sind die verheerendsten Fehler, die seit dem Zweiten Weltkrieg begangen wurden. Am Ende der Aufklärung offenbart sich theologischer Fundamentalismus auf einer technologisch hochdifferenzierten Stufe.

Mit Bush junior ist Carl Schmitts Begriff des Politischen zurückgekehrt (vollkommen banalisiert und primitiv, im Kern aber dennoch angemessen): die Freund-Feind-Differenz als letztes und eigentliches politisches Kriterium, die homogene politische Einheit in der Abgrenzung gegen andere Einheiten. In Schmitt liest man den Hobbesschen Leviathan. Die USA sind der Leviathan ohne Rechtsbewusstsein. Der neue Hegemon. Es ist ein Sturz um 400 Jahre zurück, die Suspension der Rationalität der Verhandlungs- und Verfahrensdemokratie mit dem Ziel des rationalen Diskurses, in dem das bessere Argument überzeugen möge. Bush hat gezielt eine religiöse, vor allem apokalyptische Sprache benutzt, um sie für politische Zwecke zu instrumentalisieren. Das bedeutet eine gewisse Mythisierung des politischen Gegners, denn wenn man den Feind zur »Achse des Bösen« zählt, verfährt man wie der Apokalyptiker Johannes und schreibt die Offenbarung weiter.

Man kann die politische Theologie Reagans und der beiden Bush-Präsidenten direkt zurückverfolgen auf den Aufklärer und Gründungsvater der USA, den gebürtigen Briten Thomas Paine, der im überaus einflussreichen Pamphlet »Common Sense« während des amerikanischen Unabhängigkeitskrieges 1776 schrieb: »Es steht in unserer Macht, die Welt von neuem zu beginnen. Eine Situation, die mit der gegenwärtigen vergleichbar ist, hat es seit Noahs Zeiten bis heute nicht gegeben. Der Geburtstag einer neuen Welt ist nahe, und eine Menschenrasse, vielleicht so zahlreich wie ganz Europa, soll ihren Anteil von Freiheit durch den Ausgang weniger Monate erhalten.«

Paine stand unter dem Einfluss der apokalyptischen Gedanken, wie sie auch in den millenaristischen Hymnen der englischen Brüder John und Charles Wesley zum Ausdruck kamen, die den Methodismus begründeten. Bis ins Mark apokalyptisch ist vor allem die größte adventistische Religionsgemeinschaft mit weltweit über 16 Millionen Anhängern: die protestantische Freikirche der 1863 in den USA gegründeten »Siebenten-Tags-Adventisten«. Ihre Anhänger erwarten die baldige Wiederkunft Christi, halten sich hinsichtlich des Zeitpunkts vorbildlich an das biblische Berechnungsverbot, sagen den Anbruch des Tausendjährigen Reichs mit der Auferstehung voraus, woran sich das Jüngste Gericht schließt. Das allerdings endet für die Gottlosen nicht mit einer ewigen Qual in einer feurigen Hölle, sondern mit der endgültigen Vernichtung und Auslöschung. In ihrer fundamentalistischen Gläubigkeit sind die Adventisten dem Niveau der Exegeten des 13. Jahrhunderts sehr nah. Wissen ersetzt Glauben nicht, nein, im Gegenteil: In der Apokalyptik amerikanischer Evangelikaler entweltlicht sich der Glaube, grenzt sich ab vom Anspruch des Wissens und etabliert ein Endzeit-System, in dem man sich in erregter Nahzeiterwartung als auserwählt betrachtet. Das ist im besten Sinne reaktionär.

Autoren wie der oben zitierte Tim LaHaye und dessen Kollege Jerry B. Jenkins hatten und haben womöglich einen großen Einfluss auf die US-amerikanische Geistesverfassung, immerhin wurden ihre Romane der »Left-behind«-Reihe über 60 Millionen Mal verkauft. LaHaye hat einen der mächtigsten Lobbyverbände amerikanischer Konservativer gegründet und spielt, wie Beobachter der Entwicklungen in den USA berichten, in den Reihen der extremen Rechten eine zentrale Rolle. In seinen Büchern, die er nicht als Science-Fiction betrachtet, erweist sich der schriftstellernde Prediger als literarischer Fabulant der kommenden Apokalypse und der Wiederkunft Christi. LaHaye und Jenkins preisen ihre Werke wie folgt an:
Sie sind bereit für die Wahrheit?
Poltische Krise, ökonomische Krise, weltweite Epidemien, Umweltkatastrophen, militärische Endschlachten – und das ist nur der Beginn ... vom Ende der Welt.
Der durchaus umstrittene und für seine Endzeit-Theologie hart

kritisierte LaHaye betrieb schon früh eine Art Öko-Eschatologie, der gegenüber die altmodisch gewordene Endzeit-Rede in den 1970er Jahren hart um Aufmerksamkeit kämpfen musste. Wasserverschmutzung, Bevölkerungsexplosion und Welthunger, prophezeite LaHaye in seinem 1975 erschienenen Buch »Revelation«, gingen einem zerstörenden Armageddon voraus, das zur zweiten Wiederkehr führen werde. Christen rieten Christen, Gold- und Silbermünzen zu kaufen, sich mit Werkzeug auszurüsten, einen Vorrat haltbarer Nahrung anzulegen, mit dem sie die Zeit der Trübsal überstehen würden.

Der Frankfurter Religions- und Kulturwissenschaftler Joachim Valentin hat darauf hingewiesen, dass religiös grundierte Interessenverbände mit quasipolitischen Zielen wie die von LaHaye vor allem bei der Akquirierung von Geld und bei der Mobilisierung einer bisher unerreichten Zahl Wiedergeborener Christen in den USA aktiv seien und bei der Wiederwahl von George W. Bush 2004 eine entscheidende Rolle gespielt hätten. Und Religion, vermerkt schließlich Josef Braml von der Deutschen Gesellschaft für Auswärtige Politik e.V., sei für zwei Drittel der wahlberechtigten Amerikaner das für ihre Wahl entscheidende Kriterium.

Das wissenschaftliche Äquivalent zu politischen Apokalyptikern, die oft auch kreationistisch denken – wie etwa William F. Albright, Frank Moore Cross oder Henry Morris, Professor für Hydraulik am Virginia Polytechnical Institute und Begründer des Institute of Creation Research –, sind sogenannte »maximalistische« Bibelarchäologen, oft evangelikale, überaus konservativ gesinnte Christen außerhalb der Universitäten, für die das Wort des Einen Gottes Jahwe historische Realität ist und die durch ihre Grabungen oder Forschungen die Mythen der beiden Testamente bestätigen und verifizieren wollen – mit dem schallenden Posaunenstoß: Ja, die Bibel hat recht!

Bis heute fungiert die Apokalypse als geistiger wie geistlicher Schmierstoff bei all jenen, die sich nach Erlösung aus ihrer Unterdrückung, aus der Unterdrückung ihrer Religion, ihres Glaubens sehnen, die im Diesseits eine jenseitige Wende herbeisehnen – und das seit Jahrhunderten. Und sie ist tief in jenes Objekt eingestanzt, das als Leitwährung des Weltwirtschaftssystems die moralische Überlegenheit der amerikanischen Nation symbolisiert. Auf der Rückseite des Großen Siegels auf dem Ein-Dollar-Schein, unterhalb des Auges der Vorsehung, heißt es: Novus ordo saeculorum, die »Neuordnung der Zeit«. Sie begann 1776, mit der Unabhängigkeitserklärung der USA.

Wo radikale Eiferer mit christlicher Kultur zusammentrafen, oder anders ausgedrückt: Wer in christlicher Kultur zu einer Verbesserung der Lebensbedingungen aufrief, bediente sich meist apokalyptischer Termini oder millenaristischer Muster. Rebellen und Radikale benutzten die christliche Terminologie, um weltliche Ziele und Gesellschaftskritik religiös zu artikulieren – Botschaften, die an die Masse der Erniedrigten, der Armen, der Benachteiligten, der Verzweifelten und Unzufriedenen gesendet werden. »Millenaristische Erwartungen und politischer Radikalismus«, resümiert der Historiker Eugen Weber, »passen zueinander.«

Das derzeitige Monopol auf politischen Radikalismus und apokalyptische Verbohrtheit besitzt zweifelsohne der Iran. Nicht nur droht er explizit mit der Vernichtung Israels (das in jener verqueren Staatsführerlogik die Hure Babylon unserer Zeit sein soll), beziehungsweise könnte der Iran selbst täglich von einem Angriff Israels in eine Art Endschlacht gezogen werden – nein, auch innerhalb des Landes arbeitet man, wie beim Parlamentswahlkampf im Frühjahr 2012, mit Szenen des Apokalyptischen. Sie sollen den einen der beiden Kontrahenten innerhalb des iranischen Führungsstreits, Präsident Ahmadinedschad, als apokalyptischen Reiter darstellen, der den theokratischen Revolutionsführer Chamenei durch einen islamischen Messias auf Erden ersetzt sehen will. Ahmadinedschad glaubt an den »Zwölften Imam«, der, am Tag des Jüngsten Gerichts aus tausendjähriger Entrückung zurück auf die Erde kommend, die Menschen von ihren Sünden erlösen wird. Mehr als kalkulierte Koketterie mit dem schiitischen Erlösungsglauben für säkulare Machtzwecke scheint das erst einmal nicht zu sein.

Sollte Israel einen Angriff auf das Land fliegen, droht der Iran mit »Apokalypse«. Wörtlich heißt das im iranischen Staatsfernsehen: Iran hat Israel für den Fall eines Angriffs mit Konsequenzen in »apokalyptischem« Ausmaße gedroht. Angeblich hat der Iran sämtliche wichtigen Elemente zur weiteren Verfolgung seines Atomwaffenprogramms in befestigte Anlagen unter der Erde verlegt. Die Drohung mit der »Apokalypse« trifft in Israel natürlich auf besonders fruchtbaren Boden …

Analogien zwischen der jüdisch-christlichen und der persischen Eschatologie sind keineswegs an den Haaren herbeigezogen. Im Iran gibt es, so vermerkte der deutsche Mythenforscher Ernst Böklen Anfang des 20. Jahrhunderts, klare Tendenzen zu apokalyptischer Weltsicht, zurückgehend auf die parsische Eschatologie mit ihrem Dualismus von Licht und Finsternis. Jahrhundertelang durchströmte die Religion des Zoroastrismus den persischen Kulturraum mit seiner zentralen Idee einer Regeneration der Welt und des Lebens. Aus dem Persischen kommend, ist zoroastrisches Denken in der Region Iran und Indien bis heute aktuell. Die Lehre des Zarathustra, dem Meisterdenker des Zoroastrismus, stellt die Guten den Götzendienern gegenüber. Die Guten, Fromme und Gläubige, haben sich für das Gute, die Götzendiener, Taube und Blinde, für das Böse entschieden. Der Gute geht auf dem Weg der Wahrhaftigkeit, was ihm Macht und Reichtum beschert. Entscheidend ist, dass am Ende des Lebens, wenn die Seelen an der Brücke zum Invat stehen, Gericht gehalten wird – über Gut und Böse. Der brückenbreite Weg steht dem rechtschaffenen, der dünne dem bösen Menschen offen. Freilich gelangen nur die Guten ins Paradies, das man Garotman nennt, den Ort der Lobgesänge. Dass der Böse an einen der Hölle vergleichbaren Ort gelangt, ist wenig verwunderlich. Nachdem der Kampf zwischen Gut und Böse vier Perioden zu jeweils 3000 Jahren gedauert hat, wird ein Weltgericht stattfinden, das die Guten belohnt und das Böse verschwinden lässt; am Ende steht das neue Reich.

Kommt einem das bekannt vor? Zwischen parsischer und jüdischer Apokalyptik hat es augenscheinlich historische Wechselwirkungen gegeben, was realpolitisch verlängert insofern interessant wäre, da die ehemaligen Erzfeinde – Irans Präsident Ahmadinedschad und der US-Präsident George W. Bush – zwei Apokalyptiker vor dem Herrn, also vom selben Schlage wären.

Wie an nichts sonst lässt sich daran der intellektuelle Regress der evangelikal geprägten USA ablesen, jenes Landes, dem ausgerechnet im verantwortungsethischen Deutschland ein ehrgeiziger Konkurrent ums apokalyptische Selbstverständnis erwachsen ist.

Natürlich bin ich mir über die Brisanz des folgenden Abschnitts im Klaren, meine aber, die für allzu kritische Geister abenteuerlich anmutende These mit einigen handfesten Argumenten fundieren zu können. Außerdem verlege ich meine lange Reise durch die Gefilde des Weltendes nun von Straße und Schiene in die geistige Sphäre.

17. Betrachtung: Das Ende der Welt als deutsches Geschäft

Warum die Lust am Untergang neben der amerikanischen eine vornehmlich deutsche Angelegenheit ist – ohne dass beide Nationen außerordentlich viel gemein hätten –, hat seinen Grund im apokalyptischen Geist, der durch die deutsche Geschichte wehte, auch wenn die mittelalterlichen Weltuntergangsprophetien und Endzeit-Kommentare meist von französischen, italienischen oder spanischen Gelehrten verfasst wurden. Die Frage, wes Geistes Kind die ewige Lust am Weltuntergang sei, erhielte mindestens zur Antwort: des Deutschen Hang zur Negation. Darin verschwistern sich Krankheits- und Weltbild der Deutschen: die Obsession, unbedingt der Ursache einer Befindlichkeit auf die Spur zu kommen, und die Pflege eines rein mechanistischen Weltbilds, dem zufolge nur das, was objektiv wahr, also messbar ist, anerkannt, per se für gut und richtig befunden wird. Dem deutschen Seinsverständnis liegt die Philosophie der Mechanik zugrunde: Man durchdenkt, analysiert, verwaltet, und in diesem Geist zerlegt man auch den Körper in seine zu kurierenden Bestandteile, statt den Einzelnen als ursächlich leidende Leib-Seele-Einheit zu begreifen. Der Versuch, das Schicksal und die Seele zu überlisten mit einem technokratischen Corriger la fortune, widerspricht auf reizvolle Weise der generalisierten Angststörung und diffusen Angst vor dem Ende der Welt.

Die Denkfigur des Apokalyptischen liegt, in verschiedenen Tönungen, den Epochen der vergangenen 200 Jahre Deutschland zugrunde – von der Romantik über den Idealismus und seiner geschichtsphilosophischen Dialektik, über den Marxismus und marxistischen Kommunismus bis zum Nationalsozialismus. Das Verwerfen des Bestehenden, Umschlagen ins Neue, Schöpfen des Zukünftigen ist, wenn man das klischeeverdächtige Wort gestattet, eine sehr deutsche Denkart. Im Jahr 1984 befand der deutsch-jüdische Historiker und Publizist Walter Laqueur in der amerikanischen Zeitschrift The New Republican, die Deutschen verbrächten mehr schlaflose Nächte als andere Völker, sie könnten nur noch über ihre Angstzustände reden, in Zeitungsartikeln und Büchern, in TV-Diskussionen und von den Kanzeln herab, und offenbar litten sie unter der Zwangsvorstellung, der Weltuntergang stehe unmittelbar bevor. Dem Literaturwissenschaftler Klaus Vondung erscheint Deutschland gar in besonderem Maß als Land der Apokalypse – nächst den Deutschen, so Vondung, zeigten ja nur die Amerikaner eine ausgeprägte Tendenz zu apokalyptischer Weltsicht.

Wenn dieses Aperçu mehr als national- wie kulturkritische Mimosenhaftigkeit ist, müsste man fragen, worin diese Weltsicht bestehe. Vondung antwortet indirekt, sie, diese Vorstellung, bestünde nicht nur »in gesteigerter Angst vor dem Weltuntergang, sondern eben darin, dass die Angst in Bildern und Symbolen der Apokalypse zum Ausdruck kommt.« Symptomatisch sei, dass sich die Deutschen Michael, den Engel der Apokalypse, zur nationalen Identifikationsfigur erwählt hätten; die deutsche Literatur sei voll von apokalyptischen Visionen. Sie entfalteten sich in den Liedern der Befreiungskriege gegen Napoleon wie in den Gedichten des Ersten Weltkriegs, in Wagners Götterdämmerung wie in den Dramen des Expressionismus, in Romanen des Fin de Siècle wie in denen der 1920er Jahre.

Gründe dafür gibt es vielfach. Anzuführen wäre erstens die mannigfaltige Erfahrung der Verwüstung jenes Gebiets, dessen Grenzen heute die Bundesrepublik umfassen. Horrorszenarien und Angstvorstellungen resultieren aus Traumatisierungen, Verwüstungen und Zerstörungen durch Kriege.

Dass die Bedrohung unserer Lebenswelt auf schiefe Weise mit der Angst vor dem Weltuntergang korrespondiert, mag mit dem kulturellen Erbe der Romantik zusammenhängen: Naturverehrung als Denktradition ist ein sehr deutsches Phänomen. Die Naturverklärung und Naturfeier, die Deutschen und ihr Verhältnis zum Wald – das ist eine ganz besonders erotische Beziehung. Kürzlich brachte Philipp zu Guttenberg, Präsident der Arbeitsgemeinschaft Deutscher Waldbesitzerverbände, in einem Interview die deutsche Waldromantik auf den springenden Punkt: »Vom Wald trennt man sich als Letztes, wenn alles andere verloren ist … Wenn man sich die großen historischen Ereignisse anschaut, Inflation und Weltwirtschaftskrise in den 1920er Jahren oder die Weltkriege, dann sieht man: In diesen Phasen wurde unglaublich viel an Wert vernichtet, aber der Wald, der war hinterher immer noch da.« Das heißt: Waldbau ist ständige Investition in die Zukunft. Der Wald ist die Zukunft des Landes. Der Wald symbolisiert Wert und Zyklus des Lebens. Der Wald ist Rohstofflieferant und Naherholungsgebiet. Der Wald ist die Chiffre für Wertbestand, Wertschöpfung, für Ewigkeit, Schönheit, Natürlichkeit und Nachhaltigkeit; er wird so zur Projektionsfläche für jeden Grund-und-Boden-Apokalyptiker, der das Ende der Welt herbeigekommen sieht, sobald auch nur ein Stamm zu viel gefällt wird. In keinem Nachbarland hat das Waldsterben eine derart große Rolle gespielt wie in Deutschland. Der Waldschadensbericht ist jedes Jahr eine Art johanneische Offenbarungsschrift der Regierung. Wenn der Wald fällt, fällt auch der Mensch. *Nach den Wäldern stirbt der Mensch.* So brachten die Umweltschützer während des großen Waldsterbens in den 1980er Jahren ihre Endzeitvision zum Ausdruck. Und in der Tat: Das Holz wird knapp. Schätzungen zufolge fehlen von 2020 an bis zu 40 Millionen Kubikmeter pro Jahr in Deutschland.

Der eigentliche Grund für die Gleichsetzung von Waldsterben und dem Ende der Welt, respektive der Gleichsetzung von Romantik und Apokalypse im deutschen Denken und Fühlen, liegt in der vorromantischen Geschichte begründet. Im 17. und 18. Jahrhundert gab es in großen Teilen jenes Gebiets, das heute die Bundesrepublik einnimmt, einen unfassbaren Kahlschlag, eine Forstvernichtung ersten Grades im Zuge der Industrialisierung. Fast ganz Mitteleuropa wurde abgeholzt, den Deutschen wurde ihr Wald genommen, und sie bekamen Fabriken. Was das Verhältnis der Bürger zum Wald und im Großen zur Natur angeht, liegt der Unterschied zu Frankreich oder Polen in der schieren Bevölkerungsdichte Deutschlands: Bei durchschnittlich 248 Einwohnern pro Quadratkilometer wird es unerhört schwierig, sich ein bisschen Natur in seinem Umfeld zu erhalten. Noch immer werden einhundert Hektar pro Tag versiedelt, was projektiv betrachtet bedeutet, dass in einigen Jahrzehnten die gesamte Bundesrepublik zubetoniert sein wird.

Romantische Naturverbundenheit ist also insofern ein sehr deutsches Phänomen, als die Deutschen seit jeher um jeden Quadratmeter Natur kämpfen mussten, gegen den Nachbarn, den Mitbürger, die Industrie und eine als »Kulturlandschaft« euphemistisch behauchte Zerstörung des natürlichen Lebensraums. Das hat Auswirkungen auf die psychische Verfassung von Menschen. Eine kürzlich ausgewertete Arbeit englischer Forscher der University of Essex in Colchester über Naturaufenthalte in Form von Wandern, Fahrradfahren, Fischen, Reiten und Gartenarbeit kam zu dem Schluss: Schon fünf Minuten körperliche Aktivität im Grünen hellt die Stimmung erheblich auf und steigert das Selbstwertgefühl deutlich. Hochgefühl und Selbstwert gelten Psychologen als wichtige Indikatoren für die geistige Gesundheit; geringe Selbstachtung und ein andauerndes Stimmungstief sind häufige Symptome bei Depressionen. Der Mehrwert der Naturerfahrung liegt in der Wahrnehmung verdrängter Gefühle bei anstrengungsloser Aufmerksamkeit, so würde es der Psychosomatiker sagen. Die große Heilwirkung der Naturerfahrung liegt in der Interesselosigkeit einer Identifikation mit sich selbst, kurzum: dass der Mensch sich selbst wieder als Naturwesen, als Natur also begreife. Der Mensch funktioniert wie die Natur, weil er Bestandteil der Natur ist. Irgendwann im unerbittlichen Verteilungskampf und unausgesetzten Streben nach permanentem Wachstum ist es zum Bruch zwischen dem Naturwesen Mensch und der Umgebung Natur gekommen. Die Wiederentdeckung der Natur, lautet der Umkehrschluss, eröffnet dem Menschen nun wieder vertraut archaische Erfahrungsräume, um jene Handlungskompetenzen zu erwerben, die er in den Komfortzonen den konsumorientierten Wohlstandsgesellschaft verloren oder verlernt hat: Empathie, Stresstoleranz, Wertschätzung. Alles in allem heißt das: Natur entlastet. Natur befördert Kreativität. Natur nimmt den Menschen in sich auf, um aus der gemeinsamen Energie Kraft zu schöpfen. Jeder kann erleben, dass die psychische Befindlichkeit besser ist, wenn das Klima gut ist, und das Klima ist nur gut, wenn Bäume vorhanden sind. So geht der Zusammenhang zwischen Waldsterben und Weltuntergang.

Nun ist jedoch, das wird man schnell bestätigen, die Naturerfahrung des deutschen Städters meist erbärmlich. Er weiß ja nicht einmal, ob man Brennnesselsamen essen kann. Er weiß nicht, wie er in einem europäischen Gebirgstal Nord von Süd, West von Ost unterscheiden kann. Er kann Bäume nicht benennen, Blüten nicht bestimmen und hat grundsätzlich Angst vor kleinen Tieren, die fliegend auf ihn zukommen. Die Reize der Hightech-Welt machen ihn müde, dennoch kann er nicht schlafen. Stets hat er das Hintergrundrauschen der Autos und das Surren elektrischer Leitungen im Ohr; nachts flackern Impulse der Bildschirme in seinem Gehirn fort. Durch die Schuhsohle ist er dauernd vom natürlichen Boden getrennt, er rasiert sich den Körper haarfrei und bildet sich ein, mit Biofleisch und Biojoghurt hinreichend gesund ernährt zu sein. Zum nahe gelegenen See fährt er mit dem Auto; hüpft er ins Wasser, fragt er sich vorher, ob dies einen gefährlichen Hautausschlag zur Folge haben könnte. Sonne schadet ihm schnell, er fürchtet Verbrennung und Dehydrierung und googelt zur Sicherheit Erste-Hilfe-Maßnahmen, denn draußen ist's gefährlich. Natur bereitet dem deutschen Städter Ängste, und wo Ängste sind, sind apokalyptische Visionen, das sollte bis hierher klargeworden sein, nicht weit.

Dem deutschen Wald wurde sein mythischer Charakter dadurch zu eigen, dass er vorher schlichtweg nicht mehr vorhanden war. Aus dem Kahlschlag des Waldes entstand die Romantik quasi als

Baum-Sehnsucht. Sie stützte sich auf den Begriff »Nachhaltigkeit«, der mit Clausewitz 1789 in die Welt kam und sich zum Ziel gesetzt hatte, nur so viel Bäume abzuholzen, wie auch nachgepflanzt werden können. Die Tradition von der Rückgewinnung der Natur nach ihrer Zerstörung (im Hintergrund klingt das apokalyptische Leitmotiv an) führte – diese Linie kann man ohne weiteres vertreten – zur Rechtfertigung einer ökologischen Politik unter Berufung auf die Schöpfung der Natur als höchstem Wert. Das erste Umweltministerium wurde in Deutschland eingerichtet, hier gab es die erste grüne, sich auf Wald und Wiese berufende Partei, die es bekanntlich in die Regierungsverantwortung geschafft hat. Seit jeher ist Umweltschutz als politisches Ziel bemerkenswert konsensfähig. Die Deutschen reagieren fast panisch auf Atomkraft, Wald, Erde, Natur. Psychologen und Soziologen haben immer wieder festgestellt, dass Reaktionen auf größere Katastrophen in Deutschland wesentlich stärker waren als in den Nachbarländern. »Wir sind anfälliger als andere für Apokalypsen und Katastrophen«, befindet Kai Funkschmidt von der Zentralstelle für Weltanschauungsfragen und nimmt die Reaktionen von Deutschen, Engländern und Franzosen auf die Ereignisse in Tschernobyl und Fukushima zum Maßstab seines Urteils über nationale Endzeithysterien. »Es ist frappierend, wie bei beiden Reaktorkatastrophen die Deutschen reagiert haben und wie gelassen vergleichsweise Briten oder Franzosen waren. Bei Fukushima war die Berichterstattung im deutschen Fernsehen mega, das hatten sie weder in England noch in Frankreich.« Diese Sicht stimmt mit Beobachtungen von Risikoforschern überein, welche die deutsche Reaktion auf Fukushima als einzigartig nervös bezeichnen.

Die Vermutung liegt nahe, dass nationale Hysterie (befördert, stimuliert, zumindest genährt durch die mediale) mit nationalem Selbstbewusstsein korreliert. In Großbritannien hat Funkschmidt beispielsweise ein sehr viel höheres gesellschaftliches Selbstwertgefühl festgestellt als in Deutschland. Die Briten wüssten, wer sie sind, wohin sie gehörten. Und die Franzosen erst hätten seit langem einen stabilen Nationalstaat und eine stabile Identität. Diese Beobachtung lässt reizvolle Rückschlüsse dergestalt zu: Weder weiß Deutschland, was es ist, noch ruht es unerschüttert in einem starken Nationalstaatsgefühl, weil ihm sein Wesen, seine Seele, sein Selbstwertgefühl 1933 folgende herausnazifiziert wurde und die Fragilität jeglicher Behauptung als Nation 1945 folgende keinerlei belastbare Performance mehr zuließ.

An dieser – zugegeben heiklen – Stelle wird die Untersuchung des Apokalyptischen als spezifisch deutsche Angelegenheit von einer mentalitätsgeschichtlichen zwangsläufig zu einer realgeschichtlichen. Ist die Vernichtung, die Zerstörung tief im kollektiven Gedächtnis der Deutschen verankert?

Was wäre in dieser Situation ratsamer, als die Sicht der Dinge auf die Lage der Nation beim Literaturwissenschaftler und Ideengeschichtler Wolfgang Riedel zu suchen, Vizepräsident der Universität Würzburg, ausgestattet mit profundem Geschichtswissen und einigen Lebensjahrzehnten persönlicher Beobachtung der Bundesrepublik. »Die Deutschen«, sagt er, »lebten immer schon in einem mehrfach verwüsteten Land, nicht nur durch den Dreißigjährigen Krieg 1618 bis 1648, sondern vor allem durch die beiden Weltkriege. Zerstörte Städte und verwüstete Landschaften durch Artillerie im Ersten und Fliegerangriffe im Zweiten Weltkrieg sind eine prägende Erfahrung, die zum Beispiel den Amerikanern fehlt. Als denen am 11. September 2001 die Twin Towers weggeschossen wurden, dachten die ernsthaft, jetzt geht die Welt unter.«

Wohl wahr, dass das gesamte Territorium in Mitteleuropa ein wiederholt verwüstetes war – maßgeblich verwüstet übrigens durch die angriffskriegerischen Deutschen selbst –, also müsste die Neigung zum Apokalyptischen bei Franzosen und Polen ja ebenso festzustellen sein, was sie allerdings nicht ist.

Im Gegensatz zu Frankreich oder Großbritannien war Deutschland immer ein Durchgangsland: im Dreißigjährigen Krieg ein offenes Schlachtfeld, das in einem Ausmaß verwüstet war wie nirgendwo sonst. Weitaus prägender für das kollektive Gedächtnis aber war der Erste Weltkrieg – ihm spricht der Germanist und Historiker Klaus Vondung als Abbild des Apokalyptischen in der neueren Geschichte einen ganz besonderen Rang zu.»In fast allen kriegführenden Ländern gab es apokalyptische Deutungen des Geschehens, aber nirgendwo sonst als in Deutschland wurde der Krieg von so vielen Repräsentanten des geistigen Lebens als endzeitliches Ereignis, als ›Gottesgericht‹, ›Weltgericht‹ und ›Jüngster Tag‹ interpretiert, nirgendwo sonst erlangten diese Interpretationen solche Publizität, und nur in Deutschland ist ein solch vollständiges apokalyptisches Tableau zu finden.«

Schriftsteller, Professoren und Pfarrer hätten 1914 wie Johannes von Patmos als »Seher« das Kriegsereignis zu deuten versucht, mit einschlägiger Symbolik von Gut und Böse, den biblischen Allegorien der Drachen, Bestien, Schlangen und dem Symbol des »Weltgerichts«, wobei die Deutschen, auf der Seite Gottes stehend, das Gute schlechthin repräsentierten – all das aus dem erfahrenen Gefühl der Bedrängnis heraus, wie es im Alten Testament der Apokalyptiker Daniel beschrieben hatte. Emanuel Geibels berühmte Verse von 1861 »Und es mag am deutschen Wesen einmal noch die Welt genesen« wurden im apokalyptisch erfahrenen Ersten Weltkrieg weltgerichtlich gedeutet, dass in diesem endzeitlichen Ereignis von globaler Bedeutung Deutschlands Sieg die ganze Welt verändere. In intellektuellen Kreisen wurde der Erste Weltkrieg laut Vondung als ein Weltgericht aufgefasst, in der Logik der Geschichtsphilosophie von Georg Wilhelm Hegel, der die Vollendung der Weltgeschichte als Prozess dem »germanischen Reich« übertrug. Schiller machte daraus den Aphorismus »Die Weltgeschichte ist das Weltgericht«. Der Sieger der Geschichte ist der höchste Richter. Mehr Menschenhybris geht nicht.

Der apokalyptische Schwulst jener Zeit ist mit alttestamentlichem Pathos unterlegt und stellt Deutschland direkt unter die Obhut Gottes (als ob der Deutsche von ihm zum Siegen auserwählt sei), dass sich die Überzeugung des 19. Jahrhunderts, anderen Völkern überlegen zu sein, zu einem Nationalchauvinismus auswuchs, dessen Superioritätsgefühle offensichtlich berauschend waren und die Gewaltanwendung gegen andere Völker legitimierte, indem man sich auf ebenjenes Weltgericht berief.

Die aus apokalyptischem Furor abgeleitete Überzeugung, mehr als die anderen wert zu sein, findet am Ausgang des Ersten Weltkriegs eine neue Dimension. Die deutsche Selbstgerechtigkeit, resümiert Vondung, sei die logische Folgeerscheinung eines Konzepts, nach dem Deutschland als Vollstrecker der letzten und höchsten Entwicklungsstufe des Weltgeists ein absolutes Recht gegenüber den anderen, rechtlosen Nationen besitze. Schlagender kann der Einfluss einer Philosophie, in diesem Fall der umgedeutet Hegelschen, in der Praxis nicht ausfallen. Bekanntlich richtete das Weltgericht 1918 anders, und womöglich hatten jene recht, die, wie Friedrich Nietzsche oder Oswald Spengler, keineswegs davon ausgingen, dass die Menschheit eine Entwicklung zum Besseren darstelle, dass die Geschichte dialektisch auf irgendein höheres Ziel zulaufe, sondern dass der Untergang von Zivilisationen und Kulturen der schlagende Beweis für die Planlosigkeit der Menschheit sei. »Vielleicht«, schreibt Klaus Vondung, »ist die apokalyptisch artikulierte Endzeithysterie bei uns deshalb so extrem, weil sie in Korrelationen zu der ebenfalls extremen apokalyptischen und typisch deutschen Sehnsucht nach Erlösung steht und diese Sehnsucht mit sich führt, sei es eingestanden oder unterschwellig.«

Am 30. Januar 1933 wurde Adolf Hitler zum deutschen Reichskanzler gewählt. Der weitere Gang der Dinge ist bekannt, und was in der Endmoräne des Dritten Reichs geschah und mit dem Namen »Endlösung der Judenfrage« den Höhepunkt einer menschenverachtenden, verbrecherischen, genozidalen Ausrottungsindustrie erreichte, hat zweifelsohne die Qualität eines Weltendes. Auschwitz war alles Mögliche: ein Bruch mit der Zivilisation, das schlimmste Kriegsverbrechen aller Zeiten, die unentschuldbare Verrohung des Menschen, der Massenmord an Unschuldigen; apokalyptisch im eigentlichen Sinn der Apokalypse aber war es nicht, denn weder wurde ein übermächtiger

Herrscher, ein wütender Satan, eine Hure Babylon vernichtet, sondern ganz im Gegenteil: Es wurden vollkommen unschuldige, integre, ohnehin unterdrückte Menschen dahingemordet. Und dann war das Ziel der Nazis auch kein neues, himmlisches Jerusalem, sondern ein rassenreines, altes Germania. Geschichte und Details sind hinreichend bekannt.

Für die Gegenwärtigkeit des apokalyptischen Denkens und der ewigen Lust am Untergang aber ist aus jener Zeit etwas anderes abzuleiten: Unter so vielen Erbschaften des Dritten Reichs ist auch jene Hypersensibilität zu finden, die bisweilen unter Hysterieverdacht zu stellen, allerdings mit einer kollektiven Wachsamkeit zu erklären ist. Der Psychologe Michael Utsch attestiert den Deutschen nach Kriegsende ein hochentwickeltes Sensorium, wenn es um Anzeichen für kollektive Gefährdungen geht, und führt gelinde Überempfindlichkeiten auf die Traumatisierungen durch den Nationalsozialismus und die vom Zaun gebrochenen Weltkriege zurück – was schwerlich zu leugnen ist. »Sie sehen das zum Beispiel im Hinblick auf den Umgang mit der Kirche Scientology. In zehn europäischen Nachbarländern sind die Scientologen als Religionsgemeinschaft anerkannt, in Deutschland werden sie vom Verfassungsschutz beobachtet.«

Wurzelt Apokalypse in der deutschen Romantik, oder anders: Ist die heilsgeschichtliche Sehnsucht der Romantik ein apokalyptisches Motiv? Fast scheint es so. Zwar führt von Eichendorff-Gedichten und seinem Satz »Gott wandelt durch die Flure« kein direkter Weg zur grünen Politik, aber die Heiligung der Natur und des natürlichen Lebens ist schon in der Lebensreform-Bewegung um 1900 klar zu erkennen, die durch Barfußgehen, Sackleinentragen und Haarewachsenlassen als Vorläufer der Hippiekultur gar eine starke Naturverehrung zum Ausdruck brachte, die durch die Wandervogelbewegung, durch das Wandern, vor allem Bergwandern, bis heute anhält.

Zeigt uns aber, so lautet die verblüffende Frage am Ende, die Affinität zu Apokalypse, Hysterie und Todesangst nicht etwas ganz und gar Verstörendes, nämlich dass wir Deutschen keineswegs so diszipliniert, kontrolliert, stabil und unemotional sind? Ist nicht das Ende der Welt geradezu das Ventil, durch das wir unserer germanischen Wildheit und Lust zur Wut, zur Exzentrik und Entäußerung Lust verschaffen? Die subrational tobenden Phantasien, die man domestiziert hat, weil man ihnen rasch jederzeit den Faschisten unterstellen kann?

Es war von der Vermutung die Rede, das Ende der Welt sei im Speziellen ein deutsches Geschäft. Erst einmal ist diese Behauptung etwas waghalsig, zweitens reizvoll und in ihrer Undifferenziertheit verlockend. Gesetzt den Fall, es sei etwas Wahres daran, dann dürfte man weiter sagen, Deutschland sei in besonderem Maße von der Lust am Untergang betroffen, weil es fast für den Untergang der Menschheit gesorgt hätte und in seiner Geschichte mehrfach selbst beinahe untergegangen ist. Verlustängste, Sicherheitsbedürfnis und Risikoarmut herrschen ja wohl dort, wo ein in seiner National-Psyche defektes Land, Erbwalter von Kaiser- wie Drittem Reich, auf verbrannter Erde gewachsen ist. Mir scheint es, als läge ein überaus fruchtbarer Humus apokalyptischer Sensibilität auf diesem Land mit seiner grandiosen Extremismusfähigkeit, auf dem düngerfrei die Samen der Vernichtung und Auslöschung sprössen, gediehen, zu herrlichen Blumen heranwüchsen und die Blüten des Katastrophischen aufsprängen.
Nun ist Deutschland jenes Land, das, innerhalb Europas, wohl die größten Kämpfe mit seinen Dämonen ausgefochten hat, und das zum großen Leidwesen seiner Nachbarn und Nachbarsnachbarn. Zwölf Jahre lang hat es wie kein anderes Land Körper und Seele der Völker einschließlich seiner selbst, hat Sinn und Wesen des Lebens verletzt und ist deshalb heute wie kein anderes selbst verletzbar. Der große Nerv des Zivilisationszerstörers liegt noch immer blank, in seiner raschen Reizbarkeit aufs beste berechen- und damit instrumentalisierbar: Deutschland hat der Welt Tod und Leid in kaum bekanntem Ausmaß gebracht, es hat die Welt zweimal an den existenziellen Abgrund geführt und zweimal so

gut wie in den Untergang gerissen. Dieses Deutschland als Reich war die Hure Babylon, war der aus dem Meer steigende Drache, war der unterdrückende, zersetzende, folternde, tötende, wütende, hassende, massenmordende Satan, der alles – und so schändlich vieles erfolgreich – zu vernichten versucht hat, was der Welt von Wert war, der Köpfe abschlug, Leiber aufschlitzte, Leben erstickte, Heimat zerstörte und über Generationen hinweg psychische Wracks und traumatisierte Kinder und Kindeskinder zu verantworten hat, der Vertrauen zerstörte, sich auf ewig versündigte gegen das Gebot der Menschlichkeit, ein wahrhaft apokalyptischer Wahn, der über ein hochzivilisiertes, gebildetes, jüdisches, christliches, humanistisches Europa hereinbrach und über den letzten Atemzug der trotz allem altgewordenen Zeitzeugen hinaus das Wort »Schuld« als ein Synonym für deutsches Wesen in deutscher Sprache programmiert hat.

Im 20. Jahrhundert haben die Fortschritte der Kriegstechnologie in extrem kurzer Zeit ungeahnte Zerstörungspotenziale geschaffen, wie sie bis dahin unvorstellbar waren. Man könnte es wie folgt fassen: Je rationalisierter Vernichtung, Tod und Zerstörung organisiert werden, je technisch perfekter, mikroskopisch gezielter die Auslöschung gerät, desto diffuser und größer wachsen die Ängste vor diesem Potenzial. Der operative Verstand, der durch avancierte Medizintechnik und kurative Gentechnik die Lebenserwartung der Menschen auf durchschnittlich 80 Jahre hat ansteigen lassen, schuf durch Atombombe, Biowaffen und Kernkraft proportional eben auch die Modi unmittelbarer Todeserwartung.

Zukunft
Weltaufgang als Anti-Apokalypse

18. Betrachtung: Morgenröte hinterm Höllenfeuer

Thesen, Theorien und Systeme kamen und gingen, was durch alle Geschichte der Kulturen und Wissenschaften hinweg stets blieb, war – eingezwängt zwischen Trübsal und Labsal – die Angst vor dem Untergang. Seit jeher gab es in der Welt eine Unermesslichkeit an Leid, Schmerz und Elend, und immer schon war die Apokalypse präformiert und das Ende der Welt subkutan präsent. Immer schon waren Habgier, Wollust, Ehrgeiz, Rache, Gewalt, Ungerechtigkeit und Macht die anthropologische Grundkonstante dort, wo es Menschen gab, denn immer schon war das Böse da, in unterschiedlichster Gestalt und scheinbar unausrottbar.

Der kanadische Evolutionspsychologe Steven Pinker hat in seinem vor kurzem erschienenen Opus magnum die Geschichte der Menschheit durch eine Rangliste der Gewaltkatastrophen in der Menschheitsgeschichte dargestellt und kam zu der so aufsehenerregenden wie umstrittenen These, dass die Gewalt (trotz ungeheuerlicher Exzesse wie denen im Zweiten Weltkrieg mit 55 Millionen Toten und den mongolischen Eroberungen durch Dschingis Khan, trotz Sklavenhandel im Nahen Osten, Holocaust der Nationalsozialisten, trotz den Säuberungen des sowjetischen Stalinismus, den Massenmorden der Roten Khmer und der serbischen Armee) im Lauf der Zeit abgenommen habe. Nun also – ist die Denkfigur vom Ende der Welt an ihr Ende gekommen, weil die Welt besser geworden ist?

Es seien, hieß es einige Seiten zurück, heute herrliche Zeiten für Apokalyptiker, was sich nun insofern als falsch herausstellt, da wir geradezu in apokalyptisch armen (weshalb man sagen muss: positiven) Zeiten leben: Die materielle Basis der meisten

Bundesdeutschen ist weitgehend solide und nach wie vor gut, wobei Armut, Rentner- und Kinderarmut, kaum bestritten, in jedem Fall zu verurteilen sind. Weder gibt es Massenaufläufe noch Massenbewegungen, weder Massenpaniken noch Kollektivpsychosen, kein Krieg dräut, kein Crash; die Demokratie ist funktionstüchtig, die üblichen Streiks halten sich in den üblichen Grenzen tarifvertraglicher Notwendigkeiten, die radikalen Ränder – die jede Gesellschaft, wenn man eine Gesellschaft in Form der Gaußschen Normalverteilungskurve begreift, hinzunehmen hat – sind mehr oder weniger eingehegt. Von den wöchentlichen Meldungen volatiler Konjunkturentwicklungen an Börsen und Marktplätzen lassen wir uns kaum mehr beeinflussen, weil die Launen des Marktes geradezu müßig sind; der Mittelstand meldet Wachstum, und VW hat seinen Gewinn verdoppelt. So gesehen leben wir in fast himmlischen Zeiten, und mit Sinn und Verstand ist zu fragen, ob der Idealist Immanuel Kant im Großen und Ganzen recht hatte, als er als einer der ersten Denker der Moderne behauptete, es gebe einen beständigen Fortschritt des Menschengeschlechts und damit den Progress zum Guten.

Dessen ungeachtet scheint den Menschen an sich ja nichts mehr zu faszinieren als das schlechte Ende. Was wurde innerhalb der vergangenen zwanzig Jahre nicht alles zu Ende gebracht und bestattet: das Ende des Subjekts, das Ende der Geschichte, das Ende der Moderne, das Ende des Abendlands. Wie kann es überhaupt sein, dass der Mensch permanent mit Enden zu tun hat? Wie kann er das Ende der Welt annehmen, da nichts dergleichen jemals auf die Richtigkeit dieser Annahme hindeutete?

Der Mensch braucht das Ende, lautet ein letzter Antwortversuch, um den Anfang denken zu können. Er braucht die Vorstellung vom Ende, weil sein Rationalitätsregime linear ist: auf Anfang und Ende, Grund und Folge, Beginn und Abschluss ausgerichtet. Ohne Anfang und Ende, ohne Herkunft und Entstehung lässt sich das Leben nicht denken. »Alles, was entsteht, ist wert, dass es zugrunde geht«, belehrte uns ein kluger Geist, und über diese faustische Weisheit hinaus scheint es eine Tatsache zu sein, dass für die Menschen aller Kulturkreise und Epochen der Gedanke an die eigene Ursprungslosigkeit schwer auszuhalten ist. Die Sehnsucht nach dem Anfang ist ja auch eine Sehnsucht nach Wahrheit und Gewissheit, oder anders gewendet: Die Suche nach Wahrheit und Gewissheit ist eine Suche nach Letztbegründung, und zwar der unwiderruflichen. Alle Schöpfungssysteme künden von der Anfangssehnsucht und sind zugleich Ewigkeits-Poetiken, das macht sie anziehend. Und für Gottgläubige sind sie deshalb so attraktiv, weil jemand Übermenschliches, jemand Allmächtiges, eine personalisierte Größe also, über Anfang und Ende bestimmt und dieselben verantwortet, weshalb man sich ihrer Macht anheimgeben kann. Eine Anfangslosigkeit ist dem Menschen schlechthin nicht vorstellbar, aber schon die Vorstellung von der Unvorstellbarkeit einer Anfangslosigkeit ließe sich als hirnphysiologisch erbrachter Beweis dafür ansehen, dass es einen Anfang gegeben haben muss, obwohl er bisher durch nichts bewiesen ist – oder etwa nicht?

Der Erlösungsglaube – die andere große Sehnsucht des Menschen – hingegen braucht ein Ende und deswegen auch einen Anfang. Kein Omega ohne Alpha, biblisch gesprochen. Das Leben ist ein Vorlaufen in den Tod und das Ende dem Anfang schon eingeschrieben. Sterben beginnt mit der Geburt, für Individuen wie für den Kosmos. Für das Ende gibt es nur Vermutungen und Vorhersagen, und nicht eine einzige ist bislang eingetroffen. Für die Geburt des Kosmos und des Seins an sich aber gibt es den Anhaltspunkt des Urknalls und der Inflation des Universums.

Die Urknallbehauptung ist für Gottgläubige nach Darwins Selektionstheorie die größte geistige Zumutung und für die institutionalisierte Kirche eine Existenzbedrohung, denn Welterklärung ist immer auch Weltdeutung, und Deutungshoheit bedeutet immer auch Macht über das Weltbild der Menschen. Die Physiker verunsichern selbst die Unfehlbaren: Während Papst Pius XII., in dessen Amtszeit der Holocaust fiel, Urknall und Standardmodell

Anfang der 1950er Jahre (freilich als endlich erbrachten Gottesbeweis) anerkannt hatte, ging Johannes Paul II. Mitte der 1990er Jahre wieder auf Distanz zur Theorie des Big Bang.

Was nun, wenn es den Urknall tatsächlich, also messbar gegeben hätte und am Beweis der synchronen Entstehung von Materie, Raum und Zeit aus einer ursprünglichen Singularität kein Glaube mehr vorbeiführen könnte? Was, könnte man den Urknall jetzt sogar beweisen? Dann hätte man die so lang ersehnte und gesuchte *Theory of Everything*, jene Weltformel, mit der sich trefflich auch über das Ende der Welt räsonieren ließe. Anfang 2010 war man davon nur einen kleinen Schritt entfernt. Es waren damals harte Wochen für Theologen und Kirchenvertreter, als die natürlichen Feinde der Kleriker, die Teilchenphysiker, dem biblischen Schöpfungsmythos bedrohlich nah auf die Pelle rückten und die finale Entzauberung der göttlichen Metaphysik androhten.

Unter der Erde, am Teilchenforschungszentrum CERN, wurde zwar erst einmal nichts anderes geleistet, als ein Stück mehr von jener Gewissheit zu begründen, dass der Glaube ans Wissen womöglich gerechtfertigt ist. Doch er bleibt Glaube, und der Urknall ist wie »Gott« eine bis auf weiteres unbewiesene Fiktion. Die mit kurz unter Lichtgeschwindigkeit simulierte Genfer Protonenkollision war der bislang grellste Lichtstrahl in der Ungewissheit der eigenen Herkunftsumnachtung. Ein Triumph der Materialisten. Der Mythos der Spätmoderne, der im Großen Hadronen-Speicherring (Large Hadron Collider – LHC) unter dem Genfer See verfertigt wurde und wird, könnte die Fiktion vom Abriss aller Geheimnisse durch die unhinterfragte Ursprungsgewissheit werden, durch eine einzige, unstreitbar wahre, von niemandem bezweifelte, universell gültige, die Natur entlarvende Weltentstehungsformel. Es ist die Erzählung vom LHC als beispiellosem Schöpfungslabor der Superlative: die größte Maschine aus Menschenhand, die teuerste Anmaßung, die kleinsten Teilchen, die höchste Geschwindigkeit, das aufwendigste Experiment der Menschheitsgeschichte. Diese Art der Hybris und

Selbstermächtigung entspricht dem Zeitgeist der Zeit- und Grenzenlosigkeit: Optimierung durch Verdichtung, Fortschritt durch Beschleunigung. Der Sensationalismus ist der zweite Grund, warum das Protonenkollisionsereignis in der Unterwelt für viele aufgeklärte Zeitgenossen eine so elektrisierende Nachricht ist.

Der erste besteht darin, dass im Jahrtausende anhängigen Streit zwischen Metaphysikern und Physikern um Weltdeutung, zwischen Glaube und Wissen im Kampf der Fiktionen um Evidenz, die Physiker zu Schöpfungssimulatoren geworden sind. Nur sie können die Daten deuten, weil nur sie nach den Bausteinen dessen zu suchen vermögen, was der reale Fall (und nach Wittgenstein also die Welt) ist. Kein jüdischer, kein christlicher und kein islamischer Gott, sondern laut Standardmodell 19 Bausteine und vier Grundkräfte halten die Welt im Innersten zusammen wie vier Aminosäuren den Menschen. Wenn dem so wäre, spätestens dann wäre der vermeintliche Kampf der Kulturen und Religionen der Lächerlichkeit preisgegeben. Die Frage ist ja nicht mehr: Welcher Gott rettet wen?, sondern nur noch: Wo ist die Antimaterie?

Eines der Paradigmen des Wissenschaftszeitalters lautet: Wer das Allergrößte denken will, muss zum Allerkleinsten hinab. Die letzten Gefechte der Evidenz werden im Nanobereich entschieden, nicht durch den Blick in den Himmel. Die teilchenphysikalische Suche nach einer Theory of Everything, an der sowohl Heisenberg als auch Einstein scheiterten, nach einem einzigartigen Modell, das die grundlegenden Wechselwirkungen von Sein und Werden aus sich heraus erklärt, ist nichts weniger als die Hoffnung auf Homogenität zwischen Kosmos und Schöpfung – und also selbst ein Gottesglaube, sofern der Begriff »Gott« für das Unerklärbare, Unverfügbare, Unbestimmbare steht. Die Wissenschaft selbst funktioniert nur durch den Glauben an ihre Axiome, die dem menschlichen »Geist« (dessen Existenz ja auch so eine herrlich spekulative Annahme ist) kohärent und logisch nachvollziehbar erscheinen. Aber sind diese Axiome deswegen real?

Wenn Relativitätstheorie und Quantenphysik dereinst in einer geistigen Kernschmelze widerspruchsfrei fusionieren sollten, wäre die Fiktion eines für alle Kulturen und Religionen, Staaten und Regierungen geltenden, alle Streitigkeiten versöhnenden und Zweideutigkeiten aufhebenden Universalgesetzes verifiziert, dessen gravitätische Erhabenheit ohne Spekulation, ohne Transzendenz, ohne Moral und ohne weltanschauliche Relativität auskommen kann.

Und dann begänne das Problem: Wäre es nicht allzu profan und belanglos, würde alle Poesie der Ungewissheit, würde alle Spekulation, würde alles Hoffen ausrangiert durch die unbezweifelbare Wahrheit einer schnöden Gleichung? All das Numinose und Mystische, der Zauber des Irrationalen, der Schleier des Nichtwissens, der Charme des Unsagbaren, die ganze Spekulationsleistung der Kunst- und Kulturgeschichte wären mit einer von allen anerkannten, höchst profanen Weltformel nie geschehen. Das Nicht-Wissen ist bekanntlich jene Kraft, die den suchenden Menschen zur höchsten Kreativität treibt. Weder aber hat sich der zerstörerische Zauber der Liebe und des Körpers durch die ästhetisch höchst ansprechend aufbereitete Decodierung des menschlichen Genoms erledigt, noch könnte eine sogenannte »Weltformel« die musische Macht all jener Mythen vertreiben, denen sich die gesamte Menschheit in unterschiedlichen Erzählungen seit jeher verschrieben hat. Es sei denn, sie bezöge Psychologie und Kunst quantenelektrodynamisch mit ein, womit letztlich dem schwäbischen Weltgeist-Philosophen Georg Wilhelm Friedrich Hegel Reverenz erwiesen wäre, dessen 1802 verfasster Glutkern des deutschen Idealismus mit dem Titel »Glaube und Wissen oder die Reflexionsphilosophie der Subjektivität« Glauben und Wissen über die vermittelnde Vernunft zu versöhnen trachtete. Nicht Kosmos gegen Schöpfung also, sondern Kosmologie als Schöpfungsgeschichte.

Noch haben Offenbarungsgläubige und Metaphysiker Glück gehabt, denn mit dem sensationellen Erfolg der Physiker am Genfer

Forschungszentrum CERN, dem vermeintlichen Fund des noch fehlenden Elementarteilchens, ist Gott bis auf weiteres wissenschaftlich noch nicht erledigt. Die Frage, ob und wo das mysteriöse Higgs-Boson, also das letzte unbekannte Elementarteilchen im Universum, zu finden sei, ist bis heute ebenso ungelöst wie die eschatologische Frage nach dem Zeitpunkt des Jüngsten Gerichts. Der Jubel der Teilchenphysiker bezieht sich freilich auf die Simulation der ersten Zehnmilliardstelsekunde nach dem Urknall. Das Entscheidende und nach wie vor mit keinerlei Billionen-Elektronenvolt zu Simulierende aber ist die Nanosekunde *vor* dem Urknall. Die Erschaffung der Welt aus dem Nichts darf also nach wie vor noch als Wunder bezeichnet werden, Theologen und Kirchenvertreter können weiterhin ruhig schlafen, Gott bleibt im Spiel. Für reformierte Kreationisten ist er, Gott, nach wie vor der Intelligent Designer, für Gläubige der Urgrund des Seins, für Physiker womöglich eine zig Milliarden Grad heiße Energie mit quantenmechanischer Kompetenz, für alle anderen die unersetzliche Projektionsadresse für Vertrauen und Treue.

Für Apokalyptiker bleibt er der große Richter in letzter Instanz.

Die totale Vermessung der Welt durch die Physiker ist auch eine totalitäre Vermessenheit des Homo scientificus, die stillschweigend voraussetzt, dass alle Artgenossen sich auf eine wissenschaftliche »Weltformel« einlassen möchten, die alles zugleich erschöpfend erklärt und ebenjener totalen Rationalität entspricht, vor der so viele fliehen und die durch das apokalyptische Denken für viele wohltuend außer Kraft gesetzt wird. Je mehr das Leben zur Verfügungsmasse der reinen Logik wird, desto stärker wächst das Verlangen nach Spiritualität. Das ist aus der Menschheitsgeschichte deutlich zu lernen: Wenn das Wissen erst einmal in der Welt ist, hat der Glaube noch lange nicht ausgedient. Glaube heißt ja nicht dogmatische Transzendenzbesessenheit; Glaube ist, auch und gerade in der gegenwärtigen Krise des Ethischen, die Einladung zur Hingabe an die Scham der Vernunft.

Unausgesprochen steht am Ende jeder Form der Realitätsbewältigung die Neuschöpfung, sonst wäre selbst die Evolution eine Schimäre. Der Zerstörung folgt der Wiederaufbau, der ewigen Wiederkehr der Verdammnis die Wiederauferstehung, dem Kataklysmus die Bereinigung. Ist nicht alles Periode, Wiederkehr? Und wenn die Natur (Jahreszeiten, Aussaat, Ernten) eine zwingende Verkörperung der periodischen Wiederkehr ist, müsste es kommen, wie Mircea Eliade, der große rumänische Religionssoziologe, einst über den Zyklus der Zeit schrieb: »Wie auch der Mond niemals ganz verschwindet, weil ein Neumond zwangsläufig kommt, so verschwindet auch der Mensch niemals ganz, weil nach jeder Flut eine neue Menschheit geboren wird.« Man muss Eliades Sicht, das herrschende Prinzip der Geschichte sei die Wiederholung, nicht unbedingt teilen, aber es sei ernsthaft gefragt, ob man die Vermutung schlichtweg hinzunehmen hat, dass die Welt am Ende notwendig ihrer Zerstörung anheimfällt.

Wie nun wäre es daher, diese Welt nicht länger von ihrem Untergang, sondern von ihrem Aufgang her zu denken? Leben nicht vom Tod her zu begreifen, sondern von seiner beständigen Geburt? Wie also wäre es, die Perspektive zu wechseln und damit die Haltung und das eigene Verhalten?

Nicht nur ist ja jeder Tag ein dem Untergang abgetrotzter Weltaufgang, sondern einer, an dem das Leben an sich sich als existenzielles Datum aufs Neue bewährt. Diese Umkehr der Sichtweise beinhaltet letztlich eine optimistische Weltauffassung, man könnte sagen: In ihr steckt der Ur- und Überlebenstrieb des Menschen, sonst müsste man die Leerstelle des Untergangs erst einmal rational plausibel machen, die Implosio ad nihilo, die der Creatio ex nihilo verwandt ist und sich nicht auf ein okkultes Geheimwissen stützt. Die Offenbarung des Johannes wäre ja nicht das kanonische Finale des Neuen Testaments, steckte in ihr keine als Erlösungsversprechen getarnte moralische Botschaft: Natürlich überleben die Gerechten, aber eben nur die Gerechten, der auserwählte Rest. Nur: Wer darf sich als gerecht und auserwählt betrachten?

Ich hatte, wie man sich hoffentlich erinnern wird, meine Reise durch die Gefilde des Apokalyptischen angetreten, um auf der Suche nach kulturellen Prädispositionen und psychischen Befindlichkeiten der Zeitgenossen (welche selbstverständlich auch die meinen sind) der ewigen Lust am Untergang eine fundierte Bühne zu zimmern, auf dass die Schleier der Entfremdung darauf fortzuziehen wären. Durch Reflexionen, Begegnungen, Lektüren, Gespräche und die permanente Beschäftigung mit meiner eigenen Weltuntergangsfiktion war ich nach den Erkundungen des kulturellen Genoms der Geschichte und nach Ratsuche bei den Koryphäen der verschiedenen Wissenschaften nun auf der Zielgeraden angekommen – in durchaus großer Verblüffung, denn plötzlich führten die Straßen, Wege und Pfade der Erkenntnis nach oben und vorn, nicht nach unten und hinten. Bei allen Ableitungen des Weltuntergangs begann ich mehr und mehr aufzuleiten und spürte, wie ich in der Morgenröte jedes neuen Tages so etwas wie Zuversicht entdeckte, ja merkte, dass ich in einem ganz anderen Koordinatensystem angekommen war, dass ich gewahr wurde, wie mir täglich die Welt aufging (was sie physikalisch freilich für jeden an jedem Tag einmal tut, aber hier dreht es sich notabene um die Welt, die *in* mir aufging). Es war nicht einmal eine trotzige Ode an die Freude, die ich gegen die dauernde Negation von Verfall, Zusammenbruch und Verschwinden, die Regentschaft des kataklystischen und acidischen Prinzips einsetzte, nein, es war etwas viel Profaneres, nämlich die Überzeugung, dass das Ende der Welt nicht kommen wird, wenn der Mensch es nicht zulässt. Wer nicht will, dass die Welt untergeht, muss sie retten. Natürlich kann er – wie Abermillionen vor ihm es taten – tage-, wochen- oder auch jahrelang auf die Intervention Gottes oder der Götter hoffen, ohne genau zu wissen, ob es die Götter gibt, ob sie kommen und, wenn ja, was dann geschehen wird. Und wenn er daran glauben möchte, ist das aller Ehren wert und keineswegs zu verachten, weil der Mensch, man erinnere sich, glauben will, um vertrauen zu können.

Doch nach Lage der Dinge wissenschaftlicher Kurven und

empirischer Datensätze rennt ihm, ebenjenem Menschen, rennt der Welt, rennt uns die Zeit davon, und keinen Gott scheint das zu kümmern – es sei denn, aber hier betritt man den Herrschaftsbereich spiritueller Exegese, man möchte in Fukushima ein Menetekel sehen, man möchte in den Aufständen der arabischen Welt ein Signal entdecken, man möchte in Erdbeben, Tsunamis, Fluten und dem täglichen Wahn aus Gewalt und Tod eine Prüfung des Schöpfers erkennen, auf dass seine Geschöpfe umkehren und den Weg der Selbstvernichtung verlassen.

Ich tue das nicht.

Ich mache mir eine Sicht zu eigen, die auf persönliche Verantwortung jedes Individuums setzt, auf Einsicht und Gestaltungswillen, um der Zerstörung der natürlichen Lebensgrundlagen, die nach allen wissenschaftlichen Prognosen eindeutig in einem bislang unvorstellbaren Tempo zunimmt, aktiv entgegenzutreten, denn das Verheerende am Verdacht auf das mögliche Ende der Welt ist die Unsichtbarkeit, mit der dies geschieht – und was unsichtbar ist, wird in einer auf Sichtbarkeit, Darstellung und Inszenierung abgestellten Kultur nicht wahrgenommen. Die Aufmerksamkeitsschwelle für das Unsichtbare liegt kurz über dem Gefrierpunkt.

Das Leben ohne die Anrufung einer göttlichen Intervention aufzufassen, in wohlerwogener Weise also unreligiös zu sein, erfordert ein gewisses Weltretter-Pathos, und nun wird es manchen Leser geben, der an diesem Punkt das Buch zuschlagen und sich mit subtilem Zynismus über solcherlei Anmaßung ereifern wird. Sei's drum. Im Angesicht der Naturzerstörung aber auf den eingreifenden Gott zu warten, wäre eine Schicksalsgläubigkeit, die heutzutage kaum noch zu rechtfertigen ist. Mit Verfeinerung der technischen Möglichkeiten und immer weiter ausdifferenzierten Sozialtechniken sind die Menschen seit längerem übereingekommen, das Schicksal als solches abzuschaffen. Statt den möglicherweise reizvollen, hier und da sicher auch schmerzbringenden Reigen unvorhergesehener Ereignisse, die uns widerfahren, als dem Leben zugehörig zu betrachten (ja das Leben eben als unvollkommen und himmelwärts offen anzusehen), gehen wir Gegenwartsmenschen mit großer Verve, Ausschließlichkeit und Geschlossenheit daran, das Schicksal zu korrigieren – *corriger la fortune* heißt dieses Prinzip eines optimierungswütigen Selbstverständnisses, das Schwächen, Scheitern und Schmerzen nicht mehr zu ertragen bereit ist und für jeden Defekt eine Pille, eine Spritze, eine leidneutralisierende Handreichung anzubieten hat, so, wie die entsprechende Industrie für jeden noch so entfernten Winkel der Welt ein Bild produziert, ein Wort kreiert, eine Deutung aufbietet, auf dass alles erkannt, im Griff und unter Kontrolle sei. Nichts soll dem Zufall überlassen, nichts der Unkenntnis geschuldet bleiben, denn in Zeiten von Ängsten und Unsicherheiten, von Hysterie und Perfektibilität, Zeit-Verdichtung und Raum-Verengung könnte der kleinste Fehler im System der systemischen Subsysteme zu größter moralischer Schuld am Menschheitsgedanken führen. Die Suspension des Schicksals zugunsten des totalen Pragmatismus einer Allesmachbarkeit unterscheidet nur noch in Glück und Unglück oder Glück und Pech. Glück haben die von Ungemach Verschonten, Pech jene, die sich im Zustellbereich der unvorhergesehenen Katastrophe befinden: die Opfer von Unfällen, Gen-Defekten, Gewaltattacken. Dieser Geist der Zeit ist bei aller Freiheit das Korsett des Determinismus, das Poesie, Phantasie, das Heilige, Unverfügbare, Unbestimmbare, Offene, ja, wenn man so will: das Göttliche einzwängt und in Recht und Verwaltung, Effizienz und Entscheidung auflöst.

Die Schicksalskorrektur forciert das Drängen des Menschen über sich hinaus, und dieses Fort – von sich – scheint das ewige Geheimnis jenes unerhörten Abenteurertums zu sein, nicht bei sich bleiben zu müssen. Womöglich ist es aber auch das ungeschriebene Grundgesetz der Evolution, dass nur, was aus sich herausdrängt, in sich zusammenfallen kann, und dass nur, was sich stets aufs Neue hervorbringt, Leben genannt werden kann.

Das Ende der Welt aber, die intellektuelle Gegenmacht zum Corriger-la-fortune-System, ist nichts weniger als absolute Schicksalsergebenheit, beglichen mit der Währung Trost und

Hoffnung. Es ist die Anrufung des Schicksals in schicksallosen Zeiten, die kleine Fuge des unausgedeuteten Lebens und des undeutbaren Fatums. Das apokalyptische Denken bringt den metaphysisch verdurstenden Gegenwartsmenschen das Elixier des Wunderhaften zurück, es ist die Phantasie der Wiederverzauberung einer hinreichend entzauberten Welt, in der jenseits des gemachten Sinns nichts mehr Sinn in sich trägt.

Nach 18 Betrachtungen über das Ende der Welt stelle ich nüchtern fest: Wir leben in der Diesseits-Diktatur und haben keine Jenseits-Ahnung mehr. Die zeitgenössische Tragik besteht darin, dass wir jenseitsvergessen und diesseitsverloren sind. Traditionelle, über Jahrhunderte hinweg gelehrte Eschatologie ist heute kaum mehr vermittelbar. Die Jenseitsvorstellungen unserer Zeit sind, gemessen an der reinen Lehre, abstrus und größtenteils eklektisch: ein Amalgam aus christlicher Mystik, buddhistischer Reinkarnationslehre und spätmoderner Glücksforschung. Die von existenziellen Zumutungen weitgehend verschonte Seele der heutigen Zeitgenossen ab den Jahrgängen 1960, bei denen seelische und physische Verletzungen durch den Zweiten Weltkrieg auszuschließen sind, hat die Leidensfähigkeit verloren. Die in ökonomischem Wohlstand, sozialem Halt und politisch garantierter Autonomie gründende Unversehrtheit hat das Leid (und somit auch die Apokalypse) aus dem Einzugsbereich der Welt-Erfahrung suspendiert. Weil nichts mehr wahrhaft zu sein scheint, alles ohnehin sein Gegenteil impliziert und jede Position sogleich reversibel ist, hat das Leid gar keine Aussicht mehr, als bedeutende Ganzheit erfahren, durchfahren, erlebt zu werden. So suspendieren wir mit dem Leid auch die Möglichkeit zum Erlebnis der eigenen Wahrhaftigkeit. Zu leiden, das heißt die Verzweiflung der eigenen Leere auszuhalten, setzt eine Fähigkeit voraus. Man darf das Leiden als Kunst betrachten: als Ausdruck der Selbstgestaltung, die, im gelungenen Fall, zu neuer Kraft führt, die eine Erlösung ist und die ich schließlich Weltaufgabe nennen möchte.

19. Betrachtung:
Die Wiedereroberung der Welt

Kein Weg führt heute mehr an der Erkenntnis vorbei, dass es die Wiederentdeckung der Sinnlichkeit, des Körpers und des Menschen als Natur-Wesen zu verzeichnen gilt. Das spätmoderne Subjekt, gefangen in artifiziellen Schleifen eines zunehmend virtuellen Lebens, zieht zu Felde gegen die eigene Naturentfremdung. Berg-, Wald- und Wiesen-Wandern boomt, Zeitschriften über Natur und Land feiern Millionenauflagen, in Großstädten werden Erlebnisgärten angelegt, auf den Dächern großer Hotels in europäischen Citys entstehen Wildgärten; die Sehnsucht nach einer neuen spirituellen Naturerfahrung treibt die Menschen massenweise in die einsame Wildnis; mehr und mehr Städter – und keineswegs Spießer – erfreuen sich an der kleinen Peter-Panschen Märchenwelt des eigenen Schrebergartens; öffentliche Räume werden quasi-anarchistisch durch »Samen-Guerillas« ohne amtlichen Dienstweg begrünt (und durchaus verschönt); Restaurants setzen auf ganzheitliche »Sinnestempel mit Terrasse«, Patio und Park (in der Selbstbeschreibung fehlt selten das Wort »Oase«); inmitten von Beton und graffitibemalten Wänden, von Haus, Straße, Weg und postindustriellen Brachflächen, entstehen Biotope und dschungelartige Arrangements; unvermeidliche Trendforscher wie jene des deutschen Zukunftsinstituts machen eine »neue Lust an der Natur« aus und haben, wie immer rasch, den passenden Begriff zur Hand: »Neonature«; Sozialpsychologen stellen eine evolutionär verankerte Liebe zum Lebendigen fest, die sie »Biophilie« nennen, und die Koryphäen der amerikanisch geprägten empirischen Naturpsychologie von den Universitäten in Michigan, Texas oder Illinois – einer noch jungen und in Deutschland weitgehend unbekannten Disziplin – setzen in unterschiedlichen Studien jedem Zweifler die empirischen Beweise für den stressabbauenden Charakter von Naturkontakten entgegen. Hochgefühl und Selbstwert gelten unter Psychologen als wichtige Indikatoren für die psychische Gesundheit; geringe Selbstachtung und ein andauerndes Stimmungstief dagegen sind häufige Symptome bei Depressionen. Ergo: Grün macht glücklicher als Geld. Wer allein finanziellen Erfolg zur maßgeblichen Größe fürs eigene Glück erhebt, berichtet konstant über ein niedrigeres Selbstwertgefühl, über fehlende Vitalität und ausbleibende Lebenszufriedenheit.

Apropos Geldreichtum: Nicht selten amalgamiert sich apokalyptischer Denkstil mit der Denunziation der Privilegierten. Oder andersherum: Die Kritik an Reichen und Wohlhabenden bedient sich gern apokalyptischer Instrumente. Das ist leicht behauptet, hat Effekt und triggert auf berechenbare Weise eine kulturgeschichtlich relevante Befindlichkeit. Von John Milton, einem der einflussreichsten englischen Staatsphilosophen und Dichter des 17. Jahrhunderts, einem Presbyterianer wohlgemerkt, stammt das Wort, der Antichrist sei der Sohn von Mammon, woraus bis ins England des 19. Jahrhunderts hinein kurzerhand abgeleitet die Reichen als Eigentum des Great Beasts bezeichnet wurden und als antichristlich galten.

Auch wenn eine Bewegung zurück zur Natur nicht gänzlich neu ist (und sich historisch betrachtet vermutlich periodisch wiederholt), ist ihre Aussage heute dennoch treffender denn je: »Zurück zur Natur« heißt zurück zu sich selbst. Zurück zu sich selbst heißt aber nicht zurück in die Höhlen, sondern heißt hinein in den heilsamen Erfahrungsraum der Geborgenheit. »Natur«, befindet der einzige deutsche Natursoziologe, Rainer Brämer von der Universität Marburg, »ist in den vergangenen Jahren vom Biotop zum Psychotop geworden.« Sie ist nicht mehr, wie in blaublumigen Zeiten der Romantik oder Wandervogelbewegung, reiner Selbstzweck, sondern vielmehr Instrument individuellen Nutzwerts, das dem gehetzten Subjekt Entspannung von den Reizfluten seiner gesundheitsbedrohlichen Alltagswelt ermöglicht. Der Mehrwert der Naturerfahrung liegt in der Wahrnehmung verdrängter Gefühle, in der anstrengungslosen Aufmerksamkeit, darin, dass der Mensch sich selbst wieder als Naturwesen, als Natur also begreife.

Was aber hat all das nun mit dem apokalyptischen Denken vom Ende der Welt zu tun, wird man fragen.

Alles.

Nach einer nicht eben verblüffenden, aber wichtigen Erkenntnis der Psychosomatik funktioniert der Mensch nach denselben Gesetzen wie die Natur, weil er Bestandteil der Natur ist. Im unerbittlichen Verteilungskampf und im unausgesetzten Streben nach permanentem Wachstum ist es vor längerer Zeit zum Bruch zwischen dem Naturwesen Mensch und dem Wesen der Natur gekommen, dessen bedeutendste Folge neben der Depression der Sinnverlust ist (wenn nicht beides ohnehin synonym zu verstehen ist). Die Wiederentdeckung der Natur eröffnet dem Menschen wieder vertraute archaische Erfahrungsräume, um jene Handlungskompetenzen zu erwerben, die er in den Komfortzonen der konsumorientierten Wohlstandsgesellschaft verloren oder verlernt hat. Nichts ist prägender als die eigene Erfahrung.

Wer wandert, weiß, was er tut, weiß aber nicht, wie ihm dabei geschieht. Er merkt nicht, dass schöne Landschaften ihn heimlich gesunden lassen. Schritt für Schritt im schönen Raum verändern sich die internen Denk- und Fühlmuster. Durch geringe, aber ausdauernde körperliche Tätigkeit nimmt die Ausschüttung der Stresshormone ab, und die Freisetzung der Stimmungshormone steigt an. Dass Depressionen durch Wanderungen in der Natur gemindert werden, ist mehr als eine weiche Vermutung, sondern unter anderem das harte Resultat amerikanischer Forschungen, die ebenso nachweisen können, dass Spaziergänge in Städten Depressionen eher befördern.

Die offenbarte Sehnsucht nach dem eigenen Ursprung kommt zweifelsohne einer neuen Art Naturreligiosität gleich. Der wandernde Städter pendelt sich Meter für Meter stärker auf den eigenen Rhythmus ein; er hört sich atmen und wundert sich, wie ganzheitlich er ist. Schritt für Schritt nimmt er das Rattern im Kopf weniger ernst, dann weniger wahr; er atmet tief durch und bildet Respekt aus vor Bäumen, die an grotesk geneigten Hängen Wurzeln zu schlagen verstehen. Nach einigen Kilometern ist das Gehen bereits eine Art aktive Meditation, denn der Städter denkt an nichts, ist leer und nur er selbst. Er verliert die Angst. Die Welt geht ihm auf.

Bekanntlich verlagern die großen und prägenden monotheistischen Religionen das Heil ins Jenseits, die jederzeit verfügbare Natur aber ist ein aktiver Spielplatz der Heilgewinnung im Diesseits. Der Wiederentdeckung der physischen und seelischen Gesundheit durch schlichte Naturerfahrung in unverfälschter natürlicher Umgebung schlummert eine hohe Qualität inne: Selbstveränderung. Nur wer die Natur als heilsam erfährt, kann und wird sie retten – das ist der Grundsatz einer außeruniversitären Disziplin namens Ökotherapie; sie vereint die Ideen von Ökopsychologie und Psychotherapie, will die zivilisatorisch vertiefte Kluft zwischen Psyche und Natur, zwischen kognitiver Erkenntnis und sinnlich-haptischer Erfahrung schließen. Ihre Vertreter entwerfen Methoden, wie sie den Menschen wieder mit der Natur und der natürlichen Umgebung in Verbindung setzen – mit der äußeren, sinnlich wahrnehmbaren ebenso wie mit der inneren Natur, um beides zu heilen – therapeutisch wie präventiv. Krankenkassenkosten: keine. Ginge es nach der Wissenschaft, so wäre mit Hilfe etlicher Studien empirisch abgesichert, dass der Mensch durch die Natur zum besseren Menschen wird. Je grüner wir es um unsere Wohnung herum haben, desto besser gehen wir mit unserem Nachbarn um. Und schauen Wanderer nicht grundsätzlich freundlich drein?

20. Betrachtung: Weltrettung durch Wertschöpfung

Utopien sind wieder möglich. Sie haben sich emanzipiert vom Ballast der ideologischen Verkrampfung, haben sich freigemacht vom Missbrauch politischer Diktaturen und Richtungskämpfe, haben sich über den Verdacht der Inkompatibilität mit dem ökonomischen System der Zeitverdichtung und Raumverengung in totaler Taktlosigkeit erhaben gemacht. Der Neuentwurf der Zivilisation ist nicht nur aus ökologischer, sondern vor allem aus kultureller und evolutiver Sicht ein Narrativ, mit dem man dem apokalyptischen Denken positiv begegnen kann.

Endzeitmythen gehen stets davon aus, dass das Ende nicht das Ende ist, sondern immer auch der Beginn neuer Weltschöpfung. Ja, Weltschöpfung ist Wertschöpfung, und Wertschöpfung ist Weltschöpfung. Wertschöpfung ist das Gegenteil von Abschöpfung und Selbstauslöschung als Schöpfungsauslöschung. Wertschöpfung, meine ich, könnte als Ethik der Zukunft eine Welt entstehen lassen, die ihrer Vernichtung aktiv entgegenwirkt. Wertschöpfung ist Schöpfung am Menschsein durch das, was dem Menschen zuträglich und gut ist – das Hervorbringen, Herstellen und Durchführen von Wert in der Zeit. Und es bewahrt, was immer und ewig, über alle Moden und Fortschritte hinweg Gültigkeit besitzt: die Scholle, die Gesamtheit der natürlichen Lebensgrundlagen und Ressourcen meiner subjektiven Umwelt.

Der Mythos vom Weltaufgang, höhere Moral in moralfreien Zeiten, lautet verkürzt: Etwas ist weitaus wichtiger als das eigene kleine Leben der Individuen in ihrem Streben nach Glück, Geld und Erfolg, und das ist die Umwelt. Die Umwelt zu retten heißt die Welt zu retten, und die Welt zu retten ist praktizierte Verantwortung für den Weltaufgang, damit auch noch Generationen nach uns ein gutes Leben haben werden. Über alle Wissenschaften hinweg herrscht Konsens, dass es den Meeren heute schlechter geht denn je, dass es den Wäldern schlechter geht denn je, dass es dem Klima schlechter geht denn je, dass 80 Prozent der nutzbaren Fischereigewässer überfischt und 80 Prozent der großen Urwaldlandschaften weltweit zerstört sind. Die menschengemachte Vernichtung des Lebensraums, die Vergiftung, Abholzung, Verseuchung, die moralische Versündigung gegen die Natur – alles schreitet unaufhörlich voran.

Der wahre Anti-Apokalyptiker wäre also jener Ökologe, der das oikos, seinen Hof, seine Scholle, klug bestellt und für die Nachwelt pflegt. Eine solchermaßen auf lange Frist angelegte Bewirtschaftung schließt den Gedanken mit ein, dass auch die Natur Trägerin von Zukunftsrechten ist: Wer sie braucht und verbraucht, muss dafür sorgen, dass ihre Grundlagen wiederhergestellt werden können. Man könnte der Natur sogar den Status eines Subjekts zuerkennen, dann wäre unser Verhältnis zu ihr ein ethisches, auf Achtung und Würde basierendes. Beispiele für solcherlei wertschöpfende Nachhaltigkeit sind ökonomische Kreisläufe, deren Wert an die sozialen wie ökologischen Kosten ihrer Produktionsbedingungen rückgekoppelt ist. Als Blaupause eines solch wertschöpfenden Denkens von Wachstum in Nachhaltigkeit könnte – im Hinterkopf das jüdisch-christliche Erbe – ganz sicher das Reinheitsgebot für koscheren Wein dienen:

- In koscheren Wein hinein darf allein, was in der Traube war. Das heißt übertragen: die reine Essenz, die reine Substanz.
- Es dürfen weder Zucker noch Schwefel noch industrielle Zuchthefen hinzugefügt werden. Das heißt übertragen: keine Moden, keine Effekte.
- Der Rebstock darf erst im vierten Jahr abgeerntet werden. Das heißt übertragen: Langfristigkeit, Geduld und Weitblick.
- Jedes siebte Jahr wird dem Rebstock ein »Sabbatjahr« zur

Regenerierung gegönnt. Das heißt übertragen: eine Auszeit nehmen, über das Leben nachdenken.
- Ach, und zu guter Letzt: Jeder, der an der Weinherstellung beteiligt ist, muss 1 Prozent des Ertrages an die Armen spenden.

Ist das nicht sehr christlich, sehr jüdisch, sehr traditionell und zeitgemäß zugleich? Am Schluss, so ist die Lehre jeder Geschichte, wird zur Verdauung noch der Wermut gereicht. Die bittere Botschaft dieser uralten Heilpflanze aber verheißt für die deutsche Welt nichts Gutes ...

21. Betrachtung:
Das Ausbleiben der Zukunft

… denn am Horizont dräut die letzte große Schlacht, die eine westliche, zumal die deutsche, mitunter sehr weltliche Gesellschaft zu schlagen hat. Es ist die Schlacht gegen ihr eigenes Verschwinden, gegen ihre natürliche, durch den Mangel an Menschen heraufbeschworene Selbstauslöschung. Es wird dereinst der Tag kommen, an dem ihr demographisches Defizit zum Untergang der Deutschen führen könnte – was kein Krieg, keine Sturmflut, keine Dürre je vermochte. Der Mensch ist an seinem Schicksal der Selbstauslöschung selbst schuld, weil er sich zu reproduzieren versäumt. Die Unvermehrbarkeit ist weder göttlichem Willen noch dem Zorn des Herrn geschuldet, sondern schlechten Spermien, Egoismen, Perspektivlosigkeit und Zukunftsängsten. Als Nichtgläubiger würde man am Ende seines Lebens auf die große Theodizee der Daseinsberechtigung des Sinnlosen, auf die Verantwortung eines Gottes angesichts aller Katastrophen, von Totschlag, Mord und Auslöschung mit der Bindung in die Zukunft antworten: Entweder habe ich ein Kind oder Wissen oder ein Gebäude weitergegeben, das den Nächsten nutzt, das die eigene Spezies vor dem Aussterben bewahrt, das mich zum winzigen, aber notwendigen Glied einer Kette macht, die man Weltgeschichte nennt. Dass Deutschland im Speziellen durch seine strukturelle Kinderlosigkeit seine Zukunft gefährdet (und nicht nur deshalb für alle Zuwanderer offen sein und seine Schrumpfung durch Integration von Asiaten, Afrikanern und Osteuropäern kompensieren sollte), könnte man als sehr unreligiöse Form der Selbstauslöschung betrachten: als soziale Apokalypse. Die absolute Bevölkerungszahl Deutschlands schrumpft im Gegensatz zu der anderer europäischer Staaten; für 2050 werden nur noch 75 Millionen Deutsche erwartet, was knapp ein

Prozent der Weltbevölkerung von dann 9 Milliarden Menschen ausmacht. Wenn eine Gesellschaft keine Kinder mehr hat, geht sie unter, denn nur durch Kinder ist eine Generation mit der nächsten und übernächsten in einem existenziellen Zukunftsverhältnis verbunden. Nur dann geht die Welt auf. Eine Gesellschaft, die keine Kinder mehr zeugt, hat keinen existenziellen Bezug zur Zukunft mehr. Sie hat keinen Bezug zu dem, was wird.

Neben allen Formen des Niedergangs der Zivilisationen, die der amerikanische Geograph Jared Diamond in seinem Standardwerk »Kollaps« anführt, ist die der Selbstvernichtung durch Kinderlosigkeit die unnötigste und frevelhafteste. Wir haben Anfang oder Ende der Welt, Weltunter- oder -aufgang, selbst in der Hand, vielmehr in den Lenden. Und wenn es am Ende einer langen Reise nur dieser eine Satz ist, der bleibt, der alles in sich fasst – irgendwo in seinen semantischen Tiefen verbirgt sich das unerschütterliche, unausrottbare, ewiglich aufscheinende Bekenntnis zur Freiheit, denn das ist der Mensch vor allem anderen: Zukunft durch Freiheit. Nimmt er diese Verantwortung stets aufs Neue an, ist die Welt auf immer gerettet.

Reimer Gronemeyer

Der Himmel

Sehnsucht nach einem verlorenen Ort

Am Anfang war der Himmel über uns. Der Himmel, in dem die Götter wohnten. Der Himmel, auf den die Hoffnungen und die Ängste der Menschen gerichtet waren: Ort der Erkenntnis und des Gerichts. Die Neuzeit und der Siegeszug der Wissenschaft befreiten die Menschheit aus dieser Ohnmacht und verlegte den Himmel ersatzweise in die Zukunft. Utopien traten an die Stelle des Himmels: der Sonnenstaat, die klassenlose Gesellschaft, das irdische Paradies – und all das sollte von den Menschen geschaffen werden. Heute haben diese Ersatzhimmel ihre Überzeugungskraft verloren. Wir leben – so scheint es – in einer himmelslosen Zeit. »Haben wir den Himmel für immer verloren? Können wir ohne dieses Gegenüber leben? Und wie könnte heute ein Himmel für den rastlosen Menschen des 21. Jahrhunderts aussehen?«, fragt Reimer Gronemeyer und macht sich auf die Suche nach den Bruchstücken des alten Himmels. Er erkennt: Heute ist der Himmel weniger ein Ort als vielmehr ein Zustand …

»In gedankenreichen Bildern und Formulierungen entfaltet Gronemeyer ein Panorama von Himmelsverlust und Himmelssehnsucht – und bleibt glücklicherweise dabei nicht stehen.«
Christ in der Gegenwart

Pattloch

Manfred Lütz

BLUFF!

Die Fälschung der Welt

Das Gefühl, im falschen Film zu sein, kennt jeder. Manipuliert, getrickst, gefälscht wird, wo wir hinsehen: Die geschönten Bilanzen der Finanzwirtschaft; Dekolletés und Botoxwangen der Schönheitsindustrie; vermeintlich absolute Erkenntnisse der Wissenschaft, die doch bald schon widerlegt werden. Nichts davon ist wirklich, nichts davon ist wahr, allmählich führen wir alle eine Existenz wie in einer gewaltigen »Truman-Show«. Der große Bluff lenkt uns ab, will uns manipulieren, die Bluffer kochen ihre Süppchen auf unserer Verwirrung. Manfred Lütz, als Psychiater täglich auf der Suche nach der Grenze zwischen Wahn und Wahrheit, spießt in seinem neuen Buch das allgemeine Unbehagen an der medial inszenierten Pseudowirklichkeit und an der Industrie des schönen Scheins auf. »Bluff!« ist die engagierte Aufforderung, selbst zu denken, selbst zu fühlen und den eigenen, existenziellen Erfahrungen zu vertrauen. Eine Anleitung, die den Leser zu dem führt, was er täglich zu verlieren droht: Das Gefühl für das eigene, das eigentliche Leben.

Droemer